聖賢之道

湯一介

戊子年夏

國學基本教材

诸子文选（上）

刘乃溪　徐　骆　姚之均◎编注

浙江古籍出版社

统　　筹：

孙劲松　向　珂　蒋蔚芳　周金芝

主　　编：李耐儒

编　　委：

李南晖　陆有富　刘乃溪　徐　骆　须　强

可延涛　李　凯　刘　舫　毛文琦　房春草

李宏哲　张　华　黄晓芳　赵立学　介江岭

张志强　姜李勤　白　坤　晏子然　施仲贞

张　琰　汪佳敏　姚之均　余雅汝　干璐娜

本册编注：刘乃溪　徐　骆　姚之均

总 序

秋霞圃书院创办有年，在民间推动国学普及工作，志在以独立之精神、自由之思想为宗旨，促进古今中外文化思想与学术的交流，为中华民族文化的复兴而尽心尽力。其志可嘉，其行可感！

近年，秋霞圃书院耐儒兄主持编撰“国学基本教材”。本套国学教材集复旦大学、武汉大学、南开大学、中山大学、华东师范大学、上海师范大学等名牌院校的二十多名青年学人，采各种版本的国学读本之长，广泛吸取中小学一线语文教师的教学经验，精心编撰，是中小学生比较理想的国学读本，也是便于教师们使用的、较为系统的国学教材。

读本的篇目有：《弟子规》、《三字经》、《千字文》、《千家诗选读》、《幼学琼林》、《诗词格律》、《唐诗选读》、《宋词选读》、《论语》（上、下）、《史记选读》（上、下）、《大学 中庸》、《诗经选读》、《孟子》（上、下）、《左传选读》、《颜氏家训》、《诸子文选》（上、下）、《汉魏六朝文选》、《唐宋文选》、《礼记选读》、《楚辞选读》。每册有指导性概述，有经典原文，有对原文的注释与新译（赏析），并配上文史链接（延伸阅读）、思考讨论等，图文并茂，准确生动，具有可读性与系统性。

梁启超先生说过，《论语》、《孟子》等经典“是两千年国人思想的总源泉，支配着中国人的内外生活，其中有益身心的圣哲格言，一部分久已在我们全社会形成共同意识，我们既做这社会的一分子，总要彻底了解它，才不致和共同意识生隔阂”。这就是说，“四

书”等经典表达了以“仁爱”为中心的“仁义礼智信”等中华民族的核心价值观念，这是中国古代老百姓的日用常行之道，人们就是按此信念而生活的。

中国文化的大传统与小传统是打通了的。国学具有平民化与草根性的特点。中国民间流传着的谚语是：“勿以善小而不为，勿以恶小而为之”；“老吾老以及人之老，幼吾幼以及人之幼”；“积善之家必有余庆，积不善之家必有余殃”。这些来自中国经典的精神，透过《弟子规》、《三字经》、《百家姓》、《千字文》、《千家诗》等蒙学读物及家训、族规、乡约、谱牒、善书，通过大众口耳相传的韵语故事、俚曲戏文、常言俗话，成为“百姓日用而不知”的言行规范。

南宋以后在我国与东亚的民间社会流传甚广、深入人心的朱熹《家训》说：“事师长贵乎礼也，交朋友贵乎信也。见老者，敬之；见幼者，爱之。有德者，年虽下于我，我必尊之；不肖者，年虽高于我，我必远之。”“人有小过，含容而忍之；人有大过，以理而谕之。勿以善小而不为，勿以恶小而为之。”又说，“勿损人而利己，勿妒贤而嫉能。勿称忿而报横逆，勿非礼而害物命。见不义之财勿取，遇合理之事则从……子孙不可不教，童仆不可不恤。斯文不可不敬，患难不可不扶。”朱子说此乃日用常行之道，人不可一日无也。应当说，这些内容来源于诗书礼乐之教、孔孟之道，又十分贴近大众。它内蕴着个人与社会的道德，长期以来成为老百姓的生活哲学。

王应麟的《三字经》开宗明义：“人之初，性本善。性相近，习相远。苟不教，性乃迁。教之道，贵以专。”这就把孔子、孟子、荀子关于人性的看法以简化的方式表达了出来。儒家强调性善，又强调人性的养育与训练。

清代李毓秀《弟子规》的总序说:“弟子规，圣人训。首孝弟，次谨信。泛爱众，而亲仁，有余力，则学文。”以下分成“入则孝”、“出则悌”、“谨而信”、“泛爱众而亲仁”等几部分。这些纲目都来自《论语》。《弟子规》中对孩童举止方面的一些要求，如站立时昂首挺胸、双腿站直，见到长辈主动行礼问好，开门关门轻手轻脚，不用力甩门等，这些规范都是文明人起码应有的，是尊重他人而又自尊的体现。又如:“晨必盥，兼漱口，便溺回，辄净手。冠必正，纽必结，袜与履，俱紧切。”“斗闹场，绝勿近，邪僻事，绝勿问。将入门，问孰存，将上堂，声必扬。”“用人物，须明求，倘不问，即为偷。借人物，及时还，后有急，借不难。”这都是有助于文明社会的建构的，是文明人的生活习惯，也是今天社会公德的基础。

朱柏庐在《朱子治家格言》起首的一段说:“黎明即起，洒扫庭除，要内外整洁;既昏便息，关锁门户，必亲自检点。一粥一饭，当思来处不易;半丝半缕，恒念物力维艰。”这些都是平实不过的道理，体现到一个人身上就是他的家教。旧时骂人，说某某没有家教，那是很重的话，让其全家蒙羞。我们不是要让青少年一定要做多少家务，而是要他们从小学就动手打理好自己与家庭的事情，不要过分依赖父母，依赖他人，能够自己挺立起来，培养责任意识。同时，知道一粥一饭、半丝半缕都是辛劳所得，我们能够懂得去尊重家长与别人的劳动。如果我们真的有敬畏之心，就知道珍惜，不应该浪费。

南开中学的前身天津私立中学堂成立于1904年10月，老校长严范孙亲笔写下“容止格言”:“面必净，发必理，衣必整，纽必结。头容正，肩容平，胸容宽，背容直。气象:勿傲，勿暴，勿怠。颜色:宜和，宜静，宜庄。”这四十字箴言来自蒙学，又是该校对学生容貌、行止的基本要求。校内设整容镜，师生进校时都要照镜正容色。

后来张伯苓先生治校，坚持了这些做法。

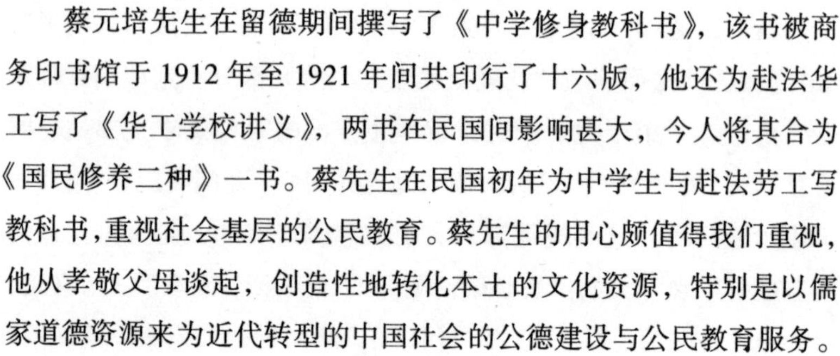

蔡元培先生在留德期间撰写了《中学修身教科书》，该书被商务印书馆于1912年至1921年间共印行了十六版，他还为赴法华工写了《华工学校讲义》，两书在民国间影响甚大，今人将其合为《国民修养二种》一书。蔡先生在民国初年为中学生与赴法劳工写教科书，重视社会基层的公民教育。蔡先生的用心颇值得我们重视，他从孝敬父母谈起，创造性地转化本土的文化资源，特别是以儒家道德资源来为近代转型的中国社会的公德建设与公民教育服务。

现今南京夫子庙小学的校训是“亲仁、尚礼、志学、善艺”。我认为这是非常好的。对孩童、少年的教育，首先是培养健康的心性才情，从日常生活习惯，从待人接物开始，学会自重与尊重别人。

我们今天强调成人教育，因为仅有成才教育是不够的，成才教育忽略了我们作为完整的人、健康的人所必需的一些素养，它在人格养成方面几乎是空白。这不是大学教育才有的问题，而是幼儿园、中小学教育就该关注的。养育青少年的性情，需要家庭、学校、社会的配合。

国学当中有很多修身成德、培养君子人格的内容。中国古典的教育，其实就是博雅教育。传统的教育并不是道德说教，也不是填鸭式满堂灌的教育，而是春风化雨似的，让学生在点滴中有所收获并自己体验，如诗教、礼教、乐教等。

我觉得应该让孩子们处在良好的文化氛围中。家长、老师们要以身作则、言传身教，这对孩子们影响很大。家长、老师有义务端正自己的言行，尤其在孩子们面前。要培养孩子分辨是非的能力，多在性情教育上下工夫，关注孩子的心理健康，多与孩子交流，洞察他们的情感，并做正确的引导。现在一些家长做不到以身作则，他们撒谎骗人，打骂斗狠，不尊重老人，这些都会给孩子的成长烙下负面的印记。

我们也希望同学们能趁着年轻记性好，多读些经典，最好能背诵一些，其中的意思以后可以慢慢领悟。南宋思想家陈亮说过：“童子以记诵为能，少壮以学识为本，老成以德业为重……故君子之道不以其所已能者为足，而尝以其未能者为歉，一日课一日之功，月异而岁不同，孜孜矻矻，死而后已。”

本丛书所收经典与蒙学读物中有很多圣哲格言，都足以让我们受用终身。我们一直希望能有多一些的国学经典进入中小学课堂，至少让“四书”进入教材。我们希望能多一些国文课，让中小学生能接受到系统的传统语言与文化教育。中华民族有很多优根性，更需大大弘扬。

是为序。

郭齐勇

癸巳春于珞珈山

目　录

概　述……………………………………………………1
老　子……………………………………………………5
第一章　……………………………………………………9
第二章　……………………………………………………13
第三章　……………………………………………………16
第四章　……………………………………………………19
第五章　……………………………………………………21
第六章　……………………………………………………24
第七章　……………………………………………………26
第八章　……………………………………………………27
第九章　……………………………………………………30
第十章　……………………………………………………32
第十一章　…………………………………………………34
第十二章　…………………………………………………37
第十三章　…………………………………………………39
第十四章　…………………………………………………41
第十五章　…………………………………………………44
第十六章　…………………………………………………47
第十七章　…………………………………………………50
第十八章　…………………………………………………52
第十九章　…………………………………………………54

第二十章 …… 57
第二十一章 …… 60
第二十二章 …… 62
第二十三章 …… 65
第二十四章 …… 67
第二十五章 …… 69
第二十六章 …… 72
第二十七章 …… 74
第二十八章 …… 76
第二十九章 …… 78
第三十章 …… 81
第三十一章 …… 84
第三十二章 …… 86
第三十三章 …… 89
第三十四章 …… 91
第三十五章 …… 93
第三十六章 …… 95
第三十七章 …… 98
第三十八章 …… 100
第三十九章 …… 104
第四十章 …… 106
第四十一章 …… 109
第四十二章 …… 111
第四十三章 …… 114
第四十四章 …… 116
第四十五章 …… 118

第四十六章 …… 119
第四十七章 …… 120
第四十八章 …… 123
第四十九章 …… 126
第五十章 …… 128
第五十一章 …… 130
第五十二章 …… 132
第五十三章 …… 135
第五十四章 …… 136
第五十五章 …… 138
第五十六章 …… 141
第五十七章 …… 143
第五十八章 …… 145
第五十九章 …… 148
第六十章 …… 150
第六十一章 …… 152
第六十二章 …… 155
第六十三章 …… 157
第六十四章 …… 159
第六十五章 …… 161
第六十六章 …… 163
第六十七章 …… 165
第六十八章 …… 170
第六十九章 …… 172
第七十章 …… 173
第七十一章 …… 175

第七十二章 ……177
第七十三章 ……179
第七十四章 ……181
第七十五章 ……183
第七十六章 ……185
第七十七章 ……187
第七十八章 ……189
第七十九章 ……191
第八十章 ……193
第八十一章 ……196
庄 子……198
逍遥游 ……201
齐物论 ……219

概　述

一、诸子生活的时代

1949 年，也就是新中国诞生的那一年，西方思想家雅斯贝尔斯提出了著名的“轴心时代”的说法。他认为，在公元前 800 年—前 200 年，人类思想史上发生了“终极关怀的觉醒”。也就是说，对生命本源和死亡价值的探索构成了人的终极思考，它是人类超越有限、追求无限以达到永恒的一种精神渴望。

在“轴心时代”里，各个文明都出现了伟大的精神导师。古希腊有苏格拉底、柏拉图、亚里士多德，古印度有释迦牟尼，中国有孔子、老子……他们提出的思想原则塑造了不同的文化传统，至今影响着人类的生活。

雅斯贝尔斯所说的“轴心时代”正当中国的春秋战国时期。春秋和战国是两个历史时代的合称，春秋是公元前 770—前 476 年，战国是公元前 475—前 222 年。孔子说春秋时期是一个“礼崩乐坏”的时代，周朝的礼乐传统和政治秩序都被打破了，《史记·太史公自序》中说：

《春秋》之中，弑君三十六，亡国五十二，诸侯奔走不得保其社稷者，不可胜数。

也就是说，春秋时期有三十六个诸侯被杀，五十二个诸侯国被灭，不能保住国家社稷而逃亡的诸侯不计其数。所谓“春秋无义战”，即没有哪场战争是正义的。随着战国时代的来临，战争更

加频繁，规模也更大了。“战国”从它的名字就可以看出来，这是一个多征战的时代。生活在战国时代的孟子，这样描述他所处的时代：

争地以战，杀人盈野；争城以战，杀人盈城。

意思是诸侯们为了争夺土地而发生战争，杀掉的人可以堆满整个田野；为了争夺一座城池而发生的战争，杀掉的人可以堆满整座城池。春秋战国时代近五百五十年，可以说，是中国历史上一个特别长的黑暗时代，但是，同时也是中华民族思想史上最光辉灿烂的时代。给这个苦难时代增添一抹亮丽光辉的，正是诞生在这个时期的诸子百家。

二、诸子百家的由来

在诸子百家中，最早被称为“子”的是孔子。孔子做过鲁国的司寇，位列大夫，因为当时的人习惯把大夫称为“子”，所以孔子的学生尊称孔子为“子”。

渐渐地，学生都把老师尊称为“子”，墨子的学生称呼墨子为“子墨子”，孟子和庄子的学生称他们为“孟子”、“庄子”。所以，春秋战国时代的思想家，大多数是在姓氏或名号之后加上一个“子”字，因此这个时代的思想家就被统称为“诸子”。“诸”是多的意思，“诸子”就是很多的老师、很多的思想家。

“诸子百家”是否真有一百家那么多呢？根据《汉书·艺文志》的记载，其实主要有十家，“百”是一个虚数，这十家分别是儒家、道家、阴阳家、法家、名家、墨家、杂家、农家、小说家、纵横家。

《说文解字》对“儒”字的解释为“柔也，术士之称”。术士是有知识才艺的人，在古代也指熟悉诗书礼乐，为贵族服务之人。贵族通过“师”与“儒”接受传统的六德（智、信、圣、仁、义、忠）、六行（孝、友、睦、姻、任、恤）和六艺（礼、乐、射、御、书、数）教育。孔子第一个打破了贵族的垄断教育，设立私学，教授弟子。孔子所创立的学派被称为“儒家”。

墨家的名称来源于创始人墨翟，墨家是儒家的反对者：儒家讲“敬鬼神而远之”，不相信鬼神，而墨家在《天志》、《明鬼》等篇中宣扬有鬼神监督着人世间的一切善恶，并对恶势力做出惩罚；儒家尊重礼制，坚持厚葬和守丧，墨家反对一切浪费，主张桐棺三寸，以此作为标准；儒家继承周公“制礼作乐”的传统，并有一本单独的《乐经》作为六经之一，而墨家认为乐是用来“愚民”的；孔子提倡“仁”，虽然爱人，却有等差，以血缘关系为基础，由近及远，而墨家提倡“兼爱”，无论亲疏，爱都是平等的。儒家和墨家同为当时的显学，很多观点却针锋相对，各有依据，各有追随者。其余各家也往往如此这般地论战不休。这种不同学派争芳斗艳的局面被称为“百家争鸣”。

三、本书的选材与体例

本书分为上下两册，其中上册选录《老子》全篇和《庄子》，下册收录《墨子》、《荀子》、《韩非子》中的一些经典篇章，并作了注释及翻译，为了帮助读者进一步理解文义及相关知识，在每章（节）后附有文史链接。有些篇章较长，限于篇幅，不能全篇收入，还望读者亲读原文，体会其中真味。

在写作过程中，作者参考了一些极有价值的书籍，现辑录其要者如下：《马王堆汉墓帛书老子》、《韩非子·解老》与《喻老》两篇、《老子河上公章句》、王弼注《老子道德经》、姚鼐《老子章义》、钱穆《庄老通辨》、陈鼓应《老子注译与评介》、郭象《庄子注》、王先谦《庄子集解》、钱穆《庄子纂笺》、汤一介《郭象与魏晋玄学》、

陈鼓应《庄子今注今译》、吴毓江《墨子校注》、周才珠、齐瑞端《墨子全译》、李渔叔《墨子今注今译》、李小龙《墨子》、胡子宗《墨子思想研究》、邢兆良《墨子评传》、王先谦《荀子集解》、梁启雄《荀子简释》、杨柳桥《荀子诂译》、蒋南华《荀子全译》、安小兰《荀子》、惠吉星《荀子与中国文化》、孔繁《荀子评传》、王先慎《韩非子集解》、陈奇猷《韩非子新校注》、张觉《韩非子全译》、邵增桦《韩非子今注今译》、刘乾先、张在义《韩非子选译》、陈秉才《韩非子》、谷方《韩非子与中国文化》、施觉怀《韩非评传》。

《老子》、《庄子》、《墨子》、《荀子》、《韩非子》自古以来都难读难懂，不少地方甚至还有难通之处。笔者学识浅薄，难免有错漏之处，希望读者海涵并指正。

本书上册由刘乃溪、姚之均编注，下册由徐骆编注。

老　子

如果说孔子是中华民族的第一圣人，那么老子无疑就是中华民族的第一哲人。老子写的《道德经》虽然很短，却充满了智慧和哲理，为我们打开了一扇智慧的大门。

一、《老子》一书的由来

大概两千五百年前，一位骑驴的老人来到函谷关前。守卫的士兵看老先生不像当地人，于是把他交给了长官——关尹喜处置。关尹是官名，即守城官，喜是人名，后世称尹喜。尹喜认出他就是李耳——一位有大智大慧的圣贤，于是就恳求老子说："先生如今要出关隐居去了，能否留下一部书给我们呢？后人也好有个凭据。"不知道是被迫还是自愿，老子便留在了尹喜的官府中，写出了一部五千余字的著作，这本书上篇称为"道经"，下篇称为"德经"，合称为"道德经"，即《老子》。老子写完此书，便不知所踪。人们常常用"神龙见首不见尾"来形容他。

二、老子称呼的由来

《史记·老子韩非列传》里，司马迁对老子的姓名做了一些介绍："姓李氏，名耳，字聃。"这句话看起来介绍得非常详细，但细想起来却疑窦丛生，既然老子姓李，而先秦诸子都是按照姓氏来称呼的，比如孔子、庄子、韩非子、墨子，为什么我们不称呼老子为李子，而称呼他为老子呢？这个问题至今也没有答案，我们参

考一下前人的解释：

第一，大概是因为他长寿。老子寿命很长，司马迁在《老子韩非列传》里也讲到了，说他活了二百多岁。司马迁也有一点被老子弄糊涂了，因为司马迁是一位非常严谨的史学家，他对于不可理喻或不符合经验的事情，往往都摈弃不取。他写到著作中去的，都是他认为合理的，但凡不合理的事情，他就不写。可是写到老子的时候，他竟然说老子活了二百多岁，这样不可信的材料，他也写进去了。老子的寿命是否一定很长？这个我们已经不可考了，但是至少我们可以认为，像司马迁所说的活到二百多岁是绝不可能的。

第二，葛玄在《老子道德经序诀》里面讲道："生即皓然，号曰老子。"什么叫"生即皓然"呢？就是一生下来，满头白发。甚至有人说，不光头发是白的，眉毛、胡子也是白的。生下来一个婴儿，竟然是白头发、白眉毛、白胡子，那真是令人非常震惊，他的父母也非常紧张、非常害怕。他们就根据生下来的这种特征，给他取名叫"老"。这也只是一种说法而已。

第三，张守节在《史记正义》里面提出了一些传说："李母怀胎八十一载，逍遥李树下，乃割左腋而生。"老子的母亲怀胎八十一年，最终在一棵李树下，割开了自己的左腋生下老子。所以老子为什么姓李呢，因为他是在李树下出生的。这是又一种说法。

第四，在《史记正义》里，还有另外两个说法："玄妙玉女梦流星入口而有娠，七十二年而生老子。"又上元经云："李母昼夜见五色珠，大如弹丸，自天下，因吞之，即有娠。"

其中一个说法是老子的母亲叫玄妙玉女，玄妙玉女梦见天上的流星一下子飞到她的口中去了，然后就怀孕了，七十二年才生下老子。我们来看一看，这三种说法都是比较神秘的。不管是老子活了二百多岁也好，还是老子一生下来满头白发也好，还是老子的母亲怀胎八十一年或者七十二年也好，都是荒诞不经的。

第五，张君相在《三十家注》里说："老子者是号，非名。老，考也。子，孳也。考教众理，达成圣孳，乃孳生万物，善化济物无遗也。"他认为"老子"这两个字，"老"是考的意思，但是这个"考"不是寿考的意思，而是研究、学习、探讨的意思，这个"子"是孳生的"孳"的意思。这两个字合到一起，就是研究天下的道理，然后孳生万物、教化人类。这个意思和老子思想家的身份倒是符合的，但是实际上也是一种猜测。

从前人关于老子称呼的叙说中，我们看到了许多关于老子的传说，可以说，老子的传说远远多于老子的真实生平。关于老子的信史是寥寥无几的。

三、老子的生平

《老子韩非列传》说："老子者，楚苦县厉乡曲仁里人也……周守藏室之史也。"老子生在哪里？楚国。哪个县？苦县。哪个乡？厉乡。哪个村？曲仁里。介绍得非常详细。老子的官职介绍也非常详细，"守藏室之史"，就是管理图书馆的官员。但是，我们不得不说，关于老子的生平，我们可以肯定的大概只有上面介绍的这么多。

《史记》关于老子的记载篇幅很短，但是这么短的篇幅中，居然有一半篇幅记载了一个不确定是真是假的小故事：孔子曾经特意去周向老子请教"礼"的问题。老子却冷冷地说："你所问的那些人骨头都腐烂了，只留下一些言辞罢了！……君子的道德很高，但是他在外面看起来好像很愚笨。你要去掉你的骄气、多欲、傲慢之色和过多的欲望，这些都无益于你的身心。"

孔子听了老子的批评，不但没有生气，反而对弟子盛赞老子说："天空中有飞鸟，大地上有走兽，海洋里面有鱼。鸟儿我用箭去射它，鱼我用钩去钓它，野兽我用网把它兜住。但是有一种动物，我没有办法对付它，那就是龙。龙这种动物，乘风而上云天，我在洛阳见到的老子，就是一条龙。"对于这样的龙，孔子说，我们只能仰望着他，他的学问太大了，他的知识太深了，他的修养太高了，他已经超越了我们的智力和能力范围，我不知道用什么样的办法才能够对付这样的人。

《史记》里的这则小故事是不是信史？很难说。因为《史记》中记载关于老子是哪位历史人物的时候，介绍了三种说法：第一，是与孔子同时期的楚国的老莱子；第二，是在孔子去世一百多年后，周王室的一位太史，叫太史儋;第三，是现在比较常见的说法，笔者也更倾向于这个说法，即老子姓李名耳。司马迁也不肯定老子究竟是哪一个，所以只含含糊糊地总结了一句："老子，隐君子也。"老子是一个隐士。

这，就是老子。

第一章

道可道[1]，非常道；名可名[2]，非常名。

无，名天地之始；有，名万物之母。

故常无，欲以观其妙[3]；常有，欲以观其徼[4]。

此两者，同出而异名，同谓之玄[5]。玄之又玄，众妙之门。

关键词：道可道　非常道

注释

[1]道可道：第一个“道”是名词，是指世界的本源和根本真理。第二个“道”是动词，指言说、表达。　[2]名可名：第一个“名”是名词，指名称。第二个“名”是动词，指称的意思。　[3]妙：奥妙。　[4]徼（jiào）：边际。　[5]玄：幽昧深远。

译文

道，可以用语言表达出来，就不是永恒的道。名，可以用名称界定出来，就不是永恒的名。

无，是天地的起始；有，是万物的根源。

所以常从“无”中，去观察道的奥妙；常从“有”中，去观察道德的边际。

“有”和“无”，来自一处而名称不同，都可以说是很幽深的。幽深又幽深，是一切变化的由来。

文史链接

道可道，非常道

在现今所存有的文献中，老子是哲学史上第一个把“道”字作为专名词的哲学家。《老子》开篇的第一句，就说“道可道，非常道”，可见“道”在老子哲学中的重要性。

作为老子哲学中的核心概念，“道”却很难用语言来明确表述它的内在含义。有一则小故事，五代时有一位非常有名的丞相，名字叫做冯道。冯道一生经历了四个朝代，先后担任六位皇帝的丞相，无论政治风云如何变幻莫测，冯道始终是官场的常胜将军。因此有一个词就叫“冯道长乐”。冯道请他的一个门客为他讲解《老子》，古代讲究避讳，冯道的名字里有“道”字，所以门客在为冯道讲解的时候，不能提到“道”这个字。他在解释《老子》第一句话的时候，只好说：不可说，不可说，非常不可说。虽然这可能是后代附会的一个小故事，但是门客的无奈之说，恰恰点中了道的特性之一——不可说。

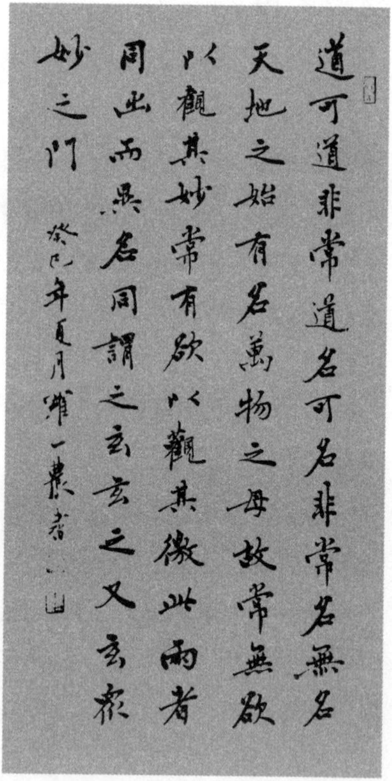

《老子》一书中出现最多的字就是“道”。我们不妨先分析“道”的字形，看看它究竟是什

么意思。甲骨文的“道”字，从行从止，“行”是道路，“止”是脚趾，表示人用脚行走在道路上；金文的“道”字演变为从行从首，是路与头的象形，字形已经开始抽象化，表示头脑领悟的道路；小篆的“道”字，从路从首，会意字，继承了金文发展的意思；楷体的“道”字沿用至今。“道”从开始的有形道路，逐渐演变为无形的道理、方法的意思，含义越来越丰富。那么老子的“道”究竟是什么意思呢?

我们或许可以从《庄子·知北游》里更深刻地了解老子所讲的“道”,含义丰富,内容玄妙。泰清向无穷请教:“你懂得‘道’吗？”无穷回答:“我不知道。”又问无为，无为说:“我知道。”泰清又问:“你知道的‘道’，有具体的说明吗？”无为说:“有。”泰清问:“是什么？”无为说:“我知道的‘道’可以处于尊贵,也可以处于卑贱,可以聚合，也可以离散。”

泰清把这番话告诉了无始，说:“无穷说不知道，无为说知道，谁对谁错呢？”无始说:“不知道的是深奥玄妙，知道的是粗浅的。前者知道的是内涵，后者了解的是表面。”于是泰清叹息说：“不知晓就是真正的知晓！知晓就是真正的不知晓！那有谁懂得不知的知呢？”

无始说：“‘道’不是用耳朵听的，听到的就不是‘道’；‘道’也不是用眼睛看的，看见了就不是‘道’；‘道’不可以言传，言传的也不是‘道’。要懂得有形之物之所以具有形体，正是因为产生于无形的‘道’啊！因此‘道’不应当有名称。”

无始又说:“有人询问‘大道’便随口回答的,是不知晓‘道’。甚至询问‘大道’的人，也不曾了解过‘道’。‘道’无可询问，问了也无从回答。无可询问却一定要问，这是在询问空洞无形的东西；无从回答却勉强回答，这是说对‘大道’并无了解。内心

无所得却期望回答空洞无形的提问，像这样的人，对外不能观察广阔的宇宙，对内不能了解自身的本原，所以不能越过那高远的昆仑，也不能遨游于清虚宁寂的太虚之境。”

在这个故事中，庄子借寓言人物之口，指出老子所说的道有“不可闻”、“不可见”、“不可言”的特点。因为“道”难以用语言表述清楚，老子尝试着从多方面描述“道”，便于我们更了解和接近“道”的内涵。这里不妨概括一下《老子》一书中，作为哲学概念的“道”的三种意义：

一、世界的本源；

二、万物运动的规律；

三、人类行为的准则。

本章所说的“道”，是指世界的本源和根本真理。因为作为宇宙本源，同时也代表了根本真理的“道”，是无形无迹的，是变化无穷和具有无限可能性的，所以很难用准确的语言来描述“道”。因为语言有种种限制，所以，如果“道”能用语言表述出来，就不是那个永恒的道了。老子说，自己只是为了表述方便，所以姑且把它命名为“道”。

思考讨论

在哲学史上出现过很多流派，对世界的本源问题作了不同的论证和阐述。说出你了解的哲学流派，你赞同哪种关于世界本源的说法呢？为什么？

第二章

天下皆知美之为美，斯恶已[1]；皆知善之为善，斯不善已。

有无相生[2]，难易相成，长短相形，高下相倾，音声相和，前后相随，恒也。

是以圣人处无为之事[3]，行不言之教[4]；万物作而弗始，生而弗有，为而弗恃，功成而弗居。夫唯弗居，是以不去。

关键词：相反相成

注释

[1] 恶：指丑，与美相对。　　[2] 有：存在。无：不存在。
[3] 圣人：道家的理想人物，与儒家所讲的圣人有不同之处。钱锺书先生说：老子所谓“圣”者，尽人之能事以效天地之行所无事耳（《管锥编》）。道家的“圣人”，是效法自然，以“无为”、“不争”为理想，达到身心自由的生活状态。无为：顺其自然，不妄为。
[4] 言：发号施令。

译文

天下都知道什么是美的，这样就有了丑；都知道什么是善的，这样就有了不善。

有和无相互生成，难和易相互形成，长和短相互衬托，高和低相互依存，音和声相互配合，前和后相互跟随。这是永恒的现象。

因此，圣人以无为的态度来处事，以不言的方法来教导。任由万物成长而不加干涉，生养万物而不据为己有，养育万物而不自恃己能，成就万物而不自居有功。正是因为不居功，所以他的功绩不会泯灭。

文史链接

相反相成

老子指出，事物都有自身的对立面，都是以对立的方面为自己存在的前提,没有“有”也就没有“无”,没有“长”也就没有“短”;反之亦然。他通过日常的社会现象与自然现象，阐述了世间万物无不处在相反相对的关系中，事物之间的相反相对关系是永恒的、普遍的。这就是中国古典哲学中所谓的“相反相成”。“相反相成”是老子辩证法的第一要义。朴素的唯物辩证法是老子哲学中最有价值的部分，其对中国文化的影响是极其深远的。

《老子》一书虽然只有五千余言，但是，相反相成的概念却达到八十多对，包括美恶、有无、巧拙、动静、盈冲、曲全、枉直、洼盈、少多、敝新、雌雄、白辱、轻重、静躁、歙张、弱强、废行、取与、贵贱、明昧、进退、成缺、辩讷、寒热、祸福、损益、正奇、柔刚、虚实、开阖、清浊、存亡、亲疏、主客、终始、治乱、成败、有为无为、有事无事、有道无道。在《老子》一书中，这些相反的概念都是成对出现的。这些概念既有对形而上的“道”的概述，又涵盖了具体领域的方方面面，包括天文、地理、数学、生物等自然领域和经济、政治、军事、思想、道德修养、人际关系等人文领域的各个方面，其涉及面之广，观察之细微，论证之精辟，在中国古代思想史上是绝无仅有的。

老子认为，虽然事物都有对立面，但是所有的价值判断都是相对的。《庄子·秋水》的开篇讲了这样一个小故事：秋水随着时令到来，千百条川流都奔注入黄河，大水一直浩瀚地流去，遥望两岸崖石之间，辨不清牛马之形。于是，河伯便欣然自喜，以为天下所有的美景全都在自己这里了。他顺着水流向东走，到了北海。他向东遥望，看不见水的尽处。于是，河伯才改变了他的神态，茫然地抬头对北海若感慨地说："俗语说：'自以为知道很多道理，没人能赶上自己了。'这正是说我啊。而且，我还曾经听说过有人贬低仲尼的学识，轻视伯夷的节义，开始我不相信。现在我看到你的浩瀚无穷，如果我不到你的门下，那是多么危险，我将会永远被讥笑于大方之家了。"当河伯面对北海的时候，才真正知道了世界之大与天外有天，在河伯遇见北海以前，曾自以为是的认为，自己看到了世界上所有的美景，遇见北海之后，才发现之前的自己是多么渺小。所以，世界上虽然有大小、多少、美恶的区别，但是这些区别都是依赖于主观的认识，是相比较而产生的，而不是绝对的。在一定的条件下，这些相对的概念之间还可以相互转化。

《庄子·人间世》里面也有个小故事，很好地诠释了这个道理：一个叫支离疏的人，这个人双肩高过他的头，他的头低到肚脐以下，他的发髻是冲天的，五脏六腑都挤在后背上，是个驼背，他的两条腿直接长在肋骨旁边。丑陋得近乎狰狞。这样的一个人却活得很愉快，征兵轮不到他，发放救济品时却可以排在第一位。这个故事告诉我们，不要以为长得高大英俊才是好，在某些年代，长得英俊高大反而危险。

综上所述，本章描述老子的相对观——所有的判断，如高下、长短、有无，都是相对的。但是相对的双方在一定条件下，确实可以相互转化。所以不要盲目进行价值判断，坚持所谓好，所谓不好，其实好与不好都在一个整体里面，换一个角度，好就变成不好，不好就变成好。总之，一切都来自于“道”，最后又回归于“道”，任何东西都会由这一面变成那一面，因为它是相反相成的。

思考讨论

列举身边一对相反相成的概念，并说明它们之间是如何相互依存与转化的。

第三章

不尚贤[1]，使民不争[2]；

不贵难得之货[3]，使民不为盗；

不见可欲[4]，使民心不乱。

是以圣人之治，虚其心[5]，实其腹，弱其志[6]，强其骨。

常使民无知无欲。使夫知者不敢为也。

为无为[7]，则无不治[8]。

关键词：无为而治

注释

[1] 尚贤：标榜贤才。尚，即崇尚。贤，有德行、有才能的人。

[2] 不争：不争夺功名。 [3] 贵：重视，珍贵。货：财物。
[4] 见：通“现”，出现，显露。这里是显示、炫耀的意思。
[5] 虚其心：净化人民的思想，使人们心里空虚，无思无欲。虚，使空虚。心，古人以为心主思维，所以心是指思想、头脑。
[6] 弱其志：削弱人们的意志。 [7] 为无为：以无为的方式去作为，即以顺其自然的态度去处理事务。 [8] 治：太平，安定。

译文

不推崇杰出的人才，老百姓就不会竞争较量；不珍爱稀有的物品，老百姓就不会去偷窃；不显耀能够引起贪欲的事物，民心就不会被扰乱。

因此，圣人的治理原则是：净化百姓的心思，填饱百姓的肚子，减弱百姓的心意，增强百姓的体魄。

经常使老百姓没有智巧，没有欲念。使那些有才智的人也不敢轻举妄动。

按照“无为”的原则，天下就不会不太平了。

文史链接

无为而治

在《老子》第三章里，老子将天道自然的思想推之于人道，提出“无为而治”的思想。

老子为什么提出这样的思想呢？这和他生活的时代有关。老子生活在春秋战国时期，同样生活在春秋战国时期的孔子说这是一个礼崩乐坏的时代，周代以前的一切政治秩序都已经被打破了，乱臣贼子很多。据《史记》记载，春秋两百多年里，被杀掉的国

君有三十六个，灭亡的诸侯国有五十二个，可见这是一个多么混乱的时代。而战国时代显然比春秋时代的混乱状况更加严重。“战国”这个名字本身，就表明这是一个征战的时代。

常年的战乱、严峻的现实使老子感到统治者依仗权势、武力肆意横行，为所欲为，造成天下“民弥贫”、“国有滋昏”、“盗贼多有”的混乱局面。所以老子提出了“无为”、“无静”、“无事”、“无欲”的治国方案。

《墨子》中有一则楚王好细腰的故事。楚灵王喜欢自己的臣子有纤细的腰身，所以朝中一班大臣都将一日三餐改为一餐，每天早晨整装，先要屏住呼吸，然后束紧腰带，扶着墙站起来。到了第二年，满朝文武大臣的脸色都是黑黄黑黄的了。这个故事告诉我们，上面的人提倡什么，下面的人就会追随去做。所以，老子提出，想要“使民不争”、“使民不盗”、“使民心不乱”，不能使用高压的手段。而要看到使民争、盗、乱的原因是由于统治者“尚贤”、“贵难得之货”、“见可欲”。消除了这三个原因，问题就不会出现。这一章，老子摇着头，口里说了一连串的“不”，以此说明治理天下不是要做什么，而是什么都不做，让人民休息，让国家安定。

无为而治的思想在中国古代有很大的影响。汉初的黄老之学吸取先秦道家无为而治的思想，适应秦末政治动乱之后民心思定的形势，强调清静无为，主张轻徭薄赋、与民休息，对人民的政治生活和经济生活采取不干涉主义或少干涉主义，借以安定民心，发展社会生产。刘邦刚刚建立汉朝的时候，大侯封国不过万家，小的五六百户；到了汉文帝和汉景帝的时候，流民还归田园，户口迅速繁息。列侯封国大者至三四万户，小的也户口倍增，而且比过去富实得多。据《汉书·食货志》记载，汉初至汉武帝即位的七十年间，由于国内政治安定，只要不遇水旱之灾，百姓总是人给家足，郡国的仓廪堆满了粮食。大仓里的粮食堆积着吃不完，致腐烂而不可食，政府的仓库里堆满了铜钱，连串钱的绳子都朽断了。这是对中国历史上有名的“文景之治”的形象描述，而产生这样的治世的原因，和汉初的休养生息政策是密不可分的。

思考讨论

中国历史上有哪些朝代实行过“无为而治”的统治政策？产生了什么样的结果呢？

第四章

道冲[1]，而用之或不盈[2]。

渊兮[3]，似万物之宗[4]；锉其锐[5]，解其纷，和其光，同其尘；湛兮[6]，似或存。

吾不知谁之子，象帝之先[7]。

关键词：道冲而不盈

注释

[1] 冲：本为“盅”，器物虚空，比喻空虚。 [2] 不盈：不满，不穷竭。 [3] 渊：深远。兮：助词，相当于现代的“啊”或“呀”。[4] 宗：祖宗，祖先。 [5] 锉其锐：消磨掉它的锐气。锉，消磨。锐，锐利、锋利。 [6] 湛（chén）：沉寂，引申为隐约的意思。这里形容“道”的隐而未形。 [7] 象：似。

译文

“道”空虚无形，然而它的作用却无穷无尽。

深厚博大啊！好像万物的宗主。它不露锋芒，排除纷扰，在光明的地方，它就和其光；在污垢的地方，它就同其尘。幽隐啊！似有若无，却实际存在着。

我不知道它从何而来？似乎有天帝以前就有了它。

文史链接

“虚”和“无”

在这一章中，老子谈到道的一个重要特征就是“虚”和“无”。正是因为虚和无，才能用之不竭。

道家重视事物发展不受人瞩目的一个方面，从而得以对事物形成全面的认识。比如《淮南子·人间训》中“塞翁失马，焉知非福”的故事。塞翁丢失了马，众人都为他感到惋惜，他却觉得未必是祸；而当马匹失而复得并且还带回一匹野马时，众人纷纷前来道贺，塞翁却说这也未必是福。当大家都只看到事情的一面时，塞翁却能意识到其可能蕴涵的另一面。在表面的福中，可能隐藏着祸；在表面的祸中，又可能隐藏着福。一般人容易看到表面现象，如果要对事物有深刻全面的认识，就要看见其容易被忽视的另一面。

老子深谙这一道理，所以非常强调“虚”和“无”。“虚”和“无”正是事物中容易被人们忽略的方面。比如当人们仰望星空时，一般关注的都是星空中的点点星光，却忽视漆黑一片的宇宙空间。如果没有黑夜的“无”，那么星光的“有”也就难以呈现了。

很多人都知道在处理事情时要全面、辩证、客观，在实际行动中却难以做到。这是因为这些说法只是理论描述，缺乏可操作性。

老子提供我们的方法具有很强的操作性，这种方法就是要多注重事物容易被忽略的方面。比如说人们一般注重刚强、有力，老子就让我们注重柔弱的方面；当人们都强调争强好胜的时候，他却建议人们应该不争、无欲。所以说，能够看到事物容易被忽视的方面，就是一种智慧了。

思考讨论

试举出当今社会上的不良风气和社会顽疾，并分析这些问题产生的原因。

第五章

天地不仁[1]，以万物为刍狗[2]；圣人不仁，以百姓为刍狗。

天地之间，其犹橐籥乎[3]？

虚而不屈[4]，动而愈出。

多言数穷[5]，不若守中[6]。

关键词：天道自然

注释

[1]天地不仁：天地无所偏爱。意指天地是个自然的存在，并不具有人类般的感情；万物在天地之间依照自然法则运行。

[2]刍（chú）狗：用草扎成的狗，是古代祭祀时的用品。当用之时，

备受重视；祭祀完毕，随即丢弃。　[3] 橐籥（tuó yuè）：古代冶炼铸铁器时，用以生风旺火的工具，是古代的风箱。　[4] 屈：竭尽，穷尽。　[5] 多言数穷：政令繁苛，加速败亡。多言，政令繁多。数，通“速”。　[6] 守中：持守虚静。

译文

天地无所偏爱，任凭万物自然生长；圣人无所偏爱，任凭百姓自己发展。

天地之间，正像一个风箱啊！

空虚但不会枯竭，一鼓动起来，就会源源不绝。

政令繁多，反而更加败亡，不如守住虚静的原则。

文史链接

天道自然

“天”是中国哲学史上最早出现的一个范畴。从有文字可考的殷商时期开始，“天”的观念就已经产生了。当时的“天”与“帝”或“上帝”紧紧联系在一起。人们习惯于把天看做是世界的主宰，并赋予天以人格和宗教方面的含义。

这种人格化的主宰天神的观念，到了周朝得到进一步强化和丰富。周人提出了“皇天无亲，惟德是辅”的命题，将“天”与“德”联系在一起，从而使“天”的意义从自然领域扩大到社会政治乃至伦理领域，成为人们心中最为神圣的存在者。然而在周朝的时候，人们心中的“天”仍然是具有人格的“神”。《诗经》：“天生烝民，有物有则。”老天创造众人，都有他自然的规律。

春秋时期，传统的天命神学并未完全解体，依然占主导地位。

先秦诸子也大多继承了这种传统的天命观。儒家关于“天”的理解是有矛盾的，就其思想的主导方面而言，仍坚持了殷周以来的天神观念，肯定“天”是有意志的，因此《论语》中出现了“生死有命，富贵在天”这类语句；孟子更以人性的义理推及天道，说“诚者天之道也，思诚者人之道也”。时至今天，人们还常说“天理难容”这样的话，可见，传统天命观广泛而深远地影响着我们的思维方式。

老子是一位勇敢的批判者，他具备了同时代和以后诸多哲学家所不具备的智慧和胆识。他第一个讲出了天不讲仁慈，不发议论，听任事物自生自灭的真理，并用哲学的推理，把自然界的原理转向人世。在老子的眼中，天不带有任何人类道义方面的感情，它有自己客观运行的方式。天虽然不讲仁慈，也无所偏向，不特意对万物施暴。而它滋生万物，给世界以蓬勃的生机，人类得以繁衍生息，社会得以昌明。

老子在关于“天”的问题上，既不同于孔子的“天命”，又区别于墨子的“天志”，认为“道”是宇宙万物的根本。“天”是由“道”产生的，它没有意志，没有好恶，更不是一种超自然的精神力量。这无疑是一种自然之天。老子的先进性就在于他否定了有人格的天神，重新恢复和提出了自然之天。

思考讨论

1. 结合《诗经》中描写“天”的诗歌，具体讲述当时作为万物主宰的“天”有哪些作用和功能。

2. 试分辨天罗地网、感天动地、胆大包天、不共戴天、重见天日中“天”字的意义。并结合明清小说，具体说明天命观对后世的影响。

第六章

谷神不死[1]，是谓玄牝[2]。

玄牝之门，是谓天地根。

绵绵若存，用之不勤[3]。

关键词：谷神不死

注释

[1]谷神：据严复在《老子道德经评点》中的说法，“谷神”是联合结构。谷，形容“道”虚空博大，像山谷。神，形容“道”变化无穷，很神奇。　[2]玄牝(pìn)：孕育和生养出天地万物的母体。这里用以形容“道”的不可思议的创生力。玄，原指深黑色，是《老子》一书中经常出现的重要概念，有深远、神秘、微妙难测的意思。牝，雌性。　[3]不勤：指道创生万物，从不劳倦，永不穷竭。

译文

虚无而神奇的道，变化是永不穷竭的。它能产生天地万物，所以叫做“玄牝”。

玄妙的母体生育之门，是天地的根源。

它连绵不绝地存在着，作用无穷无尽。

文史链接

用之不勤

在这一章中，老子告诉我们：如果你能够掌握道的原理，就了解了天地的根源：一种绵绵不绝、无穷无尽的宇宙能量。和这个“用之不勤”的宇宙能量不同的是人的能量，除了在早期有一个上升期外，总体上呈现逐步衰退的趋势。

这种用衰退的眼光看待生命的做法，和我们所处时代的主流观念是非常不同的。我们从儿童时代开始，就通过媒体、教育、社会评论等渠道得到一种社会在不断上升的印象。我们所处的时代，是一个对上升、增加等概念十分着迷的时代，好像东西都是越多越好、越大越好。而社会发展，特别是经济发展，也给人一种只发展、不衰退的印象。比如在经济学中，经济学家为了避免减少、衰退等词汇，就把经济的减退称之为“负增长”。实际情况是不是这样呢？按照老子的观点，万物有进就有退，有发展就有衰落。事物的正负两种发展方式总是相辅相成的，不可能只有发展而没有衰退。一个不停发展的东西，总是病态的、不健康的。

如果我们抱着这种眼光来看待社会发展，就会更理性。如果我们对不断增加的经济数字持谨慎态度，就会发现社会发展中存在的各种问题，纠正错误，把每一次经济衰退带来的负面影响降至最低。如果在经济发展时只知道自我陶醉、忘乎所以，那么等到经济危机爆发时，就会措手不及，对危机没有预防能力，导致经济基础和百姓生活遭到更多的打击。

从长期来看，如果我们在每一次的经济发展期都谨慎乐观，抱着防患于未然的心态，预先做好应对经济危机的准备。那么当经济衰退来临时就能及时作出反映，降低灾难的后果，而且经济也更容易复苏。这样，即使每隔一段时间，社会发展总会遭到衰退和阻碍，但是总体来说，经济和百姓的生活还是会越来越好。这样，也许就接近老子说的“绵绵若存，用之不勤”的境界了。

思考讨论

讨论社会的发展和经济的运行，是不断进步上升的，还是既有上升也有回落，既有增长也有衰退的。

第七章

天长地久。

天地所以能长且久者，以其不自生[1]，故能长生。

是以圣人后其身而身先[2]，外其身而身存。

非以其无私邪？故能成其私[3]。

关键词：天长地久

注释

[1]自生：指天地不为自己的生存打算。 [2]后其身而身先：把自己放在后面，反而能占先。 [3]成其私：成就他自己。

译文

天地长久存在着。

天地所以能够长久，是因为它们的一切运作都不是为了自己，所以才能长久。

因此，圣人退居众人之后，反而能赢得爱戴；将自己置身度外，反而能保全性命。

不正是由于他没有私心吗？这样反而能成就自己。

文史链接

长生久世

很久以来，长生久世一直是中国人的追求。这种追求成为中国文化中一种基本的价值观念。除了重视长寿外，一件作品，一种思想学说的好坏、水平高低，也往往以传承时间来衡量。

然而如何实现长生呢？人们为此想了各种办法。比如秦汉后兴起的道教，就主张通过人为干涉来实现长生不老。这就有了各种仙人的传说，以及通过服用丹药来延长寿命乃至长生不死的做法。但是这些做法都难以实现。据传历史上好几位皇帝的死亡，就和服食丹药有关。虽然道教打着老子的旗号，自认是老子的传人，但是他们却忘记了老子“不自生故能长生”的说法。如果刻意为之，那么就走上了和长生久世相反的道路。

在这一章中，老子告诉我们这样一个道理：当你刻意做一件事情的时候，得到的结果和初衷往往南辕北辙。当你刻意争胜时，就可能失败；当你刻意突出自己时，就有可能身败名裂。刻意的心态有时是一种障碍。

思考讨论

列举你身边因刻意为之而导致失败的例子。

第八章

上善若水。

水善利万物而不争，处众人之所恶，故几于道[1]。

居善地，心善渊[2]，与善仁[3]，言善信，正善治，事善能，动善时。

夫唯不争，故无尤[4]。

关键词：上善若水

注释

[1] 几：近。　[2] 渊：沉静。　[3] 与：和别人相交相接。　[4] 尤：过失。

译文

最高的善好像水一样。

水善于滋润万物而不和万物相争，停留在大家所厌恶的地方，所以最接近“道”。

居处善于选择地方，心胸善于保持沉静，待人善于真诚相爱，说话善于遵守信用，为政善于精简处理，处事善于发挥所长，行动善于掌握时机。

这是因为他不争，所以才没有过失。

文史链接

上善若水

最高的善就像水一样。在老子看来，如果要在世界上找到一样东西来描述“道”，最合适的应该是水。水的性质与作用是“几于道”的，即与“道”很接近的意思。本章具体讲述了水之七善：居善地，心善渊，与善仁，言善信，正善治，事善能，动善时。

苏辙的《道德真经注》解释了水的这七善：

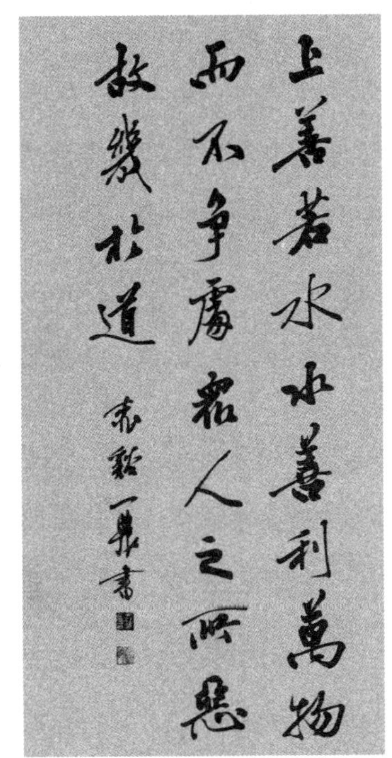

一、避高趋下，未尝有所逆，善地也。水往低处流，它绝对不会违背这个原则，擅长选择合适的地方。

二、空虚静默，深不可测，善渊也。潭水表面平静，里面却深不可测，不表露自己的意向。

三、利泽万物，施而不求报，善仁也。雨水滋润万物，给予却不求回报，爱护诸多生命。

四、圆必旋，方必折，塞必止，决必流，善信也。水进入圆的地方就会旋转，进入方形的地方就会转弯。塞住水源，水就会停下来。

五、洗涤群秽，平准高下，善治也。水可以清洗一切的脏东西，一场大雨过后，一切如新。水还可以分出高下，山倒映在水里，看得很清楚，哪个在前，哪个在后，哪个高，哪个低。

六、遇物赋形，而不留于一，善能也。善于治理，任何东西倒映在水面都会显示出形状。但是水不会特意选择让什么样的形象留在上面，只是适应能力很强，怎么变化都可以。

七、冬凝春泮，涸溢不失节，善时也。有善而不免于人非者，以其争也。水唯不争，故兼七善而无尤。水在冬天凝固，在春天融化，配合节气，该缺水就缺水，该变洪水就变成洪水。能够把握时机，善于待时。

思考讨论

在《老子》一书中，老子分别用哪些词语形容过“道”？这些词语分别表现了“道”的哪些特性？

第九章

持而盈之[1]，不如其已[2]；
揣而锐之，不可长保；
金玉满堂，莫之能守；
富贵而骄，自遗其咎。
功遂身退[3]，天之道也。

关键词：功成身退

注释

[1] 持：拿着，握着。盈：满。　[2] 已：停止。　[3] 遂：成功。

译文

积累到了满溢，不如及时停止；显露锋芒，锐势难保长久；金玉满堂，很难长久守住；富贵了就骄傲，将招致祸患。

功成身退、含藏收敛才合乎自然之道。

文史链接

功成身退

人有生老病死，物有成住坏空；季节有春夏秋冬，国家有兴盛衰亡。明白了这个原则，我们的处世态度就会谦虚退让，适可而止，然后功成身退，常保平安。一般人遇到名利当头的时候，没有不心醉的。老子在这里说出了知进而不知退、善争而不善让的祸害，叫人要适可而止。

贪位慕禄的人，往往得寸进尺；恃才傲物的人，总是耀人眼目，这都是不可取的。“东门逐兔”的故事就是很好的例子。李斯曾经做过秦朝的宰相，显赫不可一世，然而终不免沦为阶下囚。行刑之时，他对他的儿子说：我想要和你再次牵黄狗一起去上蔡的东门猎逐跑得快的兔子，哪里还能得到机会呢？后人因此常常用“东门逐兔”比喻为官遭祸，抽身悔迟之意。

老子在本章的开头就讲到“持而盈之”，“盈”是满溢、过度的意思。自满自夸，都是“盈”的表现。持“盈”的结果，将不免于倾覆之祸患。所以老子谆谆告诫人不可“盈”，一个人在功成名就之后，如能“身退”不盈，才是长久保持之道。

“身退”并不是引身而去，更不是隐匿行迹。唐代思想家王真说：“身退者，非谓必使其避位而去也，但欲其功成而不有之耳。”所以，“身退”是指收敛隐藏、不显露的意思。老子认为，人应当在完成功业之后，不把持、不据有、不露锋芒、不咄咄逼人，可见老子所说的“身退”并不是要人做隐士，而是要人不膨胀自我。范蠡、张良在功成名就以后，隐匿田园，并不是老子所说的“身退”。

老子的这段话并没有遁世的思想，他仅仅告诫人们，事情做好之后，不要贪慕成果，不要尸位其间，而要收敛欲望，不自满、不骄傲。

思考讨论

列举历史上功成身退的人物。想一想，历史上还有没有因功成未退而招致灾祸的例子。

第十章

载营魄抱一[1]，能无离乎？

专气致柔[2]，能如婴儿乎？

涤除玄鉴[3]，能无疵乎？

爱民治国，能无为乎？

天门开阖[4]，能无雌乎[5]？

明白四达，能无知乎[6]？

生之畜之[7]。生而不有，为而不恃，长而不宰，是谓玄德。

关键词：营魄抱一

注释

[1] 载：助词，相当于“夫”。营魄：魂魄。抱一：合一。[2] 专：结聚之意。 [3] 玄鉴：比喻心灵深处明澈如镜。[4] 天门：有多种解释。一说指耳目口鼻等人的感官；一说指兴衰治乱之根源；一说指自然之理；一说指人的心神出入，即意念和

感官的配合等。此处依照第一种说法，指人的感官。开阖（hé）：动静，变化，运动。　[5]雌：象征静寂。　[6]知：通“智”，指心智、心机。　[7]畜：养育、繁殖。

译文

精神和形体合一，能不分离吗？

结聚精气以致柔顺，能像婴儿的状态吗？

清洗杂念，能使心灵恢复光明清澈而毫无瑕疵吗？

爱民治国，能自然无为吗？

感官和外界接触，能守静吗？

通晓四方，能不用心机吗？

生长万物，养育万物。生养万物而不据为己有，养育万物而不自恃己能，引导万物而不视自己为主宰。这就是最深的德。

文史链接

养　气

在这一章中，老子提出了几个问题，分别包含了理想生命的几个方面。其中之一，就是要求人们要像婴儿般“专气至柔”。气的学问，贯穿于中国文化的方方面面。比如中医理论就和气分不开。武术也讲气，甚至有专门的气功。其他如书法、绘画、戏曲等艺术门类，莫不讲气。

那么“气”究竟是什么呢？用今天的话说，气可以理解为和生命有关的能量活动，所以气是多层次的。有我们呼吸的空气，吃五谷杂粮转化而成的五谷之气更有为实现生命体不同需要和功能而存在的“精、气、神”。从粗到细，由表及里。当然，既然

生命是和天地万物都有关的，那么人身上的气也和天地万物有关。所以气不仅仅和生命体本身有关，更和他所处的环境有关。同时，气既然是一种能量活动，也就和精神状态也有关系。所以人的心智精神活动，也会影响到气的状态。

非但道家讲气，儒家也讲气。比如孟子就有著名的“浩然之气”（《孟子·公孙丑上》）之说。孟子认为除了一般意义上的气，人身上还能体会到一种大而无外、充满天地之间的浩然之气。这种气是通过不断做正义之事产生的，如果做了不义之举，就感觉不到了。到达这种程度，个人和天地的区别就打破了。其实所谓的浩然之气，就是天地之气。只不过由于一般人只关心自己和周围的事情，眼光短浅，意境窄狭，心神无法与天地万物相通，所以感觉不到而已。

思考讨论

什么是全面、健康、均衡、合理的人生观？

第十一章

三十辐共一毂[1]，当其无，有车之用[2]。

埏埴以为器[3]，当其无，有器之用。

凿户牖以为室[4]，当其无，有室之用。

故有之以为利，无之以为用。

关键词：无用之用

注释

[1] 辐：车轮中连接轴心和轮圈的木条，古时候的车轮由三十根木条构成。毂（gǔ）：车轮中心的圆孔，即插轴的地方。
[2] 当其无，有车之用：有了车毂中空的地方，才有车的作用。“无”指毂的中间空的地方。 [3] 埏埴（shān zhí）：即糅合陶土做成供人饮食使用的器皿。埏，糅合。埴，土。 [4] 户牖（yǒu）：门窗。

译文

车轮上的三十根木条，聚集在一个车轴中，有了车轴中空的地方，才有车的作用。

糅合陶土做成器皿，有了器具中空的地方，才有器皿的作用。

开凿门窗建造房屋，有了室内的空虚之处，才有房屋的作用。

所以，“有”给人便利，“无”发挥了它的作用。

文史链接

无用之用

万物万事，有了“有”，才有了依凭，有了方位，有了握持的便利。同时，因为预留了空间，预留了缝隙，留下了不确定性，留下了余地，就是说预留了“无”，它才有发挥、使用、运用、发展的可能。在道家的哲学世界中，无，并不代表没有用处，换一个角度，无用之用是为大用。

《庄子·人间世》里面讲到了一棵无用的大树。庄子与弟子走到一座山脚下，看见一株大树，枝繁叶茂，耸立在大溪旁，特别显眼。这树粗百尺，高数千丈，直指云霄；树冠宽如巨伞，能遮蔽十几亩地。庄子忍不住问伐木者：“请问师傅，如此好的木材，怎么一直无人

砍伐？以至于长了几千年这么久？”伐木者似乎对此树不屑一顾，说道：“这何足为奇？此树是一种不中用的木材。用来做舟船，则沉于水；用来做棺材，则很快腐烂；用来做器具，则容易毁坏；用来做门窗，则脂液不干；用来做柱子，则易受虫蚀，此乃不成材之木。不材之木无所可用，故能有如此之寿。”

听了此话，庄子对弟子说：“此树因不材而得以终其天年，岂不是无用之用，无为而于己有为？”弟子恍然大悟，点头不已。庄子又说：“树无用，不求有为而免遭斤斧；白额之牛，亢曼之猪，痔疮之人，巫师认为是不祥之物，故祭河神时才不会把它们投进河里；残废之人，征兵不会征到他，故能终其天年。形体残废，尚且可以养身保命，何况德才残废者呢？树不成材，方可免祸；人不成才，亦可保身也。”庄子最后总结道：“山木，自寇也；膏火，自煎也。桂可食，故伐之；漆可用，故割之。人皆知有用之用，却不知无用之用也。”

其实，世上本没有绝对无用的东西或失败的事物，只是利用的方式不同罢了。同一种事物，在不同的人眼里，或者在不同的际遇里，往往会有不同的价值。

人生也是如此，这世上本没有天生无用、天生失败或者天生成功的人，关键是处在什么位置，或者选择了什么样的道路。所以不要说自己一无所有，一无所能，只不过你还没有被发现而已。我们何不换一个角度看自己，试着走出去，充分展现自己的长处，在“平庸”中挖掘亮色，从“无用”中寻找价值呢？

思考讨论

1. 从身边的事物中举例说明“无用之用”。

2. 老子的“无用之用”体现了辩证法的什么思想？

第十二章

五色令人目盲[1]；

五音令人耳聋[2]；

五味令人口爽[3]；

驰骋畋猎[4]，令人心发狂[5]；

难得之货，令人行妨[6]。

是以圣人为腹不为目[7]，故去彼取此[8]。

关键词：圣人为腹不为目

注释

[1]五色：指青、黄、赤、白、黑。此指色彩多样。目盲：比喻眼花缭乱。 [2]五音：指宫、商、角、徵、羽。这里指多种多样的音乐声。耳聋：比喻听觉不灵敏，分不清五音。 [3]五味：指酸、苦、甘、辛、咸。这里指多种多样的美味。口爽：意思是味觉失灵，生了口病。古代以“爽”为口病的专用名词。 [4]驰骋：马纵横奔走。畋（tián）：打猎。 [5]心发狂：心旌放荡而不可制止。 [6]行妨：伤害操行。妨，妨害、伤害。 [7]为腹不为目：只求温饱安宁，而不为纵情声色之娱。腹，在这里代表一种简朴宁静的生活方式。目，代表一种浮华多欲的生活方式。 [8]去彼取此：摒弃物欲的诱惑，保持安定知足的生活。彼，指“为目”的生活。此，指“为腹”的生活。

译文

缤纷的色彩，使人眼花缭乱；嘈杂的音调，使人听觉失灵；丰盛的食物，使人舌不知味；纵情狩猎，使人心情放荡发狂；稀有的物品，使人行为不轨。

因此，圣人只求饱腹而不追逐声色之娱，所以摒弃物欲的诱惑，保持安定知足的生活方式。

文史链接

圣人为腹不为目

圣人追求的是“为腹不为目”的生活，“为腹”，即建立内在宁静恬淡的生活。“为目”，即追逐外在贪欲的生活。

《庄子·天地》中说，丧失天性的五种要素是：一为五色，它使人的眼睛迷乱，使人们所见不明；二为五音，它使人的耳朵迷乱，使人们的耳朵不聪；三为五臭，它熏迷了人的鼻子，使人们鼻塞不通；四为五味，它污浊了人的口舌，使人们食不知味；五为欲望，它扰乱了众人的心扉，使人们心情浮动而急躁。这五种因素扰乱了人们的生活。

如果一个人的内心为声色欲望所塞，形体为皮帽、长裙所束缚，还自以为得，那么被反绑胳膊的罪人和困在笼中的虎豹，也可以说是自得了。

感官欲望如果超过了限度，就会变成求乐反苦。至于“心发狂”与“行妨”，更使人陷入困境，甚至会受到礼的约束与法的惩罚。

思考讨论

试讨论当今社会中有哪些事情会使人“心发狂”。

第十三章

宠辱若惊[1]，贵大患若身[2]。

何谓宠辱若惊？

宠为下[3]，得之若惊，失之若惊，是谓宠辱若惊。

何谓贵大患若身？

吾所以有大患者，为吾有身；

及吾无身，吾有何患？

故贵以身为天下，若可寄天下；

爱以身为天下，若可托天下。

关键词：贵身

注释

[1] 宠辱：荣宠和侮辱。 [2] 贵大患若身：重视大患就像珍贵自己的身体一样。贵，珍贵、重视。 [3] 宠为下：得宠是不光荣的、卑下的。

译文

得宠和受辱都好像受到惊恐，把荣辱这样的大患看得与自身生命一样珍贵。

什么叫做得宠和受辱都感到惊慌失措？

得宠是卑下的，得到它时好像受到惊吓，失去它时也好像受到惊吓，这就叫做得宠和受辱都感到惊慌失措。

什么叫做重视大患像重视自身生命一样？

我之所以有大患，是因为我有身体；如果我没有身体，我还会有什么祸患呢？

所以，能够以贵身的态度去为天下，天下就可以托付给他；以爱身的态度去为天下，天下就可以依靠他了。

文史链接

贵　身

老子认为一个理想的统治者，首要在于“贵身”，不胡作妄为，这样，才能放心把天下的重任委托给他。《庄子·在宥》中也表达了这样的思想：“故贵以身为天下，则可以托天下；爱以身为天下，若可以寄天下。”为什么这样的人才可以把天下托付给他？因为这样的人一定不会穷兵黩武，不会随意践踏生灵。

《庄子·让王》里有这样一则小故事：韩国和魏国相互争夺边界上的土地。华子拜见昭僖侯的时候，昭僖侯面带忧色。华子说：“假如我让天下国君一起签约，左手拿着这个契约，那么右手就要砍掉，右手拿着这个契约，左手就要砍掉。不过拿到契约的人，一定会拥有天下。君侯会抓取吗？”昭僖侯说：“我是不会去抓取的。”这个故事可以给《老子》的贵身思想作一个很好的注解。如果要损失一只手臂才可以当帝王，倒不如不当。明君爱惜身体，才能让百姓安居乐业，才不会有太多劳役，让百姓受苦。

思考讨论

生活中有哪些事情属于“宠”，又有哪些事情属于“辱”？你在意吗？别人呢？

第十四章

视之不见，名曰夷；

听之不闻，名曰希；

搏之不得，名曰微[1]。

此三者不可致诘[2]，故混而为一[3]。

其上不皦[4]，其下不昧[5]，

绳绳兮不可名[6]，复归于无物[7]。

是谓无状之状，无物之象，是谓惚恍[8]。

迎之不见其首，随之不见其后。

执古之道，以御今之有[9]。

能知古始[10]，是谓道纪[11]。

关键词：不言之道

注释

[1]夷、希、微：三个名词都是用来形容人的感官无法把握住“道”。夷，无色。希，无声。微，无形。　[2]致诘：追问，究问，反问。　[3]一：本章的“一”指“道”。　[4]皦（jiǎo）：光明。　[5]昧：阴暗。　[6]绳绳：纷纭不绝。　[7]复归：还原。无物：不是指一无所有，而是指不具有任何形象的存在，是无形状的物，即“道”。　[8]惚恍：若有若无，闪烁不定。　[9]有：指具体事物。　[10]古始：宇宙的原始，或“道”的初始。

[11]道纪：“道”的纲纪，即“道”的规律。

译文

看它看不见，把它叫做“夷”；听它听不到，把它叫做“希”；摸它摸不着，把它叫做“微”。

这三者的形状无从追究，它们原本就是浑然一体的。它的上面不显得光明，

它的下面也不显得阴暗，连绵不绝的样子无法为它定名，一切运动都又回复到无形无象的状态。

这就是没有形状的形状，不见物体的形象，这就是“惚恍”。

迎着它，看不见它的前头；跟着它，也看不见它的后续。

把握早已存在的“道”，可以驾驭具体的事物。

能够了解宇宙的初始，叫做认识“道”的规律。

文史链接

不言之道

本章讲述神秘的“道”、超脱于具体事物之上的“道”，与现实世界的万事万物有着根本的不同。它没有具体的形状，看不见、听不到、摸不着，它无边无际、无古无今地存在着，时隐时现，难以命名。“道”不是普通意义的事物，而是没有形体可见的东西。老子用经验世界的一些概念对它加以解释，然后又一一否定，反衬出“道”的深微奥秘之处。在《老子》的第十四章和第二十一章中，老子都用了“惚恍”来描述“道”。“惚恍”是指若有若无，没有形状而又有形状，没有东西却好像有具象的物。由此可见，老子所说的“道”并非虚无，而是无法加以描述。不知道它由何处而来，也不知道它去往何处。

在《老子》开篇中，老子就提出了“道”和“语言”的关系，他说:“道可道,非常道;名可名,非常名。”可以用语言来表达的“道”并非恒常之道;可以用文字叙述的名也并非恒常之名。在老子看来,形而上之道是难以用语言来表达的。老子的“不言之道”有三层含义：

一是不可言。凡是可以用语言表述的,一定是具象的,而“道”作为超越性的根本存在，如果我们用日常的语言来描述，一定会产生偏颇或遗漏，这样就有损了“道”的本义。

二是不能言。道虽然是独立存在，但是却不可观见，虽然不在万事万物之中，但是却蕴涵其中。《老子》第二十一章中说：“道之为物，惟恍惟惚。惚兮恍兮，其中有象；恍兮惚兮，其中有物。窈兮冥兮，其中有精；其精甚真，其中有信。”“道”那样的恍惚，其中却有形象。那样的恍惚，其中却有实物。那样的深远暗昧，其中却有精质，这精质是非常真实的，这精质是可以信验的。因为“道”是宇宙中无处不在的存在，那么我们怎么能一一遍举之呢？如果我们遍举天下的名号、词语来表达它，就可以穷尽它吗？我们用语言表述出来的“道”，又是全部的“道”吗？无论我们的认知能力还是语言能力，在“道”的面前，都显得力不从心。

三是不愿言。《老子》第二十五章中说:“有物混成,先天地生。寂兮寥兮,独立而不改,周行而不殆,可以为天地母。吾不知其名,强字之曰道，强为之名曰大。”有一个东西浑然一体，在天地形成以前就已经存在。听不到它的声音也看不见它的形体,它独立长存,循环运行而永不衰竭，可以作为万物的根本。我不知道它的名字，所以勉强把它叫做“道”，再勉强给它起个名字叫做“大”。“道”本来就难以言说，对于它，我们无法用客观、直接的语言对它进行描述，因此，老子的“不愿说”表达了这种无法正面表达的无奈态度。

思考讨论

你有没有遇到过难以用语言表达的体验和感觉？如果不能用语言表达，你还有别的表达方式吗？

第十五章

古之善为道者，微妙玄通，深不可识。

夫唯不可识，故强为之容[1]：

豫兮若冬涉川[2]；

犹兮若畏四邻[3]；

俨兮其若客[4]；

涣兮其若凌释[5]；

敦兮其若朴[6]；

旷兮其若谷[7]；

混兮其若浊[8]。

孰能浊以静之徐清[9]？

孰能安以静之徐生[10]？

保此道者不欲盈。

夫唯不盈，故能蔽而新成[11]。

关键词：善为道者

注释

[1]容：形容、描述。 [2]豫兮：引申为迟疑慎重的意思。豫，野兽的名称，性好疑虑。涉川：小心翼翼，如临深渊。[3]犹：野兽的名称，性警觉，此处用来形容警觉、戒备的样子。若畏四邻：进退如受四邻拘制，形容不敢妄动。 [4]俨兮：形容端谨、庄严的样子。 [5]涣兮其若凌释：河水消融，顺水下流的样子。 [6]敦兮其若朴：形容敦厚老实的样子。 [7]旷兮其若谷：形容心胸开阔、旷达。 [8]混兮其若浊：形容浑厚纯朴的样子。混，与“浑”通用。 [9]浊:动态。 [10]安:静态。 [11]蔽而新成：去故更新的意思。

译文

古时候善于行“道”的人，精微奥妙而深刻玄远，一般人难以理解。

正因为难以理解，所以只能勉强地形容他：小心谨慎啊，好像冬天踩着水过河；警觉戒备啊，好像防备着邻国的进攻；恭敬郑重啊，好像在外做客；行动洒脱啊，好像冰块缓缓消融；敦厚实在啊，好像没有经过加工的原料;旷远豁达啊，好像深幽的山谷;浑厚淳朴啊，好像浊水的样子。

谁能使浑浊安静下来，慢慢澄清?

谁能使安静变动起来，慢慢显出生机?

保持“道”的人不会自满。

正因为他从不自满，所以能够去故更新。

文史链接

善为道者

老子称赞善为道者“微妙玄通，深不可识”，他们掌握了事物发展的普遍规律，懂得运用普遍规律来处理现实存在的具体事物。也可以说这是教一般人怎样掌握和运用“道”。得“道”之士的精神境界远远超出一般人所能理解的水平，所以老子用了七个比喻来勉强形容他们，即“强为之容”。能够做到这七个方面，就是善为道者：小心警惕，提高警觉，才能够让自己安全；拘谨严肃，自在随意，是适应环境的需要；醇厚实在，空旷开阔，是自己本身的修养;混同一切，是为道的修养。他们具有谨慎、警惕、严肃、洒脱、融和、纯朴、旷达、浑厚等人格修养功夫，他们微而不显、含而不露，高深莫测，为人处世从不自满高傲。

“道”是玄妙精深、恍惚不定的。一般人对“道”感到难于捉摸，而得“道”之士则与世俗之人明显不同，他们有独到的风貌，独特的人格形态。世俗之人“嗜欲深者天机浅”，他们极其浅薄，让人一眼就能够看穿；得“道”人士静谧幽沉、难以测识。他们有良好的人格修养和心理素质，有良好的静定功夫和内心活动。他们表面上清静无为，实际上极富创造性，即静极而动、动极而静，这是他们的生命活动过程。老子所理想的人格是敦厚朴实、静定持心，内心世界极为丰富，并且可以在特定的条件下，由静而转入动。

思考讨论

列举老子所说的得“道”之人的七个修养。

第十六章

致虚极，守静笃[1]。

万物并作[2]，吾以观复[3]。

夫物芸芸[4]，各复归其根[5]。

归根曰静，静曰复命[6]。

复命曰常[7]，知常曰明[8]。

不知常，妄作凶。

知常容[9]，容乃公，公乃全[10]，全乃天[11]，天乃道，道乃久，没身不殆。

关键词：致虚守静

注释

[1]致虚极，守静笃（dǔ）：虚和静形容人的心境原本是空明宁静状态，由于外界的干扰，使得心灵闭塞不安，所以必须做到“致虚”和“守静”的工夫，以期恢复心灵的清明。极、笃，意为极度、顶点。 [2]作：生长，发展。 [3]复：循环往复。 [4]芸芸：茂盛，纷杂。 [5]归根：回归本原，即复归于道。 [6]复命：复归本性，重新孕育新的生命。 [7]常：指万物运动变化的永恒规律，即守常不变的规则。 [8]明：认识，了解。 [9]容：宽容，包容。 [10]全：周到，周遍。 [11]天：指自然的天，或自然的代称。

译文

“致虚”和“守静”的工夫，要做到极致的境地。

万物蓬勃生长，我从而考察循环往复的道理。

万物纷纷芸芸，各自返回它的本根。

返回本根就叫做“静”，清静就叫做复归于生命。

复归于生命就叫自然，认识了自然规律就叫做聪明。

不认识自然规律的轻妄举止，往往会出乱子。

认识自然规律的人是无所不包的，无所不包就会坦然公正，公正就能周全，周全才能符合自然的“道”，符合自然的“道”才能长久，终身免遭危险。

文史链接

致虚守静

老子特别强调致虚守静的功夫，他认为，追求“虚”，要达到极点；守住“静”，要完全确实。这是老子的修养方法。《庄子·人间世》说：“虚室生白。”空的房间就显得亮；相反，房间里如果塞满了东西，即使灯光再亮，也显不出来光亮，到处都是阴影。所以“虚”之后能空能明，虚就有了空，空就有了明。

他主张人们应当用虚寂沉静，去面对宇宙万物的运动变化。在他看来，万事万物的发展变化都有其自身的规律，从生长到死亡，再生长到再死亡，生生不息，循环往复以至于无穷，都遵循着这个运动规律。在这里，他提出“归根”、“复命”的概念，主张回归到一切存在的根源，这是完全虚静的状态，这是一切存在的本性。《庄子·外物》中说：静默可以补养疾病，按摩眼角可以防止衰老，心情平静可以治疗紧张。这不过是教导人们安静休息的方法。若自身能求平静的人，就用不着做这些了。

“致虚极”是要人们排除物欲的诱惑，回归到虚静的本性，这样才能认识“道”,而不是为争权夺利而忘了“道”。“致虚”必“守静”，因为“虚”是本体，而“静”则在于运用。司马迁说：“李耳无为自化，清静自正。”（《史记·太史公自序》）这是很扼要的概括。《庄子·应帝王》中说：不要做任何荣誉的承受人，不要做主谋策划的智囊，不要承担事情的责任，也不要做运用机巧的主宰。了解大道的无穷，便可以遨游无穷无际的所在；尽自己天赋的本性，不要自以为有所得而喜。因为世界上的一切，不过是虚无罢了！至人的用心像镜子一般，物去了不送，来了也不迎，自然而然反映出“它”的影像，没有丝毫的偏见与隐匿。所以它能够消除物我的对立，迎接万物而不被万物损伤。

当代哲学家任继愈这样评价老子的“致虚守静”：“老子主张要虚心，静观万物发展和变化，他认为万物的变化是循环往复的，变来变去，又回到它原来的出发点（归根），等于不变，所以叫做静。既然静是万物变化的总原则，所以是常（不变），为了遵循这一静的原则，就不要轻举妄动，变革不如保守安全。把这一原则应用到生活、政治各方面，他认为消极无为，可以不遭危险。”（《老子新译》）

思考讨论

中国历史上有哪些思想家评价过老子的“致虚守静”思想呢？你怎样看待老子的这个思想？

第十七章

太上[1]，不知有之[2]；

其次，亲而誉之；

其次，畏之；

其次，侮之。

信不足焉，有不信焉。

悠兮其贵言[3]。

功成事遂，百姓皆谓：我自然[4]。

关键词：太上　不知有之

注释

[1]太上：指最好的统治者。　[2]不知有之：人民不知有统治者的存在。　[3]悠兮：悠闲自在的样子。贵言：指不轻易发号施令。　[4]自然：自己本来就如此。

译文

最好的统治者，人民并不知道他的存在；次一等的统治者，人民亲近他并且称赞他；再次一等的统治者，人民畏惧他；更次一等的统治者，人民轻蔑他。

统治者的诚信不足，人民就不相信他。

最好的统治者是多么悠闲啊，他很少发号施令。

万事顺利，老百姓都说：我们本来就是这样的。

文史链接

老子的政治主张

老子在全书中第一次描绘了他的理想国政治蓝图。第一句四个层次的划分，不是从古到今的时间顺序，而是治理好坏的统治状况。在老子的观念上，理想的“圣人”是要“处无为之可，行不言之教”。

晋代的皇甫谧在《帝王世纪》中，记载了这样一个小故事：尧帝的时候，天下太平，百姓相安无事，有五个老人在道路上做投掷游戏，看到的人感叹道：“尧帝的德行真的广大啊！”老人说：“日出就开始耕作，日落就回家休息。挖井取水，耕田吃饭。这跟皇帝有什么关系呢？”这种生动的画面，可以说是对老子的“百姓皆谓：我自然”的最好图解。

老子把这种理想的政治情境，与儒家主张实行的“德治”和法家主张实行的“法治”相对比，将后二者等而下之。实行“德治”，老百姓觉得统治者可以亲信，而且称赞他，这当然不错，但还是次于“无为而治”者。实行“法治”的统治者，用严刑峻法来镇压人民，实行残暴扰民政策，这样老百姓就会逃避他、畏惧他。老子强烈反对这种“法治”政策，而对于“德治”，老子认为这已经是多事的征兆了。最美好的政治，莫过于统治者“贵言”，不轻易发号施令，人民相安无事，甚至于根本不知道统治者是谁。当然，这种美治在当时并不存在，只是老子“乌托邦”式的幻想。

思考讨论

老子提到的这几种统治者历史上是否出现过？请举出相应的例子。

第十八章

大道废[1]，有仁义；

智慧出[2]，有大伪；

六亲不和[3]，有孝慈；

国家昏乱，有忠臣。

关键词：大道废　有仁义

注释

[1]大道:万事万物的根本规律。废:背弃,毁坏。　[2]智慧:智巧。　[3]六亲：父、子、兄、弟、夫、妇，指代家庭。

译文

大道被废弃了，才提倡仁义；智巧出现，才产生欺诈；家庭出现纠纷，才能显示出孝与慈；国家陷于混乱，才能见出忠臣。

文史链接

大道废，有仁义

老子反对的就是儒家所提倡的仁义，因为他发现，儒家提倡的仁义道德，实际上是出于人与人之间的相互需要，而人与人之间之所以相互需要，是因为这个社会有很多的匮乏，有很多的不足，一旦这些匮乏没有了，一旦这些不足变为充足了，这些仁义道德就变得可有可无了。所以老子说："大道废，有仁义；智慧出，有大伪；六亲不和，有孝慈。"

老子这样的认识世界方式，和我们认识世界的方式，尤其是和儒家认识世界的方式，正好在顺序上颠倒过来了。我们认识世界的方式是什么呢？“大道废，有仁义”，人间的大道被人类忘掉了，然后我们才提出所谓的仁、义。“智慧出，有大伪”，正因为我们太肯定人的智慧，所以才有“大伪”，什么叫“伪”呢？就是人为的虚假的东西。因为我们提倡子女对父母的孝，提倡父母对子女的慈，所以我们造成了什么样的社会呢？“六亲和”，造成了和谐的社会，子女孝顺，父母慈爱。可是老子认为，这是倒过来的，正是因为六亲不和所以才讲求孝慈。

他还这样说：“失道而后德，失德而后仁，失仁而后义，失义而后礼。”这一段话讲得非常精彩，先是道没了，然后是德，德后是仁，仁后是义，义后是礼。人类历史的发展，老子以后中国思想史的发展，是不是如他所预言的那样呢？

道是最原初的东西，我们可以说三皇五帝之时，尧舜禹的时候，是“道”。到了周王朝建立的时候，就讲“德”。到了周王朝衰落的时候，孔子出来讲“仁”，“仁”发展到了一定程度，失去了对别人的道德约束了，到了战国中期，孟子又强调“义”。再往下发展，荀子强调的是“礼”。所以我们说，如果老子是春秋后期的人，那么他对于中国思想史发展的这样一个预言，实在是太准确了。“礼”以后呢？

“夫礼者，忠信之薄，而乱之首。”

当荀子的“礼”也不能对社会进行约束和规范的时候，什么东西又出现了呢？那就是荀子的学生——韩非子和李斯所提倡的“法”。“法”出来的时候，天下大乱就开始了，即秦王朝的时候。秦始皇统一六国，靠的是武力，靠的是杀戮，完全没有忠和信可言。而且他统一六国之后，仅仅十六年的时间，国家就崩溃了，天下重新陷入混战，这不是乱之首吗？所以老子的预言非常准确。

老子的预言里面，实际上还包含了他的历史观。在他看来，人类的历史，就其道德而言，是一个逐渐堕落的过程；就文化而言，是一个衰退的过程，而不是发展的过程。人类在历史的长河里进行的所谓的文化创造，比如说孔子创造了“仁”，孟子创造了“义”，荀子创造了“礼”，韩非子特别提倡“法”，这么多文化的创造，这么多有价值的思想史上的成果，在老子悲观的眼里，都不过是对堕落人性的一种被动的适应。因为人性中没有“道”了，所以我们提倡“德”，因为人性没有“德”了，所以我们提倡“仁”，因为人性中已经不“仁”了，所以我们提倡“义”，因为人性中已经不义了，没有办法了，所以荀子又提倡“礼”。因为人性的丑恶极度膨胀，礼已经不能约束他了，所以韩非子提出了“法”，用强制性的、暴力的手段来约束。所以我们从老子的这一段描述中可以看出，他对于人类的道德是很悲观的。他认为人类的道德是一个逐渐堕落的过程，是一个逐渐下降的过程。

思考讨论

你身边有伪君子吗？他们有一些什么共同特征？历史上有没有一些著名的、可以被称之为伪君子的人物？

第十九章

绝圣弃智[1]，民利百倍；

绝仁弃义，民复孝慈；

绝巧弃利，盗贼无有。

此三者以为文[2]，不足。

故令有所属[3]：见素抱朴[4]，少私寡欲，绝学无忧[5]。

关键词：绝圣弃智

注释

[1]绝圣弃智：抛弃聪明智巧。此处“圣”不作“圣人”解，不是指最高的修养境界，而是自作聪明之意。 [2]此三者：指圣智、仁义、巧利。文：条文，法则。 [3]属：归属、适从。 [4]见素抱朴：意思是保持原有的自然本色。素，是指没有染色的丝。朴，是指没有雕琢的木。 [5]绝学无忧：指弃绝仁义圣智之学。

译文

抛弃聪明智巧，人民可以得到百倍的好处；抛弃仁义，人民可以恢复孝慈的天性；抛弃机巧和利益，盗贼就不会出现。

圣智、仁义、巧利这三者全是巧饰，不足以治理天下。

所以要使人们的思想认识有所归属：保持纯洁朴实的本性，减少私欲，抛弃圣智礼法的浮文，才能免于忧患。

文史链接

绝圣弃智

关于“绝圣弃智”，我们不能简单地从字面上理解，就说老子是反智、反对社会进步的，而需要了解，“智”在老子那里，有两种含义：

第一种是有积极意义的。《老子》第三十三章中说："知人者智，自知者明。"认识别人的叫做智，认识自我的叫做明。在这个句子中，老子显然是站在一种肯定的立场来说"智"的。但是这种"智"的指向性也非常明确，是合于大道的。

第二种含义是老子反"智"的原因。老子曾经这样论证他反"智"的原因，《老子》第六十五章中说："古之善为道者，非以明民，将以愚之。民之难治，以其智多。故以智治国，国之贼；不以智治国，国之福。"古代善于行道的人，不是教导人民智巧伪诈，而是教导人民淳朴。人们之所以难于统治，是因为他们有太多的智巧心机。所以用智巧心机治理国家，就必然会危害国家；不用智巧心机治理国家，才是国家的幸福。可见，老子反对的"智"是智伪巧诈，老子说："智慧出，有大伪。"智巧出现，便会产生伪诈。"智"原本是人类社会进步的标志，他不必定会产生伪诈；但是一旦"智"与人的私心、欲念联系在一起，便会出现"智巧"的局面，成为有碍人心向善、社会淳朴的东西。唐代《朝野佥载》里有这样一个小故事：东海有个孝子名字叫郭纯，他的母亲去世了，每次他在坟墓前大哭的时候，都有很多鸟飞过来。传说，他的孝心感动了飞鸟。朝廷颁发匾额表扬了郭纯的孝心。后来才知道，鸟飞过来，是因为他每次坟前大哭的时候，都会撒饭渣在地上，鸟飞过来是因为要吃东西，并不是受到了孝心的感动。正是因为"智"与人的私心紧密相连，所以老子才提出了反"智"。老子说："大道甚夷，而人好小径。"大路如此的平坦，但是人却喜欢小道。

老子反对的是小"智"，提倡的是大"智"，反对的是第二种智，提倡的是第一种智。读《老子》时，不应偏颇地说老子反对智慧，而应该对老子的"智"作一番解读，了解老子反对的是哪种智。

思考讨论

试讨论小聪明和大智慧的区别。

第二十章

唯之与阿[1]，相去几何？

美之与恶[2]，相去若何？

人之所畏[3]，不可不畏。

荒兮[4]，其未央哉[5]！

众人熙熙[6]，如享太牢[7]，如春登台[8]。

我独泊兮[9]，其未兆[10]；

沌沌兮[11]，如婴儿之未孩[12]；

傫傫兮[13]，若无所归。

众人皆有余[14]，而我独若遗[15]。我愚人之心也哉[16]！

俗人昭昭[17]，我独昏昏[18]。

俗人察察[19]，我独闷闷[20]。

澹兮其若海[21]，飂兮若无止[22]。

众人皆有以[23]，而我独顽且鄙[24]。

我独异于人，而贵食母[25]。

关键词：唯之与阿

注释

[1] 唯：恭敬地答应，这是晚辈回答长辈的声音。阿：怠慢地答应，这是长辈回答晚辈的声音。　[2] 美之与恶：即美丑、善恶。[3] 畏：惧怕，畏惧。　[4] 荒兮：广漠的样子。　[5] 未央：无尽的意思。　[6] 熙熙：形容纵情奔欲、兴高采烈的样子。[7] 享太牢：参加丰盛的宴席。太牢，古代人把准备宴席用的牛、羊、猪事先放在牢里养着。　[8] 如春登台：好似在春天里登台眺望。　[9] 我：可以理解为老子自称，也可理解为"体道之士"。泊：淡泊，恬静。　[10] 未兆：没有征兆，形容无动于衷，不炫耀自己。　[11] 沌（dùn）沌兮：混沌，不清楚。　[12] 孩：同"咳"，形容婴儿的笑声。　[13] 儽（lěi）儽兮：疲倦闲散的样子。　[14] 有余：有丰盛的财货。　[15] 遗：不足的意思。[16] 愚人：纯朴的状态。　[17] 昭昭：智巧光耀的样子。[18] 昏昏：愚钝暗昧的样子。　[19] 察察：严厉苛刻的样子。[20] 闷闷：纯朴诚实的样子。　[21] 澹（dàn）：辽远广阔的样子。[22] 飂（liáo）：急风。　[23] 有以：有用，有为，有本领。[24] 顽且鄙：形容愚陋，笨拙。　[25] 贵食母：以守道为贵。母，用来比喻"道"，"道"是生育天地万物之母。

译文

应诺和呵斥，相距有多远？

美好和丑恶，又相差多少？

众人所畏惧的，不能不畏惧。

这风气从远古以来就是如此，好像没有尽头的样子。

众人都兴高采烈，如同去参加盛大的宴席，又像春天里登台眺望美景。

而我却独自淡泊宁静，无动于衷。混混沌沌啊，如同婴儿还不会发出笑声。

闲散啊，好像还没有归宿。

众人都有所剩余，而我却像不足的样子。我真是愚人的心肠啊！

世人光辉自炫，唯独我愚钝暗昧。

世人严厉苛刻，唯独我纯朴诚实。

辽阔啊，像大海无边；恍惚啊，像漂泊无处停留。

世人都有所施展，唯独我愚昧而笨拙。

我与世人不同的，关键在于得到了"道"。

文史链接

大智若愚

大智若愚虽然不是出自老子。但是有很多人认为其思想渊源很有可能与老子对智者的描述有关。

为什么有智慧的人，看上去却愚钝呢？这要从两方面来分析。

一方面，当我们看到一些人表面上看起来很聪明的时候，不妨思考一下个中原因。比如我们经常在电视上看到一些人为了一个问题进行激烈的讨论，在讨论中，他们表现得口若悬河、滔滔不绝。这时我们就要想一下他们这么做的原因。首先，这可能是因为他们都喜欢被别人看得起，被别人仰慕，所以他们要表现得更聪明。其次，这样做可能是因为他们好胜，想赢。特别是当别人的观点和他

们不一致时，就非常想要战胜对方。这样的做法是否就有智慧呢？从老子的眼光来看，这是要打上一个大大的问号的。

另一方面，老子提醒我们，智慧和道一样，都是难以被察觉到的。正因为一般的人看不出有道之士身上的智慧，就误以为他们很愚钝。比如一只狮子在捕食猎物的过程中，发动追击前总是非常安静，然而一旦它开始追击，则会急如闪电，让猎物难以逃脱。又比如平时海面总是平静安详，偶尔泛起小小浪花。但是风平浪静之下却蕴藏着无穷的威力。无论是海啸还是飓风，世界上还没有一种力量能够与之抗衡。体育比赛中，水平高的运动员在比赛前总是安静沉着，但是比赛开始后，他们身上却能爆发出惊人的能量和极高的专注度，从而赢得比赛。这或许就是有智慧的人在平时显得愚钝的原因吧。

孔子也明白大智若愚的道理。《论语·子路》中孔子就说过："刚毅木讷，近仁。" 所以在中国古代文化中，大智若愚的形象就成为了智慧的典型。

思考讨论

你身边有大智若愚的人吗？试举出你知道的，或者曾在书本、电影、电视中看到过的大智若愚的人物形象。

第二十一章

孔德之容[1]，惟道是从。

道之为物，惟恍惟惚[2]。

惚兮恍兮，其中有象[3]；

恍兮惚兮，其中有物。

窈兮冥兮[4]，其中有精[5]；

其精甚真，其中有信[6]。

自今及古，其名不去，以阅众甫。

吾何以知众甫之状哉[7]？以此[8]。

关键词：孔德之容

注释

[1]孔：很，大。德："道"的显现和作用。容：形态。 [2]恍：仿佛，不清楚。 [3]象：形象。 [4]窈兮冥兮：深远暗昧。窈，深远，微不可见。冥，暗昧，深不可测。 [5]精：最微小的原质，极细微的物质实体。 [6]信：信实，真实可信。 [7]以知众甫：以观察万物的起始。甫，通"父"，引申为始。 [8]以此：根据就在道。此，指道。

译文

大德的形态，完全跟随着道。

"道"这个东西，是那样的恍惚。

它那样的恍惚，其中却有形象；那样的恍惚，其中却有实物。

那样的深远暗昧，其中却有精质；这精质是非常真实的，这精质是可以信验的。

从当今上溯到古代，它的名字永远不能消去。依据它才能观察万物的初始。

我怎么才能知道万事万物开始的情况呢？是从"道"认识的。

文史链接

“道”与“德”

“孔德之容,惟道是从”。这句话体现了“道”与“德”的关系:

一、“道”是无形的，它必须作用于物，透过物的媒介，得以呈现他的功能。“道”所显现的物的功能称为“德”。

二、一切物都由“道”形成，内在于万事万物的“道”，在一切事物中表现它的属性，也就是表现它的“德”。

三、形而上的“道”落实到人生层面时，称之为“德”。“道”本来是幽隐而未形的，它的显现就是“德”。

“德”追随着“道”，然而因为人有思考、判断及选择的可能，这种选择可能产生错误,因此就产生了“有德”和“无德”的问题。而完全遵循着大道的德就是“孔德”,“孔德”就是最大的德。

思考讨论

试讨论古代和现代“德”的异同。

第二十二章

曲则全，枉则直[1]，洼则盈，敝则新[2]，少则得，多则惑。

是以圣人抱一为天下式[3]。

不自见，故明[4]；

不自是，故彰；

不自伐[5]，故有功；

不自矜，故长。

夫唯不争，故天下莫能与之争。

古之所谓“曲则全”者，岂虚言哉！诚全而归之。

关键词：曲则全

注释

[1]枉：屈，弯曲。 [2]敝（bì）：凋敝。 [3]抱一：守道。抱，守。一，即道。式：法式，范式。 [4]明：彰明。 [5]伐：夸。

译文

委曲才可保全，屈枉才可直伸，低洼将可充盈，陈旧将可更新，少取反而获得，贪多反而迷惑。

所以有“道”的人坚守“道”，作为天下事物的准则。

不自我表扬，反能显明；不自以为是，反能彰明；不夸耀自己，反能得有功劳；不自命不凡，所以才能领导众人。

正因为不与人争，所以天下没有人能与他争。

古时所谓“委曲便会保全”的话，怎么会是空话呢！它实实在在能够达到。

文史链接

不 争

本章一开头，老子就用了六句古代成语，讲述事物由正面向反面变化所包含的辩证法思想，即委曲和保全、弓屈和伸直、不满和盈溢、陈旧和新生、缺少和获得、贪多和迷惑。老子从生活的经验出发，用辩证法思想观察和处理社会生活的原则，最后他得出的结论是“不争”。

《老子》一书中，“不争”一词，有七个章节提到。第三章：不尚贤，使民不争。第八章：水善利万物而不争……夫唯不争，故无尤。第二十二章：夫唯不争，故天下莫能与之争。第六十六章：以其不争，故天下莫能与之争。第六十八章：善为士者，不武；善战者，不怒；善胜敌者，不与；善用人者，为之下。是谓不争之德。第七十三章：天之道，不争而善胜。第八十一章：天之道，利而不害；人之道，为而不争。

除第三章外，其余各章所说的“不争”，都是指个人修养，这种修养来源于自然之道，上善若水，是一种境界。在《庄子·天下》中，庄子说老子之道是“人皆求福，己独曲全。曰：‘苟免于咎’”。人人都在追求福禄，自己却偏偏委曲求全，说是只求避免灾祸。老子认为，事物常在对立的关系中产生，在“曲”里存在着“全”的道理，在“枉”里存在着“直”的道理，在“洼”里存在着“盈”的道理，在“敝”里存在着“新”的道理，因而把握了其中的奥秘，就可以做到“不争”。

思考讨论

为什么有时候走曲线反而更容易达到目标？你能举出一些例子吗？

第二十三章

希言自然[1]。

故飘风不终朝[2]，骤雨不终日[3]。

孰为此者？天地。

天地尚不能久，而况于人乎？

故从事于道者[4]，同于道；德者，同于德；失者，同于失[5]。

同于道者，道亦乐得之；

同于德者，德亦乐得之；

同于失者，失亦乐得之。

信不足焉，有不信焉！

关键词：不言之教

注释

[1]希言：字面意思是少说话。此处指统治者少施加政令，不扰民的意思。言，声教法令。 [2]飘风：大风，强风。 [3]骤雨：大雨，暴雨。 [4]从事于道者：按道办事的人。此处指统治者按道施政。 [5]失：指失道或失德。

译文

不言政令是合乎于自然的。

所以狂风刮不到一个早晨，暴雨下不了一整天。

谁使它这样的呢？天地。

天地的狂暴尚且不能持久，何况是人呢？

所以，从事于道的，就同于道；从事于德的，就同于德；表现失道失德的，行为就暴虐恣肆。

同于道的人，道也乐于得到他；同于德的人，德也乐于得到他；同于失道失德的人，就会得到失道失德的后果。

统治者的诚信不足，人民自然不信任他。

文史链接

不言之教

在这一章里，老子说统治者要行“不言之教”。只要照着“道”做，就自然会得到“道”。反之，就不可能得到“道”。在本章里，老子举自然界的例子，说明狂风暴雨不能整天刮个不停、下个没完。天地掀起的暴风骤雨都不能够长久，更何况人滥施苛政、虐害百姓呢？这个比喻十分恰切，有很强的说服力。从这些自然现象中，老子总结出为政的原则，也是要遵循“道”，遵循自然规律，暴政是长久不了的。统治者如果清静无为，那么社会就会出现安宁平和的风气；统治者如果恣肆横行，那么人民就会抗拒他；如果统治者诚信不足，老百姓就不会信任他。

综观古今中外的历史，哪一个施行暴戾苛政的统治者不是短命而亡呢？中国第一个封建中央集权的王朝秦王朝仅仅存在了二十几年的时间，原因何在？就是由于秦朝施行暴政、苛政，百姓无法按正常方式生活下去，被迫揭竿而起。另一个短命而亡的王朝隋朝何尝不是因统治者施行暴政而激起反抗，最后被唐王朝所取代呢？历史是一面镜子，它反映出的是：如果统治者清静无为，不对百姓发号施令，不强制人民缴粮纳税，那么这个社会就比较符合自然，就比较清明纯朴，统治者与老百姓相安无事，统治者的天下就可以长存。

思考讨论

结合贾谊的《过秦论》和老子“不言之教”的思想，分析秦朝灭亡的原因和汉朝中兴的原因。

第二十四章

企者不立[1]；跨者不行[2]；

自见者不明；

自是者不彰；

自伐者无功；

自矜者不长。

其在道也，曰余食赘形[3]。

物或恶之，故有道者不处。

关键词：企者不立

注释

[1]企：踮起脚跟。 [2]跨：越过，阔步而行。

[3]赘（zhuì）形：多余的肉，因饱食而使身上长出赘肉。

译文

踮起脚跟，无法站得久；迈大步走，无法走得远。自逞已见的，就看不明白；自以为是的，就遮蔽了真相；自我夸耀的，建立不起功勋；自高自大的，无法领导众人。

从道的角度看，以上的行为，只能说是剩饭赘瘤。

它们是令人厌恶的东西，所以有道的人决不这样做。

文史链接

自以为是

在这一章中，老子批评了各种自以为是的表现。后来这种观念被普遍接受，成为中国古代基本的道德观念之一。当一个人急于表现自己的时候，大家就会对他表示质疑和反感；相反，当一个人谦虚谨慎，不张扬自己优点长处的时候，就容易得到大家的肯定和赞扬。

不过我们应当注意到，自夸并不都是错误的；相反，表面的谦虚低调，也未必与内心真实想法相符。毕竟，自夸和谦虚，有时只是一种表面现象。有的时候为了达到目的，即使表现得自负高调，也不是坏事。比如在《三国演义》中，诸葛亮对着兵临城下的司马懿唱了一出空城计。面对来势汹汹的敌军，诸葛亮表现得悠然自得、气定神闲，故意给敌军一种高调，甚至自负的假象，结果吓退了司马懿的大军。诸葛亮这样做，就没有人批评他自以为是、骄傲自大。

任何观念，包括以谦虚为美德的观念，一旦为社会所推崇，就有可能被别有用心之人利用。西汉末年的王莽，是一个十足的野心家。在篡位之前，他处处表现得谦虚谨慎，高风亮节，想尽办法把自己打扮成一个道德高尚的人。直到他篡位登基，做了皇帝，大家才看清王莽的庐山真面目：原来之前的谦虚低调，都是在演戏。

所以，当观察别人，或者反省自己时，我们要辨别自大和谦虚低调究竟是表象还是本质，从而做出正确的判断。

思考讨论

举出你所看到的自以为是的例子，试分析这样做的好坏得失。

第二十五章

有物混成[1]，先天地生。

寂兮寥兮[2]，独立而不改[3]，周行而不殆[4]，可以为天地母[5]。

吾不知其名，强字之曰道，强为之名曰大[6]。

大曰逝[7]，逝曰远，远曰反[8]。

故道大，天大，地大，人亦大[9]。

域中有四大[10]，而人居其一焉。

人法地，地法天，天法道，道法自然[11]。

关键词：道法自然

注释

[1] 物：指“道”。混成：混然而成，指浑朴的状态。 [2] 寂兮寥（liáo）兮：没有声音，没有形体。 [3] 独立而不改：形容“道”的独立性和永恒性。 [4] 周行：循环运行。周，周遍，环绕。不殆（dài）：不息之意。 [5] 母：指“道”，天地万物由“道”而产生，故称“母”。 [6] 大：形容“道”是无边无际的，无所不包的。 [7] 逝：指“道”的运行周流不息，永不停止的状态。 [8] 反：返回到原点，返回到原状。 [9] 人亦大：意为人乃万物之灵，与天地并立而为三才，即天大，地大，人亦大。 [10] 域中：即空间之中，宇宙之间。 [11] 道法自然：“道”纯任自然，本来如此。

译文

有一个东西浑然一体，在天地形成以前就已经存在。

听不到它的声音也看不见它的形体，它独立长存，循环运行而永不衰竭，可以作为万物的根本。

我不知道它的名字，所以勉强把它叫做“道”，再勉强给它起个名字叫做“大”。

它广大无边而运行不息，运行不息而伸展遥远，伸展遥远而又返回本原。

所以道大，天大，地大，人也大。

宇宙间有四大，而人居其中之一。

人取法地，地取法天，天取法“道”，而道纯任自然。

文史链接

道法自然

如果我们说"道"是老子思想的核心，那么"自然"则是老子思想的核心精神，失去了"自然"，"道"便没有了依靠；因为我们说"道以自然为宗"，"宗"就是宗旨的意思。那么，老子所说的"自然"究竟是什么意思呢？

《老子》一书中，一共有五处提到"自然"：

一、《老子》第十七章：百姓皆谓：我自然。

二、《老子》第二十三章：希言自然。

三、《老子》第二十五章：道法自然。

四、《老子》第五十一章：道之尊，德之贵，夫莫之命而常自然。

五、《老子》第六十四章：以辅万物之自然而不敢为。

显然，《老子》一书中的"自然"，指的是事物生成发展的一种自然而然的状态。因此，老子说"人法地，地法天，天法道，道法自然"时，这里的"自然"并不是一个高高在上的存在物，而是指天、地、人、道应该遵循的一种状态。

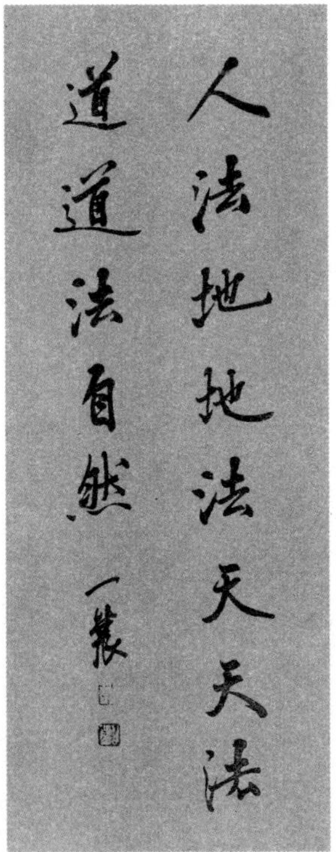

根据陈鼓应先生的观点，在老子看来，宇宙是一个和谐的平衡整体，这种和谐平衡的状态，是通过构成宇宙的万事万物不受外界强力干扰，靠自身生存发展而达成的平衡。也就是说，万事

万物在不受外界干扰的情况下，通常都能发挥出自己的最佳状态，都能与周围的事物保持良好的关系，整个宇宙就是万物在最佳状态下和良好关系中，达到和谐与平衡，发挥出最大的功能。这就是老子说的“道法自然”。

思考讨论

你觉得人是伟大的还是渺小的？为什么？

第二十六章

重为轻根，静为躁君[1]。

是以君子终日行不离辎重[2]，

虽有荣观[3]，燕处超然[4]。

奈何万乘之主[5]，而以身轻天下[6]？

轻则失本，躁则失君。

关键词：重为轻根

注释

[1]躁：动。君：主宰。 [2]辎（zī）重：军中载运器械粮食的车辆。 [3]荣观：指华丽的生活。 [4]燕处：安居。[5]万乘之主：指大国的君主，古代以兵车数代指王侯地位之差别。乘，兵车。 [6]轻天下：视天下为轻。

译文

重是轻的根本，静是动的主宰。

所以君子终日奔波不离开载重的车辆，虽有华丽的生活，却保持泰然。

为什么拥有万乘战车的大国君主，还以轻率的态度来治理天下呢？

轻率就失去了根本，妄动就失去了主宰。

文史链接

三思而后行

老子在本章里告诉我们，稳重比轻巧要紧，静重于动。从原理上讲，重与轻、静与动，是事物的两个方面，不能偏废。那么为什么老子要特别强调稳重和安静的品行呢？这是因为，我们大都偏于躁动，而失于稳重安静。

如果过于稳重，就会限于保守；过于安静，就会迟滞拖沓。比如“三思而后行”，孔子说：“再，斯可已。”有的人认为孔子对此持批评态度，认为三思而行太多，也就是偏于稳重了。无论孔子原意如何，显然稳重和安静也是有一个尺度的。如果一味的稳重安静，就是迟缓了。换言之，就是只考虑质量而忽视效率了。

那么，究竟在实际行动中，重和轻、静与动的比例多少才合适呢？这就要看具体的情况了。有的事情要求灵活机动，这时稳重和安静就应该退为其次。如消防员救火的时候，面对火情还要三思而行，就会误事。但是救火更要求沉住气，行动迅速的同时，保持头脑冷静、心态平和很重要。

总的来说，灵动中不失稳重，行动前不忘沉着，是很好的处理事情的方法。

思考讨论

试回想自己碰到难题或紧急情况时的反应，看看有没有更好的应对方式。

第二十七章

善行无辙迹[1]；

善言无瑕谪[2]；

善数不用筹策[3]；

善闭无关楗而不可开[4]；

善结无绳约而不可解[5]。

是以圣人常善救人，故无弃人；

常善救物，故无弃物。

是谓袭明[6]。

故善人者，不善人之师；

不善人者，善人之资[7]。

不贵其师，不爱其资，虽智大迷，是谓要妙[8]。

关键词：善行无辙迹

注释

[1] 辙迹：轨迹，行车时车轮留下的痕迹。 [2] 善言：指善于采用不言之教。瑕谪（zhé）：过失，疵病。 [3] 数：计算。筹策：古时人们用以计算的器具。 [4] 关楗（jiàn）：栓梢。[5] 绳约：绳索。 [6] 袭明：内藏智慧聪明。袭，承袭，有保持或含藏的意思。 [7] 资：取资、借鉴的意思。 [8] 要妙：精要玄妙，深远奥秘。

译文

善于行走的，不留痕迹；善于言谈的，没有过失；善于计数的，不用筹码；善于关门的，不用栓梢而别人也不能打开；善于捆缚的，不用绳索而使人不能解开。

因此，圣人总是善于帮助人，所以没有被遗弃的人；总是善于使用物，所以没有被废弃的物品。

这就叫做内藏着的聪明智慧。

所以善人可以做恶人的老师，不善人可以做善人的借鉴。

不尊重自己的老师，不珍惜他的借鉴作用，虽然自以为聪明，其实是大大的糊涂。这是精深微妙的道理。

文史链接

劝人为善

老子在这一章中，告诉我们善与不善的关系是互相依存的。不善之人通过向善人学习得以进步，而善人又以不善为鉴。

从老子的态度中，我们看到两点：首先，恶和善不是截然无关，或者完全对立的。其次，善人与恶人虽然不同，但又有关联，是作为一个整体存在的。

生活中总是一部分人比较善良，另一部分人比较凶恶；一部分人比较文明，另一部分人相对野蛮。面对这种差别，我们大体上有三种应对方式：第一种是斗争的方式；第二种是漠然处之，习以为常，无所作为；第三种是劝人为善，试图转恶为善，变坏为好。

一般来说，第一、二种方式都不可取，第三种方式最被认可。

那么，应该怎样劝人为善呢？老子给出的要求是“善行无辙迹”，也就是做好事不露痕迹。为什么呢？首先，痕迹明显的善行，往往会被质疑。当今社会，有一些人高调地做一些所谓的“善事”，到处宣传自己的“善行”，动辄以慈善家、好心人自居。于是大家就会怀疑这些人的动机，究竟是做好事，还是沽名钓誉。其次，我们大家都有一种心理习惯，就是不喜欢被指责、被贬低。忠言逆耳往往会让对方产生抵触情绪。

因此，避免抵触情绪的最好方法，就是“善行无辙迹”。所谓“随风潜入夜，润物细无声”，就是一种很高明的境界了。

思考讨论

如何帮助你身边品行不良的同学和朋友？

第二十八章

知其雄[1]，守其雌[2]，为天下溪[3]。

为天下溪，常德不离，复归于婴儿[4]。

知其白，守其辱[5]，为天下谷[6]。

为天下谷，常德乃足，复归于朴[7]。

朴散则为器[8]，圣人用之，则为官长[9]，故大制不割[10]。

关键词：知雄守雌

注释

[1]雄：比喻刚劲。 [2]雌：比喻柔静，谦下。 [3]溪：山中的流水。 [4]婴儿：象征纯真、稚气。 [5]辱：侮辱、羞辱。 [6]谷：深谷、峡谷，喻胸怀广阔。 [7]朴：朴素。指纯朴的原始状态。 [8]器：器物。指万事万物。 [9]官长：百官的首长，指君主。 [10]大制不割：完整的政治是不割裂的。制，制作器物，引申为政治。割，割裂。

译文

深知什么是雄强，却守住雌柔，甘愿做天下的溪涧。

甘愿作天下的溪涧，永恒的德性就不会离失，回复到婴儿的状态。

深知什么是光明，却守住暗昧，甘愿做天下的山谷。

作为天下的山谷，永恒的德行才可以充足，回复到朴素的状态。

朴素的“道”分散为具体的器物，有“道”的人依循这个原则，则为百官之长，所以完善的政治是不割裂的。

文史链接

知雄守雌

老子“知雄守雌”的意思是说，对待雄雌的态度，对于“雄”的一面有透彻的了解，而后处于“雌”的一方。“守雌”的“守”，自然不是退缩或回避，而是含有主宰性在里面，它不仅执守“雌”的一面，也可以运用“雄”的一方。因而，“知雄守雌”实为居于最恰当妥帖的地方而对于全面境况的掌握。严复说：“今之用老者，只知有后一句，不知其命脉在前一句也。”这话的意思是说，老子不仅仅是“守雌”，而且是“知雄”。“守雌”含有持静、处后、守柔的意思，同时也含有内敛、含藏的意义。

所以，评价老子的时候，不能单单强调老子侧重于“守雌”，也就是守“柔”的一面。老子对于对立的双方都有透彻的了解，守住柔弱，了解刚强，才是以柔弱胜刚强的处世方法。

思考讨论

你看过的文学作品或者知道的历史人物中，有没有虚怀若谷的人？概述一下他们给你的印象。

第二十九章

将欲取天下而为之[1]，吾见其不得已[2]。

天下神器[3]，不可为也，不可执也[4]。

为者败之，执者失之。

夫物或行或随[5]；或歔或吹[6]；或强或羸[7]；或载或隳[8]。

是以圣人去甚，去奢，去泰[9]。

关键词：圣人三去

注释

[1]取：治理。为：指有为，靠强力去做。 [2]不得已：得不到。 [3]天下神器：天下是神圣的东西。天下，指天下人。神器，神圣的东西。 [4]执：掌握，执掌。 [5]物：指人，也指一切事物。随：跟随、顺从。 [6]歔（xū）：同“嘘”，轻声和缓地吐气。吹：急吐气。 [7]羸（léi）：羸弱，虚弱。[8]载：安稳。隳（huī）：危险。 [9]泰：极，太。

译文

想要治理天下，却要用强制的办法，我看是不能够达到目的的。

天下是神圣的，对它不能出于强力，不能加以把持。

用强力治理天下，一定会失败；用强力把持天下，就一定会失去天下。

世人秉性不一，有的前行，有的后随；有的性缓，有的性急；有的强壮，有的羸弱；有的安居，有的危殆。

因此，圣人要去除极端、奢侈、过度的措施。

文史链接

刚愎自用

老子在这一章中告诉我们做事情的典型错误方法，用现在的话讲，就是“一定要如何”。生活中，我们可以发现，一般强调“一定要怎样”、“一定要如何”的，要么半途而废无果而终，要么起到反效果。

对此，孔子也有类似的见解。孔子说“毋意，毋必，毋固，毋我”（《论语·子罕》）。用一个成语形容这种错误的做事心态，就是刚愎自用。历史上的项羽、汉武帝等，都是因为刚愎自用而犯了严重的军事或者政策错误。

为什么我们会刚愎自用呢？原因有很多。首先，当一个人有权有势的时候，或者志得意满的时候，往往会过高估计自己的水平与能力。其次，一个人越是接近成功，他对成功的渴望就越是强烈。这时，对成功的欲望会使人失去理智的思考和冷静的判断，往往脑子一热，就犯了大错。

除此之外，还有一个更深层次的原因，那就是缺乏对天地的敬畏之心。实际上，人力所能决定的事情往往有限。如果缺乏对不可测因素的预判，就会变得自负，从而导致对局势估计不足，对可能的困难缺乏准备。比如第二次世界大战中著名的诺曼底登陆行动。这次行动，盟军绞尽脑汁，做了充分的准备。但最终行动的成功很大程度上得益于当时英吉利海峡天气的突然好转。如果不是这个偶然的因素，诺曼底登陆很有可能失败或者被取消。如果当时盟军统帅刚愎自用，同时天气又没有好转，后果将不堪设想。

应对刚愎自用，古人在长期的实践中总结了很多经验教训。

有一句几乎人人皆知的习语，就是对正确行事态度的形象描述，即“谋事在人，成事在天”。抱着这种态度，加以积极地行动，就可以最大限度地避免刚愎自用。

思考讨论

列举历史上因为刚愎自用，勉强行事而导致失败的例子。

第三十章

以道佐人主者，不以兵强天下。

其事好还[1]。

师之所处，荆棘生焉。

大军之后，必有凶年[2]。

善有果而已[3]，不敢以取强[4]。

果而勿矜，果而勿伐，果而勿骄，果而不得已，果而勿强。

物壮则老[5]，是谓不道[6]，不道早已[7]。

关键词：慎兵

注释

[1]其事好还：用兵这件事一定会得到还报。还，还报，报应。

[2] 凶年:荒年,灾年。 [3] 善有果:达到获胜的目的。果,效果。[4] 取强:逞强,好胜。 [5] 壮:强壮,强硬。 [6] 不道:不合乎于“道”。 [7] 早已:早死,很快完结。

译文

依照“道”的原则辅佐君主的人,不以兵力逞强于天下。

用兵这种事必然会得到报应。

军队所到的地方,长满荆棘。

大战之后,必定会出现荒年。

善于用兵的人,只求达成目的,并不以兵力强大而逞强。

达到目的了却不自负,达到了目的了却不自夸,达到了目的也不骄傲,达到目的却出于不得已,达到目的却不逞强。

事物过于强大就会走向衰朽,这就说明它不符合于“道”,不符合于“道”的,就会很快死亡。

文史链接

慎 兵

老子虽然不是军事家,但是老子对于军事、兵事有相当多的论述,尤其是在老子以“道”为核心的思想体系下,这些军事观的论述尤其显眼。

历来在解释《老子》的学者中,有一派认为《老子》是一部兵书。唐代王真在《道德经论兵要义述》中就说,五千余言的《老子》,“未尝有一章不属意于兵也”。但必须强调,《老子》主要是一部哲学著作而不是兵书,他论兵是从哲学的角度,而不是军事学的角度。讲到许多哲学问题时,也涉及到军事,那是因为哲学与军事虽非同一学科，但有许多内在相通之处。他着重讲战乱给人们带来的严重后果，这是从反对战争的角度出发的。因为战争是人类最残酷、最愚昧的行为。本章中所讲“师之所处，荆棘生焉”、“大军之后，必有凶年”，就是讲战争给人们带来的灾难。

任继愈认为《老子》是“反对战争的”。因为在下一章里，老子说“夫兵者，不祥之器”，这里显然没有主战用兵的意思。但是，老子同时又说，对于战争“不得已而用之”，表明老子在诅咒战争的同时，也还是承认了在“不得已”时还是要采用的。在春秋战国时期，战争是普遍的，国与国之间相互攻伐，战争规模日益扩大，动辄数万、数十万的兵力投入战争之中，伤亡极其惨重，而在战争期间受危害最大的则是普通老百姓。每逢战争，人们扶老携幼、离乡背井四处逃亡，严重破坏社会正常的生产，也造成社会秩序的动荡不安，可见战争的确是带来灾难的东西。所谓君子迫不得已而使用战争的手段，是为了除暴救民，舍此别无其他目的。即使如此，用兵者也应当“恬淡为上”，战胜了也不要得意洋洋，自以为是，否则就是喜欢用武杀人。这句话是对穷兵黩武的警告。

思考讨论

你是如何评价战争的？如果不发动战争，如何解决国家之间的各种争端？

第三十一章

夫兵者[1]，不祥之器，物或恶之[2]，故有道者不处。

君子居则贵左[3]，用兵则贵右。

兵者不祥之器，非君子之器，不得已而用之，恬淡为上[4]。胜而不美，而美之者，是乐杀人。

夫乐杀人者，则不可得志于天下矣。

吉事尚左，凶事尚右。偏将军居左，上将军居右。言以丧礼处之。

杀人之众，以悲哀泣之[5]，战胜以丧礼处之。

关键词：兵者　不祥之器

注释

[1]夫：发语词。兵者：指兵器。　[2]物或恶之：人所厌恶、憎恶的东西。物，指人。　[3]贵左：古人以左为阳，以右为阴。阳生而阴杀。尚左、尚右、居左、居右都是古人的礼仪。
[4]恬淡：安静。　[5]泣：“莅”字的误写，莅临的意思。

译文

兵器是不祥的东西，人们都厌恶它，所以有“道”的人不使用它。
君子平时居处以左边为贵，而用兵打仗时以右边为贵。
兵器是不祥的东西，不是君子所使用的东西，万不得已而使

用它，最好淡然处之。胜利了也不要自鸣得意，如果得意，就是

喜欢杀人。喜欢杀人的人，就不能在天下得到成功。

吉庆的事情以左边为上，凶丧的事情以右方为上。副将军居于左边，上将军居于右边。这就是以丧礼来处理用兵打仗的事情。

战争中杀人众多，要用哀痛的心情参加，打了胜仗，也要以丧礼的仪式去处理。

文史链接

兵者，不祥之器

老子在这一章中告诫我们，面对战争，要怀着戒惧的心态。

老子为什么说兵器是不祥的器具呢，因为这和一般人的感受有所不同。比如大部分男孩子都喜欢和武器相关的玩具。而在成人的世界里，先进壮观的武器也常常为人们津津乐道，非但不觉得不吉祥，反而觉得有趣好玩、兴奋刺激。比如在美国，参观航空母舰往往还需要排队。

武器之所以不为人们所戒惧，是有原因的。长期处于和平环境的人们，不太容易把武器和真正的战争联系起来，他们看到的武器，只见其威武雄壮，而未见战争中的血肉模糊。而亲历过战争的人，则对武器有着截然不同的感受。

老子真正要反对的，当然不是武器本身，而是其象征意义——“乐杀人者”。战争被分为正义和非正义，然而标准却是模糊的。其实，要区分战争的正义与否，只要看参与战争的人是否“乐杀人”就可以知道了。大体上战争中的恶势力都是乐于杀人，而正义的一方，总是“不得已而用之”。

有人说，老子是反战的，其实这种说法并不确切。老子反对

的是乐杀人的好战心态，而不是由于时事所迫不得已而采取的正义之战。

思考讨论

试讨论人类历史上是否真的存在所谓正义的战争。

第三十二章

道常无名，朴[1]。虽小[2]，天下莫能臣[3]。

侯王若能守之，万物将自宾[4]。

天地相合，以降甘露，民莫之令而自均[5]。

始制有名[6]，名亦既有，夫亦将知止，知止可以不殆[7]。

譬道之在天下，犹川谷之于江海。

关键词：道常无名

注释

[1]道常无名，朴：无名、朴是指称“道”的。　[2]小：用以形容“道”是隐而不可见的。　[3]莫能臣：没有人能臣服它。臣，使之服从。　[4]自宾：自将宾服于“道”。宾，服从。　[5]自均：自然均匀。　[6]始制有名：万物兴作，于是产生了各种名称。名，即名分，即官职的等级名称。　[7]殆：危险。

译文

“道”永远是无名而质朴的。虽然细微，但是天下没有谁能使它服从自己。

侯王如果能够依照“道”的原则，百姓将会自然地归附。

天地间阴阳之气相合，就会降下甘露，人们不需指使它而自然均匀。

万物出现，就产生了各种名称，名称既然有了，就要有所制约，知道有所制约，就可以避免危险。

“道”存在于天下，就像江海为河川所归依。

文史链接

以“朴”释“道”

“朴”在老子那里是指未经雕琢的木。因为“朴”未经雕琢，所以它与不可言说、模糊混沌的“道”天然合一。因此才有了“敦兮其若朴”(《老子》)，“朴至大者无形状，道至眇者无度量”(《淮南子·齐俗训》)。在他们看来，“道”即“朴”。之所以用“朴”释“道”，是因为它们有如下共通之处：

一、“朴”无名无状，“道”也无名无状。

《老子》第三十二章说：“道常无名。”

《庄子·大宗师》也说“道”是“无为无形，可传而不可受，可得而不可见”的。

二、“朴”未经雕琢，“道”未被言说。

老子开篇就说：“道可道，非常道。”

《庄子·知北游》里有个小故事，知问无为：“何思何虑则知道？何处何服则安道？何从何道则得道？”无为三问而不回答。为何不答呢？因为不知道怎样回答。“道”是无法言说的，一旦对于“道”有了言说，那就不是“道”了。

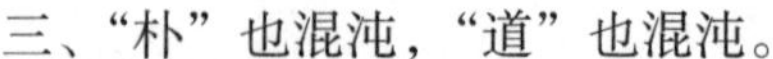

三、“朴”也混沌，“道”也混沌。

混沌，是中国古人想象中天地未开辟以前宇宙模糊一团的状态，后用以形容模糊隐约的样子。《三五历纪》中说天地创生的过程是：很久以前，天地还没有形成，到处是一片混沌。它无边无沿，没有上下左右，也不分东南西北，好像一个浑圆的鸡蛋。这浑圆的东西当中，孕育了一个人类的祖先——盘古。过了一万八千年，盘古用斧子劈开了这混混沌沌的圆东西。随着一声巨响，圆东西里的混沌，轻而清的阳气上升，变成了高高的蓝天，重而浊的阴气下沉，变成了广阔的大地。从此，宇宙间就有了天地之分。以后，天每日增高一丈，地每日增厚一丈，盘古也每日长高一丈。这样又经过一万八千年，天高得不能再高，地深得不能再深，盘古自己也变成了九万里高的顶天立地的巨人。后来，才有了传说中的三皇，即天、地和人。

老子形容道“沌沌兮，如婴儿之未孩”。“道”是世界的本源，是天地未开的混沌状态，这和“朴”还未经雕刻，呈现出的无形混沌状态是一致的。

四、“朴”有不确定性，“道”也有不确定性。

《老子》第十五章说：“道者，微妙玄通，深不可识。”

《庄子·天道》也说：“夫道，于大不终于小不遗……广广乎其无不容也，渊乎其不可测也。”

“朴”等待雕刻，雕成何种形状尚未可知；“道”在不断发展变化，也是不可预测的。所以二者在这一点上，也有相似之处。

五、“朴”融于一切，“道”也融于一切。

《淮南子·齐俗训》说：“伐楩楠豫樟而剖梨之，或为棺椁，或为柱梁，披断拨檖，所用万方，然一木之朴也。”也就是说，一段“素木”既可以做成棺椁，也可以做成梁柱。

道生化万物，同时又蕴涵在万事万物之中。在这一点上，二者同样有相似之处。

思考讨论

试讨论什么样的生活方式是朴素的生活方式。你愿意过这种生活吗？

第三十三章

知人者智，自知者明。

胜人者有力，自胜者强[1]。

知足者富，强行者有志[2]。

不失其所者久，死而不亡者寿[3]。

关键词：自知者明

注释

[1] 强：刚强，果决。 [2] 强行：坚持不懈，勤行。

[3] 死而不亡：身虽死而“道”犹存。

译文

了解别人叫做智慧，了解自己才算高明。

战胜别人是有力的，克制自己才算刚强。

知道满足的人是富有的人，坚持力行的是有志的。

不离失本分的人就能长久不衰，身虽死而不被遗忘的人，才算真正的长寿。

文史链接

自知者明

本章讲人的自我修养，在老子看来，“知人”、“胜人”十分重要，但是“自知”、“自胜”更加重要。中国有一句话，叫“人贵有自知之明”。这句话的最早表述者，就是老子。“自知者明”，就是说能清醒地认识自己、对待自己，这才是最聪明的，最难能可贵的。

“认识你自己”是千古以来最难的一个命题，在西方的神话寓言体系里，这个命题被表述为著名的斯芬克斯之谜。狮身人面兽斯芬克斯每天都在问过往的行人一个问题：有一种动物，它早晨的时候是四条腿，中午的时候两条腿，晚上的时候三条腿，这是什么动物呢？过往的人答不上来就会被斯芬克斯吃掉。后来年轻的俄狄浦斯经过的时候，说出了最终的答案：人。这个故事说明什么呢？或许正说明离我们最近的往往是最难认知的，认识自己是最难的。

据说，德尔菲神庙的墙上有一些铭文，其中有两条最为有名的格言，其一便是“认识你自己”，另外一条是“不要过分”。古希腊著名哲学家苏格拉底提出人应该要“认识你自己”。他主张首先在心灵中寻找内在原则，然后再依照这些原则规定外部世界。

人只有认识了自己才不会盲目，才可能求助于灵魂内的原则去发现事物的真理，就像通过水面去看太阳就不会弄坏眼睛一样。

在这点上，西方与东方的传统思想出现了交集——最难能可贵的，不是向外寻找，而是向内寻求。最难的事情不是认识外物，而是认识自己。

思考讨论

你是否了解你自己？了解自己和了解别人，哪个更容易？

第三十四章

大道泛兮[1]，其可左右。

万物恃之以生而不辞[2]，功成而不有[3]。

衣养万物而不为主[4]，可名于小[5]；

万物归焉而不为主，可名为大[6]。

以其终不自为大，故能成其大。

关键词：大道泛兮

注释

[1]泛：广泛，泛滥。 [2]不辞：意为不干涉。辞，言辞。[3]不有：不自以为有功。 [4]衣养：意为覆盖。不为主：不自以为主宰。 [5]小：渺小。 [6]大：伟大。

译文

大道像泛滥的河水，无所不到。

万物靠它生存，它不加以干涉，成就万物而不居功。

养育万物而不加以主宰，可以称它为“小”；万物归附而不自以为主宰，可以称它为“大”。

正因为它不自以为伟大，所以才能成就它的伟大。

文史链接

小大由之

老子常常以各种方式赞扬道的伟大。道的伟大体现在它可以表现得无迹可寻，可谓小而无内；也可以表现得包容一切，可谓大而无外。非但如此，道还同时二者兼具，实在是极其伟大奇妙的了。

当我们用一个形容词形容一件物品，或者一个人时，其实就是对其加以限定。比如，当我们说一个人是高的，那么他就不是矮的；说一棵树是丑的，那么它就不是美的。所以说，当一个事物可以被形容，它就是受到限制的。那么道是否受限呢？老子通过同时用小大这对相互矛盾的形容词来形容道，以此说明道的不受限制，即用一种形象的方式来说明“道可道，非常道”。

那么，作为受到各种限制的平凡人，我们如何突破自己的这种局限呢？答案是，我们虽然不像道那么伟大，却可以通过效仿道的德行来体验不受限的境界。比如说，我们虽然不能像道那样孕育天地万物，却可以做到“终不自为大，故能成其大”。当你取得了一点成绩，而不自以为了不起，那么别人反而会觉得你了不起。这样，虽然你可以做到的事情是有限的，但是你的品行却已经超越了大小的局限性，可以被称为伟大了。

因此，想要成为伟大的人，并非千辛万苦、遥不可及的事情。只要不把自己取得的成绩当回事，即使你的一生都普通平凡，你也是伟大的。因为你已经具有了和道一样伟大的品性。然而想要具有道的这种品性，既容易，又不容易。说容易，是因为人人都可以做到，没有什么先决条件。说不容易，是因为人一旦有了一点小小的成绩，就容易自满自夸，从而忘记这种自以为是的行为本身会使自己变得渺小。综观人类历史,其实能做到小大由之的人，也是不多的。

思考讨论

怎样的人格才能被称为伟大的人格?

第三十五章

执大象[1]，天下往。往而不害，安平太[2]。

乐与饵[3]，过客止。

道之出口，淡乎其无味，视之不足见，听之不足闻，用之不足既[4]。

关键词：执大象　天下往

注释

[1]大象:大道之象。　[2]安:乃,于是。太:同“泰”,平和,安宁的意思。　[3]乐与饵：音乐和美食。　[4]既：尽。

译文

守住大“道”，天下人都来归附。归附而不互相伤害，于是大家就和平安泰。

音乐和美食，使路过的人停步。

用言语来表述“道”，却平淡没有味道，看它却看不见，听它却听不见，而它的作用却是无穷无尽的。

文史链接

至味无味

老子在这一章中告诉我们，最高境界的品味，是没有痕迹，无迹可寻的。这就好像菜的味道，平淡无味才是最好的味道。道的伟大之处，正在于它不可捉摸，淡而无味。

老子的这种说法，表面上看来和我们的生活体验不符。比如年少的时候，我们大多喜欢甜食。又如在我国湘川滇黔等地区，辣味比较受欢迎，而江浙一带的人们可能更倾向于咸甜的口感。我们很难找到某一地区或者某一人群喜欢“淡味”。如此说来，老子是否错了呢？其实不然。

我们都知道，对美食特别有研究的，被称为美食家；对酒特别有研究的，被称为品酒专家。如果一个美食家在品尝西餐时，满嘴的辣味，那么他就无法鉴别出西餐的可口与否。所以在品尝美食前，他们一定会先漱口或者刷牙，以保持口中“无味”，这样才能品尝出其中的味道。同样的，品酒师在品尝完一种酒后，一定要漱口，才可以品尝别的酒。不然，即便是最好的品酒师，也难以发觉美酒的妙处。这就是无味才是至味的原因所在。只有在无味的状态下，才能让各种味道充分发挥，而又互不干扰。

这种无味的境界，体现在为人处世、待人接物上，就是老子说的无为、不居功、不争等德行。换言之，就是在对待他人时，保持“允许他人存在而不议论”的态度。这样，你就能包容别人，别人也乐于与你相处。正所谓己所不欲，勿施于人。己所欲之，亦不当施于人。

思考讨论

怎样才能够让不同兴趣的朋友和谐相处？

第三十六章

将欲歙之[1]，必固张之[2]；

将欲弱之，必固强之；

将欲废之，必固兴之；

将欲取之，必固与之[3]。

是谓微明[4]。

柔弱胜刚强。

鱼不可脱于渊[5]，国之利器不可以示人[6]。

关键词：柔弱胜刚强

注释

[1]歙：闭合。　[2]固：暂且。　[3]与：同“予”，给

的意思。 [4]微明：微妙的先兆。 [5]脱：离开，脱离。[6]利器：指国家的刑法等政教制度。示：炫耀。

译文

想要收敛它，必先扩张它；想要削弱它，必先强化它；想要废弃它，必先抬举它；想要夺取它，必先给予它。

这叫做微妙的先兆。

柔弱战胜刚强。

鱼不可以离开池渊，国家的刑法政教不可以随便示人。

文史链接

柔弱胜刚强

这一章体现老子的辩证法思想，谈到了矛盾双方互相转化的问题。例如，"物极必反"、"盛极而衰"等都可以说是自然界运动变化的规律，同时以自然界的辩证法比喻社会现象，以引起人们的警觉注意。这种观点贯穿于《老子》全书。

值得注意的是，老子的"柔"并不是柔弱或者软弱的意思，而是包含了丰富的哲学智慧。老子认为，事物在发展过程中，都会走到某一个极限，此时，它必然会向相反的方向变化。本章的前八句是老子对于事态发展的具体分析，贯穿了老子所谓"物极必反"的辩证思想。在所讲的"歙"与"张"、"弱"与"强"、"废"与"兴"、"取"与"与"这四对矛盾的对立统一体中，老子宁可居于"柔"的一面。老子的"柔"首先是为了反对恣意妄为、一味求强，它强调了人们应当使万物遵循各自的本性而发展，不主观地求强、不妄为，不论发展到何种程度，皆是本性，遵循自然所以不会受挫，因此老子说：“守柔曰强。”

“柔弱胜刚强”这一著名命题，也就是在这样的语境下提出来的。它指的并不是在争斗中，柔弱能够战胜刚强，而是指守住“柔”的人生态度要胜于求“强”的人生态度。只有守“柔”，退守自然本性，才能达到发展的最佳状态，这与老子的“自然”、“无为”思想是相通的，都是强调退敛和自然。当我们用现实生活中的具体事例来解释老子的思想时，必须首先辨明，一个同样的词语在老子哲学中与日常生活中的含义是否完全相同。老子这里的“柔”强调的重点是退守自然本性、不任意妄为、不争抢斗胜，与我们日常生活中所说的病态的柔弱或者胆小怕事是不相同的。

在对人与物做了深入而普遍的观察研究之后，他认识到，柔弱的东西里面蕴涵着内敛，往往富于韧性，生命力旺盛，发展的余地极大。相反，看起来似乎强大刚强的东西，由于它显扬外露，往往失去发展的前景，因而不能持久。在这个思想前提下，老子断言柔弱胜于刚强。在老子那里，“柔”是手段而不是目的，它的妙用在于把握事物发展中积极向上、充满生机的一面，因顺事物变化发展过程取得胜利，获得成功。这种效果在《老子》第二十二章中提到了：“曲则全，枉则直，洼则盈，敝则新，少则得，多则惑。”为什么会这样呢？因为事物的对立面是会互相转化的。“曲”里面存在着“全”的道理，“枉”里存在着“直”的道理。因此，在对立的两端中，把握事物柔弱的一面，因顺“反者道之动”的辩证原则，从反面着手，这样反而能求“全”、求“直”、求“新”。这也是老子的处世哲学与处世智慧。

思考讨论

怎样的人更容易成功？怎样的人更容易失败？

第三十七章

道常无为而无不为[1]。

侯王若能守之[2]，万物将自化[3]。

化而欲作[4]，吾将镇之以无名之朴[5]。

镇之以无名之朴，夫将不欲。

不欲以静，天下将自定。

关键词：无为而无不为

注释

[1]无为：指顺其自然，不妄为。无不为：没有一件事是它所不能为的。 [2]守之：即守道。之，指“道”。 [3]自化：自我化育，自生自长。 [4]欲：指贪欲。 [5]无名：指“道”。朴：形容道的真朴。

译文

“道”总是顺其自然，又没有什么事情不是它的作为。

侯王如果能持守“道”，万事万物就会自生自长。

自生自长而产生贪欲时，我就用“道”的真朴来镇住它。

用“道”的真朴来镇住它，就不会产生贪欲之心了。

不起贪欲而归于安静，天下自然将会安定。

文史链接

无为而无不为

本章是《老子》“道经”的最后一章，老子把第一章提出的“道”的概念，落实到他理想的社会和政治——自然无为。在老子看来，统治者若能依照“道”的法则为政，顺任自然，不妄加干涉，百姓将会自由自在，自我发展。《老子》第二十五章提到“道法自然”，自然是无为的，所以“道”也无为。“静”、“朴”、“不欲”都是无为的内涵。统治者如果可以依照“道”的法则为政，不危害百姓，不胡作非为，老百姓就不会滋生更多的贪欲，他们的生活就会自然、平静。

“无为”的思想在《老子》中多次阐述。老子的道不同于任何宗教的神，神是有意志的、有目的的，而“道”则是非人格化的，它创造万物，但又不主宰万物，只是顺任自然万物的繁衍、发展、淘汰、新生，所以“无为”实际上是不妄为、不强为。这样做的结果，是万物自然生长，所以是“无不为”。

老子根据自然界的“道常无为而无不为”，要求“侯王若能守之”，即在社会政治方面，也要按照“无为而无不为”的法则来实行，从而导引出“化而欲作，吾将镇之以无名之朴”的结论。老子认为，理想的执政者，只要恪守“道”的原则，就能达到“天下将自定”的理想社会。

“无为而无不为”是对“道”的作用标准的描述。“道”是无为的，因为它不存在任何目的，无为并不是什么都不做，而是无心而为，无心就是没有任何目的。“道”的无不为，是指万事万物都是从“道”生化而来的，只要遵循“道”，就会自然存在。所以“道”虽然不妄为，却是无所不为的。

思考讨论

你喜欢顺其自然的生活态度吗？为什么？

第三十八章

上德不德[1]，是以有德；下德不失德[2]，是以无德[3]。

上德无为而无以为[4]；下德无为而有以为[5]。

上仁为之而无以为；上义为之而有以为。

上礼为之而莫之应，则攘臂而扔之[6]。

故失道而后德，失德而后仁，失仁而后义，失义而后礼。

夫礼者，忠信之薄[7]，而乱之首[8]。

前识者[9]，道之华[10]，而愚之始。

是以大丈夫处其厚[11]，不居其薄；处其实，不居其华。

故去彼取此。

关键词：上德不德

注释

[1]上德不德：具备上德的人，因任自然，不表现为形式上的德。不德，不表现为形式上的“德”。 [2]下德不失德：下德的人恪守形式上的“德”。不失德，形式上不离开德。 [3]无德：无法体现真正的德。 [4]上德无为而无以为：上德之人顺应自然而无心作为。以，意。无以为，无心作为。 [5]下德无为而有以为：此句与上句相对应，即下德之人顺任自然而有意作为。 [6]攘臂而扔之：伸出手臂强迫别人顺从。攘臂，伸出手臂。扔，意为强力牵引。 [7]薄：不足，衰薄。 [8]首：开始，开端。 [9]前识者：先知先觉者，有先见之明者。 [10]华：虚华。 [11]处其厚：立身敦厚。

译文

具备“上德”的人不表现为外在的有德，因此实际上是有“德”；具备“下德”的人表现为外在的不离失“德”，因此没有达到“德”。

“上德”之人顺应自然、无心作为，“下德”之人顺应自然而有心作为。

上仁之人有所作为，却不出于任何目的；上义之人有所作为，往往是有目的的。

上礼之人有所作为而得不到回应，于是就伸出胳膊迫使别人顺从。

所以，失去了“道”而后才有“德”，失去了“德”而后才有“仁”，失去了“仁”而后才有“义”，失去了“义”而后才有“礼”。

礼是忠信不足的产物，而且是祸乱的开端。

所谓“先知”，不过是“道”的虚华，是愚昧的开始。

所以大丈夫立身敦厚，不居于浅薄；存心朴实，不居于虚华。所以要舍弃后者而采取前者。

文史链接

德　经

道家实际上就是道德家，道德家有两个最重要的概念，一个是“道”，一个是“德”。有人认为，《老子》上篇以“道”开始，所以叫做《道经》；下篇以“德”字开始，所以叫《德经》，因此《老子》一书又被称为《道德经》。这一章是《德经》的开头。

什么是“道”，什么是“德”呢？

“道”是世界万物共同的规律，也可以把它理解为同类事物的共同规律。但是在这同一类事物之中，每一个不同的个体又有它自身的特征。我们每一个人都有人类的共性，但是我们每一个人又都有自身独特的个性。这个独特的个性就叫“德”，“德”是个体自身的特征。

“德”和“道”是相通的，“德”来源于“道”。所以“德”有一个解释，“德者，得也”，“德”是从“道”这个地方，得到了它自身的特点。《庄子·天地》说：“通于天地者，德也。”倒过来理解这句话，就是“德”是通于天地的东西，也就是通于“道”的东西。“德”是“道”的具体体现。我们每个人的个体特征都是合于“道”的，甚至说，它就是“道”的具体体现。凡是符合“道”的行为就是“有德”，反之，则是“失德”。

《老子》一书关于“德”的论述一共出现过三次，在第二十一章的“文史链接”中，我们详细讲解过“道”与“德”的关系。这里对《老子》一书中出现过的“德”进行一下梳理，更深入地了解一下“德”的意义：

《老子》第二十一章写道："孔德之客，惟道是从。"

《老子》第二十八章说："为天下溪，常德不离，复归于婴儿……为天下谷，常德乃足，复归于朴。"

《老子》第三十八章说："上德不德，是以有德；下德不失德，是以无德。上德无为而无以为；下德无为而有以为。"

《老子》第五十一章说："生而不有，为而不恃，长而不宰，是谓玄德。"

以上所讲的"孔德"、"常德"、"玄德"都是本章所讲的"上德"。从政治角度去分析和理解所谓的"上德"，我们认为它不同于儒家所讲的"德政"。老子批评儒家"德政"不顾客观实际情况，仅凭人的主观意志加以推行，这不是"上德"，而是"不德"；而老子的"上德"则是"无以为"、"无为"，它不脱离客观的自然规律，施政者没有功利的意图，不单凭主观意愿办事，这样做的结果是"无为而无不为"，即把"道"的精神充分体现在人间，所以是"有德"。但是"下德"是"有以为"的"无为"，抱着功利的目的，凭着主观意志办事。老子把政治分成了两个类型、五个层次。两个类型即"无为"和"有为"。"道"和"德"属于"无为"的类型，"仁"、"义"、"礼"属"有为"的类型。五个层次是"道"、"德"、"仁"、"义"、"礼"，这五个层次是从高走低的过程。老子认为，人的德行和社会文明是一个逐渐堕落的过程。

思考讨论

在生活中或书本里，有没有你敬仰的人物？你对这些人的敬仰程度有无高低不同？

第三十九章

昔之得一者[1]：

天得一以清；

地得一以宁；

神得一以灵；

谷得一以盈；

万物得一以生；

侯王得一以为天下正[2]。

其致之也[3]，谓天无以清[4]，将恐裂；

地无以宁，将恐废[5]；

神无以灵，将恐歇[6]；

谷无以盈，将恐竭[7]；

万物无以生，将恐灭；

侯王无以正，将恐蹶[8]。

故贵以贱为本，高以下为基。

是以侯王自称孤、寡、不穀[9]。

此非以贱为本邪？非乎？

故至誉无誉[10]。

是故不欲琭琭如玉[11]，珞珞如石[12]。

关键词：昔之得一者

注释

[1]得一：即得道。 [2]正：首领。 [3]其致之也：推而言之。 [4]天无以清：天离开道，就得不到清明。 [5]废：荒废。 [6]歇：消失。 [7]竭：干涸，枯竭。 [8]蹶（jué）：跌倒，挫折。 [9]孤、寡、不毂（gǔ）：古代帝王自称为“孤”、“寡人”、“不毂”。孤、寡，谦虚地说自己孤德、寡德。不毂，即不善的意思。 [10]至誉无誉：最高的荣誉是无须赞美的。

[11]琭（lù）琭：形容玉的华丽。 [12]珞（luò）珞：形容石块的坚实。

译文

从前凡是得到“道”的：天得到道而清明；地得到道而宁静；神得到道而灵妙；河谷得到道而充盈；万物得到道而生长；侯王得到道而成为天下的首领。

推而言之，天不能保持清明，恐怕要崩裂；地不能保持安宁，恐怕要震溃；神不能保持灵性，恐怕要消失；河谷不能保持充盈，恐怕要干涸；万物不能保持生长，恐怕要消灭；侯王不能保持首领的地位，恐怕要倾覆。

所以贵以贱为根本，高以下为基础。

因此侯王们自称为“孤”、“寡”、“不毂”。

这不就是把低贱当做根本吗？难道不是吗？

所以最高的荣誉无须赞美。

因此不要求像宝玉的华丽，宁愿如山石的坚硬。

文史链接

平易近人

老子在这一章中告诉我们，万事万物要维系下去，都要保持“一”。什么是“一”呢？在这里，“一”的意思就是让事物的两端保持平衡。所以老子说“贵以贱为本，高以下为基”。显贵如果不用低贱来平衡，就会出问题。所以古代帝王都要自称“孤”、“寡人”等低下的称呼，以此来和他们显贵的地位平衡。

老子所说的“一”，看起来非常玄妙难懂，然而当这个道理具体到生活中的事情时，就比较好理解。比如当一个人取得一定社会地位的时候，如果他还能够平易近人、不耻下问，就容易受欢迎。因为这种做法符合“高以下为基”的原理，也就是老子所谓的“一”。我们经常说一个平易近人的领导人就是和群众“打成一片”的。这其实也就是“一”的涵义。

思考讨论

当我们和不同社会地位的人说话时，我们的语气、肢体动作、表情是否有细微的差别？为什么会有这种差别呢？

第四十章

反者道之动[1]，弱者道之用[2]。

天下万物生于有[3]，有生于无[4]。

关键词：反者道之动

注释

[1]反：循环往复。 [2]弱：柔弱。 [3]有：指超现象的形而上之道。 [4]无：指超现实世界的形上之道。

译文

“道”的运动，是循环往复的；“道”的作用是柔弱的。

天下的万物产生于看得见的“有”，“有”产生于不可见的“无”。

文史链接

反者道之动

“反者道之动”是老子一个非常著名的哲学命题。这里的“反”历来有两种解释：一作相反讲；一通“返”，作返回讲。但在老子哲学中，这两种含义都包含了：相反对立和回复本初。老子认为，世界万事万物的运动和变化都遵循着“道”，而“道”是发展变化的，发展到一定程度，就会向相反的方向发展；同时，事物的运动发展总是返回到原来的基始状态。

“反”的第一个含义是相反，事物的相反相成，我们已经在前面介绍过，在这里重点介绍一下作为第二个含义，也就是“返”的含义。《老子》第十六章说：“万物并作，吾以观复。夫物芸芸，各复归其根。”万物都在生成发展，从中可以观察其往复循环。万物尽管变化纷纭，最后还是恢复到其本原，也就是回复到“道”那里。值得注意的是，老子所说的万物生于“道”，最后又返还于“道”，并不是简单循环论，即便一年四季，经过春夏秋冬，来年依然是春秋四季，但是，今年与去年相比，事物都经历了变化，春季树叶翠绿，但是已不是往年的树叶，而是新生出来的绿叶。万事万

物都是运动变化的，“道”本身也是运动变化的。这是因为，作为万物的真理、事物是不断变化的，所以万物的根本规律也在不断变化中。

《庄子·天道》记载了一个小故事：齐桓公在堂上读书，木匠在堂下做车轮。木匠停住手中的活，问齐桓公：“您读的是什么？”齐桓公说：“圣人之言。”木匠问：“圣人还活着吗？”齐桓公说：“已经死了。”木匠说：“那么说您读的只是古人留下的糟粕了！”齐桓公听了大怒，说道：“我在这里读书，你有什么资格说三道四？今天如果说出个道理就罢了，否则就处你极刑。”木匠不慌不忙来到堂上，对齐桓公说：“我的道理是从做车轮中体会出来的。制作车轮，榫眼做得宽了就松滑而不牢固，做得紧了就滞涩安不进去，怎么掌握这个分寸，只能凭心里的经验，嘴上说不出。我无法使儿子明白其中的奥妙，儿子也无法掌握我的技术，所以我虽然已经六十岁了，却还得制作车轮。圣人已经死了，他所悟出来的道理也随着他的死亡而消失，能够用语言表达出来的，只能是浅层次的道理。所以我说您读的书不过是古人留下的糟粕罢了。”齐桓公听了若有所思。

“时易则事易”，时代不同，事物也不同，“道”当然也不同。因为“道”是万事万物的真理，是从事物中抽象出来的，如果事物不同，抽象出来的真理当然不同。社会是变化发展的，真理也是不断发展变化的，“道”不可能被限定在某一种状态中，需要不同时代的人们根据时代事物的特性来体悟它。

所以，就算万物和“道”都遵循着“反”的运动规律，经过运动变化后，重新回到基始，却不是机械的重复，而是螺旋式前进的。不能以一成不变的观念去看待事物、看待“道”，而是要辩证地、在运动发展中观察事物、观察“道”。

思考讨论

老子的“反者道之动”与简单的循环论有何不同？举例说明。

第四十一章

上士闻道，勤而行之；

中士闻道，若存若亡；

下士闻道，大笑之。不笑不足以为道。

故建言有之[1]：

明道若昧；进道若退；夷道若颣[2]。

上德若谷；广德若不足；建德若偷[3]；质真若渝[4]。

大白若辱[5]；大方无隅[6]；大器晚成；大音希声；大象无形；道隐无名。

夫唯道，善贷且成[7]。

关键词：大器晚成

注释

[1]建言：立言。 [2]夷：平坦。颣（lèi）：崎岖不平。 [3]建德若偷：刚健的“德”好像怠惰的样子。建，通“健”。偷，惰。 [4]质真若渝：质朴而纯真好像浑浊。渝，变污。 [5]辱：黑垢。 [6]大方无隅：最方正的却没有棱角。隅，角。 [7]善贷且成：

"道"使万物善始善终，而万物自始至终也离不开"道"。贷，施与，给予。引申为帮助、辅助之意。

译文

上士听了"道"，努力去实行；中士听了"道"，将信将疑；下士听了"道"，哈哈大笑。不被嘲笑，那就不足以成为"道"了。

因此古时立言的人说过这样的话：光明的"道"好似暗昧；前进的"道"好似后退；平坦的"道"好似崎岖。

崇高的"德"好似峡谷；广大的"德"好像不足；刚健的"德"好似怠惰；质朴而纯真好像混浊未开。

最洁白的东西好像含有污垢；最方正的东西反而没有棱角；贵重的器物总是最后完成；最大的乐声反而听起来无声无息；最大的形象反而看不见形迹；"道"幽隐而没有名称。

只有"道"，善于辅佐万物。

文史链接

大器晚成

"大器晚成"是老子正言若反的表述方式。韩非子曾经在他的著作里面专门写过两篇文章：一篇叫《解老》，一篇叫《喻老》。他把他对老子的阐释写成了这两篇文章。在《喻老》篇中，他用了一个故事来说明"大器晚成"：楚庄王做了国君三年之久，既不发布政令，也没有什么政策，什么事情都没干，三年糊里糊涂就过去了。这时他手下的大臣就不满意了，你既然做了国君，天下有这么多的事情，你怎么什么都不做呢？其中有一个大臣，就去跟他说了一段谜语来劝诫他。他说有一只鸟，飞到了南方，停在南方的山坡上，三年不飞也不鸣。楚国在南方，这只鸟是暗指楚庄王。楚庄王肯定明白了，这大臣是说他三年一点事情都没做。然后楚庄王也同样用哑谜的形式来回答他。他说：三年不振动翅膀，那是因为这只鸟要长好翅膀；三年不飞，它要一飞冲天；三年不鸣，它要一鸣惊人。你放心，我听明白你的话了，你等着吧。半年以后，楚庄王开始自己听政，把原先的不良政策废除了，又制订了很多好的政策；杀掉了一些奸臣，同时提拔了很多贤德能干的人；在诸侯国之中，也树立了声威，成为春秋时期的霸主之一。韩非子在讲了这个故事以后，就说这叫"大器晚成"。同时，另外一个成语也出于这个故事，即"不鸣则已，一鸣惊人"。所以"大器晚成"的意思并不是说，成大器，在时间上就一定很晚，而是说，成大器需要一定的时间积累，一旦发乎于外，就会显示出惊人的成果。

思考讨论

列举古今中外大器晚成的例子。你打算为将来做怎样的积累呢？

第四十二章

道生一[1]，一生二[2]，二生三[3]，三生万物。

万物负阴而抱阳[4]，冲气以为和[5]。

人之所恶，唯孤、寡、不穀，而王公以为称。

故物或损之而益，或益之而损。

人之所教，我亦教之。

强梁者不得其死，吾将以为教父[6]。

关键词：道生万物

注释

[1]一：“道”是绝对无偶的，这是老子用以代替道这一概念的数字表示。　[2]二：指阴气、阳气。“道”的本身包含着对立的两方面。阴阳二气所含育的统一体即是“道”。因此，对立的双方都包含在“一”中。　[3]三：即是由两个对立的方面相互矛盾冲突所产生的第三者，进而生成万物。　[4]负阴而抱阳：背阴而向阳。　[5]冲气以为和：阴阳二气互相冲突交和而成为均匀和谐状态，从而形成新的统一体。冲，冲突，交融。

[6]教父：根本思想的意思。

译文

“道”是独一无二的，“道”本身包含阴阳二气，阴阳二气相交而形成一种适匀的状态，万物在这种状态中产生。

万物背阴而向阳，并且在阴阳二气的互相激荡中而形成新的和谐体。

人们最厌恶的就是“孤”、“寡”、“不穀”，但王公却用这些来称呼自己。

所以一切事物，如果减损它却反而得到增加，如果增加它却反而得到减损。

别人教导我的，我也这样去教导别人。

强暴的人不得好死，我把这句话当做施教的宗旨。

文史链接

道生万物

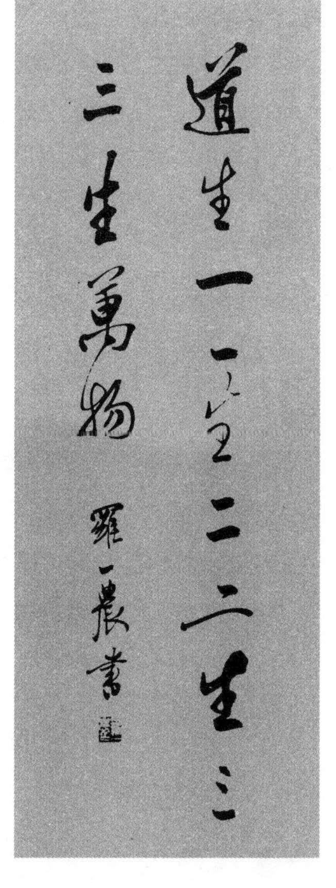

这是继第四十章之后，又一关于“道”的基本原理的重要论述。宇宙万物的总根源是“混而为一”的“道”，道生化万物，先万物而生，是世界的本源。值得注意的是，本章中“一”、“二”、“三”这几个数字，并不是具体的事物和具体数量，只是表示“道”生万物从少到多，从简单到复杂的一个过程，这就是“冲气以为和”。这里老子否定了传统的“天”作为人格神生化万物、审判万物的作用，而用遵循自然法则的“道”来取代了它，这是值得称道的。

《老子》第二十五章说：“有物混成，先天地生。寂兮寥兮，独立而不改，周行而不殆，可以为天地母。吾不知其名，强字之曰道，强为之名曰大。”“道”就是这个先于天地而生，作为天地万物的根源而存在。

在老子看来，“道”是根本性的存在，同时也是始终运行于现时生活世界、具有实践内涵的存在。《庄子·知北游》中记载了一则故事，东郭子请教庄子：“人们所说的道，究竟存在于什么地方呢？”庄子说：“大道无所不在。”东郭子说：“一定要指出具体存在的地方才行。”庄子说：“在稻田的稗草里。”东郭子说：“道怎么能在这么低下卑微的地方呢？”庄子说：“在瓦块砖头中。”东郭子说：“怎么越来越低下了呢？”庄子说：“在大小便里。”东郭子听后不再说话了。庄子认为，“道”无处不在，它是世界万物的根本法则，稗草、瓦块、屎溺中都有“道”。万事万物由“道”产生，又都遵循着“道”而存在。

思考讨论

你听到过哪些宇宙起源的理论？试分析它们的合理性。

第四十三章

天下之至柔，驰骋天下之至坚。

无有入无间[1]，吾是以知无为之有益。

不言之教，无为之益，天下希及之[2]。

关键词：天下之至柔

注释

[1] 无有入无间：无形的力量能够穿透没有间隙的东西。无有，指不见形象的东西。 [2] 希：稀少。

译文

天下最柔弱的东西，能驾驭天下最坚硬的东西无形的力量可以穿透没有间隙的东西，我因此认识到“无为”的益处。

“不言”的教导，“无为”的益处，天下人很少能做到。

文史链接

以柔克刚

老子说：柔弱能战胜刚强。老子曾以水为例，说明以柔克刚的原理。在这一章中，我们尝试用别的方法来说明为什么可以以柔克刚。

我们都知道，一件物品是否刚强，除了看它的硬度，还要看它的韧性（俗称脆度）。生铁的硬度很高，但是韧性非常差。所以铁虽然很硬，却很脆。只有把铁炼成钢，具有了很好的韧性，才是真正的刚强。

古人将韧性的概念称为“均”。比如《列子·汤问篇》中就说：“均，天下之至理也。”比如一根钓鱼竿，如果做得极为平均，使之平均受力，就能用极细的渔竿吊起极重极大的鱼来。又比如，一把好的弯弓，一定是木材的质地纹路都均匀一致的。反之，则其射出的箭一定又近又偏。

这种均的原理，在社会活动中，就体现为组织团体之间内在阻力的大小。比如古代一个朝代濒临灭亡的时候，只要一部分百姓揭竿而起，那么即便是一群没有受过训练的民兵队伍也能够打败训练有素、装备精良的朝廷官兵，最终推翻旧王朝的统治。和官兵相比，这些农民军显然是属于“柔”的一方的，而官兵则属于“刚”的一方。为什么弱小的农民起义军能打败强大的官兵呢？因为起义的农民军队往往众志成城、一致对外、齐心协力，反之，由于腐败无能、积重难返，就如生铁一样脆而易断。农民起义军能够推翻强大的王朝，就是以柔克刚、以弱胜强的例子。

思考讨论

你怎么看待以柔克刚、以弱胜强？

第四十四章

名与身孰亲？

身与货孰多[1]？

得与亡孰病[2]？

甚爱必大费[3]；多藏必厚亡[4]。

故知足不辱，知止不殆，可以长久。

关键词：名与身孰亲

注释

[1]货：财富。　[2]得：指名利。亡：指丧失性命。病：有害。[3]甚爱必大费：过于爱名就必定要付出很大的耗费。　[4]多藏必厚亡：丰厚的藏货就必定会招致惨重的损失。

译文

名声和生命相比哪一样亲切？

生命和钱财比起来哪一样更贵重？

获取和丢失相比，哪一个更有害？

过分的爱名就必定要付出重大的耗费；过于积敛财富，必定会招致惨重的损失。

所以知道满足，就不会受到屈辱；懂得适可而止，就不会带来危险，这样才可以保持长久。

文史链接

知足常乐

知足常乐是一句老话。老子在这一章中也告诫我们要知足。虽然这句话人人皆知，但真正能够做到的人却不多，为什么呢？或许是因为当今世界的主流文化鼓励贪婪和欲望。

世界的主流价值观念就是一切以消费为宗旨和诉求。为什么要诉诸消费呢？因为经济发展需要动力，而这种动力来源于不断消费。既然要不断消费，自然就需要鼓励大家更贪婪，欲望更强，攀比更厉害。如果大家都无欲无求，那么消费也就不会增加，经济发展也会失去动力。

基于这种价值观念，世界的大部分地方都以消费为价值标杆。比如说，如果你觉得你很高贵，如何体现这种高贵呢？那就是消费得更多、更奢侈。如果你想体现你的成功，如何体现呢？也是消费更高,买更多更好的东西。当人们用消费来衡量自己的价值时，那么他们自然是不知足的。

而不知足的人，终究是会失意的。因为只要你还在与他人进

行攀比，就总有人比你强、比你富、比你高。于是你就永远也得不到满足，不会开心。而且，“多藏必厚亡”。手里的东西越多，就越难保住。当你拥有的东西离你而去时，你就会加倍痛苦。所以只有知足才能长久，停止攀比才能得到解脱。

思考讨论

列举一个你所知道最知足的人和一个最不知足的人，试比较他们的快乐程度。

第四十五章

大成若缺[1]，其用不弊。

大盈若冲[2]，其用不穷。

大直若屈[3]，大巧若拙，大辩若讷[4]。

静胜躁，寒胜热。

清静为天下正[5]。

关键词：大成若缺

注释

[1]大成：最为完满的东西。 [2]冲：虚，空虚。 [3]屈：曲。 [4]讷：拙嘴笨舌。 [5]正：模范。

译文

最完满的东西，好像有欠缺一样，但是它的作用是不会衰竭的。

最充盈的东西，好像是空虚一样，但是它的作用是不会穷尽的。

最正直的东西，好像是弯曲的一样；最灵巧的东西，好像是笨拙的一样；最卓越的辩才，好像不善言辞一样。

清静克服扰动，寒冷克服暑热。

清静无为是天下的模范。

文史链接

参见“第七十八章”文史链接。

思考讨论

为什么有时候事物的表面现象与实际情况有所不同？如何才能看到事物的实质？

第四十六章

天下有道，却走马以粪[1]。

天下无道，戎马生于郊[2]。

祸莫大于不知足；咎莫大于欲得。

故知足之足，常足矣。

关键词：天下有道

注释

[1]却：屏去，退回。走马以粪：用战马耕种田地。粪，耕种。[2]戎马：战马。生于郊：指牝马生驹于战地的郊外。

译文

国家政治遵循“道”的原则，战马被送回到田间耕种农田。
国家政治不遵循“道”的原则，连怀胎的母马也要送上战场。
最大的祸害是不知足，最大的过失是贪得无厌。
知道满足的这种满足，是永远满足的。

文史链接

参见“第四十四章”文史链接。

思考讨论

试讨论战争的形成和不知足的心态的关系。

第四十七章

不出户，知天下；不窥牖[1]，见天道[2]。

其出弥远，其知弥少。

是以圣人不行而知，不见而明，不为而成[3]。

关键词：不出户　知天下

注释

[1] 窥：从小孔隙里看。牖（yǒu）：窗户。　[2] 天道：自然规律。　[3] 不为：无为，不妄为。

译文

不出门户，能够知道天下的事理；不望窗外，可以认识自然的规律。

向外奔逐得越远，知道的道理就越少。

所以，有“道”的圣人不出行却能够推知事理，不必亲见就能明白，不妄为却可以有所成就。

文史链接

不出户，知天下

这一章主要谈的是哲学认识论上的直接经验与间接经验。直接经验就是通过亲身实践得到的经验，如我们通过接触，知道石头是坚硬的，棉花是柔软的；通过观察，知道水是无色、透明的。间接经验是指从他人那里得来的知识，特别是前人通过总结实践经验而得出的科学理论知识，如从书上知道水的化学分子构成是氢和氧，从报纸、电视上得到的经验也是间接经验。

老子说:“不出户,知天下;不窥牖,见天道。”这里,老子的“不出户”、“不窥牖”就是不通过直接经验获得知识。

陈鼓应先生说：“老子认为世界上一切事物都依循着某种规律运行着，掌握着这种规律（或原则），当可洞察事物的真情实况。他认为心灵的深处是透明的，好像一面镜子，这种本明的智慧，上面蒙上一层如灰尘般的情欲（情欲活动受到外界的诱发就会趋

于频繁）。老子认为我们应透过自我修养的工夫，作内观返照，净化欲念，清除心灵的蔽障，以本明的智慧，虚静的心境，去览照外物，去了解外物运行的规律。”（《老子注译及评介》）老子的意思是，不是什么事都只有经过本人的实践才能认识，只凭借自己的直接经验获得知识是不可能的，因此要重视理性认识、间接知识。“不出户”、“不窥牖”这类极而言之的强调手法，就是强调了这一原理。

中国人常说：“秀才不出门，便知天下事。”说的是有知识的人，对于没有亲身经历的某些事件，也能清楚地知道它们的原委。这个结论与“实践出真知”的观点似乎相矛盾，但生活中又确实可以看到这样的事例。三国时期，诸葛亮在隆中耕田，便知将来三分天下。诸葛亮所说的三分天下，并不是靠“掐指一算”，而是根据当时各个势力的状况分析总结得出的，因为当时没有哪一派的势力可以强大到一统天下。

认识来源于实践，人们的认识是在实践的基础上产生的。人们在改造客观世界的过程中，一方面通过自己的感官（眼、耳、鼻、舌、身）去接触客观世界，使客观对象反映到自己头脑中来；另一方面，又不断通过实践促进事物的变化，加深对事物本质和规律性的认识。总之，认识是从实践中得到的。即使是某些难以进入的领域，比如遥远的天体、深部的地层，人们不可能直接接触，也是通过各种仪器和探测手段去进行观察和分析而得出结论的。因此，不经过对某一领域的实践活动，对于这一领域的认识是不可能得到的。只有实践才是认识的来源。

那么是不是所有的认识都必须经过自己亲身的实践活动，而别无其他的途径呢？也就是说，要想了解天文学的某些知识，是否必须亲自去观察天象？要想知道战争学的理论，是否必须亲自去打仗？要想学习世界地理，是否必须亲自去周游列国？如果是这样的话，我们就会遇到许多无法解决的困难。一个人的生命是有限的，在有生之年，要想事事都去直接经验、亲身经历，那么本领再大的人也不会取得什么成就。而且，如果人人都去进行自己的实践而不学习前人的经验，那么整个人类的认识就无法发展。所以，任何一个人的知识，除了亲身经历的那一部分外，更大的一部分是通过书本、语言交流或其他途径，得到前人或其他人的认识成果。

思考讨论

说说你近期学到的知识中，哪些是直接经验，哪些是间接经验。

第四十八章

为学日益[1]，为道日损[2]。损之又损，以至于无为。

无为而无不为[3]。

取天下常以无事[4]，及其有事[5]，不足以取天下。

关键词：为学日益　为道日损

注释

[1]为学：探求外物的知识，此处的"学"指的是对于政教礼乐的追求。日益：指增加人的智巧。　[2]为道：是通过冥想或

体验，领悟事物未分化状态的“道”。此处的“道”，指自然之道，无为之道。 [3]无为而无不为：不妄为，就没有什么事情做不成。[4]取：治，摄化。无事：无扰攘之事。 [5]有事：繁苛政举。

译文

求学一天比一天增加，求道一天比一天减少。减少又减少，以至于“无为”的境地。

如果能够做到不妄为，任何事情都可以做成。治理天下要常以不扰民为治国之本，如果经常以繁苛之政扰害民众，那就不配治理国家了。

文史链接

为学日益，为道日损

本章探究的是哲学中关于认识论的问题。

陈鼓应先生的观点是：“‘为学’是指探求外物的普通的求知活动，‘为道’亦称‘闻道’，是指通过玄思或体验去领悟和把握最高的‘大道’。‘益’是增加、积累，‘损’是减少、排除。‘为学’所追求的是关于形而下的具体事物的知识，这种知识通过感觉经验即可获得，它贵在增益，日积月累，积少成多，所以说‘日益’；‘为道’则不同，首先‘道’是形而上的，它‘视之不见’、‘听之不闻’、‘搏之不得’，超感觉超经验，用认识具体事物的方法是不可能获得的……其次，‘道’是一种精神境界，一种生活的态度和原则，人类的自然真朴之性本是最符合大道的，但人类过多的和不适当的行为却破坏了这种自然的状态，徒增了许多的私欲、偏见和技巧，以至于离大道越来越远，因而人要‘为道’，要效仿‘为道’的样子而生活，要复归于自然，就必须排除多余的东西，排除得越彻底越好。因而‘为道’贵在减损，‘损之又损，以至于无为’，即损到无可再损的地步，所以说‘日损’。”

从上面这段分析中，我们可以看出，“为学”与“为道”在老子语境中的对立。当“为学”与人的私欲联系在一起时，这些经验知识就会变成智巧，也就是老子说的“小智”，它与老子所说的“道”，即“大智”是格格不入的。这可以说是老子“绝学”、“弃智”的第一个理由。

第二个理由，我们可以从道家与儒家认识论的区别入手分析。儒家认为“格物致知”，通过经验世界的学习，可以学到知识、获得智慧。而老子承认求学问，天天积累知识，越积累，知识越丰富。至于要认识宇宙变化的总规律或是认识宇宙的最后的根源，就不能靠积累知识，也就是不能靠“格物”，而是要靠“玄览”、“静观”，抛去人的欲念，反观自己的内心。

《庄子·齐物论》说：“道恶乎隐而有真伪？言恶乎隐而有是非？道恶乎往而不存？言恶乎存而不可？道隐于小成，言隐于荣华。故有儒墨之是非，以是其所非而非其所是。欲是其所非而非其所是，则莫若以明。”“大道”是怎么隐匿起来而有了真和假呢？言论是怎么隐匿起来而有了是与非呢？“大道”怎么会出现而又不复存在？言论又怎么存在而又不宜认可？“大道”被小成偏见所隐蔽，言论被浮华的辞藻所掩盖，所以就有了儒家和墨家的是非之辩，肯定对方所否定的东西而否定对方所肯定的东西，想要肯定对方所否定的东西而非难对方所肯定的东西，于是是非便颠倒了。不如用事物的本然去加以观察而求得明鉴。

在这段话中，最为关键的一句是“道隐于小成”，指出了一般理论知识对“道”的遮蔽。因为一切具体的理论知识的建立必然受

一定条件的限制，也就是说任何理论的成立都有一定的前提条件和适用范围，超出了前提条件和适用范围，这种理论就不能发挥作用了；但如果没有理论知识的人自以为是，试图以特定条件下才存在的理论知识去充当“道”，将其运用在一切领域，那么必定会失败。

思考讨论

说说“知”与“道”的区别，并举身边的例子说明哪些属于“知”，哪些属于“道”。

第四十九章

圣人常无心[1]，以百姓之心为心。

善者，吾善之；不善者，吾亦善之；德善[2]。

信者，吾信之；不信者，吾亦信之；德信。

圣人在天下，歙歙焉[3]，为天下浑其心[4]。

百姓皆注其耳目，圣人皆孩之。

关键词：圣人常无心

注释

[1] 常无心：长久保持无私心。 [2] 德：假借为“得”。 [3] 歙（xī）：吸气，此处指收敛意欲。 [4] 浑其心：使人心思化归于浑朴。

译文

圣人没有私心，以百姓的心为自己的心。

善良的人，我善待于他；不善良的人，我也善待他；这样可使人人向善。

守信的人，我信任他；不守信的人，我也信任他，这样可使人人守信。

有道的圣人在其位，收敛自己的意欲，使天下的心思归于浑朴。

百姓都专注于自己的耳目，有道的人使他们都回到婴孩般纯朴的状态。

文史链接

以百姓心为心

老子在这一章中告诉我们，统治者应该持有的立场。无论何种统治模式、国家形态，统治者都应以百姓心为心，或者说，以百姓的立场为立场。

老子为什么要提出统治者应该以百姓心为心呢？首先，当统治者以百姓的立场为立场时，统治者和被统治者的矛盾就会消除。没有矛盾就没有对立。一个君民没有矛盾的国家，当然是非常和平友好的。其次，以百姓的立场为立场，对统治者和百姓来说，是一种双赢。对百姓来说，他们不必担心统治者的戕害；对统治者来说，也不必担心百姓的反对。即使仅仅就心理价值来说，这种治术也是非常高明和有价值的。再次，当统治者以百姓的立场为立场，就不用担心自己的所作所为是否正确。如果正确，那么最好；如果犯了错误，那么也是大部分的人来共同承担错误。这样的社会，气氛轻松愉快，从上到下都没有负担。最后，当社会处于这种统治环境之下时，一定非常团结。一个高度团结的社会就会显得非常有力，难以侵犯。国家的安全也得到了大幅提高。百姓感觉到安全祥和，自然安居乐业，少有人为非作歹了。

总之，以百姓心为心，在老子看来是一种有百利而无一害的高明的统治思想。

思考讨论

如何大幅度提高并且保持一个社会公民的幸福指数？

第五十章

出生入死[1]。

生之徒[2]**，十有三**[3]**；死之徒**[4]**，十有三；人之生，动之于死地**[5]**，亦十有三。**

夫何故？以其生生之厚[6]。

盖闻善摄生者[7]**，陆行不遇兕虎**[8]**，入军不被甲兵**[9]**。兕无所投其角，虎无所用其爪，兵无所容其刃。**

夫何故？以其无死地[10]。

关键词：出生入死

注释

[1]出生入死：出世为生，入地为死。　[2]生之徒：即长寿之人。徒，类、属。　[3]十有三:十分之三。　[4]死之徒:属于夭折的一类。　[5]人之生，动之于死地：人本来可以长生的，却走向死亡之路。　[6]生生之厚：求生的欲望太强，营养过剩，因而奉养过厚了。　[7]摄生：养生。　[8]兕（sì）:犀牛。　[9]甲兵:战争。　[10]无死地:没有进入死亡的领域。

译文

人出世为生，入地为死。

属于长寿的人有十分之三；属于短命的人有十分之三；人本来可以活得长久，却自己走向死亡之路的，也占十分之三。

为什么会这样呢？因为奉养过度了。

听说善于养护生命的人，在陆地上行走，不会遇到犀牛和猛虎，在战争中不会受到武器的伤害。犀牛用不上它的角，老虎用不上它的爪，兵器用不上它的刃。

为什么会这样呢？因为他没有进入死亡的领域。

文史链接

置诸死地而后生

置诸死地而后生，破釜沉舟，都是人们耳熟能详的名句。然而这种做法仅限于军事行动等特殊情况，如果作为一种生活态度，就十分不适用了。

首先，对于一个想生活得更合理、更有意义、更健康的人来说，置诸死地之后，未必还会有生还的机会。比如，对于一个吸烟的人

来说，如果他的烟龄已经几十年了，再让他戒烟，甚至期许消除吸烟对身体的损害，那么为时已晚。人的身体是非常脆弱的，一旦遭到破坏，特别是长时期的损害，再想恢复健康，那是难上加难的了。

其次，人的生命是非常短暂的，如果等到活了大半辈子，再去改变，就会来不及。比如，一个人在年轻的时候，没想到要到各地欣赏美景、开阔眼界，等到年老体衰的时候，再想补救，则会限于各种条件而难以实现。

所以，对于一个希望生活得更合理、健康而又有意义的人来说，当然是越早着手改变越好。如果一个人在少年时期就开始认真思考这些问题，并不断学习，合理安排人生，那么他的一生将会比大部分人过得充实、健康、有意义。

思考讨论

试着规划一下自己的人生，看看应该如何安排，才能活得更精彩、有趣、合理而又健康。

第五十一章

道生之，德畜之，物形之，势成之[1]。

是以万物莫不尊道而贵德。

道之尊，德之贵，夫莫之命而常自然[2]。

故道生之，德畜之，长之育之，亭之毒之，养之覆之[3]。

生而不有，为而不恃，长而不宰，是谓玄德[4]。

关键词：道生之

注释

[1]势：万物生长的自然环境。　[2]莫之命而常自然：不加干涉，而任万物自化自成。　[3]养：爱养，护养。覆：维护，保护。　[4]玄德：即上德。它产生万物而不据为己有，养育万物而不自恃有功。

译文

“道”生成万事万物，“德”养育万事万物，万物虽现出各种形态，环境使万物成长。

所以万物没有不尊崇道而珍贵“德”的。

“道”之所以受尊崇，“德”所以被珍贵，就在于道它生长万物而不加以干涉，顺其自然。

所以“道”生长万物，“德”养育万物，使万物生长发育，使万物成熟结果，使万物滋养，受到保护。

生长万物而不据为己有，抚育万物而不自恃有功，导引万物而不主宰，这就是玄妙的“德”。

文史链接

揠苗助长

老子在这一章中告诉我们，应该以尊重自然规律的态度来对待事物，而在《孟子》一书当中，我们则看到了一个完全相反的例子，这就是著名的揠苗助长的故事。

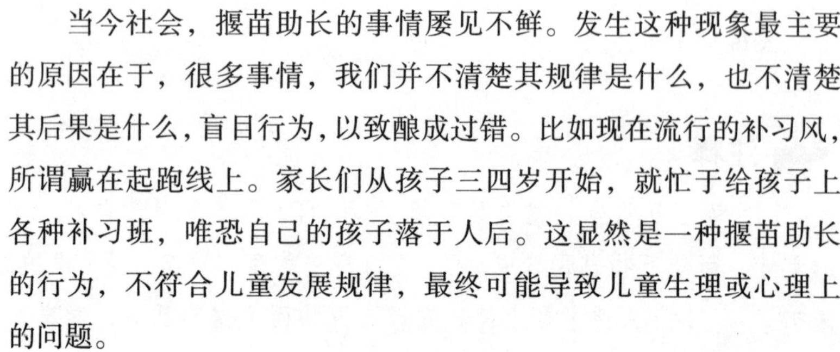

当今社会，揠苗助长的事情屡见不鲜。发生这种现象最主要的原因在于，很多事情，我们并不清楚其规律是什么，也不清楚其后果是什么，盲目行为，以致酿成过错。比如现在流行的补习风，所谓赢在起跑线上。家长们从孩子三四岁开始，就忙于给孩子上各种补习班，唯恐自己的孩子落于人后。这显然是一种揠苗助长的行为，不符合儿童发展规律，最终可能导致儿童生理或心理上的问题。

所以，想让自己的行为取得好的结果，应当对事物的自然规律保持敬畏之心。如果明明十分无知，却坚持认为自己所作所为都是正确的，那就无可救药、无法可想了。

思考讨论

列举自己生活中看到的不符合自然规律的事情。

第五十二章

天下有始[1]，以为天下母[2]。

既得其母，以知其子[3]；既知其子，复守其母，没身不殆。

塞其兑，闭其门[4]，终身不勤[5]。

开其兑，济其事[6]，终身不救。

见小曰明[7]，守柔曰强[8]。

用其光，复归其明[9]，无遗身殃[10]，是为袭常[11]。

关键词：天下有始

注释

[1]始：本始，指“道”。　[2]母：根源，指“道”。　[3]子：指万物。　[4]塞其兑，闭其门：塞住嗜欲的孔穴，闭上欲念的门径。兑，指口，引申为孔穴。门，门径。　[5]勤：劳。　[6]开其兑，济其事：打开嗜欲的孔穴，增加纷杂的事件。　[7]见小曰明：能察见细微，才叫做“明”。小，细微。　[8]强：强健，自强不息。　[9]用其光，复归其明：光向外照射，明向内透亮。发光体本身为“明”，照向外物为光。　[10]无遗身殃：不给自己带来麻烦和灾祸。　[11]袭常：承袭常道。

译文

天地万物本身都有起始，以它作为天地万物的根源。

如果知道根源，就能认识万物；如果认识万物，又把握着万物的根本，终身都不会有危险。

塞住欲念的孔穴，闭起欲念的门径，终身都不会有烦扰之事。

如果打开欲念的孔穴，增添纷杂的事件，终身都不可救治。

能够察见到细微的，叫做“明”；能够持守柔弱的，叫做“强”。

运用智慧的光芒，返照内在的明，不会给自己带来灾难，这就叫做不绝的“常道”。

文史链接

回光返照

老子在这一章中告诉我们，可以利用“光”为自己服务，达到回到天地之始的理想状态。这一章十分抽象，我们既不清楚老子说的光是什么，也不清楚他所说的“天地之始”指什么。

虽然从老子的原文中我们很难知道问题的确切答案，但可以通过其他线索来揣摩老子的用意。比如禅宗有一种说法叫“回光返照”，大意是指人们可以通过平常作用在外物的能量反向指向自身，从而达到开悟的目的。

达到回光返照的境界很难，却会在不自觉间形成。比如当人们全身心投入一种运动的时候，所有的注意力都集中在运动本身上，这时我们的身体感觉会非常灵敏、头脑异常清晰，心中会不自主的产生一种愉悦和自由的感觉。这就是回光返照的作用。只不过由于这种现象是下意识的，随着运动终止，也就结束了。再如，当人们遭遇紧急状态、面临生死攸关情形的时候，会爆发出惊人的力量，完成平时不可能完成的举动。平时手无缚鸡之力的老者可能在火灾发生时抱起和自己一样重的老伴出逃；平时连老鼠都害怕的人在森林里可以与野熊搏斗。之所以如此，是因为在这种极端情况下，迫使我们把平常散乱四周的能量集中起来，用于当下的活动，于是就可能完成看似不可能完成的事情。

思考讨论

为什么人们有时候能够完成平常完全无法做到的事情？这时候发生了什么与平时不同的情况？

第五十三章

使我介然有知[1]，行于大道，唯施是畏[2]。

大道甚夷，而人好径[3]。朝甚除[4]，田甚芜，仓甚虚；服文采，带利剑，厌饮食[5]，财货有余；是谓盗夸[6]。非道也哉！

关键词：使我介然有知

注释

[1]我：指有道的圣人。介然有知：微有所知，稍有知识。介，微小。 [2]施：斜行。 [3]人：指人君。径：邪径。 [4]朝甚除：朝政非常败坏。 [5]厌饮食：饱得不愿再吃。厌，饱足。 [6]盗夸：大盗。

译文

假如我稍微有些认识，在大道上行走，只担心走了邪路。

大道很平坦，但人君却喜欢走斜径。朝政很腐败，农田很荒芜，仓库十分空虚；而人君仍穿着锦绣的衣服，佩戴着锋利的宝剑，饱餐精美的饮食，搜刮占有富余的财货，这就叫做强盗头子。这是多么无道啊！

文史链接

窃国者侯

老子把欺压百姓的统治者称为大盗。庄子也说：窃钩者诛，

窃国者侯。意思是说，偷了小东西的人会被诛灭，而偷取了国家的人却能成为统治者。

为什么窃取天下的人能堂而皇之的成为统治者呢？因为他得到了百姓的肯定，或者至少是默许。在通常情况下，老百姓愿意被给予他们许诺的人统治，即使明明知道这些人正在剥削甚至奴役自己，只要承诺够动听，就接受被统治、被摆布的命运，不论这些许诺实际上有多么离谱、多么遥不可及。

这种心理在心理学上被称为“斯德哥尔摩综合征”（Stockholm syndrome）。“斯德哥尔摩综合征”指的是在犯罪活动中，被害人在被伤害、虐待的过程中，或罪行发生后，对罪犯产生好感、依赖等感情的现象。即当我们实在无法应对自己遭受的虐待和暴行时，会通过编造自己和施暴者之间的感情联系的方式来使自己的遭遇合理化。

在人类历史上，有很多残暴、荒淫、腐败无德的政权能够持续一段相当长的时间，正是因为他们的子民患上了斯德哥尔摩综合征。

思考讨论

试分析人类历史上暴政政权历时长久的原因。说说你对这一现象的理解。

第五十四章

善建者不拔，善抱者不脱[1]，子孙以祭祀不辍[2]。

修之于身，其德乃真；

修之于家，其德乃余；

修之于乡，其德乃长[3]；

修之于邦[4]，其德乃丰；

修之于天下，其德乃普。

故以身观身，以家观家，以乡观乡[5]，以邦观邦，以天下观天下。

吾何以知天下然哉？以此。

关键词：善建者不拔

注释

[1] 抱：抱持，隐含牢固的意思。 [2] 子孙以祭祀不辍：世世代代都能够遵守“善建”、“善抱”的道理，后代的香火就不会终止。辍，停止，终止。 [3] 长：尊崇。 [4] 邦：国家。 [5] 故以身观身，以家观家，以乡观乡：以自身观照别人，以自家观照别家，以自乡观照别乡。

译文

善于建树的不可拔除，善于抱持的不可以脱落，子孙遵循这个道理，那么香火世世代代不会断绝。

把这个道理用于自身，德性就会真实；用于家庭，德性就会有余；用于乡里，德性就会受到尊崇；用于邦国，德行就会丰盛；用于天下，德行就会普及。

所以，用自身的修身来观察他身，从自家察看别家，以自乡察看别乡，从本邦查看别的邦国，以天下观照天下。

我怎么会知道天下的情况呢？就是用这个道理。

文史链接

《大学》八目

老子在这一章中向我们介绍了人的德性如何从修身开始，逐步扩展到家、乡、邦，乃至天下的。

与老子的这一说法类似的，还有著名的《大学》八目：格物、致知、诚意、正心、修身、齐家、治国、平天下。

思考讨论

结合本章内容，并参照《大学》八目，比较二者的异同。

第五十五章

含德之厚，比于赤子。毒虫不螫[1]，猛兽不据[2]，攫鸟不搏[3]。

骨弱筋柔而握固，未知牝牡之合而朘作[4]，精之至也。

终日号而不嗄[5]，和之至也。

知和曰常[6]，知常曰明。益生曰祥[7]，心使气曰强[8]。

物壮则老[9]，谓之不道，不道早已。

关键词：含德之厚

注释

[1] 毒虫：指蛇、蝎之类的有毒虫子。螫（shì）：毒虫子用毒刺蜇人。 [2] 据：兽类用爪足取物。 [3] 攫（jué）鸟：用脚爪抓取食物的鸟，比如鹰隼。搏：用爪击物。 [4] 朘（zuī）作：婴孩的生殖器勃起。朘，男孩的生殖器。 [5] 嗄（shà）：嗓音嘶哑。 [6] 知和曰常：常指事物运作的规律。和，指阴阳二气调和的状态。 [7] 益生：纵欲贪生。祥：指妖祥，不祥。 [8] 强：逞强，强暴。 [9] 壮：强壮。

译文

含德深厚的人，就像初生的婴孩。毒虫不叮他，猛兽不伤害他，凶恶的鸟不扑击他。

他的筋骨柔弱，但拳头握得很紧。他虽然不知道男女之事，但他的小生殖器却自动勃起，这是精气充沛的缘故。

他整天啼哭，嗓子却不会沙哑，这是因为元气纯厚的缘故。

认识醇和的道理叫做“常”，知道“常”叫做“明”。贪生纵欲就会遭殃，欲念主使精气就叫逞强。

过分壮盛了就会衰老，这叫不合于“道”，不遵守常道就会很快地死亡。

文史链接

元　气

老子在这一章中赞美了婴儿身上所具备的无比充沛的生命力，并把人一生的过程看成生命力不断消耗，乃至死亡的过程。后来，人们用一个形象化的概念来描述这种生命力——元气。

元气，大概就相当于供人消耗一生的总能量。这个原始能量是从人出生时就具备的，通过不断消耗，消散殆尽时，人就死亡了。当然，元气是可以恢复的。回收元气的过程，就是炼气修身的过程。

元气之说，我们可以作一个很形象的比喻：人的一生就相当于燃烧着的一堆篝火。元气就是在生火之前就堆在篝火堆的木材中可以燃烧的成分。刚开始生火的时候，火很小。虽然火头很小，但其可供燃烧的能量却是最大的（婴儿的元气最足），随着燃烧加剧，火头越来越旺（人的身体逐渐强壮，能力逐渐增强），消耗的燃料也越来越多（人做的事情越多，消耗元气的速度越快），当火头最旺的时候（人的各方面能力最强，正当壮年时），也就意味着接下来火头会越来越小，同时燃料也越来越少（元气逐渐消耗殆尽），这时也就相当于老子所说的“物壮则老”。当燃料消耗完毕，木材只剩下一堆灰烬（人死亡时留下的躯壳），火头已经熄灭（元气耗尽，神气魂魄四散复归天地，生命终止）。

修身的过程，就是把这个过程颠倒过来，将已经消散的元气通过修炼回复至身上。这就是复归自然的过程。

思考讨论

你认可老子的元气说吗？说说你的理由。

第五十六章

知者不言，言者不知[1]。

塞其兑，闭其门[2]；挫其锐，解其纷；和其光，同其尘[3]，是谓玄同[4]。

故不可得而亲，不可得而疏；不可得而利，不可得而害；不可得而贵，不可得而贱[5]。故为天下贵。

关键词：玄同

注释

[1] 知者不言，言者不知：知道的人不说，爱说的人不知道。[2] 塞其兑，闭其门：塞住嗜欲的孔穴，闭上欲念的门径。这两句见于“第五十二章”，疑为错简复出。 [3] 挫其锐，解其纷；和其光，同其尘：挫去其锐气，解除其纷扰，平和其光耀，混同其尘世。这四句见于“第四章”，疑为错简复出。 [4] 玄同：玄妙齐同。 [5]“故不可得”句：是说“玄同”的境界已经超出了亲疏、利害、贵贱等的范畴。

译文

智者不多说话，而到处说长论短的人就不是智者。

塞住嗜欲的孔窍，关闭住嗜欲的门径。不露锋芒，消解纷争；收敛光耀，混同尘世，这就是玄同的境界。

这样就超脱亲疏、利害、贵贱的世俗范围，所以为天下人所尊重。

文史链接

玄同

“玄同”是道家用语，为一种与“道”混同为一的境界。玄，玄妙深奥；同，齐同、均一。“玄同”的含义与孔子所说的“和而不同”较为相近。

在道家文献中，老子、庄子和葛洪都提到过“玄同”：

《老子》说：“塞其兑，闭其门；挫其锐，解其纷；和其光，同其尘，是谓玄同。”

《庄子·胠箧》说：“削曾子之行，钳杨墨之口，攘弃仁义，天下之德玄同矣。”削除曾参的忠孝，钳住杨朱、墨翟善辩的嘴巴，摒弃仁义，天下人的德行方才能混同而齐一。

晋代葛洪的《抱朴子·诘鲍》说：“万物玄同，相忘于道。”在大道之下，万物都是玄妙齐同的。

“玄同”，即“大同”，指的是没有差别的境界。“大同”一语，可能在两周之际即已出现。《尚书·洪范篇》谓：“汝则有大疑，谋及乃心，谋及卿士，谋及庶人，谋及卜筮。汝则从，龟从，筮从，卿士从，庶民从，是之谓大同。”国君的重大决策，除了自己应当考虑清楚以外，还要跟卿士、庶人商量，还要用占卜和占筮的办法询问神意。如果这些方面的意见都完全一致，这就叫“大同”。

在老子看来，得“道”的圣人，即修养成理想人格的人，能够“挫锐”、“解纷”、“和光”、“同尘”，这就是“玄同”的最高境界。“锐”、“纷”、“光”、“尘”是从对立的角度说，“挫锐”、“解纷”、“和光”，“同尘”是从统一的角度说。尖锐的东西容易断折，把尖锐的东西磨去了，可以避免断折的危险。人从片面的观点出发，坚持着自己的意见，排斥别人的意见，就会是非纷纭，无所适从。

解除纷争的办法，就是要大家看问题全面，放弃片面的意见。凡是阳光照射到的地方，必然有照射不到的阴暗面存在，只看到了照射着的一面，忽略了阴暗的另一面，是不算真正懂得光的道理的，只有把“负阴”、“抱阳”的两面情况都统一地加以掌握了，然后才能懂得“用其光，复归其明”的道理。宇宙间到处充满着灰尘，人世间纷繁复杂的情况也是如此，超脱尘世的想法与做法是不现实的，“众人皆浊我独清”的想法与做法是行不通的，这些都是只懂得对立一面的道理，不懂得统一一面的道理。只有化除成见、没有私心的人，才能对于好的方面，不加阻碍地让它尽量发挥作用，对不好的方面，也能因势利导，帮助它发挥应有的作用，“同其尘”，是对立统一道理的较高运用。

思考讨论

列举中国历史上推崇“大同”思想的思想家，并阐述他们的思想内涵。

第五十七章

以正治国[1]，以奇用兵[2]，以无事取天下[3]。

吾何以知其然哉？以此：

天下多忌讳[4]，而民弥贫；人多利器[5]，国家滋昏；人多伎巧[6]，奇物滋起[7]；法令滋彰，盗贼多有。

故圣人云："我无为，而民自化[8]；我好静，而民自正；我无事，而民自富；我无欲，而民自朴。"

关键词：以正治国

注释

[1]正：清静之道。 [2]奇：奇巧。 [3]取天下：治理天下。 [4]忌讳：禁忌，避讳。 [5]利器：锐利的武器。[6]伎巧:技巧,智巧。 [7]奇物:邪事。 [8]自化:自我化育。

译文

以清静之道治国，以出奇谋略作战，以不扰民来治理天下。

我怎么知道是这样呢？根据就在于此：天下的禁忌越多，老百姓越陷于贫穷；人间的利器越多，国家越陷于混乱；人们的技巧越多，邪风怪事就连连发生；法令越森严，盗贼就不断增加。

所以有"道"的圣人说："我无为，人民就自我化育；我好静，人民就自然端正；我不搅扰，人民就自然富足；我无欲，人民就自然淳朴。"

文史链接

休养生息

老子认为理想的政治是无为无事、清净自然的。因为各种人为的政策会扰民，弊大于利，得不偿失。在中国历史上确实有一段时期，统治者实行了与老子政治主张类似的政策。这就是著名的汉朝初年的休养生息政策。

汉朝初年，由于常年的战争和秦朝的暴政，民不聊生，人口凋零，经济贫弱，农事不兴。为了恢复人口、重整经济，从汉高祖刘邦到汉文帝、汉景帝，大约有半个多世纪的时间，汉统治者推行了休养生息的政策。其主旨是与民休息，轻徭薄赋，尽量不干涉人们的生活和经济活动。这一政策让社会恢复了活力，经济基础得以巩固和加强，人口增加与经济不断恢复并呈上升势头，国力得以加强，百姓生活水平不断提高，为汉朝的长治久安打下了良好的基础。

与此相反，中国历史上还有一个著名的反面教材，这就是著名的亡国皇帝：隋炀帝。隋炀帝继位之初，国力雄厚，经济繁荣。但是隋炀帝不安于这种平静安稳的好日子，大兴土木，迁都洛阳；好大喜功，穷奢极欲；远征高丽，消耗国力；执意修建大运河，导致民怨沸腾，国库空虚。最终导致隋朝覆灭，炀帝本人非但战败被杀，还落下了千古骂名。

思考讨论

你觉得老子的“无为”政治思想合理吗？有没有可行性？

第五十八章

其政闷闷[1]，其民淳淳[2]；其政察察[3]，其民缺缺[4]。

祸兮，福之所倚；福兮，祸之所伏。孰知其极？其无正也[5]。正复为奇，善复为妖[6]。人之迷，其日固久[7]。

是以圣人方而不割[8]，廉而不刿[9]，直而不肆[10]，光而不耀[11]。

关键词：祸兮，福之所倚　福兮，祸之所伏

注释

[1]闷闷：昏昏昧昧的状态，有宽厚的意思。　[2]淳淳：淳朴厚道的意思。　[3]察察:严厉，苛刻。　[4]缺缺:狡诈，不满足之意。　[5]其无正也：它们并没有确定的标准。其，指福祸变换。正，标准，确定。　[6]正复为奇，善复为妖：正的变为邪的，善的变成恶的。正，方正、端正；奇，反常、邪；善，善良;妖，邪恶。　[7]人之迷，其日固久:人们的迷惑时日已久。[8]方而不割：方正而不割伤人。　[9]廉而不刿（guì）:锐利而不伤害人。廉，锐利。刿，割伤。　[10]直而不肆：直率而不放肆。　[11]光而不耀：光亮而不刺眼。

译文

政治宽厚，人民就淳朴；政治苛酷，人民就狡黠。

灾祸啊，幸福依傍在它的里面;幸福啊，灾祸藏伏在它的里面。谁能知道它们的究竟呢？它们并没有确定的标准。正忽然转变为邪，善忽然转变为恶。人们的迷惑，已经很久了。

因此，有道的人方正而不生硬，有棱角而不伤害人，直率而不放肆，光亮而不刺眼。

文史链接

祸兮，福之所倚；福兮，祸之所伏

老子的“祸兮，福之所倚；福兮，祸之所伏”一句，是非常著名的哲学命题。这句话的意思是说，福与祸相互依存、相互转化，也许，一桩好事会引出一桩祸事；也许，一桩祸事会引出一桩好事。

《淮南子》中记载了这样一个故事：战国时期有一位老人，名叫塞翁。他养了许多马，一天马群中忽然有一匹马走失了。邻居们听到这事，都来安慰他不必太着急，年龄大了，多注意身体。塞翁见有人劝慰，笑笑说：“丢了一匹马损失不大，没准还会带来福气。”邻居听了塞翁的话，心里觉得好笑：马丢了，明明是件坏事，他却认为也许是好事，显然是自我安慰而已。

可是过了没几天，丢了的马不仅回家了，还带回一匹骏马。邻居听说马自己回来了，非常佩服塞翁的预见，向塞翁道贺说：“还是您老有远见，马不仅没有丢，还带回一匹好马，真是福气呀！”塞翁听了邻人的祝贺，反而一点高兴的样子都没有，忧虑地说：“白白得了一匹好马，不一定是什么福气，也许惹出什么麻烦来。”邻居们以为他故作姿态，纯属老年人的狡猾：心里明明高兴，有意不说出来。

塞翁有个独生子，非常喜欢骑马。他发现带回来的那匹马顾盼生姿，身长蹄大，嘶鸣嘹亮，一看就知道是匹好马。他每天都骑马出游，心中得意。一天，他高兴得有些过火，打马飞奔，一个趔趄，从马背上跌下来，摔断了腿。邻居听说，纷纷来慰问。塞翁说：“没什么，腿摔断了却保住性命，或许是福气呢。”邻居们觉得他又在胡言乱语，他们想不出摔断腿会带来什么福气。不久，匈奴兵大举入侵，青年人应征入伍，塞翁的儿子因为摔断了腿，

不能去当兵。附近入伍的青年都战死了，唯有塞翁的儿子保全了性命。

《淮南子》的这则小故事，列举了发生在一位老翁身上的一连串福祸相依的事件，可以作为老子“祸兮，福之所倚；福兮，祸之所伏”的故事解读。在讲完这则故事以后，作者感慨道：“祸之为福，福之为祸，化不可极，深不可测也！”

老子的辩证法已经具备了矛盾对立统一的规律的性质，相反的东西可以相成，同时，他又知道相反的东西可以互相转化。这种观察事物、认识事物的方法，是老子哲学上的最大贡献。

思考讨论

列举生活中福祸相依的事例，并说明“福”、“祸”之间是怎样辩证发展的。

第五十九章

治人事天[1]，莫若啬[2]。

夫唯啬，是谓早服[3]；早服谓之重积德[4]；重积德则无不克；无不克则莫知其极；莫知其极，可以有国[5]；有国之母，可以长久。

是谓根深固柢，长生久视之道[6]。

关键词：治人事天

注释

[1] 治人：治理百姓。事天：保养天赋。 [2] 啬（sè）：爱惜，保养。 [3] 早服：早为准备。 [4] 重积德：不断地积德。 [5] 有国：含有保国的意思。 [6] 长生久视：长久地维持，长久存在。

译文

治理国家和养护身心，没有比爱惜精力更为重要的了。

爱惜精力，是早作准备；早作准备，就是不断地积“德”；不断地积“德”，就没有什么不能胜任；没有什么不能胜任，就无法估量他的力量；具备了无法估量的力量，就可以担负治理国家的重任；掌握了治国的道理，国家就可以长久维持。

这就是根深柢固，长久生存之道。

文史链接

长生久视

老子认为，修身养性和治理天下的方法就像“啬”一样，并认为这种方法是“根深固柢，长生久视之道”。

“啬”就如同种树。如果你想得到一棵参天大树，就需要从栽种小树苗开始，给予它应有的照料。十年光景，小树苗就会成长为一棵大树。在这期间，必须尊重树木生长的客观规律，既不能漠不关心，弃之不顾，也不能揠苗助长。

小树苗长成一棵大树，需要满足两个条件：第一，要满足时间上的要求。如果一棵树需要十年才能完全长大，那么在这十年中就需要持续地呵护。不能今日呵护有加，明日又忘记，三天打

鱼两天晒网是不行的。第二，一旦在这里种了树，就不能再移作他用。不能今天种了一棵树，过几天又拔掉换种别的东西。修身养性也是一样。时间上需要长期连续的用心，如果只想短期投资，追求速效，那么就是一种投机心理。同时不能做相违背的事情，不能今天与人为善，明天又阴谋害人；今日护百姓，明日横征暴敛。唯有满足这两个条件，才是“根深固柢，长生久视之道”。

思考讨论

试列举你在生活中所看到的追求速效，或者是自相矛盾的人和事。

第六十章

治大国，若烹小鲜[1]。

以道莅天下[2]，其鬼不神[3]；

非其鬼不神[4]，其神不伤人；

非其神不伤人，圣人亦不伤人。

夫两不相伤[5]，故德交归焉[6]。

关键词：治大国　若烹小鲜

注释

[1]小鲜：小鱼。　[2]莅：临。　[3]其鬼不神：鬼不

起作用。　[4]非：不唯，不仅。　[5]两不相伤：鬼神和圣人不侵越人。　[6]德交归焉：让人民享受德的恩泽，意即人民相安无事。

译文

治理大国，好像烹饪小鱼。

用“道”治理天下，鬼起不了作用；不仅鬼不起作用，神也不干扰人；不但神不干扰人，圣人也不会干扰人。

神和圣人都不伤害人，所以人民相安无事。

文史链接

治大国，若烹小鲜

本章讲的是治国的道理，“治大国，若烹小鲜”是老子所说的一句传诵很广的名言。这是一个比喻，用烹鱼比喻治国。在老子看来，治理大国不可有为多事，要像煎小鱼那样，不可以经常反动。因为小鱼很鲜嫩，在锅里频频搅动，肉就碎了。“烹鱼烦则碎，治民烦则散”，有道之君在治理国家时，应以“清静无事”为原则。韩非子在《解老》篇中说：“凡法令更则利害易，利害易则民变业，故事大众而数摇之则少成功，藏大器而数徙之则多败伤，烹小鲜而数挠之则贼其泽，治大国而数变法则民苦之。”

在老子看来，“清静无事”包含了两个含义：一是统治者自身少私寡欲。以清静修身，以身作则，教化百姓。《老子》第四十五章说：“清静为天下正。”清静之道是天下的楷模。《老子》第五十七章又说：“我无为，而民自化；我好静，而民自正；我无事，而民自富；我无欲，而民自朴。”在老子看来，对统治者来说，我无为了，人民

就会自然顺化；我好静了，人民就会自然端正；我无事了，人民就会自然富足；我无欲了，人民就会自然淳朴。这样社会才会安宁，国家才会安定。在老子看来，“清静无事”的治国方略，是需要一个“清静无事”的君王来实施的，这也是“清静无事”治国方略可以执行的前提。另外，老子主张的“清静无事”并不是主张统治者无所事事，而是以“清静无事”的原则来治理国家，这也是“无为而无不为”的具体应用。《老子》第二章说：“是以圣人处无为之事，行不言之教。”圣人治国，应当行“无为之事”，教化世人也应当行“不言之教”。什么是“无为之事”，什么是“不言之教”呢？“无为之事”，并不是指无所事事。“不言之教”也不是指不说话。二者的意思是遵循事物变化的发展规律，顺应民意，以百姓的福祉为执政原则，制订国家政策，民众受惠而浑然不觉。这样才可以保证国家稳定和民风淳朴。

思考讨论

你觉得治理天下容易吗？如果让你来治理，你会怎么做？

第六十一章

大邦者下流，天下之牝，天下之交也[1]。

牝常以静胜牡，以静为下。

故大邦以下小邦，则取小邦；小邦以下大邦，则取大邦。

故或下以取，或下而取[2]**。**

大邦不过欲兼畜人[3]**，小邦不过欲入事人。**

夫两者各得所欲，大者宜为下。

关键词：大邦者下流

注释

[1]交：会集，会总。　[2]下：谦下。以取：以聚人。取，聚。而取：聚于人。　[3]兼畜人：把人聚在一起加以养护。兼，聚起来。畜，饲养。

译文

大国要像居于江河下游那样，处在天下雌柔的位置，是天下交会的地方。

雌柔常以静定胜过雄强，因为安静才可处于下位。

所以，大国对小国谦让，就可以取得小国的信赖；小国对大国谦下，就可以容于大国。

所以，有的是靠谦让取得信任，有的是靠谦下取得信任。

大国不过想要聚养小国，小国不过想要容于大国。

两方面各得所求，大国尤其应该谦下。

文史链接

处　下

这一章中，老子讲述了在国家关系中的处下智慧。大国放低姿态与小国平等相处，就会收到很好的外交效果。外交如此，待人接物更是如此。

为什么地位高的人与地位低的人相处时要处下呢？

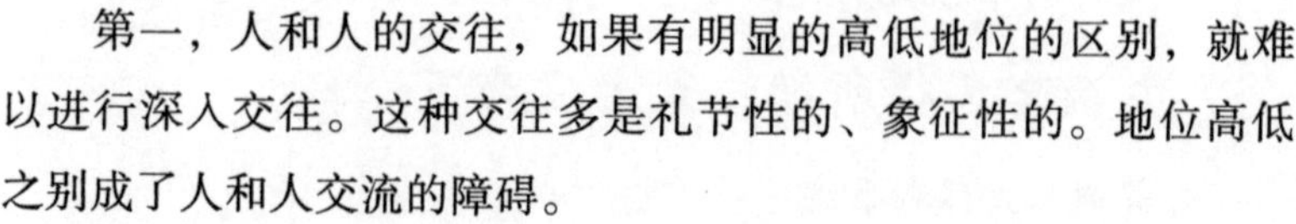

第一，人和人的交往，如果有明显的高低地位的区别，就难以进行深入交往。这种交往多是礼节性的、象征性的。地位高低之别成了人和人交流的障碍。

第二，为什么是居上者处下，而不是居下者处上呢？因为居下者非但难以处上，而且如果地位低下的人抬高姿态，就会表现得不敬，甚至对居上位者产生威胁。试想臣子和皇上说话时突然摆出一副高高在上的姿态，那么就是大不敬，还会落个反上篡位的罪名。

当然，处下也是要讲究场合的。在需要区别上下的场合，就不适合处下。比如老师和学生课后一起做游戏，或者一起打球时，老师如果放下老师的架子，以朋友和队友的姿态和学生相处，那么学生们就会觉得老师十分亲切友善，交流也会比较顺畅。可是如果上课也这么做，没有师生之别，那就一团混乱，没有课堂秩序了。

无论是一个人处下，还是一个大国对小国处下，前提条件就是要内心谦逊。一个骄傲自大的人，是不会处下的。即使表面上装装样子，也是虚情假意。比如在西方社会，我们经常看到一些政治领导人为了拉选票，在电视镜头前大秀亲民和善的言行，镜头一离开，立马就换了一副嘴脸。处下变成一种政治表演，是两面派、伪君子的做法，和老子的精神南辕北辙。

思考讨论

如何识别一个人的谦虚态度是出于真心，还是虚情假意的表演？

第六十二章

道者，万物之奥[1]，善人之宝，不善人之所保[2]。

美言可以市尊[3]，美行可以加人[4]。人之不善，何弃之有？

故立天子，置三公[5]，虽有拱璧以先驷马[6]，不如坐进此道[7]。

古之所以贵此道者何？不曰：求以得[8]，有罪以免邪[9]？故为天下贵。

关键词：道者万物之奥

注释

[1] 奥：藏，含有庇荫之意。　[2] 不善人之所保：不善之人也要保持。　[3] 美言可以市尊：美好的言辞，可以博取敬仰。[4] 美行可以加人：良好的行为，可以见重于人。　[5] 三公：太师、太傅、太保。　[6] 拱璧以先驷（sì）马：古代的献奉的礼仪，拱璧在先，驷马在后。拱璧，指双手捧着贵重的玉。驷马，四匹马驾的车。　[7] 坐进此道：用“道”来进献。　[8] 求以得：有求就得到。　[9] 有罪以免：有罪的人得到“道”，可以免去罪过。

译文

“道”是万物的荫庇，善人珍贵它，不善的人也保持它。

美好的言辞可以换来别人的尊重；良好的行为可以见重于人。

不善的人怎能舍弃“道”呢？

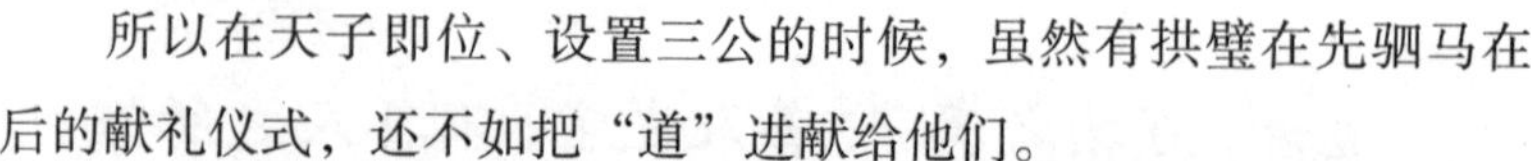

所以在天子即位、设置三公的时候，虽然有拱璧在先驷马在后的献礼仪式，还不如把“道”进献给他们。

古时候重视“道”的原因是什么呢？不正是由于有求的可以获得，有罪的可以免除吗？所以被天下人所珍视。

文史链接

道体和道用

道往往给人一种玄妙难解的印象，特别是读了《老子》开篇几章之后，更是觉得道是一件难以捉摸、遥不可及的事情。但是在这一章中，老子却说道是“求以得”的。这个玄妙的道，真的是能求得的吗？

在这里，我们需要区分道的体和用。体和用，是古人分析事物时一种常用的范式。什么是体，什么是用呢？以我们所学过的物理学知识为例，物理学的原理就是物理学的体，而根据这些原理所表现出的各种现象，就是物理学的用。比如物理学中自由落体的概念，及其所涉及的物理原理是抽象的，这就是所谓的“体”。这个“体”我们在生活中很难体会到，但是通过实验能够很直观地看到这个概念的表现。而这个实验，就是这条原理的“用”。通过实验，我们能够很容易的理解和证实抽象难懂、难以体验的物理学原理。

学习科学知识如此，求道也如此。道的“体”虽然十分抽象，但是“用”就很好懂了。在《老子》中，大体上那些难以理解的话，都属于对道体的描绘。而那些容易理解，具有可操作性的描述，往往属于道用的解释。老子在这一章所说的道可以求而得之，是对道用的理解和把握，也就是对事物客观规律的学习、理解和运用。

思考讨论

列举《老子》中的几个段落，并说明他们是属于描述“道体”，还是属于描述“道用”的。

第六十三章

为无为，事无事，味无味[1]。

大小多少[2]，图难于其易，为大于其细；天下难事，必作于易；天下大事，必作于细。

是以圣人终不为大[3]，故能成其大。

夫轻诺必寡信，多易必多难。

是以圣人犹难之，故终无难矣。

关键词：圣人无为

注释

[1]为无为，事无事，味无味：此句意为把无为当做为，把无事当做事，把无味当做味。　[2]大小多少：大生于小，多起于少。[3]不为大：不自以为大。

译文

以“无为”的态度去作为，以不搅扰的方式去做事，把恬淡无味当做有味。

大生于小，多起于少。处理问题要从容易入手，实现远大目标要从细微入手。天下的难事，必定从容易做起；天下的大事，必定从微细做起。

有“道”的人始终不自以为大，所以能做成大事。

轻易发出诺言的，很少能够兑现；把事情看得太容易，势必遭受很多困难。

因此，有“道”的圣人总是看重困难，所以最终就没有困难了。

文史链接

圣人无为

老子理想中的“圣人”，对待天下都是持“无为”的态度，也就是顺应自然的规律去“为”，所以叫“为无为”。把这个道理推及到人类社会的通常事务，就是要以“无事”的态度去办事。所谓“无事”，就是希望人们从客观实际情况出发，条件成熟，水到渠成，事情也就做成了。这里，老子不主张统治者强行妄为。

“味无味”是以生活中的常情去比喻，这个比喻极其形象，人要知味，必须从尝无味开始，把无味当做味，这就是“味无味”。接下来，老子又说“图难于其易”，这是提醒人们处理艰难的事情，要先从细微处着手。“难之”是一种慎重的态度，缜密地思考，细心而为之。这对于人们来讲，无论行事还是求学，都是至理，也是一种朴素辩证法。值得注意的是，老子的“无为”并不是讲人们无所作为，而是以“无为”求得“无不为”，他说“是以圣人终不为大，故能成其大”。这说明，老子所说的“无为”并不是目的，而是手段，老子希望通过“无为”，也就是顺其自然、不强行妄为的方式达到“无不为”。

思考讨论

1. 有人说细节决定成败，你同意吗？你讲究细节吗？

2. 答题时，你是先答容易的，还是先答难的？两种方法有什么区别？

第六十四章

其安易持，其未兆易谋；其脆易泮[1]，其微易散。

为之于未有，治之于未乱。

合抱之木，生于毫末[2]；九层之台，起于累土[3]；千里之行，始于足下。

为者败之，执者失之。是以圣人无为故无败，无执故无失。

民之从事，常于几成而败之。慎终如始，则无败事。

是以圣人欲不欲[4]，不贵难得之货；学不学，复众人之所过，以辅万物之自然而不敢为。

关键词：千里之行　始于足下

注释

[1]其脆易泮：脆弱的容易消解。泮，散、解。 [2]毫末：细小的萌芽。 [3]累土：堆土。 [4]欲：声色货利。

译文

局面安定时容易把握，事变没有迹象时容易图谋；事物脆弱时容易消解，事物细微时容易散失。

要在事情尚未发生以前就处理妥当，要在祸乱没有产生以前就早做准备。

合抱的大树，生长于细小的萌芽；九层的高台，从一堆泥土开始筑起；千里的远行，是从脚下第一步开始走出来的。

有所作为的将会招致失败，有所执著的将会遭受损失。因此圣人无所作为，所以也就不会失败，无所执著，所以也不会遭受损失。

人们做事，总是在快要成功时失败。所以当事情快要完成的时候，也要像开始时那样慎重，就不会失败了。

因此，圣人追求的是没有欲望，不珍惜难得的货物；学习别人所不学习的，补救众人的过错，遵循万物的自然本性而不会妄加干预。

文史链接

千里之行，始于足下

“千里之行，始于足下”是许多人的座右铭，这句话的出处是《老子》第六十四章。意思是，走一千里路，是从迈第一步开始的。比喻事情的成功，是从少到多逐渐积累起来的。

在中国历史上，另外一位了不起的思想家荀子在《劝学》里也说过类似的话："不积跬步无以至千里，不积小流无以成江海。"在这个世界上,没有一步登天的神话。我们往往看到了成功的光环，但是别忽略了，成功都是从一点一滴的积累开始的。不一小步一小步地积累，就无法到达一千里远的地方。引申开来，就是做事要脚踏实地，一步一个脚印，坚韧不拔地走下去，才能最终达到目的。

思考讨论

结合身边的实例，说明"千里之行，始于足下"的道理。

第六十五章

古之善为道者，非以明民[1]，将以愚之[2]。

民之难治，以其智多[3]。

故以智治国，国之贼[4]；不以智治国，国之福。

知此两者亦稽式[5]。

常知稽式，是谓玄德。玄德深矣，远矣，与物反矣[6]，然后乃至大顺[7]。

关键词：愚民

注释

[1]明民：意为让人民知晓巧诈。明，知巧诈。 [2]将以愚之：意为使老百姓无巧诈之心，敦厚朴实。愚，敦厚、朴实，没有巧诈之心。 [3]智多：多智巧伪诈。智，巧诈。 [4]贼：伤害。[5]两者：指上文“以智治国，国之贼；不以智治国，国之福”。稽（qǐ）式：法式，法则。 [6]与物反：复归于真朴。[7]大顺：自然。

译文

古代善于行道的人，不是教导人民智巧伪诈，而是教导人民淳朴。

人们之所以难于统治，是因为他们有太多的智巧心机。

所以用智巧心机治理国家，就必然会危害国家；不用智巧心机治理国家，才是国家的幸福。

了解这两种治国方式的差别是一个法则。

经常了解这个法则，就叫做“玄德”。“玄德”又深又远，和具体的事物复归到真朴，然后顺乎自然。

文史链接

愚民

本章主要讲为政的原则，“非以明民，将以愚之”，“民之难治，以其智多”，从表面意思上看，很容易得出老子“为统治阶级出谋划策，而且谋划的都是阴险狡诈之术”的结论。自古及后的统治者对人民群众实行“愚民政策”，与老子“非以明民，将以愚之”不能说毫无干系，但并不能得出直接结论。因为就老子的本意来讲，他绝对不是为迎合统治者的需要而提出一套愚民之术的。

正如陈鼓应所说："老子认为政治的好坏，常系于统治者的处心和做法。统治者若是真诚朴质，才能导出良好的政风，有良好的政风，社会才能趋于安宁；如果统治者机巧黠滑，就会产生败坏的政风。政风败坏，人们就相互伪诈，彼此贼害，而社会将无宁日了。居于这个观点，所以老子期望统治者导民以'愚'。老子生当乱世，感于世乱的根源莫过于大家攻心斗智，竞相伪饰，因此呼吁人们扬弃世俗价值的纠纷，而返朴归真。老子针对时弊，而作这种愤世矫枉的言论。"（《老子注译及评介》）老子希望人们不要被智巧、争夺搞得心迷神乱，不要泯灭原始的质朴、淳厚的人性，而要因顺自然。而本章所讲的"愚"，其实就是质朴、自然的另一种表达方式。

思考讨论

1. 如果你是统治者，你希望百姓更聪明还是更愚钝？
2. 如果你是百姓，你希望统治者更聪明还是更愚钝？

第六十六章

江海之所以能为百谷王者[1]，以其善下之，故能为百谷王。

是以圣人欲上民，必以言下之；欲先民，必以身后之。

是以圣人处上而民不重[2]，处前而民不害。

是以天下乐推而不厌。

以其不争，故天下莫能与之争。

关键词：江海之所以能为百谷王者

注释

[1] 百谷王：百川所归附。　　[2] 重：累，不堪重负。

译文

江海所以能够成为许多河流所汇往的地方，是因为它善于处在低下的地方，所以能够为百川所归。

因此，圣人要领导人民，必须言辞谦下；要成为人民的表率，必须把自己的利益放在他们的后面。

所以，圣人地位居上，而人民并不感到负担沉重；居于人民之前，而人民并不感到受害。

天下的人民都乐意推戴而不感到厌弃。

因为他不与人争，所以天下没有人能和他争。

文史链接

不争者胜

老子在这一章中所讲的处下不争的君王风范，与当时春秋时期各国诸侯你争我夺、恃强凌弱的做法形成鲜明反差。那么这种做法是否真的可行？一个不争、处下、虚怀若谷的政治领袖是否会被人认为是软弱无能、好欺负的呢？

一个不争、处下的君主，是和百姓没有矛盾的。这样的君主，当然会受到极高的拥戴。而一个内部团结、上下一心的国家，肯定是拥有强大力量、难以被征服的。所以不争不等于争不过，处下也并不是不能居上。不争之所以是明智的，是因为“不争，故天下莫能与之争”，而不是因为不争，所以好欺负。

历史上著名的楚汉之争，就是典型的不争者最终战胜好强者的例子。刘邦的汉军和项羽的楚军同是秦朝末年起兵反秦的起义军势力。虽然初期项羽的楚军势力大于刘邦的汉军，但是秦朝的都城咸阳却是被汉军首先攻破的。当项羽的大军逼近咸阳时，刘邦主动出让咸阳给项羽，并放弃了“关中王”的头衔。表面上看来刘邦吃了亏，可是刘邦集团君臣和睦，上下一心，用人不疑，举措得当；反观项羽集团虽然势大，却因为项羽刚愎自用、自以为是、不听谏言、嗜杀残暴，逐渐导致上下离心、君臣异志、众叛亲离。后来项羽在和刘邦的楚汉战争中接连失败，最终乌江自刎，功败垂成。

思考讨论

你觉得“以其不争，故天下莫能与之争”的政治人物有可能存在吗？这种政策可行吗？

第六十七章

天下皆谓我：“道”大，似不肖[1]。

夫唯大，故似不肖。若肖，久矣其细也夫！

我有三宝[2]，持而保之。一曰慈，二曰俭[3]，三曰不敢为天下先。

慈故能勇[4]；俭故能广[5]；不敢为天下先，故能成器长[6]。

今舍慈且勇[7]；舍俭且广；舍后且先；死矣！

夫慈，以战则胜，以守则固。天将救之，以慈卫之。

关键词：人生三宝

注释

[1]似不肖：意为不像具体的事物。肖，相似。　[2]三宝：三件法宝，或三条原则。　[3]俭：有而不尽用。　[4]慈故能勇：慎重所以能勇武。　[5]俭故能广：俭啬所以能宽广。[6]器长：万物的首长。器，指万物。　[7]且：取。

译文

天下人都对我说："道"广大，却什么都不像。

正因为它的广大，所以不像任何具体的东西。如果它像具体的事物，就显得很渺小了。

我有三件法宝，一直掌握保全：第一叫做慎重，第二叫做俭约，第三是不敢居于天下人之先。

慎重所以能勇武；俭约所以能大方；不敢居于天下人之先，所以能成为万物的首长。现在丢弃了慎重而追求勇武；丢弃了俭约而追求大方；舍弃退让而求争先，结果走向死亡。

慎重，用来征战就能胜利，用来守卫就能巩固。天要援助谁，就用慎重来保护他。

文史链接

人生三宝

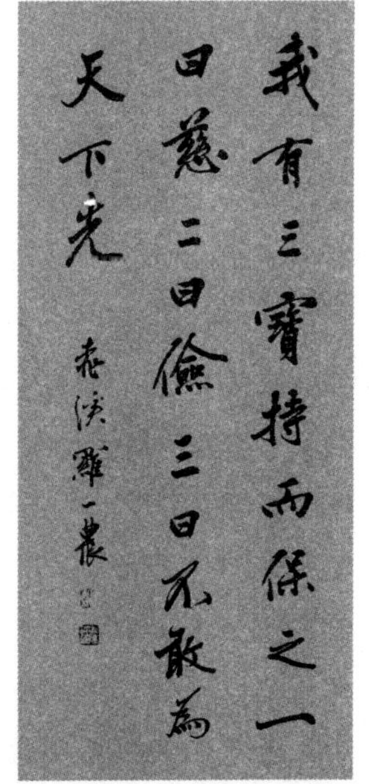

老子有一句名言：“我有三宝，持而保之。”我有三个人生的法宝，我一直紧持在自己的手中，保护着它不要丢失，哪三种人生的法宝呢？

一曰慈，二曰俭，三曰不敢为天下先。

很多人解释这个“慈”就是慈爱，也不错，但是不准确，这个“慈”实际上是珍重、慎重、保重的意思。就是一定要珍重自己的生命，一定要慎重地为人处事，要好好保重自己，这是“慈”。韩非子的解释很准确，韩非子在《解老》中说：“慈于身者，不敢离法度。”这句话什么意思呢？就是说一个人如果真正爱护自己的话，绝不会违法乱纪。我们有很多人追求享受，甚至不惜违法乱纪，那不是真正的爱惜自己。真正爱惜自己的，一定不敢违背法度。所以“慈”在这句话中是珍重、珍惜的意思。

后来庄子又讲了一句话，他说一个人在世上有两句名言：“为善无近名，为恶无近刑。”这个话讲得非常好。就是做善事，你不要想

着出名，因为名声大了有害处。那么有的时候，你可能也会做一点坏事，做一点小恶，但是你一定要注意，“无近刑”，不要触犯法律。“为善无近名，为恶无近刑”是对于老子“慈”的一个较准确的解释。

三宝之二——“俭”。有的人说“俭”就是节俭，没错，但是不全面，还要加上简单、节制。什么叫简单？不把事情弄得太复杂，自然而然，做得随意一点，为人处世简单一点，这是简的一方面。还有一个方面是节制，节制是最为重要的，做事情一定要有所节制。所以老子讲：“祸莫大于不知足，咎莫大于欲得。故知足之足，常足矣。”没有什么比不知足更大的祸了，没有什么东西比贪得无厌更大的过错了。韩非子曾经举一个古代的故事为例来说明老子的这两句话。

春秋后期，晋国是北方的大国。晋国有六家大夫，范氏、中行氏、智氏，除了这三家之外，还有就是战国以后的赵、魏、韩，加起来总共六家。在这六家里面，范氏和中行氏比较弱，所以智氏、赵氏、魏氏、韩氏这四家合起来，首先把这两家灭了，这两家的土地就被瓜分了。在剩下四家里，智氏势力最大的，当时智氏的掌权人叫智伯瑶，这个人贪得无厌。他在分掉范氏、中行氏之后，又想着把剩下的三家也一家家蚕食掉，然后整个晋国就由他一家把持。于是，他一步一步来。首先，巧立名目，让赵氏、魏氏、韩氏各拿出一百里土地给他，魏氏和韩氏很害怕智氏，满足了智氏的要求。智氏又派人到赵氏那个地方，赵襄子是一个犟脾气，赵襄子说：“我的土地是祖先传给我的，我做子孙的怎么能够随便把土地让给别人呢？”坚决不给。

智氏为了实现他的贪欲，就联合魏氏和韩氏，进攻赵氏，想把赵家一举灭了。可是魏氏和韩氏心里很明白，今天把赵氏灭了，下面智氏就要动手收拾他们两个了。所以他们当时虽然迫不得已跟着智氏去攻打赵氏，但实际上内心并不愿意，这场战争打得也不顺利，整整打了两年，赵氏的城池还没有攻下来。打到最后，赵氏终于抵不住了。赵襄子就派他手下的一个人找到了魏氏和韩氏，跟他们说，今天我赵家灭了，明天就是你们，我今天的下场就是你们明天的下场。韩氏和魏氏心里也很明白。最后的结果是赵、魏、韩三家联合起来，出其不意灭掉智氏，杀了智伯瑶。

智伯瑶本来是晋国六家里势力最大的，可是他的结局是最惨的。为什么他有一个这样的结局呢？韩非子给他的评价，就是老子的这一句话："祸莫大于不知足。"如果他当初知足了，就不会有这样的情况。

老子的三大法宝最后还有一条："不敢为天下先。""不敢为天下先"也能算人生的三大法宝之一，值得我们好好玩味。首先，老子是不是说不敢为天下先是不敢创新呢？显然老子最初的意思不是这样。他的意思应该是在争权夺利和利益上，不敢占天下人先，无论是名誉，地位，还是物质享受等，不敢占人之先。从字面上讲，老子应该是这个意思。

值得注意的是，老子讲的是"不敢为天下先"，而不是"不愿为天下先"，这就是问题的关键所在。既然是不敢，那么为什么不敢？是什么东西让他不敢？老子说："勇于敢则杀，勇于不敢则活。"现代汉语里有一个词叫勇敢。"勇敢"这个词最古老的来源，就来源于这两句话。"勇敢"这个在现代被赋予很多正面因素的词，最初出现的时候，老子却是给予它否定的评价。你勇于敢就要被杀，勇于退缩不为、勇于当懦夫才能够活下来。为什么只有懦夫才能活下来呢？老子又说："强梁者不得其死。"这一句话显然不是老子在伦理道德上提倡的，他只是在描述一种客观事实。什么叫"不得其死"呢？一般人理解肯定是不得好死，这么解释也对也不对。

为什么说不对呢？因为死在古人看来，是人生的一个自然的过程。如果一个人活到了一定的寿命，寿终正寝，这就叫死。可是如果因为意外的原因夭亡，就叫做“不得其死”。“强梁者不得其死”即强大的人、敢于坚持自己的人、敢挺身而出的人、不愿意屈服的人，一定不会寿终正寝，强梁的人一定会被外在的暴力、外在的强权所杀害的。这实际上是老子所发现的那个时代的一种客观情景。老子生活的时代战乱频繁、社会动荡，老子提倡用“不出头”、“不争先”的思想来避免灾祸、躲避纷争。

思考讨论

老子的“不敢为天下先”提出的时代背景是什么？在现代社会，这样的思想有哪些消极与积极的意义？

第六十八章

善为士者[1]，不武；善战者，不怒；善胜敌者，不与[2]；善用人者，为之下。

是谓不争之德，是谓用人之力，是谓配天古之极[3]。

关键词：善为士者

注释

[1] 士：武士，这里指将帅。　[2] 不与：不争，不正面冲突。[3] 配天：符合自然的道理。古：与“天”同义，疑为衍文。

译文

善于担任将帅的，不逞勇武；善于作战的，不轻易被激怒；善于战胜敌人的，不与人正面冲突；善于用人的，对人谦下。

这叫做不争的德，这叫做运用别人的能力，这叫做符合自然的道理。

文史链接

以逸待劳

在这一章中老子所说的不争之德，主要的意思是不意气用事，不做没有优势的正面对抗。不争不仅仅是一种心态，还可以表现为一种高明的军事策略或者是武术技巧。这种借力打力、以逸待劳的做法是和老子“用人之力”的原理一致的。在军事斗争中，当对方一味进击时，没有必要与之硬碰硬，可以待其疲惫、势头耗尽时，用很小的代价取得胜利。《左传》中曹刿论战的例子就是以逸待劳的经典事例。

思考讨论

结合本章内容，以及《左传》中曹刿论战的篇章，试分析曹刿是如何帮助鲁庄公取得长勺之战胜利的。历史上还有没有类似的军事案例？

第六十九章

用兵有言:“吾不敢为主[1],而为客[2];不敢进寸,而退尺。”

是谓行无行[3],攘无臂[4],扔无敌[5],执无兵[6]。

祸莫大于轻敌,轻敌几丧吾宝。

故抗兵相若[7],哀者胜矣[8]。

关键词:用兵有言

注释

[1]为主:主动攻势,进犯敌人。 [2]为客:采取守势,指不得已而应敌。 [3]行无行:虽然有阵势,却像没有阵势可摆。行,行列,阵势。 [4]攘无臂:虽然要奋臂,却像没有臂膀可举。 [5]扔无敌:虽然面临敌人,却像没有敌人可赴。[6]执无兵:虽然有兵器,却像没有兵器可持。兵,兵器。[7]抗兵相若:两军相当。 [8]哀:慈。

译文

用兵的人曾说:“我不敢进犯,而采取守势;不敢前进一步,宁可后退一尺。”

这就是说,虽然有阵势,却像没有阵势可摆;虽然奋臂,却像没有臂膀可举;虽然面临敌人,却像没有敌人可打;虽然有兵器,却像没有兵器可以执握。

祸患再没有比轻敌更大的了,轻敌几乎丧失了我的“三宝”。

所以,两军实力相当的时候,慈悲的一方可以获得胜利。

文史链接

哀兵必胜、骄兵必败

哀兵必胜、骄兵必败的道理是为大家所熟悉的。那么怎样的军队才是哀兵呢？一般来说，哀兵往往处于军事斗争中正义的一方。由于正义的一方往往是基于对邪恶势力的悲愤之情才与之斗争的，所以哀兵也往往是正义之师。比如第二次世界大战中的盟国军队，大多都是哀兵。还有一种情况是，作为破釜沉舟、没有退路的一方也是哀兵。这种情况下，哀兵未必是正义的一方，但是由于被逼入绝境，退无可退，所以也属于哀兵。这种军队通常有很强的战斗能力，不可小觑。

至于骄兵，则一般属于军事斗争中的优势方。很少有实力明显弱小的一方会轻敌自傲，成为骄兵的。当然，也有例外。比如在夜郎自大的典故中，由于盲目自大，对敌我实力预估错误，夜郎国的军队虽然远比汉朝军队弱小，但还是出现了骄兵的情况。

思考讨论

骄兵和哀兵是否完全不同？一支军队有无可能既是哀兵又是骄兵？

第七十章

吾言甚易知，甚易行。天下莫能知，莫能行。

言有宗[1]，事有君[2]，夫唯无知[3]，是以不我知。

知我者希，则我者贵[4]。是以圣人被褐而怀玉[5]。

关键词：吾言甚易知

注释

[1]言有宗：言论有主旨。　　[2]事有君：办事有根据。[3]无知：指别人不理解。　　[4]贵：难得。　　[5]被褐（hè）：穿着粗衣。被，穿着。褐，粗布。怀玉：怀揣着知识和才能。玉，美玉，此处引申为知识和才能。

译文

我的话很容易理解，很容易实行。天下却没有谁能理解，没有人能实行。

言论有主旨，行事有根据。正因为人们不理解这个道理，因此才不理解我。

能理解我的人很少，能取法于我的人就更难得了。因此有“道”的圣人总是穿着粗布衣服，怀里揣着美玉。

文史链接

无知而后知

老子说，他的语言很容易懂，他说的道理很容易实践，但是能够理解和实践的人却很少。原因是什么呢？因为当我们试图理解他的话时，没有先做到“无知”。反过来说，如果我们能够做到“无知”，就会觉得他说的话很容易懂，很容易实践。

怎样才能做到无知呢？显然，老子说的无知，并不是什么都不知道的傻瓜。如果真是如此，老子本人又怎么写得出流传千古的《道德经》呢？那么，无知到底是什么意思？用现在的话来解释，无知就是清空头脑中的成见、偏见。换言之，当你在接受新的信息时，不用已有的知识对之进行干涉，就是无知了。这就像我们往电脑硬盘中存入文件一样。想要在电脑中存入文件，需要磁盘空间。这个磁盘空间，就好比是无知。当然，往电脑中存文件，不必担心已有文件对新文件进行干扰。人脑则不同。当我们接收新知识的时候，往往会受到已有知识的干扰。比如，如果你的思想中有一种偏好强硬、迷信力量的成见，就很难接受老子以柔克刚的说法。反之，如果你的头脑中没有这种成见，就比较容易接受这种观点。

只可惜，我们头脑中各种各样的“存货”太多，乱七八糟堆了一堆，以至于很难吸收新的东西。

思考讨论

你觉得你的头脑中有成见吗？这些成见是怎么来的？

第七十一章

知不知[1]，尚矣[2]；不知知[3]，病也。

圣人不病，以其病病[4]。夫唯病病，是以不病。

关键词：知不知

注释

[1]知不知：一般有两种解释，一说知道却不自以为知道，一说知道自己有所不知。 [2]尚：通“上”。 [3]不知知：不知道却自以为知道。 [4]病病：把病当做病。病，毛病，缺点。

译文

知道自己还有所不知，最好；不知道却自以为知道，这是缺点。

有道的人没有缺点，因为他把缺点当做缺点。正因为他把缺点当做缺点，所以他没有缺点。

文史链接

承认缺点

老子说，如果一个人承认自己的缺点，那么缺点就不是缺点了。

一个首要的问题是我们为什么不承认自己的缺点。答案不言而喻，是因为我们想掩盖自身的缺点。且不论掩盖缺点的动机是否合理，先让我们看看掩盖缺点的行为是否真有必要。

缺点有两种，一种是别人能发现的，一种是只要自己不说别人就发现不了的。如果是别人能发现的缺点，即使我们想掩盖也掩盖不了。而对于不为人知的缺点，又何须掩盖呢？所以，不为人知的缺点亦无需掩盖。总之，掩盖缺点的心态其实是一种心理错觉。

那么，承认自己的缺点，又有什么好处呢？我们常常因为自己的缺点发生一系列的心理和情绪反应。自责、自卑、沮丧、焦虑，等等。之所以会有这些情绪反应，是因为我们总想从缺点中逃离。你不满意自己的实情，厌恶自己的样子，于是你成了你自己的敌人。

而一个对自己的缺点完全坦诚的人，他只是简单、朴素的承认实情。这种情况下他的心情是平静的，心态是坦荡的，也就不会因自己的缺点产生各种负面情绪。所以，承认缺点的人，虽然身上还有缺点，却已经不受缺点地影响了。既然不受其影响，那么在老子看来，也就相当于没有缺点了。

思考讨论

你有没有想掩盖的缺点？当你在内心坦诚自己缺点的时候，有什么感觉？

第七十二章

民不畏威[1]，则大威至[2]。

无狎其所居[3]，无厌其所生[4]。夫唯不厌，是以不厌[5]。

是以圣人自知不自见[6]；自爱不自贵[7]。故去彼取此[8]。

关键词：民不畏威

注释

[1] 民不畏威：百姓不畏惧统治者的高压政策。威，镇压，威慑。　[2] 大威至：大的祸乱发生。威，可怕的事，祸乱。

[3] 无狎（xiá）：不要逼迫。狎，通“狭”，意为压迫，逼迫。 [4] 厌：压迫。 [5] 夫唯不厌，是以不厌：只有不压迫（人民），人民才不厌恶（统治者）。 [6] 见：表现，显示。 [7] 自爱不自贵：圣人但求自爱而不求自显高贵。 [8] 去彼取此：求自爱，而舍弃自显高贵。

译文

人民不畏惧统治者的威压，那么更大的祸乱就要发生了。

不要逼迫人民不得安居，不要阻塞人民谋生的道路。只有不压迫人民，人民才不厌恶统治者。

因此，有道的圣人但求自知，而不自我表现；但求自爱而不自显高贵。所以舍弃后者而保持前者。

文史链接

官逼民反

老子说，不要把老百姓逼得太狠，压迫到极限，接下来就将是奋不顾身地反抗。只要百姓真的起来反抗统治者，世界上还没有一个政权能够在百姓的反抗中得以存活的。

为什么统治者会把百姓逼到绝境，不留一条活路，不节制自己的横征暴敛呢？答案是暴政就和坏风气就像洪水一样，如果在开始时不加以节制、任其发展，那么以后就得不到控制。历史上每一个被推翻的政权末期都有一些人，甚至帝王试图挽回，可是积重难返，回天乏术。

思考讨论

列举历史上曾经存在过的王朝，分析其被推翻的原因。

第七十三章

勇于敢则杀，勇于不敢则活[1]。此两者，或利或害[2]。天之所恶，孰知其故？

天之道[3]，不争而善胜，不言而善应，不召而自来，缂然而善谋[4]。

天网恢恢[5]，疏而不失[6]。

关键词：天网恢恢　疏而不失

注释

[1] 勇于敢则杀，勇于不敢则活：勇于坚强就会死，勇于柔弱就可以活命。敢，勇敢、坚强。不敢，柔弱、软弱。　[2] 或利或害：勇于柔弱则利，勇于坚强则害。　[3] 天之道：自然的规律。　[4] 缂（chǎn）然：坦然，安然。　[5] 天网：自然的范围。恢恢：广大，宽广无边。　[6] 疏：稀疏。失：漏失。

译文

勇于坚强就会死，勇于柔弱就可活。这两种勇的结果，有的得利，有的受害。天所厌恶的，谁知道是什么缘故？

自然的规律是不斗争而善于取胜，不言语而善于回应，不召唤而自动到来，坦然而善于筹划。

自然的范围宽广无边，稀疏却没有漏失。

文史链接

天网恢恢，疏而不失

人们经常说："天网恢恢，疏而不漏。"这句话源自《老子》，原文是："天网恢恢，疏而不失。"文字虽略有出入，意思是基本相同的。这八个字常被用来形容法律就像一张无边的天网，虽然看上去并不严丝合缝，但是任何人只要触犯了它，都会受到应有的惩罚，不会有遗漏。

"天网恢恢"说明法律的宽广性。各种法律叠加在一起，就像一张硕大的"天网"，它能够把社会中一切有法律行为能力的个人以及组织的行动都笼罩住，无人能够逃出这张"天网"的约束。

"疏而不漏"体现了辩证法的思想。在《老子》中，有许多的辩证法思想。如"祸兮福之所倚，福兮祸之所伏"，"有无相生，难易相成，长短相形，高下相倾，音声相和，前后相随"等，都包含着鲜明的辩证法思想。"天网恢恢，疏而不失"也是其中的一个实例。由于社会广大，人员众多，情况极其复杂与千差万别，法律不可能对一切人的一切行为、一切举动都做出明确的、无遗无漏的、一一对应的规定。因而法律只能是"网"，而不能是布。从来就只有"法网"的说法，却没有"法布"的说法。然而，法律虽然是一张"网"，有空隙，但它对哪一类行为是不该发生的，是一一规定的，犯法的人都可以归类到相关的法律条文下。所以法网虽然"疏"却"不漏"。

虽然“天网恢恢，疏而不漏”这句话常常和法律联系在一起，但是老子原来的寓意比这种说法更广阔，其意思是说天网是广大无边的，无所不包，没有一点疏失。天之网罗，恢恢疏远，报施有迟速显隐之异，然而它的刑恶、赏善，却从来不失毫分。也就是说天道公平，作恶就要受惩罚，它看起来似乎很不周密，但最终不会放过一个坏人，作恶的人终究逃脱不了天道的惩处。

思考讨论

“天网恢恢，疏而不失”对中国文化影响深远。谈谈它对民间文学的影响。你能从“三言二拍”等文学作品中，找到受这个观念影响的故事吗？

第七十四章

民不畏死，奈何以死惧之？

若使民常畏死，而为奇者[1]，吾得执而杀之[2]，孰敢？

常有司杀者杀[3]。

夫代司杀者杀[4]，是谓代大匠斲[5]。

夫代大匠斲者，希有不伤其手矣。

关键词：民不畏死

注释

[1]为奇:为邪作恶的人。奇，奇诡、诡异。 [2]执:拘押。 [3]司杀者：专管杀人的人，指天道。 [4]代司杀者：代替专管杀人的人。 [5]斲（zhuó）：砍，削。

译文

人民不畏惧死亡，为什么用死来吓唬他们呢?

如果人民真的畏惧死亡，对于为非作歹的人，我们就把他杀掉。谁还敢为非作歹?

经常有专管杀人的人去执行杀人的任务。代替行刑官去杀人，就像代替高明的木匠去砍木头一样。

代替高明的木匠砍木头的人，很少有不砍伤自己手的。

文史链接

民不畏死

老子说民不畏死，而我们通常都觉得人是怕死的，那么老子说的到底对不对呢?

其实，百姓究竟怕不怕死，是一个变量。一般来说，百姓怕死的程度，和生活质量成正比。生活质量越高，越怕死；生活质量越低，越不怕死。

老子说的民不畏死，是指政治黑暗时期，民不聊生，食不果腹。此时如果再压迫百姓，那么被逼无奈之下百姓就会奋起反抗。这种情况下，平常怕死的人，也会表现得不怕死。归根结底，一个政权能否长久，还是要看百姓的生活水平。正所谓仓廪实而知礼节。当百姓生活都很优越的时候，政府无需干涉，百姓自己也会想方设法保住好日子。如果有人进行破坏，人们自己会积极地予以抵制。这样的统治既轻松，效果又好。百姓非但感觉不到来自统治者的压力，反而会积极拥护政权。由于统治者此时已经成为了百姓过上好日子的象征和保障，当政权受到威胁时，不用号召百姓也会行动起来保护政权。这样的社会，想要动荡混乱，也是很难的。

思考讨论

在我们周围的人群中，有哪几种人比较怕死？哪几种人不畏惧死亡？为什么？

第七十五章

民之饥，以其上食税之多，是以饥。

民之难治，以其上之有为[1]，是以难治。

民之轻死，以其上求生之厚[2]，是以轻死。

夫唯无以生为者[3]，是贤于贵生[4]。

关键词：以民为本

注释

[1]有为：繁苛的政令，强作妄为。　[2]以其上求生之厚：由于统治者奉养过于丰厚奢侈。　[3]无以生为：不要使生活上的奉养过分奢厚。　[4]贤：胜过，超过。贵生：厚养生命。

译文

人民所以饥饿，是由于统治者赋税太多，因此陷于饥饿。

人民所以难于统治，是由于统治者强作妄为，所以难于管治。

人民所以轻生冒死，是由于统治者奉养奢厚，因此轻易赴死。

只有清静恬淡的人，要比过分看重自己生命的人高明。

文史链接

以民为本

民本思想一直是中国传统文化最重要的组成部分之一。在《老子》一书中，老子详细地讲述了民众的苦难，并提出了自己的一系列主张。

老子认为人们苦难的原因是剥削太重。《老子》第五十章、第七十二章、第七十四章、第七十五章都包含了老子的民本思想。《老子》第七十五章说："民之饥，以其上食税之多，是以饥。民之难治，以其上之有为，是以难治。民之轻死，以其上求生之厚，是以轻死。"在这里，老子看到了社会上出现的"饥民"、"刁民"现象，他清醒地认识到，这些现象之所以出现，其根源并不在百姓身上，而在于统治者身上。统治者为了满足自己的私欲，不顾民生疾苦，横征暴敛。因为统治者过于压迫，人民才会难以治理，甚至出现轻生冒死的举动。《老子》第七十四章说："民不畏死，奈何以死惧之？"《老子》第七十二章也说："民不畏威，则大威至。"因此，老子在这里提出了要与民休息，以民为本的民本思想。

以民为本，就是要把民心的向背看作自己执政的基础。《老子》第四十九章说："圣人常无心，以百姓心为心。"《老子》第三十九章说："故贵以贱为本，高以下为基。是以侯王自称孤、寡、不榖。此非以贱为本邪？非乎？"在老子看来，民众虽然地位卑贱，却是高贵的侯王赖以存在的根本，也是一个国家的根本，没有了这个基础，建筑于其上的国家政权便无法存在。《贞观政要》形象地把人民比喻成水，把统治者比喻成舟，说道：“君，舟也；人，水也。水能载舟，亦能覆舟。”统治者既然明白国家的根本在民，就应该做到少私寡欲，不让过分的、无节制的贪欲给国家带来不幸。《老子》第五十七章说：“我无为，而民自化；我好静，而民自正；我无事，而民自富；我无欲，而民自朴。”在老子看来，对统治者来说，我无为了，人民就会自然顺化；我好静了，人民就会自然端正；我无事了，人民就会自然富足；我无欲了，人民就会自然淳朴。这样社会才会安宁，国家才会安定。

思考讨论

当今世界，各国都面临着各种社会问题，其中有哪些和统治者有关的，哪些和统治者无关?

第七十六章

人之生也柔弱[1]，其死也坚强[2]。

草木之生也柔脆[3]，其死也枯槁[4]。

故坚强者死之徒，柔弱者生之徒。

是以兵强则灭，木强则折。

强大处下，柔弱处上。

关键词：人之生也柔弱

注释

[1]柔弱：指人体的柔软。　　[2]坚强：指人体的僵硬。
[3]柔脆:指草木形质的柔软脆弱。　　[4]枯槁:形容草木的干枯。

译文

人活着的时候身体是柔软的，死了以后身体就变得僵硬了。
草木生长时是柔脆的，死了以后就变得干硬枯槁了。
所以坚强的东西属于死亡的一类，柔弱的东西属于生存的一类。
因此，用兵逞强就会遭到灭亡，树木强大了就会遭到砍伐。
凡是强大的，反而处于下位；凡是柔弱的，反而居于上位。

文史链接

有生命力的教育

老子说有生命力、创造力的东西都是柔软的，无生命力、没有创造力的东西会变得刚强。柔软属于生道，强硬属于死道。

老子的这个说法，提醒我们手段和目标要一致，不能自相矛盾。然而人们的做法却经常如此。比如说，我们经常在电视上看到一些音乐类的选秀节目，节目的内容是音乐，节目的机制却是比赛。其实这两者正好矛盾。音乐是柔软的，有生命力和创造性的，属于生道；比赛是刚强的，属于死道。所以这种节目无法摆脱自相矛盾的困境。再比如，教育是为了培养有生命力、创造力的人，而不是为了培养机器和木偶。可是我们的教育又极力、培养和鼓励人的竞争心态，鼓励比较和攀比。一个有竞争性的人，是一个心态强硬的人，一个内心柔软的人是不会喜欢和别人一较高低的。所以，我们的教育目标和教育手段自相矛盾。这或许就是为什么人们天天呼喊着好听的教育口号，结果培养出来的学生却越发没有灵气。

老子的这一说法，解答了教育体制困境。也正因为如此，我们很难培养出富有创造力，富有生机，思维活跃，想象力丰富的人才。

思考讨论

老子的这个说法有道理吗？你觉得现代社会更需要的是柔软，还是强硬？

第七十七章

天之道，其犹张弓与？高者抑之，下者举之；有余者损之，不足者补之。

天之道，损有余而补不足。人之道[1]，则不然，损不足以奉有余。孰能有余以奉天下，唯有道者。是以圣人为而不恃，功成而不处，其不欲见贤。

关键词：天之道

注释

[1] 人之道：社会的一般法则。

译文

自然的规律，不是像张弓射箭吗？弦拉高了就把它压低一些，低了就把它举高一些；拉得过满了就把它放松一些，拉得不足了就把它补足一些。

自然的规律是减少有余的，补给不足的。可是社会的法则却不是这样，要减少不足的，来奉献给有余的人。谁能够把有余的补给天下人呢？只有有道的人才可以做到。因此，圣人有所作为而不自恃己能，有所成就而不居功。他不愿意表现自己的贤能。

文史链接

损有余而补不足

老子所说的损有余而补不足，用一个字来形容，就是“均”，即平均、平衡的意思。在老子看来，让万事万物趋向平均，是大自然的做法。比如说，地球上有的地方热，有的地方冷，而大自然总是趋向于平衡冷和热。海洋中的洋流运动也是如此，冷的海水和热的海水总是相互补充，相互平衡。生态圈更是如此，除非人为进行干涉，不然大自然的生态圈总是趋向于平衡和谐。所以大自然本身是不会生病的，地球生的病，都是人类造成的。

与大自然的做法相反，人类奉行“损不足以奉有余”。多的更多，少的更少，让本来就不平均的东西更加不平均，这是人类社会的普遍现象。最典型的例子就是贫富差距过大。现在世界各地喊“人人平等”口号的人越来越多，贫富差距却越来越大。为什么会出现这种现象呢？因为呼喊的口号和实际作为不相符。那些喊着人人平等口号的政客，恰恰是一些渴望位高权重、追求特权、拼命往上爬、不惜一切代价要做人上人的家伙。社会被这种人领导，人人平等的理想当然难以实现。富者日富，贫者日贫，上下交争利，最后的结果自然是社会动乱和战争。

按照老子的说法，人的做法和大自然的做法是相反的，所以人类历史上有那么多的战争和社会动乱，也就不足为奇了。

思考讨论

试分析战争和社会动乱的原因。

第七十八章

天下莫柔弱于水，而攻坚强者莫之能胜，以其无以易之[1]。

弱之胜强，柔之胜刚，天下莫不知，莫能行。

是以圣人云：

“受国之垢[2]，是谓社稷主；受国不祥[3]，是为天下王。”

正言若反[4]。

关键词：正言若反

注释

[1] 无以易之：没有什么能够代替它。易，替代，取代。[2] 受国之垢：承担全国的屈辱。垢，屈辱。　[3] 受国不祥：

承担全国的祸难。不祥，灾难、祸害。　[4]正言若反：正面的话好像反话一样。

译文

天下没有什么东西比水更柔弱的，冲击坚强的东西没有可以胜过它，因为没有什么能够代替它。

弱胜过强，柔胜过刚，天下没有人不知道，但是没有人能实行。

所以有道的人这样说："承担全国的屈辱，才能成为国家的君主；承担全国的祸灾，才能成为天下的君王。"

正面的话好像在说反话一样。

文史链接

正言若反

"正言若反"是老子对全书中相反相成的言论的高度概括，例如："大成若缺"、"大盈若冲"、"大直若屈"、"大巧若拙"、"大辩若讷"、"明道若昧"、"进道若退"、"夷道若类"、"上德若谷"、"大白若辱"、"广德若不足"、"建德若偷"、"质真若渝"、"大方无隅"、"大器晚成"、"大音希声"等。

《老子》全文五千来字，在这五千来字里面，竟然有二百三十五个"不"字，有一百个"无"字，有二十一个"莫"字，另外还有四个"弗"字，值得注意的是，这些都是否定词。实际上还有更多其他的否定词，只是没有一一统计。五千多字里有这么多的否定词，由此我们可以得出一个结论，老子的思维方式是否定性的，老子使用的语言是一种反逻辑的语言。

什么叫逻辑的语言呢？简单地说，逻辑语言是这样两种形式：

第一，A 是 A；第二，A 非非 A，两个非，否定之否定那就变成肯定了。这样的逻辑方式我们可以接受，但是老子给我们一个完全相反的逻辑方式，他运用的完全是一种反逻辑的语言，所以读老子的著作，如果你不能够了解这一点，你就很难读懂老子。老子的反逻辑命题公式是什么样子的呢？

A 是非 A。

举一个例子，比如老子讲“大巧若拙”，意思就是说，真正的大巧就是拙。拙就是不巧啊，但是老子说，巧就是拙，那就是巧就是不巧，A 就是非 A。

“正言若反”是老子辩证思想的体现，他告诉人们：在现实生活中，具体事物总是相反相对的，而且当事物发展到一定程度的时候，就会走向对立面。因此，我们在做任何事情的时候，需要把握好度，以免走向事情的反面。

思考讨论

你听说过“罪己诏”吗？向同学们介绍一下“罪己诏”。

第七十九章

和大怨，必有余怨；报怨以德，安可以为善？

是以圣人执左契[1]，而不责于人[2]。

有德司契，无德司彻[3]。

天道无亲[4]，常与善人。

关键词：以直报怨

注释

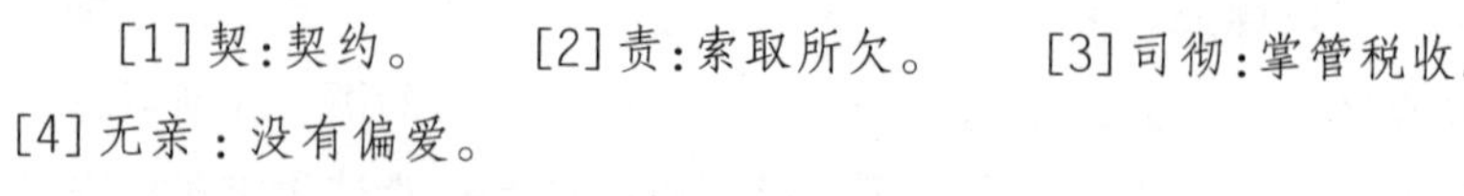
[1]契：契约。 [2]责：索取所欠。 [3]司彻：掌管税收。
[4]无亲：没有偏爱。

译文

调解深重的怨恨，必然还余留怨恨；用德来报答怨恨，这怎么可以算是妥善的办法呢？

因此，圣人保存借据的存根，但并不向人索取偿还。

有“德”的人就像持有借据的人那样宽裕，没有“德”的人就像掌管税收的人那样苛取。

自然规律对任何人都没有偏爱，但总是与善人同行。

文史链接

以直报怨

如果受到了不公平的对待，我们应该怎么回应？老子说：“报怨以德，安可以为善？”以德报怨并不是正确的处理方法。同样的观点，也见于中国历史上另外一位大思想家——孔子。在如何回应怨恨的态度上，儒家和道家是一致的。

有人问孔子：“以德报怨，何如？”孔子的回答是：“以直报怨，以德报德。”孔子给出的答案乍听起来有点出乎意料，其实这正是孔子告诉我们的处世的分寸。

朱熹对“以直报怨”的解释是：“于其所怨者，爱憎取舍，一以至公而无私，所谓直也。”对于跟自己有怨恨的人，仍以公正无私的态度来对待他。比如，我跟某人结怨，当我要对他作出评价时，如果他有优点，我还是应该承认他的优点。

在何以“报怨”、“报德”的问题中，孔夫子主张要“以直报怨”、“以德报德”。“怨”和“德”，是两种不同的行为，所以应受到不同的对待。别人投我以李，我报之以桃，“桃”、“李”都是同类性质的好东西。如果别人对我是善的,那么就用我的善去回应他；如果对我是恶的，那么就用我的正直去回应。这是儒家的创始人孔子和道家的创始人老子共同给我们提供的处世智慧。

思考讨论

你是怎么看待“以德报怨”和“以直报怨”的？如果遭受到不公平的对待，你会采取哪种做法呢？

第八十章

小国寡民[1]。

使有什伯之器而不用[2]；使民重死而不远徙[3]。

虽有舟舆[4]，无所乘之；虽有甲兵[5]，无所陈之[6]。

使人复结绳而用之[7]。

甘其食，美其服，安其居，乐其俗。

邻国相望，鸡犬之声相闻，民至老死不相往来。

关键词：小国寡民

注释

[1] 小国寡民：使国家变小，使人民稀少。这是老子在古代农

村氏族社会基础上理想化的民间生活情形。小，使变小。寡，使变少。[2]使：即使。什伯之器：各种各样的器具。什伯，极多、多种多样。[3]重死：看重死亡，即不轻易冒着生命危险去做事。徙：迁移。[4]舆（yú）：车子。 [5]甲兵：武器装备。 [6]陈：陈列，引申为布阵打仗。 [7]结绳：文字产生以前，人们结绳记事。

译文

国家狭小人民稀少。

即使有各种各样的器具，也不使用；使人民重视死亡，而不向远方迁徙。

虽然有船只车辆，却不必每次都乘坐；虽然有武器装备，却没有机会打仗。

使人民再回复到远古结绳记事的状态中。

人民吃得香甜，穿得漂亮，住得安适，有着欢乐的习俗。

国与国之间互相望得见，鸡犬的叫声都可以听得到，但人民从生到死，却不互相往来。

文史链接

小国寡民

老子关于国家的设想和蓝图，有一段非常著名的话，就是所谓的“小国寡民”理想。“小国寡民”，虽然用“国”这个词，但是实际上国小到了某种程度以后，已经不能再叫做“国”了。这一章是整个《老子》五千言里面最有诗意的一段，在中国的文化史上、在中国的历史上产生过重要影响。

“小国寡民”，国小民少。国小到一种什么程度？小到“邻国相忘”、“鸡犬之声相闻”。站在自己国家的土地上，抬起头向远处一望，那就是邻国了，邻国的鸡叫声、狗叫声，都能听得见。这还是“国”吗？所以，虽然老子此处用了“国”的名称，但是这个“国”只是一些原始的自然村落，最多就是一个小镇。所以，老子实际上是反对国家的。

“小国寡民”，国家规模小了以后，他说“使有什伯之器而不用”。所谓“什伯之器”就是各种各样的工具。“什伯”表示多、各种各样的。人类社会发展到老子这个时代，技术在进步，产生了很多器械。但是老子说，不要用。有那么多东西不用，而且“使民重死而不远徙”，让老百姓都看重生死，不迁徙到远方，人与人之间的交流、移民都没有了。生于斯，长于斯，终老于斯。这样的结果是“虽有舟舆，无所乘之；虽有甲兵，无所陈之”。即使有船、有车，但是老百姓都不到远处去，有车也没有人乘坐，有船也没有人乘坐，即使有铠甲有兵器，也没有地方摆开阵式打仗。

“使民复结绳而用之”，让人民回到结绳而治的时代去，文字也不需要了。而到了这个时候，老百姓会怎么样呢？“甘其食，美其服，安其居，乐其俗”。老百姓对所吃的东西感到很甘甜，对自己所穿的衣服会觉得很漂亮，对于自己所居住的环境也很安心，对这样一种风俗会觉得很快乐。

“邻国相望，鸡犬之声相闻，民至老死不相往来”。邻国的鸡叫声、狗叫声，我们这边都能听得见，但是人与人之间是不来往的。这说明了什么？说明了老子反对人与人之间文化上、社会组织上的联系和交往，他要斩断这种人与人之间文化的纽带，让人回到自然的血缘纽带中去，回到家族中去，回到血缘中去，说白了就是回到原始的部落中去。

老子对于人与人之间的社会交往评价很低，抱着一种很悲观

的态度，对于人类的伟大文明成果——国家，他的评价更低。他倾向于解散这样的国家，重新回到原始部落的状态中去。他的笔下所描写的“小国寡民”的生活，这种理想化的生活，在中国历史上产生了很大的影响。

思考讨论

老子的“小国寡民”思想在中国历史上产生了哪些影响？

第八十一章

信言不美[1]，美言不信[2]。

善者不辩[3]，辩者不善[4]。

知者不博，博者不知[5]。

圣人不积，既以为人己愈有，既以与人己愈多[6]。

天之道，利而不害；人之道，为而不争。

关键词：信言不美

注释

[1]信言：真话，由衷的话。 [2]美言：华美之言，巧言。 [3]善者：言语行为善良的人。 [4]辩：巧辩，能说会道。 [5]博：广博，渊博。 [6]多：与“少”相对，此处意为“丰富”。

译文

真实的话不动听，动听的话不真实。

善良的人不巧辩，巧辩的人不善良。

真正了解的人不广博，广博的人不能深入了解。

圣人不私自积藏，尽量帮助别人，自己反而更为充足；他尽力给予别人，自己反而更丰富。

自然的规律，是有利万物而不加以损害。人的行为准则，是做事而不与人争夺。

文史链接

信言善行真知

本章是《老子》的最后一章，是全书正式的结束语。本章的格言，可以作为人类行为的最高准则——信实、讷言、专精、利民而不争。

本章一开头提出了三对范畴：信与美；善与辩；知与博。这实际上是真假、美丑、善恶的问题。老子试图说明某些事物的表面现象和其实质往往不一致。这其中包含有丰富的辩证法思想，是评判人类行为的道德标准。按照这三条原则，以“信言”、“善行”、“真知”来要求自己，做到真、善、美的结合。按照老子的思想，就是重归于“朴”，回到没有受到伪诈、智巧、争斗等世俗污染之本性。

思考讨论

1. 信言和美言，你更喜欢听哪一个？更喜欢讲哪一个？

2. 有没有一些话，同时既是信言，又是美言？举例说明。

庄 子

有人说，孔子和庄子深刻地影响了中国人的人生态度。每一个中国人的性格中，多多少少都会有一些庄子的影子。庄子提倡洒脱出世、逍遥自在，在福祸、死生、贫富、毁誉等人生的大起大落中，淡定自若。

一、庄子的生活

庄子大多数时候赋闲在家，一家人常年在温饱线上挣扎。庄子曾经短暂地做过漆园小吏这样的官职，相当于现在林业部门的办事员。关于庄子的生活情况，《庄子·外物》有这样一个故事：

庄子家里很穷，他实在不忍心妻儿跟他一起挨饿，就到监河侯那里去借粮食。监河侯故作大方地说："没问题！等我收完租税以后，就借给你三百金。"

庄子就打了一个比喻："昨天我在路上看见一条鲫鱼，躺在车轮压出的小水沟里。它见了我就喊：'我是从东海来的，不幸落进这个小水沟，眼看就快干死了，请你救救我吧。'当时我很慷慨地点头答应说：'好！我现在正要拜访吴越的国王，那里是水乡泽国，水多得不得了。我一定放西江的水来救你。'鲫鱼听了，气愤地说：'这算什么？现在只要一桶水就能救活我，而你却要到南方去放西江水！等你从南方回来，恐怕要到咸鱼摊上找我了！'"

说完，庄子头也不回地走了。

从这个故事里，我们可以看出，庄子的生活是很窘迫的，甚至需要向人借粮为生。

二、庄子的精神

庄子常年赋闲在家，并不是因为找不到工作，而是他主动拒绝了很多机会。《庄子·秋水》中说到了这样一个故事：

庄子在濮水边钓鱼，楚王派了两个人前往请他做官，他们对庄子说："大王希望您去楚国从政，帮助管理国家！"庄子拿着渔竿头也没回地说："我听说楚国有一只神龟，死的时候已经三千岁了，大王用锦缎将它包好放在竹匣中，珍藏在宗庙的殿堂上祭奠着。如果你们是这只神龟，是宁愿死去为了留下这烂骨头而显示尊贵呢？还是宁愿活着拖着尾巴在泥土中爬行呢？"两位大夫说："宁愿活着拖着尾巴在泥土中爬行。"庄子说："请你们回去吧！我宁愿像乌龟活着，拖着尾巴在泥土中爬行。"

在这里我们也看到了庄子不出仕做官的原因：在他那个时代，做官是有危险的。《庄子·人间世》里面描写过一个国君：

卫国的国君很年轻，身强力壮，他的行为很古怪，轻易地动用武力，自己看不到自己的过错，完全不爱惜人民的生命，把老百姓送到战场上当炮灰。战死的老百姓，就像原野上的草芥一样，老百姓简直不知道要躲到哪里去。

可以说，庄子所描写的卫国国君形象，是他所在国家的国君——宋王偃的真实写照。国君如此，庄子当然不会出仕做官。刘熙载在《艺概》里讲过一段话，他把庄子和屈原作了一个比较，说：

"有路可走，卒归于无路可走，屈子是也；无路可则，卒归于有路可走，庄子是也。"

本来有路可走，但最终落得无路可走，是屈原；本来无路可走，但是最终走出了一条康庄大路，是庄子。庄子的这一条路不是现实中的路，而是精神上的路。庄子有了这样一条通达的精神之路，他当然有路可走。

三、庄子的境界

很多人把孔子称为“圣人”，而把庄子称为“神人”。庄子的著作中，充满了天马行空的想象和许多寓言故事。他把世人的一切执著通通放下，甚至看破生死。有人说，庄子的哲学是超越的哲学。

《庄子》里面有几段关于死亡的表述：

一、庄子的妻子死了，好友惠施去凭吊，他看到庄子双腿席地而坐，敲着盆子唱歌。惠子忍不住了：“尊夫人跟你一起生活了这么多年，为你养育子女，操持家务。现在她不幸去世，你不难过伤心，不流泪倒也罢了，竟然还要敲着瓦盆唱歌。你不觉得这样做太过分吗？”

庄子说：“感谢您过来吊唁。其实，当妻子刚刚去世的时候，我何尝不难过得流泪！只是细细想来，人最初是没有生命的；不仅没有生命，而且也没有形体；不仅没有形体，而且也没有气息。在若有若无恍恍惚惚之间，最原始的东西经过变化而产生气息，又经过变化而产生形体，又经过变化而产生生命。如今又变化为死去。这种变化，就像春夏秋冬四季那样运行不止。现在她静静地安息在天地之间，而我却还要哭哭啼啼，这不是太不通达了吗？所以我止住了哭泣。”

二、庄子的弟子想在他死了以后厚葬他。庄子说：“我死以后，天地就是我的棺椁，日月就是我随葬的珠宝。有这些，我的丧葬不是已经齐备了吗？”

从上面的两个小故事可以看出来，庄子不仅仅看淡生死，而可以谈笑论生死。他把世人看重的名利、地位、生死一切付诸笑谈之中，在鲲鹏逍遥的境界中绝尘而去。鲁迅有一个总结性的话，说：“中国出世之说，至此乃始圆备。”在中国古代的思想史上，那些出世的思想，到了庄子才很圆满。

逍遥游

庄子

北冥有鱼[1]，其名为鲲。鲲之大，不知其几千里也。化而为鸟，其名为鹏。鹏之背，不知其几千里也。怒而飞[2]，其翼若垂天之云[3]。是鸟也，海运则将徙于南冥[4]。南冥者，天池也[5]。

关键词：鲲鹏之志

注释

[1] 北冥：北海。冥，同“溟”，指海。　[2] 怒：奋起。　[3] 垂：通“陲”，边际。　[4] 海运：海水运动，这里指汹涌的海涛。　[5] 天池：天然形成的大池。

译文

北海有一条鱼，它的名字叫作鲲。鲲的巨大，不知道有几千里。鲲变成鸟，它的名字叫做鹏。鹏的背，不知道有几千里。鹏振翅而飞，它的翅膀像天边的云。这只鸟当海水翻腾时，将迁徙到南海。南海，就是天池。

《齐谐》者[1]，志怪者也[2]。《谐》之言曰：“鹏之徙于南冥也，水击三千里[3]，抟扶摇而上者九万里[4]，去以六月息者也[5]。”野马也，尘埃也[6]，生物之以息相吹也[7]。天之苍苍，其正色邪？其远而无所至极邪[8]？其视下也，亦若是则已矣。

关键词：扶摇直上　九万里

注释

[1] 齐谐：书名。出于齐国，内容多为志怪，所以名叫“齐谐”。[2] 志：记载。　[3] 击：拍打。　[4] 抟：环绕。扶摇：由地面急剧盘旋而上的暴风。九万里：形容极高。古文中三、六、九大都是虚数，形容数量之大、之多。　[5] 去以六月息者也：飞了六个月才停歇。息，停歇。　[6] 尘：扬在空中的土。埃：细碎的尘粒。　[7] 生物之以息相吹也：生物的气息吹拂着。息，气息。　[8] 极：尽。

译文

《齐谐》这本书是记载怪异事物的。这本书上说：“当鹏飞往南海时，水浪击起达三千里，借着旋风盘旋而上九万里，离开北海六个月的时间，到达南海才休息。”野马似的游气，飞扬的灰尘，都被生物的气息吹拂着而在空中游荡。天色深蓝，难道是它真正的颜色吗？还是因为太远太高，看不到它的边际呢？鹏往下看，也是这样。

且夫水之积也不厚，则其负大舟也无力。覆杯水于坳堂之上[1]，则芥为之舟。置杯焉则胶，水浅而舟大也。风之积也不厚，则其负大翼也无力。故九万里则风斯在下矣，而后乃今培风[2]；背负青天，而莫之夭阏者[3]，而后乃今将图南。

关键词：水浅而舟大　图南之志

注释

[1]覆：倾倒。坳堂：厅堂地面上的坑凹处。坳，坑凹处。[2]培：通“凭”，凭借。　[3]夭阏（è）：阻拦。

译文

况且，水蓄积得不深厚，没有力量负载起大船。把一杯水倒在堂上的低洼之处，一根小草就可以成为船。如果把一个杯子放上去，就会被粘住，这是因为水浅而船大了。风力积蓄得不大，就没有力量承载巨大的翅膀。所以鹏高飞九万里，风就在它的下面，然后才乘风而行；背像负着青天一样，无所拦阻，然后才图谋向南飞。

蜩与学鸠笑之曰[1]：“我决起而飞[2]，抢榆枋而止[3]，时则不至，而控于地而已矣[4]，奚以之九万里而南为[5]？”适莽苍者[6]，三飡而反[7]，腹犹果然[8]；适百里者，宿舂粮[9]；适千里者，三月聚粮。之二虫又何知[10]！

关键词：蜩　学鸠　决起而飞

注释

[1]蜩：蝉。学鸠：斑鸠。　[2]决：迅速飞起。　[3]抢：突，冲上。榆枋(yú fāng)：两种树名。　[4]控：投。　[5]奚以……为：为什么要……呢。　[6]适：往。莽苍：郊野景色，引申为近郊。　[7]飡（cān）：同“餐”。　[8]果然：饱饱的样子。[9]宿舂（chōng）粮：隔夜捣舂食粮，意为准备较多的干粮。[10]二虫：指蜩与学鸠。

译文

蝉和斑鸠讥笑鹏说：“我们奋力而飞，碰到榆树和枋树就停止，有时飞不上去，落在地上就是了。何必要飞九万里到南海去呢？”到近郊去的人，只带当天吃的三餐粮食就可当天回来，肚子还是饱饱的。到百里外的人，就要准备隔夜的粮食。到千里外的人，要聚积三个月的粮食。蝉和斑鸠又知道什么呢！

小知不及大知[1]，小年不及大年[2]。奚以知其然也？朝菌不知晦朔[3]，蟪蛄不知春秋[4]，此小年也。楚之南有冥灵者[5]，以五百岁为春，五百岁为秋；上古有大椿者[6]，以八千岁为春，八千岁为秋，此大年也。而彭祖乃今以久特闻[7]，众人匹之[8]，不亦悲乎！

关键词：蟪蛄　大椿　彭祖

注释

[1]知：通“智”，智慧。　[2]年：寿命。　[3]朝：清

晨。晦朔:每个月的头一天叫朔,最后一天叫晦。 [4]蟪蛄(huì gū):即寒蝉,春生夏死或夏生秋死。 [5]冥灵:树名。 [6]大椿:传说中的古树名。 [7]彭祖:古代传说中年寿最长的人。乃今:而今。 [8]匹:配,比。

译文

小智比不上大智,短命比不上长寿。怎么知道是这样的呢?朝生暮死的小虫不知道一个月的时光,春生夏死、夏生秋死的寒蝉,不知道一年的时光,这就是短命。楚国的南方有一种大树叫冥灵,它把五百年当做一个春季,五百年当做一个秋季。上古时代有一种树叫大椿,它把八千年当做一个春季,八千年当做一个秋季,这就是长寿。活了七百来岁的彭祖如今还因长寿而特别闻名,众人都想与他相比,岂不可悲!

汤之问棘也是已[1]:穷发之北[2],有冥海者,天池也。有鱼焉,其广数千里,未有知其修者[3],其名为鲲。有鸟焉,其名为鹏,背若太山,翼若垂天之云,抟扶摇羊角而上者九万里[4],绝云气[5],负青天,然后图南,且适南冥也。斥鴳笑之曰[6]:"彼且奚适也?我腾跃而上,不过数仞而下[7],翱翔蓬蒿之间,此亦飞之至也[8]。而彼且奚适也?"此小大之辩也[9]。

关键词:商汤问棘 小大之辩

注释

[1]汤：商汤，商朝第一个国王。棘：商时的大夫，商汤以他为师。[2]穷发：不长草木的地方。 [3]修：长。 [4]羊角：形容旋风回旋向上如羊角状。 [5]绝：超越。 [6]斥鴳(yàn)：生活在小池沼里的一种小雀。 [7]仞：古代长度单位，周制为八尺，汉制为七尺。 [8]至：最，极点。 [9]辩：通“辨”，区分。

译文

商汤问棘也有这样的话：“在草木不生的北方，有个大海，就是天池。里面有条鱼，它的宽度有几千里宽，没有人知道它有多长，它的名字叫鲲。有一只鸟，它的名字叫鹏。鹏的背像大山，翅膀像天边的云，借着旋风盘旋而上九万里，超越云层，背负青天，然后向南飞翔，将要飞到南海去。小麻雀讥笑鹏说：‘它要飞到哪去呢？我一跳就飞起来，不过几丈高就落下来，在蓬蒿丛中飞行，这也是尽了飞翔的能事。而它究竟要飞到哪里去呢？’”这是大和小的分别。

故夫知效一官[1]，行比一乡[2]，德合一君，而徵一国者[3]，其自视也，亦若此矣。而宋荣子犹然笑之[4]。且举世誉之而不加劝[5]，举世非之而不加沮[6]，定乎内外之分[7]，辩乎荣辱之境[8]，斯已矣。彼其于世，未数数然也[9]。虽然，犹有未树也。

关键词：内外之分　有己

注释

[1]效：胜任。 [2]行：品行。 [3]而：通“能”，能力。徵（zhēng）：取信。 [4]宋荣子：有种说法是宋钘，宋国人，战国时期的思想家。犹然：笑的样子。 [5]举：全。劝：劝勉，努力。 [6]非：责难，批评。沮：沮丧。 [7]内外：指自身和身外之物。在庄子看来，自主的精神是内在的，荣誉和非难都是外在的，而只有自主的精神才是重要的。 [8]境：界限。[9]未数数然：很少人这样。数数，常常。然，这样。

译文

有些人才智能胜任一官的职守，行为能够庇护一乡的百姓，德行能投合一个君王的心意，能力能够取得全国信任的，他们自鸣得意，也像上面说的那只小鸟一样。而宋荣子对这种人加以嘲笑。宋荣子这个人，世上所有的人都称赞他，他并不因此就特别奋勉，世上所有的人都非议他，他也并不因此就感到沮丧。他能够认定自己和外物的边际，辨别荣辱的界限。不过如此罢了！他对待世俗的一切，没有汲汲去追求。即使如此，他还有未达到的境界。

夫列子御风而行[1]，泠然善也[2]，旬有五日而后反[3]。彼于致福者，未数数然也。此虽免乎行，犹有所待者也[4]。

若夫乘天地之正[5]，而御六气之辩[6]，以游无穷者[7]，彼且恶乎待哉[8]！故曰：至人无己，神人无功，圣人无名。

关键词：有待 至人 神人 圣人

注释

[1] 列子：郑国人，名叫列御寇，战国时期思想家。 [2] 泠（líng）然：轻盈美好的样子。 [3] 旬：十天。 [4] 待：凭借，依靠。 [5] 正：本，这里指自然的本性。 [6] 六气：指阴、阳、风、雨、晦、明。辩：通"变"，变化的意思。 [7] 无穷：无限的时间与空间，即绝对的自由。 [8] 恶：何，什么。

译文

列子乘风而行，轻巧极了，十五天以后返回。他对于求福的事，没有汲汲去追求。这样免于步行，但还是有所凭借的。

倘若顺应天地万物的本性，驾驭着六气的变化，遨游于无穷的境地，他还要凭借什么呢？所以说：修养最高的人能任顺自然、忘掉自己，修养达到神化境界的人无意于求功，有道德学问的圣人无意于求名。

尧让天下于许由[1]，曰："日月出矣，而爝火不息[2]，其于光也，不亦难乎！时雨降矣[3]，而犹浸灌[4]，其于泽也[5]，不亦劳乎[6]！夫子立而天下治，而我犹尸之[7]，吾自视缺然[8]。请致天下。"许由曰："子治天下，天下既已治也，而我犹代子，吾将为名乎？名者，实之宾也[9]，吾将为宾乎？鷦鹩巢于深林，不过一枝；偃鼠饮河，不过满腹。归休乎君，予无所用天下为！庖人虽不治庖[10]，尸祝不越樽俎而代之矣[11]。"

关键词：尧让天下　无名

注释

[1] 尧：我国历史上传说的圣明君主。许由：传说中的隐士。[2] 爝（jué）火：火炬。 [3] 时雨：按时令季节及时降下的雨。[4] 浸灌：灌溉。 [5] 泽：润泽。 [6] 劳：费力，徒劳。[7] 尸：本指宗庙中代祖先之灵受香火祭品的人，后引申为居名位而无其实的意思。这里指主事。 [8] 缺然：不足的样子。[9] 宾：从属、派生的东西。 [10] 庖人：厨师。 [11] 尸祝：祭祀时主持祭祀的人。樽俎（zūn zǔ）：厨事。樽，酒器。俎，肉器。成语"越俎代庖"出于此。

译文

尧要把天下让给许由，说："太阳月亮出来了，而小火把还不熄灭，它的亮度，要和日月相比不是很难吗！及时雨降下了，还要浇水灌溉，对于滋润禾苗，不是徒劳吗！你如果成了君王，天下一定大治，而我还占着这个位子，我感到惭愧，请允许我把天下交给你。"许由说："你治理天下，天下已经安定了，而我再接替你，我岂不是为名而来吗？名是实的宾位，我难道求宾位吗？小鸟在深林中筑巢，只要一根树枝；鼹鼠饮河水，只要肚子喝饱。请你回去吧！我要天下做什么呢？厨子虽然不下厨，主祭的人却不应该超越权限而代行厨子的职事。"

肩吾问于连叔曰[1]："吾闻言于接舆[2]，大而无当[3]，往而不返[4]。吾惊怖其言犹河汉而无极也[5]，大有径庭[6]，不近人情焉。"连叔曰："其言谓何哉？""曰：'藐姑射之山[7]，有神人居焉。肌肤若

冰雪，淖约若处子[8]；不食五谷，吸风饮露；乘云气，御飞龙，而游乎四海之外；其神凝[9]，使物不疵疠而年谷熟[10]。’吾以是狂而不信也[11]。”连叔曰：“然，瞽者无以与乎文章之观[12]，聋者无以与乎钟鼓之声。岂唯形骸有聋盲哉？夫知亦有之。是其言也，犹时女也。之人也，之德也，将旁礴万物以为一[13]，世蕲乎乱[14]，孰弊弊焉以天下为事[15]！之人也，物莫之伤，大浸稽天而不溺[16]，大旱金石流，土山焦而不热。是其尘垢秕糠[17]，将犹陶铸尧舜者也，孰肯以物为事！”

关键词：神人无功

注释

[1]肩吾、连叔：传说皆为有道之人。 [2]接舆：楚国的隐士。 [3]大而无当：堂皇而不切实际。当，底。 [4]往而不返：漫无边际。 [5]河汉：银河。 [6]径庭：喻指差异很大，成语“大相径庭”出于此。径，门外的小路。庭，堂外之地。 [7]藐姑射：山名。 [8]淖约：美好的样子。 [9]凝：神情专一。 [10]疵疠：疾病。 [11]狂：通“诳”，诳语。 [12]瞽：盲。 [13]旁礴：混同。 [14]蕲：求。乱：这里作“治”讲，这是古代同词义反的语言现象。 [15]弊弊：忙碌疲惫的样子。 [16]大浸：大水。稽：至。 [17]秕糠：指糟粕。秕，瘪谷。

译文

肩吾问连叔说："我听接舆讲话，夸大而不切实际，漫无边际而无法验证。我惊讶他的言论，好像银河看不见边际；高深莫测，不近人情。"连叔说："他讲了些什么呢？"肩吾说："他说'在遥远的藐姑射山上，居住着一位神仙，皮肤像冰雪那样洁白，体态像处女那样柔美；不吃五谷，吸清风、喝露水；乘着云气，驾着飞龙，遨游于四海之外。他的精神凝聚，使万物不生恶疾，年年五谷丰收'。我认为这是诳言而不可信。"

连叔说："是这样，盲人无法让他欣赏有文采的东西，聋子无法让他欣赏钟鼓之乐声。难道只是形体上有瞎眼和耳聋的，心智上也有啊！这些话就是针对你的。这位神人，他的品德广施于宇宙万物合为一体，人世纷乱，他哪肯劳劳碌碌管理人间的俗事呢？这位神人，外物伤害不了他，滔天洪水淹不着他，大旱时金石熔化、烧焦土山而他不会感到热。他的尘垢糟粕可以造就尧、舜，他哪肯纷纷扰扰以俗物为事业呢！

宋人资章甫而适诸越[1]，越人断发文身[2]，无所用之。

尧治天下之民，平海内之政。往见四子藐姑射之山[3]，汾水之阳[4]，窅然丧其天下焉[5]。

关键词：断发文身　无所用

注释

[1]资：贩卖。章甫：殷商时的一种礼帽。适：往。

[2]断发文身：剪了头发，在身上刺上图腾。越国处南方，习俗与中原不同。断发，不蓄头发。文身，在身上刺满花纹。　[3]四子：指王倪、啮缺、被衣、许由四人，实为虚构的人物。　[4]阳：山的南面或水流的北面。　[5]窅(yǎo)然：混沌恍惚的精神状态。丧：遗弃。

译文

有个宋国人采购了一批帽子到越国去卖，越人的风俗是剪断长发，身刺花纹，帽子对他们毫无用处。

尧治理天下百姓，使海内政治清平，如果他到遥远的姑射山、汾水的北面，见到四位得道的人，他一定会神情怅然而忘掉自己所拥有的天下。”

惠子谓庄子曰[1]：“魏王贻我大瓠之种[2]，我树之成而实五石[3]。以盛水浆，其坚不能自举也。剖之以为瓢，则瓠落无所容[4]。非不呺然大也[5]，吾为其无用而掊之[6]。”庄子曰：“夫子固拙于用大矣。宋人有善为不龟手之药者[7]，世世以洴澼絖为事[8]。客闻之，请买其方百金[9]。聚族而谋曰：‘我世世为洴澼絖，不过数金，今一朝而鬻技百金[10]，请与之。’客得之，以说吴王[11]。越有难[12]，吴王使之将。冬，与越人水战，大败越人，裂地而封之[13]。能不龟手一也[14]，或以封，或不免于洴澼絖，则所

用之异也。今子有五石之瓠，何不虑以为大樽[15]，而浮于江湖，而忧其瓠落无所容？则夫子犹有蓬之心也夫[16]！”

关键词：有蓬之心

注释

[1]惠子：宋国人，姓惠名施，做过梁惠王的相，是庄子的朋友，为先秦名家代表。 [2]魏王：即梁惠王。贻：赠送。瓠：葫芦。 [3]实五石：装满五石的容量。 [4]瓠落：又写作“廓落”，很大很大的样子。 [5]呺然：庞大而空虚的样子。 [6]掊：击破。 [7]龟：通“皲”，皮肤受冻开裂。 [8]洴澼（píng pì）：漂洗。纩（kuàng）：棉絮。 [9]方：药方。 [10]鬻（yù）：卖，出售。 [11]说：劝说，游说。 [12]难：指军事行动。 [13]裂地：割出一块地方。 [14]一：一样的。 [15]樽：本为酒器，这里指形似酒樽，可以拴在身上的一种游泳工具。 [16]有蓬之心：有如蓬草闭塞的心。

译文

惠子对庄子说：“魏王送给我大葫芦的种子，我种下后结出的葫芦大得可以容纳五石。用它来盛水，它却因质地太脆无法提举。切开它当瓢，大得无处可容。这不是嫌它不大，因为它无用，我把它砸了。”

庄子说：“你真不善于使用大的物件。宋国有个人善于制作防止手冻裂的药，他家世世代代都以漂洗丝絮为业。有个客人听说了，愿意用一百金来买他的药方。这个宋国人召集全家商量说：‘我

家世世代代靠这种药从事漂洗丝絮，一年所得的钱很少，现在一旦卖掉这个药方就可得到百金，就卖了吧！’这个客人买到药方，就去游说吴王。那时正逢越国犯难，吴王就命他为将，在冬天跟越人展开水战，大败越人，吴王就割地封侯来奖赏他。同样是一帖防止手冻裂的药方，有人靠它得到封赏，有人却只会用于漂洗丝絮，这是因为使用方法不同啊。现在你有可容五石东西的大葫芦，为什么不把它系在身上作为腰舟而浮游于江湖呢？却担忧它大而无处可容纳，可见你的心过于闭塞了！”

惠子谓庄子曰：“吾有大树，人谓之樗[1]。其大本拥肿而不中绳墨[2]，其小枝卷曲而不中规矩。立之涂[3]，匠人不顾。今子之言，大而无用，众所同去也。”庄子曰：“子独不见狸狌乎[4]？卑身而伏[5]，以候敖者[6]；东西跳梁[7]，不辟高下；中于机辟[8]，死于罔罟[9]。今夫斄牛[10]，其大若垂天之云。此能为大矣，而不能执鼠。今子有大树，患其无用，何不树之于无何有之乡[11]，广莫之野[12]，彷徨乎无为其侧[13]，逍遥乎寝卧其下。不夭斤斧[14]，物无害者，无所可用，安所困苦哉！”

关键词：至人无己　无用之用

注释

[1] 樗：一种高大的落叶乔木，但木质很差。　[2] 大本拥

肿而不中绳墨：树干盘结而不合绳墨。本，树干。拥肿：今写作“臃肿”，短肥而不端正。中，符合。绳墨，与下文“规矩”都是木匠常用工具。绳墨划直线，规划圆，矩划方。 [3]涂：通“途”，道路。 [4]狸：野猫。狌：黄鼠狼。 [5]卑：低。 [6]敖者：指鸡鼠之类。敖，通“遨”，遨游。 [7]跳梁：跳跃。 [8]机辟：捕兽的机关陷阱。 [9]罟：网。 [10]斄（lí）牛：牦牛。 [11]无何有之乡：指什么也没有生长的地方。 [12]莫：通“漠”，广大。 [13]彷徨：徘徊。无为：无所事事。 [14]夭：夭折。斤：伐木之斧。

译文

惠子对庄子说：“我有棵大树，人们都叫它‘樗’。它的树干疙疙瘩瘩，不符合绳墨的要求，它的树枝弯弯扭扭，也不合规矩的需要。生长在路旁，木匠连看也不看。现今你的言谈，大而无用，大家都会抛弃它。”

庄子说：“你没看见过野猫和黄鼠狼吗？低着身子匍匐于地，等待那些出洞觅食的小动物；东西跳跃掠夺，不避高低；不曾想到落机关，死于网中。再看那斄牛，庞大的身体就像天边的云，虽然不能捕捉老鼠，但是它的本事可大了。如今你有一棵大树，却担忧它没有什么用处，怎么不把它栽种在什么也没有生长的地方，栽种在无边无际的旷野里，悠然自得地徘徊于树旁，优游自在地躺在树下。大树不会遭到刀斧砍伐，也没有什么东西会去伤害它。虽然没有派上什么用场，可是哪里又会有什么祸害呢？”

文史连接

逍遥游

鲲鹏的寓言

打开《庄子》，第一篇就是《逍遥游》，开卷而来，是一则充满瑰丽想象的寓言故事，为人们打开了一幅宏大的画卷——北海中有一种鱼叫做鲲，鲲之大，不知道有几千里。它化身为鹏，鹏之背，不知道有几千里。它振翅一挥，激起几千里的海浪，扶摇直上九千里的高空，向南海飞去。内容的奇幻超越了人的认知，壮丽的画面超越了人们的想象。以至于庄子在同一章节中共三次提到了鲲鹏故事。

庄子不仅自己在开篇叙述了鲲鹏的故事，而且引用了《齐谐》和“商汤问棘”述说了同样的故事。我们仿佛看到了，庄子穿越千年的沧桑，得意地笑着：你看！这个故事不是我一个人说，在别的地方也找得到。姑且不论《齐谐》和“商汤问棘”的真实性，这个故事被庄子反复提及，是为了告诉我们什么呢？

这个有着宏大世界观的故事，牵涉到一个基本问题：在认知方面，人类需要摆脱外在的生存环境和有限的时空，理解漫长的历史岁月和宏大的宇宙世界。人必须从狭小的看、听、说的生存状态中摆脱出来，看到世界的宏大，打破有限的认识，才能达到精神上的超越，达到绝对的自由。

逍遥游的境界

怎样才能达到绝对的自由，也就是逍遥游的境界呢？庄子把人的境界分成了好几等：

第一等，是世人的境界：“知效一官，行比一乡，德合一君，而徵一国者。”庄子认为这是普通人的境界。

第二等，宋荣子的境界：“且举世誉之而不加劝，举世非之而不加沮，定乎内外之分，辩乎荣辱之境，斯已矣。彼其于世，未数数然也。”庄子认为，宋荣子体现的是自我的境界，他能够“定乎内外之分”，明白内重与外轻的道理，外间的荣辱对于自身来说，是可以取舍的。但是庄子认为，还有宋荣子不能达到的境界。

第三等，列子的境界：“夫列子御风而行，泠然善也，旬有五日而后反。彼于致福者，未数数然也。此虽免乎行，犹有所待者也。”列子可以乘风自由飞行，让风成为他翱翔的翅膀，借由风的力量摆脱地面的束缚，达到自由自在、无忧无虑的状态。然而庄子认为，列子仍然“有所待”，也就是有所凭借，列子凭借风达到的自由还不是绝对的自由。

第四等，绝对的自由：“若夫乘天地之正，而御六气之辩，以游无穷者，彼且恶乎待哉！故曰：至人无己，神人无功，圣人无名。”也就意味着真正的自由要“无己”、“无功”、“无名”。

无己、无功、无名

尧禅让天下的故事主要是解释“无名”的，庄子借许由之口，讲出一个很简单的道理，来破除世人所执著的“名”：“小鸟在深林中筑巢，只要一根树枝；鼹鼠饮河水，只要肚子喝饱。我要天下做什么呢？”人之生也有涯，人之用也有度，超出了我需要的，你给我那么多，我用来干什么呢？

肩吾与连叔的故事是解释“无功”的。应当注意，庄子的“无功”，并不是说完全不留任何功业的痕迹，而是说，这种种功业并非用力究心的结果，应当通过自我修养的提高自然得到功业，而不是以世间功业作为追求的结果。因为世间的成效是外在的，而庄子关注的是自我的内心。

庄子的“无己”指的是什么呢？徐复观先生曾经解释过庄子的无己：“人所以不能顺万物之性，主要是来自物我之对立；在物我对立中，人情总是以自己作衡量万物的标准，因而发生是非好恶之情，给万物以有形无形的干扰，自己也会同时感到处处受到外物的牵挂、滞碍。有自我的封界，才会形成我与物的对立；自我的封界取消了（无己），则我与物冥，自然取消了以我为主的衡量标准，而觉得我以外之物的活动，都是顺其性之自然，都是天地之正，而无庸我有是非好恶于其间，这便是乘天地之正了。"可见，"无己"是去除自己的好恶之情，按照事物本来的样子来认识它、对待它，任其自然。

《逍遥游》的最后用了两个与惠子的小故事来解释"无己"：

惠子带着"有我"之心看待大树与葫芦，只看到其大而无用，庄子则以"无我"之心看待大树与葫芦，按照它们的自然本性因势利导，加以利用，从无用之物上看出了可用之途。

庄子列举了许多"大"与"小"的对比：蝉与学鸠只在藩篱间飞翔，因而无法理解鲲鹏的扶摇直上九万里；芝菌朝生暮死，因而不知道一个月的"晦"与"朔"；蝉只能活一个季节，因而不知道一年的时光流转。你无法向井底之蛙说明大海，因为它被拘禁在寸尺之间；你也无法向夏虫说明寒冰，因为它永远生存不到寒冷的冬天。然而人并不是朝菌，也不是寒蝉，人的认知活动是有能力超越生存的有限性，而达到精神上的无限性的。庄子以鲲鹏扶摇九万里开篇，为我们打开了一幅恢弘壮大的精神画卷，以"小"和"大"作对比，告诫世人超越生存中的种种狭隘束缚，破功、破名、消除物我两立，以达到"至人"、"神人"、"圣人"的逍遥游境界。

思考讨论

1. 谈谈"逍遥游"对中国传统文人的影响。可以从哪些古人身上找出庄子"逍遥游"的影子？

2. 用最简单的语言描述庄子的人生观。

齐物论

南郭子綦隐机而坐[1]，仰天而嘘[2]，荅焉似丧其耦[3]。颜成子游立侍乎前[4]，曰："何居乎[5]？形固可使如槁木，而心固可使如死灰乎[6]？今之隐机者，非昔之隐机者也？"

子綦曰："偃，不亦善乎而问之也！今者吾丧我，汝知之乎？女闻人籁而未闻地籁，女闻地籁而不闻天籁夫！"

子游曰："敢问其方[7]。"

子綦曰："夫大块噫气[8]，其名为风，是唯无作[9]，作则万窍怒呺[10]。而独不闻之翏翏乎[11]？山林之畏佳[12]，大木百围之窍穴，似鼻，似口，似耳，似枅[13]，似圈，似臼，似洼者，似污者[14]。激者[15]，謞者[16]，叱者，吸者，叫者，譹者[17]，宎者[18]，咬者[19]，前者唱于而随者唱喁。泠风则小和[20]，飘风则大和，厉风济则众窍为虚[21]。而独不见之调调之刁刁乎[22]？"

子游曰："地籁则众窍是已，人籁则比竹是已，敢问天籁。"

子綦曰："夫天籁者吹万不同，而使其自己也，咸其自取[23]，怒者其谁邪[24]？"

关键词：天籁　地籁　人籁

注释

[1]南郭子綦（qí）：楚人，居住南郭，故名南郭子綦。隐机：靠着案几。隐，凭靠。机，案几。　[2]嘘：缓慢地吐气。[3]荅焉：形容死寂的样子。丧其耦：表示精神超脱躯体达到忘我的境界。耦，通"偶"。庄子认为人是肉体和精神的对立统一体，"耦"在这里即指与真君相对立的东西，如功、名、己。　[4]颜成子游：人名，姓颜名偃，字子游，死后谥成，故名颜成子游。[5]居：故，缘由。　[6]固：诚然。　[7]敢：表示谦敬的副词。[8]大块：大地。　[9]作：兴起。　[10]窍：孔穴。呺：亦作"号"，吼叫。　[11]翏翏：大风呼呼的声响。　[12]畏佳：山陵高峻的样子。　[13]枅：柱头横木。　[14]污：停滞不流的水塘。[15]激：水流湍急的声音。　[16]谪（xiāo）：这里用来形容箭头飞去的声响。　[17]譹（háo）：哭声。　[18]宎（yǎo）：深而沉。　[19]咬：鸟鸣叫的声音。一说哀切声。　[20]泠风：小风，清风。　[21]厉风：迅猛的暴风。济：止。　[22]调调、刁刁：风吹草木晃动摇曳的样子。　[23]咸：全。　[24]怒：这里是发动的意思。

译文

南郭子綦靠着几案而坐，仰头向天缓缓地吐着气，进入了忘我的境界。颜成子游站立跟前说道："这是怎么啦？形体诚然可以使它像干枯的树木，心灵寂静难道可以使它像死灰那样吗？你今天凭案而坐，跟以往凭案而坐的情景大不一样。”

子綦回答说：“偃，你问得很好。今天我摒弃了偏执的我，你知道吗？你听见过‘人籁’，却没有听见过‘地籁’；你即使听见过‘地籁’，却没有听见过‘天籁’！”

子游问：“请教它们的真实含意。”

子綦说：“大地发出的气，叫风。风不发作则已，一旦发作整个大地上数不清的窍孔都怒吼起来。你没有听过那呼呼的风声吗？山陵上陡峭峥嵘的地方，百围大树上无数的窍孔，有的像鼻子，有的像嘴巴，有的像耳朵，有的像圆柱上的方孔，有的像栅栏，有的像舂臼，有的像深池，有的像浅洼。有的像湍急的流水声，有的像迅疾的箭镞声，有的像大声的呵斥声，有的像细细的呼吸声，有的像放声叫喊，有的像嚎啕大哭，有的像在山谷里回荡的声音，有的像哀叹的声音。前面的风在呜呜地唱，后面在呼呼地和。小风的和声小，大风的和声大。暴风突然停歇，所有的窍穴也就寂然无声。你不见草木还在摇曳晃动吗？”

子游说：“地籁是从窍穴里发出的风声，人籁是竹箫发出的声音。请问什么是天籁？”

子綦说：“天籁是风吹过万种孔穴发出了各种不同的声音，这些声音虽然千差万别，都是出于自身空穴的形态所致，发动者还能有谁呢？”

大知闲闲[1]，小知间间[2]。大言炎炎[3]，小言詹詹[4]。其寐也魂交[5]，其觉也形开。与接为构[6]，日以心斗。缦者、窖者、密者[7]。小恐惴惴[8]，大

恐缦缦[9]。其发若机栝[10]，其司是非之谓也[11]；其留如诅盟，其守胜之谓也；其杀若秋冬[12]，以言其日消也；其溺之所为之，不可使复之也；其厌也如缄[13]，以言其老洫也[14]；近死之心，莫使复阳也[15]。喜怒哀乐，虑叹变慹[16]，姚佚启态[17]——乐出虚，蒸成菌。日夜相代乎前而莫知其所萌[18]。已乎[19]，已乎！旦暮得此，其所由以生乎！

关键词：大言　小言

注释

[1]闲闲：拒绝接受意见的样子。　[2]间间：细加分别的样子。　[3]炎炎：猛烈，比喻说话时气焰盛人。　[4]詹詹：啰啰唆唆。　[5]寐：睡眠。魂交：心灵烦乱。　[6]构：交合，引申为周旋。　[7]缦：通“慢”，缓慢。窖：深沉，用心不可捉摸。　[8]惴惴：提心吊胆的样子。　[9]缦缦：神情沮丧的样子。　[10]机栝：射箭。机，弩上的发射的机关。栝，箭杆末端扣弦部位。　[11]司：通“伺”，窥伺人。　[12]杀：肃杀。　[13]厌：通“压”，闭塞的意思。缄：绳索，这里是用绳索加以束缚的意思。　[14]洫：本指田沟或城池，有自封自守的意思。　[15]复阳：恢复生机。　[16]变：反复，变化无常。慹：通“蛰”，心神不动。　[17]姚佚启态：形容辩者们的行为样态。姚，轻浮。佚，奢华放纵。启，放荡。态，故作姿态。[18]萌：萌发，产生。　[19]已乎：算了。

译文

大知广博，小知精细；大言气焰盛大，小言则辩论不休。他们睡觉时神魂交错，醒来后身形不宁；跟外界接触，整日里钩心斗角。有的出言迟缓，有的高深莫测，有的言辞谨密。小的恐惧垂头丧气，大的惊恐失魂落魄。他们说话好像利箭，专门窥伺别人的是非来攻击；它们不发言的时候就好像发过誓一样，只是默默不语坐待胜机；他们衰败犹如秋冬的草木，这说明他们日益消毁；他们沉浸在所从事的各种事情，致使他们不可能再恢复到原有的情状；他们心灵闭塞好像被绳索缚住，这说明他们衰老颓败不能自拔；走向死亡道路的心灵，再也没有办法使它们恢复活泼的生气了。他们时而欣喜，时而愤怒，时而悲哀，时而欢乐；他们时而忧思，时而叹惋，时而反复，时而恐惧；他们时而浮躁，时而放纵，时而张狂，时而故作姿态，好像乐声从中空的乐管中发出，又像菌类由地气蒸腾而成。这种种情态日夜在心中更换替代，却不知道它们是怎么发生的。算了吧！算了吧！一旦懂得这一切发生的道理，就可以明白了这种种情态发生、形成的原因了。

非彼无我[1]，非我无所取[2]。是亦近矣，而不知其所为使。若有真宰，而特不得其眹[3]。可行已信，而不见其形，有情而无形[4]。百骸、九窍、六藏[5]，赅而存焉[6]，吾谁与为亲？汝皆说之乎[7]？其有私焉[8]？如是皆有为臣妾乎？其臣妾不足以相治乎？其递相为君臣乎？其有真君存焉[9]！如求得其情与不得，无益损乎其真。一受其成形，不亡以待尽[10]。

与物相刃相靡[11]，其行尽如驰而莫之能止[12]，不亦悲乎！终身役役而不见其成功[13]，苶然疲役而不知其所归[14]，可不哀邪！人谓之不死，奚益！其形化，其心与之然，可不谓大哀乎？人之生也，固若是芒乎[15]？其我独芒，而人亦有不芒者乎？

关键词：真宰　真君

注释

[1]彼：郭向注“彼，自然也”。　[2]取：体现。　[3]特：独。眹：迹象。　[4]情：真，指事实上的存在。　[5]骸：骨节。九窍：人体上九个可以向外张开的孔穴，指双眼、双耳、双鼻孔、口、生殖器、肛门。六藏：心、肺、肝、脾、肾、命门。　[6]赅：齐备。　[7]说：通“悦”，喜悦。　[8]私：偏爱。

[9]真君：即“真我”、“真心”，天然的本性。　[10]亡：亦作“忘”，忘记。　[11]刃：刀口，这里喻指针锋相对的对立面。靡：通“摩”。

[12]驰：迅疾奔跑。　[13]役役：劳苦不休的样子。

[14]苶（nié）然：疲倦困顿的样子。疲役：疲于劳役。

[15]芒：通“茫”，迷昧无知。

译文

没有它就没有我，没有我，它就没法呈现。我和它是相近的，但不知道是由什么东西役使的。仿佛有“真正的主宰”，却又寻不到它的端倪。可以去实践并得到验证，然而却看不见它的形体，有其实在性而又不具有具体的形态。

百骸、九孔、六脏，全都齐备地存在于我的身体，我跟哪一部分最为亲近呢？你对它们都同样喜欢吗？还是有所偏爱呢？这样的话，是把它们都当做奴隶吗？既然都是臣妾，就不可以相互支配了吗？还是轮流做君臣呢？或者有“真君”存在其间呢？无论寻求到它的究竟与否，都不会对它有什么增益和减损。

人一旦禀承天地之气而形成形体，不能忘掉自身而等待最后的消亡，和外界环境接触，就会互相摩擦，像快马奔驰于其中，而不能止步，这不是很可悲吗！终身劳碌而没有什么成就，困顿疲劳却不知道自己的归宿，这不是很悲哀吗！这样的人虽然说他不死，又有什么意思呢！人的形体逐渐衰竭，人的精神也跟着一块儿衰竭，这不是最大的悲哀吗？人生在世，本来就像这样昏昧吗？难道只有我才这么昏昧，而别人也有不昏昧的吗？

夫随其成心而师之[1]，谁独且无师乎？奚必知代而心自取者有之[2]？愚者与有焉。未成乎心而有是非，是今日适越而昔至也。是以无有为有。无有为有，虽有神禹且不能知[3]，吾独且奈何哉！

夫言非吹也。言者有言，其所言者特未定也。果有言邪？其未尝有言邪？其以为异于鷇音[4]，亦有辩乎[5]？其无辩乎？道恶乎隐而有真伪？言恶乎隐而有是非？道恶乎往而不存？言恶乎存而不可？道隐于小成[6]，言隐于荣华[7]。故有儒墨之是非，以是其所非而非其所是。欲是其所非而非其所是，

则莫若以明[8]。

关键词：是非　儒墨之辨

注释

[1]成心:主观成见。　[2]知代:懂得变化更替的道理。代，变化。　[3]神禹：神明的夏禹。　[4]鷇（gòu）音：刚刚破卵而出的鸟的叫声。　[5]辩：通“辨”，分辨，区别。[6]隐:隐秘,藏匿。　[7]荣华:木草之花,这里喻指华丽的辞藻。[8]莫若：不如。

译文

追随业已形成的偏见作为判断的标准，那么谁没有一定的标准呢？何必一定要了解自然变化之理的智者才有呢？愚人也是有的。如果在思想上还没有形成成见就已经有了是与非的观念，就好像今天到越国去而昨天就已经到达。这就是把没有看成有。如果把没有看成有，即使圣明的大禹尚且无法理解，我又能怎么样呢？

说话并不像是吹风，发言的人议论纷纷，他们所说的话却得不出定论。果真说了些什么吗？还是不曾说过些什么呢？他们都认为自己的言谈不同于雏鸟的鸣叫，到底有分别呢？还是没有分别呢？

大道是怎么隐匿起来而有了真和假呢？言论是怎么隐匿起来而有了是与非呢？大道怎么会出现而又不复存在呢？言论又怎么存在而又不被认可呢？大道被小的成就所隐蔽，言论被浮华的辞藻所掩盖。所以就有了儒家和墨家的是非之辨，肯定对方所否定的东西，而否定对方所肯定的东西。想要肯定对方所否定的东西，而非难对方所肯定的东西，那么不如用事物的本然去加以观察而求得明鉴。

物无非彼，物无非是。自彼则不见，自知则知之。故曰：彼出于是，是亦因彼[1]。彼是方生之说也。虽然，方生方死，方死方生；方可方不可，方不可方可；因是因非[2]，因非因是。是以圣人不由而照之于天[3]，亦因是也。是亦彼也，彼亦是也。彼亦一是非，此亦一是非，果且有彼是乎哉？果且无彼是乎哉？彼是莫得其偶[4]，谓之道枢[5]。枢始得其环中，以应无穷。是亦一无穷，非亦一无穷也。故曰：莫若以明。

关键词：齐物　道枢

注释

[1]因：依赖。　[2]因：由，任。　[3]天：自然的天道。　[4]偶：对立面。　[5]枢：关键。

译文

世界上的事物没有不是“彼”的，也没有不是“此”的。从“彼”的方面看，就看不到这方面，从自己这方面来了解就知道了。所以说：“彼”产生于“此”，“此”依存于“彼”。“彼”和“此”相对而生，虽然这样，但是任何事物随起就随灭，随灭就随起；刚说可以，就转向不可以，刚说不可以，就转向可以了。有因而认为是的就有因而认为非，有因而认为非的就有因而认为是。所以圣人不走这条路子，而观照事物的本然，这也是遵循自然的道理。

“此”也就是“彼”，“彼”也就是“此”。“彼”有它的是非，“此”也有它的是非。果真有彼此的分别吗？果真没有彼此的分别吗？彼此两个方面都没有其对立的一面，这就是大道的枢纽。抓住了大道的枢纽，也就抓住了事物的要害，从而顺应事物无穷无尽的变化。“是”是无穷的，“非”也是无穷的。所以不如按照事物的本然加以观察和认识。

以指喻指之非指，不若以非指喻指之非指也[1]；以马喻马之非马，不若以非马喻马之非马也[2]。天地一指也，万物一马也。

关键词：白马非马　道通为一

注释

[1] 以指喻指之非指，不若以非指喻指之非指也：在这两句中，“指”出现了六次，但是意义不同。整句意思为，以大拇指来解说大拇指不是手指，不如以非大拇指来解说大拇指不是手指。这是针对公孙龙提出的“指非指”命题。公孙龙提出著名的命题“指非指”、“白马非马”，大拇指不是手指，白马不是马。　[2] 以马喻马之非马，不若以非马喻马之非马也：在这两句中，“马”字出现了六次，但是意义不同，其中有四个“马”字指的是“白马”。整句意思为，以白马解释说白马不是马，不如以非白马来解释说白马不是马。这是针对公孙龙提出的“白马非马”命题。

译文

以大拇指来解说大拇指不是手指，不如以非大拇指来解说大拇指不是手指；以白马解释说白马不是马，不如以非白马来解释说白马不是马。天地就是“一指”，万物就是“一马”。

可乎可，不可乎不可。道行之而成，物谓之而然[1]。恶乎然？然于然。恶乎不然？不然于不然。物固有所然，物固有所可。无物不然，无物不可。故为是举莛与楹[2]，厉与西施[3]，恢恑憰怪[4]，道通为一[5]。其分也[6]，成也[7]；其成也，毁也。凡物无成与毁，复通为一。

唯达者知通为一，为是不用而寓诸庸[8]。庸也者，用也；用也者，通也；通也者，得也。适得而几矣。因是已，已而不知其然谓之道。

劳神明为一而不知其同也，谓之“朝三”。何谓“朝三”？狙公赋芧[9]，曰：“朝三而暮四。”众狙皆怒。曰：“然则朝四而暮三。”众狙皆悦。名实未亏而喜怒为用[10]，亦因是也。是以圣人和之以是非而休乎天钧[11]，是之谓两行[12]。

关键词：厉与西施　朝三暮四

注释

[1]然：对的，正确的。　　[2]举莛与楹（yíng）：比喻轻而

易举的事与难以做到的事。莛，草茎。楹，厅堂前的木柱。

[3]厉：丑女人。　[4]恢恑憰（jué）怪：概指千奇百怪的各种事态。恢，诙谐。恑，狡猾。憰，欺诈。怪，怪异。　[5]一：一体。庄子认为世上一切小与大、丑与美，千差万别的各种情态或各种事物，从道的角度看，都是不分彼此的、等同的。

[6]分:分开。　[7]成:生成。　[8]庸:常。　[9]狙:猴子。芧：橡子。　[10]亏：亏损。　[11]和：调和。休：本指休息，这里含无为任之的意思。天钧:即自然调和。　[12]两行：任由是非两方面各自发展，而最后“复通为一”。

译文

对的就是对的，不对的就是不对的。道路是人走出来的，事物的名称是人叫出来的。为什么是？自有它是的道理。为什么不是？自有它不是的道理。一切事物本来都有它是的地方，一切事物本来都有它可的地方。没有什么东西不是，没有什么东西不可，所以小草和大柱，丑女和美丽的西施，以及一切千奇百怪的事态，从“道”的观点看，它们都是可通为一的。万事有所分，必有所成；有所成，必有所毁。所有事物从道体来看，并无形成与毁灭，都是复归于一个整体的。

只有通达的人才知晓事物相通为一的道理，因此不用固执己见地对事物作出这样那样的解释，这就是因任自然的道理。顺着自然的路径行走而不知道它的所以然，这就叫做“道”。

竭尽心智去求一致，而不知道它本来就是相同的，这就是所谓“朝三”。什么叫做“朝三”呢？养猴人给猴子分橡子，说：“早上分三升，晚上分四升。”猴子们听了非常愤怒。养猴人便改口说：“那么就早上四升，晚上三升吧。”猴子们听了都高兴起来。名和实都没有改变，喜与怒却有了变化，也就是因为这样的道理。因此，圣人不执著于是非争论，保持事理的自然均衡，这就叫“两行”。

古之人，其知有所至矣[1]。恶乎至？有以为未始有物者，至矣，尽矣，不可以加矣。其次，以为有物矣，而未始有封也[2]。其次，以为有封焉，而未始有是非也。是非之彰也，道之所以亏也。道之所以亏，爱之所以成。果且有成与亏乎哉？果且无成与亏乎哉？有成与亏，故昭氏之鼓琴也[3]；无成与亏，故昭氏之不鼓琴也。昭文之鼓琴也，师旷之枝策也[4]，惠子之据梧也[5]，三子之知几乎[6]，皆其盛者也，故载之末年。唯其好之也，以异于彼；其好之也，欲以明之。彼非所明而明之，故以坚白之昧终[7]。而其子又以文之纶终，终身无成。若是而可谓成乎？虽我无成，亦可谓成矣。若是而不可谓成乎？物与我无成也。是故滑疑之耀[8]，圣人之所图也[9]。为是不用而寓诸庸，此之谓以明。

关键词：道亏　有成

注释

[1]至：最高的境界。　[2]封：界线。　[3]昭氏：即昭文，

以善于弹琴著称。 [4] 师旷：晋平公时的著名乐师。枝策：用枝或策叩击拍节。 [5] 据：靠着。 [6] 几：尽，意思是达到了顶点。 [7] 坚白：指石的颜色白而质地坚，但“白”和“坚”都独立于“石”之外。公孙龙子曾有“坚白论”之说，庄子是极不赞成的。昧：偏蔽。 [8] 滑疑：纷乱的样子，这里指各种迷乱人心的辩说。 [9] 图：古代写作“啚”，瞧不起，摒弃的意思。

译文

古时候的人，他们的知识终究有极限。极限在哪里？有的人认为宇宙本来并没有“物”，这是知识的极限，到达尽头了，不能再增加了。次一等的人，认为有事物的存在，但并不严格划分界限。再次一等的人，以为事物有分界，但不计较是非。是非的造作，道就有了亏损。道的亏损，是由于偏私的观念形成的。果真有完成与亏缺吗？果真没有完成与亏缺吗？有完成与亏缺，好比昭文弹琴奏乐；没有完成和亏缺，昭文就不再能够弹琴奏乐。昭文善于弹琴，师旷精于节拍，惠施乐于靠着梧桐树辩论，这三位先生的才智可说是登峰造极了！他们都享有盛誉，晚年仍然乐此不疲。他们都爱好自己的学问与技艺，因而跟别人大不一样；正因为爱好自己的学问和技艺，所以总希望能够表现出来。不必了解的却非要了解，因此终身执迷于“坚白论”的偏蔽。而昭文的儿子也继承其父亲的事业，终身没有什么作为。像这样就可以称作成功吗？那么即使我们无成就也可说是有成就了。如果这样不可以称作成功，那么人与我都谈不上有什么成就。因此，迷乱人心的炫耀，是圣人所摒弃的。所以，圣人不执著己见而寄寓在各事物身上，这就叫做“以明”。

今且有言于此，不知其与是类乎[1]？其与是不类乎？类与不类，相与为类，则与彼无以异矣。

虽然，请尝言之[2]。有始也者，有未始有始也者，有未始有夫未始有始也者。有有也者，有无也者，有未始有无也者，有未始有夫未始有无也者。俄而有无矣[3]，而未知有无之果孰有孰无也。今我则已有谓矣，而未知吾所谓之其果有谓乎，其果无谓乎[4]？

天下莫大于秋豪之末[5]，而大山为小[6]；莫寿于殇子[7]，而彭祖为夭[8]。天地与我并生，而万物与我为一。既已为一矣，且得有言乎？既已谓之一矣，且得无言乎？一与言为二，二与一为三。自此以往，巧历不能得[9]，而况其凡乎[10]！故自无适有以至于三，而况自有适有乎！无适焉[11]，因是已。

关键词：秋豪之末　大山为小　万物与我为一

注释

[1]类：同类。　[2]尝：试。　[3]俄而：突然。　[4]谓：议论。　[5]秋豪之末：比喻事物的细小。豪，通“毫”，细毛。末，末梢。　[6]大山：一说为泰山。　[7]殇（shāng）子：未成年而死的人。　[8]夭：夭折，短命。　[9]历：计算。　[10]凡：普通的人。　[11]适：往，到。

译文

现在在这里说一番话，不知道这些话跟其他人的谈论是相同的呢，还是不相同的呢？无论相同与不相同，既然相互间都是言谈议论，从这一意义说，也就是同类了。

虽然这样，还是请让我试着说一说：宇宙有一个开始，有一个未曾开始的开始，更有一个未曾开始那“未曾开始”的开始。宇宙之初有个“有”，也有个“无”，或者不曾有“无”，甚至无所谓不曾有“无”。突然间生出了“有”和“无”，却不知道“有”与“无”谁是真正的“有”、谁是真正的“无”。现在我已经说了这些看法，却不知道我说的言论是我果真说过的呢，还是果真没有说过的呢？

天下没有什么比秋毫的末端更大，而泰山却是最小；世上没有什么人比夭折的孩子更长寿，而传说中年寿最长的彭祖却是短命的。天地与我共生，万物与我为一体。既然已经浑然为一体，还能够有什么言论呢？既然已经称作一体，又还能够没有什么言论呢？客观存在的一体加上我的议论和看法就成了“二”，“二”如果再加上一个“一”就成了“三”，以此类推，最精明的计算也不可能求得最后的数字，何况普通人呢？从无到有，已经生出三个名称了，何况从“有”到“有”呢？没有必要这样地推演下去，还是顺应事物的本然吧。

夫道未始有封[1]，言未始有常[2]，为是而有畛也[3]，请言其畛：有左，有右，有伦，有义，有分，有辩，有竞，有争，此之谓八德[4]。六合之外[5]，圣人存而不论；六合之内，圣人论而不议。《春秋》经世先王之志[6]，圣人议而不辩。故分也者，有不分也；辩也者，有不辩也。曰：何也？圣人怀之[7]，众人辩之以相示也[8]。故曰辩也者，有不见也。

夫大道不称，大辩不言，大仁不仁，大廉不嗛[9]，大勇不忮[10]。道昭而不道，言辩而不及，仁常而不周[11]，廉清而不信，勇忮而不成。五者圆而几向方矣。

故知止其所不知，至矣。孰知不言之辩，不道之道？若有能知，此之谓天府[12]。注焉而不满，酌焉而不竭，而不知其所由来，此之谓葆光[13]。

关键词：大道不称　大辩不言

注释

[1]封：分别。　[2]常：定论。　[3]畛：田地里的界路，这里泛指事物、事理间的界线和区分。　[4]八德：八个范畴。　[5]六合：天、地和东、西、南、北四方。　[6]《春秋》经世先王之志：《春秋》乃是先王治世的记载。《春秋》，这里泛指古代历史。经世，经纶世事，用织物来喻指治理社会。　[7]怀：默默体认。　[8]示：含有夸耀于外的意思。　[9]嗛：通“谦”，谦逊。　[10]忮（zhì）：伤害。　[11]周：周遍。　[12]天府：指自然生成的府库，也就是整个宇宙。　[13]葆光：潜隐光亮而不露。葆，藏、隐蔽。

译文

道原本没有分界，言语原本没有定说，为了争一个“是”字，而划分出了许多界线：有左，有右，有伦序，有等差，有分别，有辩论，有竞争，有争执，这就是所谓八类。天地之外的事，圣人存而不论；宇宙之内的事，圣人只论说而不评辩。《春秋》乃是先王治世的记载，圣人发表议论，但是却不争辩。天下事理有分别，就有不分别；有争辩，就有不辩驳。这是怎么讲呢？圣人默默体认一切事理，而一般人则争辩不休、夸耀于外。所以说，大凡争辩，总因为有自己所看不见的一面。

大道是不可名称的，大辩是不可言说的，大仁是无所偏爱的，大廉是不谦逊的，大勇是不伤害的。“道”讲出来就不是道，“言”一争辩就有所不及，“仁”常守滞一处不能周遍，“廉”若露行迹就不真实，“勇”有了害意就不能成为勇。若这五者都不疏忽，那就差不多接近“道”了。

一个人能止于自己所不知的境域，就是绝顶的明智。谁能知道不用语言的辩论，不用称说的大道呢？若有能知道，就够得上称为天然的府库，这里无论注入多少都不会满溢，无论倾倒多少都不会枯竭，不知道源流来自何处，这就叫做潜藏不露的光亮。

故昔者尧问于舜曰：“我欲伐宗、脍、胥敖[1]，南面而不释然[2]，其故何也？”舜曰：“夫三子者[3]，犹存乎蓬艾之间[4]。若不释然[5]，何哉？昔者十日并出[6]，万物皆照，而况德之进乎日者乎[7]！”

关键词：蓬艾之间　十日并出

注释

[1] 宗、脍、胥敖：三个小国国名。　[2] 南面：君主临朝。古代帝王上朝理事总坐北朝南。　[3] 三子者：指上述三国的国君。　[4] 存乎蓬艾之间：比喻国微君卑，不足与之计较。蓬艾，两种草名。　[5] 若：你。　[6] 十日并出：指古代寓言中十个太阳一并出来的故事，比喻阳光普照到每一个地方。　[7] 进：胜过。

译文

从前尧问舜："我想征伐宗、脍、胥敖三个小国，每当上朝理事时，总是心绪不宁，是什么原因呢？"

舜回答说："那三个小国的国君，就像生存于蓬蒿艾草之中。为什么要放在心里呢？传说有十个太阳同时升起，万物都在阳光普照之下，何况你崇高的德行又远远超过了太阳的光亮呢！"

啮缺问乎王倪曰[1]："子知物之所同是乎[2]？"

曰："吾恶乎知之！"

"子知子之所不知邪？"

曰："吾恶乎知之！"

"然则物无知邪？"

曰："吾恶乎知之！虽然尝试言之。庸讵知吾所谓知之非不知邪[3]？庸讵知吾所谓不知之非知邪？且吾尝试问乎汝：民湿寝则腰疾偏死，鳅然乎

哉？木处则惴慄恂惧[4]，猿猴然乎哉？三者孰知正处？民食刍豢[5]，麋鹿食荐[6]，蝍蛆甘带[7]，鸱鸦耆鼠[8]，四者孰知正味？猿猵狙以为雌[9]，麋与鹿交，鳅与鱼游。毛嫱丽姬[10]，人之所美也；鱼见之深入，鸟见之高飞，麋鹿见之决骤[11]。四者孰知天下之正色哉？自我观之，仁义之端，是非之涂，樊然殽乱[12]，吾恶能知其辩！”

啮缺曰：“子不知利害，则至人固不知利害乎？”

王倪曰：“至人神矣！大泽焚而不能热，河汉沍而不能寒[13]，疾雷破山飘风振海而不能惊。若然者，乘云气，骑日月，而游乎四海之外。死生无变于己，而况利害之端乎！”

关键词：沉鱼落雁　至人

注释

[1]啮（niè）缺、王倪：传说中的古代贤人，实为庄子寓言故事中虚拟的人物。　[2]同是：共同认可的，共同标准。　[3]庸讵：何，哪里。　[4]惴慄恂惧：都是恐惧、惧怕的意思。　[5]刍豢：用草喂养，这里代指家畜、牲口。　[6]荐：美草。　[7]蝍蛆（jí qū）甘带：蜈蚣喜欢吃小蛇。蝍蛆，蜈蚣。甘，甜美，嗜好。带，小蛇。　[8]鸱：猫头鹰。　[9]猵狙：一种类似猿猴的动物。　[10]毛嫱丽姬：古代著名的美人。　[11]决骤：

快速奔走。决，迅疾的样子。骤，奔跑。 [12] 樊然殽(yáo)乱：纷扰错乱。樊然，杂乱的样子。殽，混杂的意思。 [13] 沍：冻。

译文

啮缺问王倪：“你知道万物有共同的标准吗？”

王倪说：“我怎么知道呢！”

啮缺又问：“你知道你所不知道的东西吗？”

王倪回答说：“我怎么知道呢！”

啮缺接着又问：“那么各种事物便都无法知道了吗？”

王倪回答：“我怎么知道呢！虽然这样，我还是试着来回答你的问题。你怎么知道我所说的知道不是不知道呢？你又怎么知道我所说的不知道不是知道呢？我还是先问一问你：人们睡在潮湿的地方就会腰部患病甚至酿成半身不遂，泥鳅也会这样吗？人们住在高高的树木上就会心惊胆战、惶恐不安，猿猴也会这样吗？人、泥鳅、猿猴三者究竟谁的生活习惯合乎标准呢？人以牲畜的肉为食物，麋鹿食草芥，蜈蚣嗜吃小蛇，猫头鹰和乌鸦则爱吃老鼠。人、麋鹿、蜈蚣、猫头鹰和乌鸦这四类动物究竟谁的口味才符合标准呢？猿猴把猵狙当做配偶，麋喜欢与鹿交配，泥鳅则与鱼交尾。毛嫱和丽姬，是人们称道的美人了，可是鱼儿见了她们深深潜入水底，鸟儿见了她们高高飞向天空，麋鹿见了她们飞快地逃离。人、鱼、鸟和麋鹿四者究竟谁的审美才符合最高的标准呢？以我来看，仁与义的论点，是与非的途径，纷杂错乱，我怎么能加以分别呢？”

啮缺说：“你不了解利与害，至人难道也不知晓利与害吗？”

王倪说：“至人实在是神妙啊！林泽焚烧不能使他感到热，江河冻结不能使他感到冷，雷霆劈山破岩不能使他收到伤害，狂风激起海浪不能使他感到惊恐。这样的人，可驾驭云气，骑乘日月，在四海之外遨游。死和生对于他自身都没有影响，何况利与害的观念呢！”

瞿鹊子问乎长梧子曰[1]："吾闻诸夫子[2]：'圣人不从事于务，不就利，不违害，不喜求，不缘道；无谓有谓[3]，有谓无谓，而游乎尘垢之外。'夫子以为孟浪之言[4]，而我以为妙道之行也。吾子以为奚若？"

长梧子曰："是黄帝之所听荧也[5]，而丘也何足以知之！且女亦大早计，见卵而求时夜[6]，见弹而求鸮炙[7]。予尝为女妄言之，女以妄听之。奚旁日月，挟宇宙，为其吻合[8]，置其滑涽[9]，以隶相尊[10]。众人役役，圣人愚芚，参万岁而一成纯。万物尽然，而以是相蕴。"

"予恶乎知说生之非惑邪！予恶乎知恶死之非弱丧而不知归者邪！丽之姬，艾封人之子也[11]，晋国之始得之也，涕泣沾襟；及其至于王所，与王同筐休，食刍豢，而后悔其泣也。予恶乎知夫死者不悔其始之蕲生乎！"

"梦饮酒者，旦而哭泣；梦哭泣者，旦而田猎。方其梦也，不知其梦也。梦之中又占其梦焉，觉而后知其梦也。且有大觉而后知此其大梦也，而愚者自以为觉，窃窃然知之。君乎，牧乎，固哉！丘也

与女，皆梦也；予谓女梦，亦梦也。是其言也，其名为吊诡[12]。万世之后而一遇大圣，知其解者，是旦暮遇之也。”

关键词：孟浪之言　醉生梦死

注释

[1]瞿鹊子、长梧子：杜撰的人名。　[2]夫子：孔子，名丘，字仲尼，儒家创始人。　[3]谓：说，言谈。　[4]孟浪：言语轻率不当。　[5]听荧：疑惑不明。　[6]时夜：司夜，即报晓的鸡。　[7]鸮：一种肉质鲜美的鸟，俗名斑鸠。　[8]吻：吻合。[9]滑：淆乱。　[10]隶：奴仆，这里指地位卑贱，与“尊”相对。[11]艾：地名。　[12]吊诡：奇特、怪异。

译文

瞿鹊子问长梧子：“我从孔夫子那里听到这样的谈论：‘圣人不从事世俗的事务，不贪图私利，不回避灾害，不喜欢妄求，不因循成规；没说什么又好像说了，说了又好像没有说，而心神遨游于世俗之外。’孔夫子认为这些都是轻率不当的言论，而我却认为是精妙之道的实践和体现。先生您认为怎么样呢？”

长梧子说：“这些话黄帝也会疑惑不解的，而孔丘怎么能够知晓呢？你未免操之过急，就好像见到鸡蛋便想立即得到报晓的公鸡，见到弹子便想立即获取烤熟的斑鸠肉。我姑且说一说，你也就胡乱听一听。圣人与日月同辉，怀抱宇宙，和万物合为一体，置各种混乱纷争于不顾，把卑贱与尊贵都等同起来。人们总是一心忙于去争辩是非，圣人却好像十分愚钝无所觉察，糅合古往今

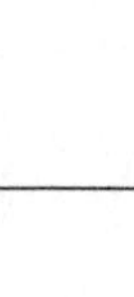

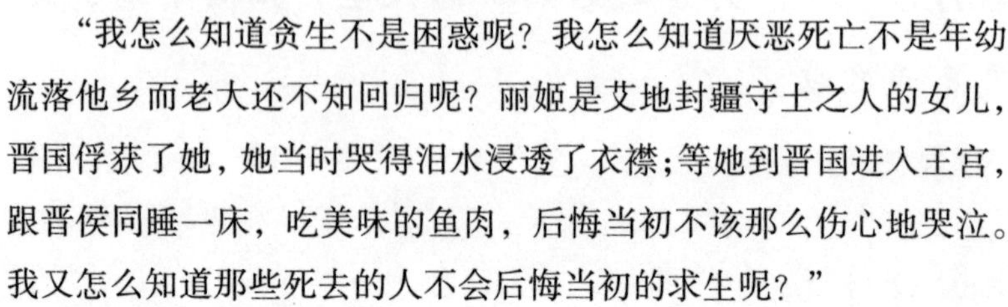

来多少变异，自身却浑然一体，不为纷杂错异所困扰。万物全都是这样，相互蕴积于浑朴而又精纯的状态之中。”

“我怎么知道贪生不是困惑呢？我怎么知道厌恶死亡不是年幼流落他乡而老大还不知回归呢？丽姬是艾地封疆守土之人的女儿，晋国俘获了她，她当时哭得泪水浸透了衣襟；等她到晋国进入王宫，跟晋侯同睡一床，吃美味的鱼肉，后悔当初不该那么伤心地哭泣。我又怎么知道那些死去的人不会后悔当初的求生呢？”

“睡梦里饮酒作乐的人，天亮醒来后很可能痛哭饮泣；睡梦中痛哭饮泣的人，天亮醒来后又可能在欢快地逐围打猎。正当他在做梦的时候，他并不知道自己是在做梦。睡梦中还会卜问所做之梦的吉凶，醒来以后方知是在做梦。人在最为清醒的时候方才知道他自身也是一场大梦，而愚昧的人则自以为清醒，好像什么都知晓什么都明了。君尊臣卑，这种看法实在是浅薄鄙陋！孔丘和你都是在做梦，我说你们在做梦，其实我也在做梦。上面讲的这番话，它的名字可以叫做奇特和怪异。万世之后假若遇上一位大圣人，悟出上述一番话的道理，恐怕也是偶尔遇上的吧。”

“既使我与若辩矣，若胜我，我不若胜，若果是也，我果非也邪？我胜若，若不吾胜，我果是也，而果非也邪？其或是也，其或非也邪？其俱是也，其俱非也邪？我与若不能相知也，则人固受黮暗[1]，吾谁使正之？使同乎若者正之？既与若同矣，恶能正之！使同乎我者正之？既同乎我矣，恶能正之！使异乎我与若者正之？既异乎我与若矣，恶能正之！

使同乎我与若者正之？既同乎我与若矣，恶能正之！然则我与若与人俱不能相知也，而待彼也邪？”

“化声之相待[2]，若其不相待，和之以天倪[3]，因之以曼衍[4]，所以穷年也。何谓和之以天倪？曰：是不是，然不然。是若果是也，则是之异乎不是也亦无辩；然若果然也，则然之异乎不然也亦无辩。忘年忘义[5]，振于无竟，故寓诸无竟”。

关键词：化声　俱不能相知

注释

[1] 黮（dàn）暗：昏暗不明。 [2] 化声：变化的声音，这里指是非不同的言论，是非之声。 [3] 天倪：天然的分际。[4] 曼衍：散漫流行，不拘常规。 [5] 年：概指生死。义：概指是非。

译文

“倘使我和你辩论，你胜了我，我没有胜你，你果真对，我果真错吗？我胜了你，你没有胜我，我果真对，你果真错吗？难道我们两人有谁是正确的，有谁是不正确的吗？难道我们两人都是正确的，或都是不正确的吗？我和你都无从知道，凡人都有偏见，我们谁来评判是非？让观点跟你相同的人来判定，他的看法跟你相同，怎么能做出公正的评判？让观点跟我相同的人来判定吗？既然看法跟我相同，怎么能做出公正的评判？让观点不同于我和

你的人来判定吗？既然看法不同于我和你，怎么能作出公正的评判？让观点跟我和你都相同的人来判定吗？既然看法跟我和你都相同，又怎么能作出公正的评判？如此，我、你跟大家都无法判断谁是谁非，还等待谁呢？

辩论中的不同言辞是相待相成的，如果要使他们不相对待，就要用自然的分际来调和它，我的言论散漫流行，随物而变悠游一生。什么叫做用自然的分际来调和一切是非呢？任何东西，有“是”就有“不是”，有正确也有不正确。“是”如果真是“是”，那么就不同于“不是”，不须去争辩；正确的如果真是正确的，那么就不同于不正确，这也不须去争辩。忘掉死生，忘掉是非，到达无穷无尽的境界，这样就能寄托于无穷无尽的境域之中。”

罔两问景曰[1]：“曩子行，今子止；曩子坐[2]，今子起。何其无特操与？”

景曰：“吾有待而然者邪？吾所待又有待而然者邪？吾待蛇蚹蜩翼邪？恶识所以然！恶识所以不然！”

关键词：罔两　景　有待

注释

[1]罔两：影子之外的微阴。景：影子。　[2]曩（nǎng）：以往，从前。

译文

影子之外的微阴问影子："刚才你行走，现在又停下；以往你坐着，如今又站了起来。你怎么没有自己独立的意志呢？"

影子回答说："我是有所依凭才这样的吗？我所依凭的东西又有所依凭才这样的吗？我所依凭的东西难道像蛇的蚹鳞和鸣蝉的翅膀吗？我怎么知道因为什么缘故会是这样！我又怎么知道因为什么缘故而不会是这样！"

昔者庄周梦为胡蝶[1]，栩栩然胡蝶也[2]，自喻适志与[3]！不知周也。俄然觉，则蘧蘧然周也[4]。不知周之梦为胡蝶与，胡蝶之梦为周与？周与胡蝶，则必有分矣。此之谓物化[5]。

关键词：庄周梦蝶　物化

注释

[1] 胡蝶：即蝴蝶。　[2] 栩栩然：欣然自得的样子。　[3] 喻：通"愉"，愉快。适志：合乎心意，心情愉快。　[4] 蘧（qú）蘧然：僵直的样子。　[5] 物化：物与我的界限消解，万物混同而为一。

译文

从前庄周梦见自己变成蝴蝶，欣然自得地飞舞着的一只蝴蝶，感到多么愉快和自由自在啊！不知道自己原本是庄周。突然间醒来，方知自己就是庄周。不知是庄周梦中变成蝴蝶呢，还是蝴蝶梦见自己变成庄周呢？庄周与蝴蝶必定是有区别的。这种转变叫做物化。

文史链接

齐物论

《齐物论》出现了许多耳熟能详的小故事——朝三暮四、沉鱼落雁、庄周梦蝶。这些小故事虽然简单，但是作为哲学意义上的《齐物论》，却是《庄子》一书所有篇章中最难以理解的，而这篇也是庄子哲学的核心。

在这篇里，庄子打破了许多思维定式：世人都说西施是美的，然而在动物的眼中，西施果然是美的吗？如果西施是美的，为什么鱼看到了她，会赶快沉到水底？麋鹿看见了她，要迅速地逃跑？

庄子更进一步说："天下莫大于秋豪之末，而大山为小，莫寿于殇子，而彭祖为夭。"这样的话，即使将它翻译成现代汉语，意思也不是很明白。秋毫再大，不过小指尖大小，为什么秋毫是最大的，而泰山是小的？为什么刚出生的婴儿寿命最长？而传说中活了八百岁的彭祖是短命的呢？庄子这个"奇怪"的逻辑，究竟要表达什么意思呢？

不同的声音

《齐物论》开篇讲了一个关于风的故事：

风吹大地，发出了千奇百怪的声音，有的如水激，有的如响箭，有的如呵斥，有的如唏嘘，有的如叫喊，有的如嚎叫，有的如深谷回声，有的如哀鸣。为什么会有这么多的声音？是因为风吹到孔穴而产生了不同回响，庄子对于孔穴的描写也极具文学性，他首先以人体器官做比喻，"似鼻，似口，似耳"；接着又用器皿做比喻，"似枅，似圈，似臼"，有的像圆柱上的方孔，有的像栅栏，有的像舂臼；再接下来用地势做比喻，"似洼者，似污者"，有的像深池，有的像浅洼。最后风声息止，复归于静谧。

庄子用了许多比喻来形容不同的风声。其实，庄子关于风的故事，也是一个隐喻：人世间的不同言论可能就像风声一样多！庄子由风声万端进入到人间百态，他说，风声不同，是由于空穴的形状不同导致的。而世间的不同言论是由于什么原因导致的呢？庄子说，是因为人有“成心”，有成见之心，带着自己固有的经验与偏执，附着在外物上，形成了对外物的见识。

哲学上有个很有趣的命题，叫做“戴着眼镜看世界”，我们每个人的成长路径不同，形成了不同的思维方式和看待世界的模式，这就是我们每个人独特的“眼镜”。每个人都经历不同，所以“眼镜”样式各异，由此说来，我们每个人看到的外部世界，都是打上我们自己独特的烙印。你的眼镜片是咖啡色的，我的眼镜片是橘黄色的……同样的事物，在每个人的“眼镜”中都不会完全相同。而正因为带上了自己特定的观察方式，因此我们看到的外物，也不是真实的世界本身。

庄子大风的故事，表达了和“眼镜理论”相近似的观点，更进一步，庄子把人的认知分成了四个层次：

首先，是古时候最高的一个层次，即了解“未始有物”，也就是最初的“无”；

其次，是“有物”，但还没有物与物之间的区别，即“未始有封”；

再次，虽然物物之间有了区别，但是不具备是非判断的辨别和高下之别；

最后，是非出现的层次。

庄子认为后两个层次，是人心有了成见，这样看到的事物已不再是物本身了。正因为有了成见，看待同一事物的时候，就产生了差别，于是有了千差万别的言论。

个体自足

回到开篇提到的那段话，庄子说：“天下没有什么东西比秋毫

之末更大了，而泰山是小的。没有什么东西比刚生下来就夭折的孩子更长寿了，而活了八百岁的彭祖却是短寿的。”这段话违背了人们的常识，然而在经过一系列的讲述之后，我们就可以理解这段话了。庄子以一种一反常态的论述，说明了一个道理——个体自足。

举个例子，我们说一个人很胖，但是不会用他和大象去比体重，或者我们说一匹马跑得很快，但是不会用汽车的速度去要求它。事物只能同类项比较，不是同类是不能比较的。而庄子在我们的思维逻辑上，更上一层楼，他说同类之间也是不能比较的，同样作为人类，我和你就是不同的，你和他也是不同的。我们应该按照一个个的个体来看待事物本身。我就是我，我再大就不是我了，再小也不是我了。每个个体是自我满足的。

秋毫之末，从大的角度来说，秋毫之末足够大，因为它不是这么大，就不叫秋毫之末了。所以秋毫之末，就该这么大。同样，庄子为什么说泰山是小的呢？从泰山的角度来说，它必须是这个大小，才能叫泰山。这就叫个体自足，任何一个个体都是自我满足的。

道通为一

庄子用了一个很生动的比喻说明了千差万别的事物，是可以变通为一的。他说，无论是小草还是大柱子，无论是丑女还是西施，甚至是更千奇百怪的事物，在“道”的面前，都是平等的，这就是“道通为一”。庄子的“齐物论”就是“齐万物”、“齐是非”，甚至“齐生死”，这些千差万别，甚至截然对立的概念，是如何被庄子“齐同为一”的？关键就在于“道通为一”，在大道之下，这些千差万别的事物井然有序，整齐划一。

怎么会这样呢？庄子给我们讲了一个著名的故事，这个故事就是“朝三暮四”。有一个养猴子的人给猴子喂橡子吃，说：“早上三升，晚上四升。”猴子都非常生气。主人便说：“既然这样，那么早上四升，晚上三升好了。”猴子们都很高兴。大家看看，总共都是七升，说话不一样，猴子们的态度截然不同。有时候，当我们因为一件事情争得面红耳赤的时候，你是否也是像猴子的思维一样呢？如果站在更高的角度看，是不是双方的争执是可以统一的呢？

庄子是一个妙趣横生的人，这时他又给我们讲了一段故事，来说明是非、美丑、善恶看似对立，有时候是可以互相转化的：人们睡在潮湿的地方就会腰部患病甚至酿成半身不遂，泥鳅也会这样吗？人们住在高高的树木上就会心惊胆战、惶恐不安，猿猴也会这样吗？人、泥鳅、猿猴三者究竟谁的生活习惯合乎标准呢？人以牲畜的肉为食物，麋鹿食草芥，蜈蚣嗜吃小蛇，猫头鹰和乌鸦则爱吃老鼠。人、麋鹿、蜈蚣、猫头鹰和乌鸦这四类动物究竟谁的口味才符合标准呢？猿猴把猵狙当做配偶，麋喜欢与鹿交配，泥鳅则与鱼交尾。毛嫱和丽姬，是人们称道的美人了，可是鱼儿见了她们深深潜入水底，鸟儿见了她们高高飞向天空，麋鹿见了她们飞快地逃离。人、鱼、鸟和麋鹿四者究竟谁的审美才符合最高的标准呢？

他告诉我们，身处不同的位置，有不同的生活的方式，有不同的观察的角度，因此就一定会有不同的眼光。所以庄子在《天下》篇里，对这样一种现象进行了批评，他说：“天下多得一察焉以自好。譬如耳目鼻口，皆有所明，不能相通。犹百家众技也，皆有所长。时有所用，虽然，不该不遍，一曲之士也。”

天下的人大多凭借着自己的一己之见，就自以为是，如同耳、目、鼻、口都有自己的官能和作用，都能够感知部分的世界，但是却不能够相通。庄子接着就讲到了当时的百家争鸣，他们各有各的学术和思想。他首先承认百家都有所长，而且也都有用。但是，这些百家的学说都是这些人偏执于一端，缺少通达的智慧，所以大家各自站在自己不同的立场上，互相争论，都不能够全面周密地认知这个世界。所以庄子告诉我们："天下之大，人智之小，宇宙之宽，人心之窄。"

以我们的小智，以我们的窄心，去观看这么一个又大又宽的世界和宇宙。如果我们太执著，太自以为是，那就一定会不宽容。

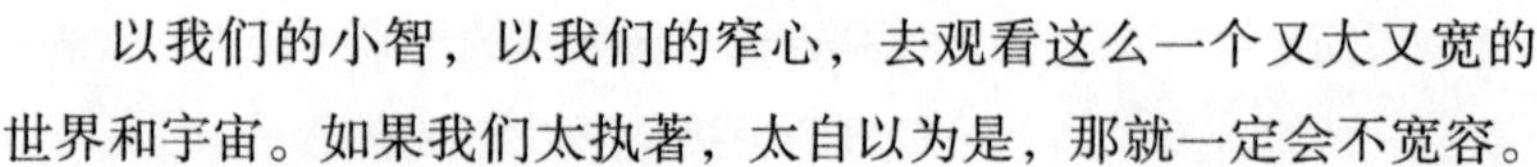

思考讨论

1. 试讨论庄子"齐物论"的成就与不足。

2. 试讲述"庄周化蝶"的内在含义。

聖賢之道

湯一介

戊子年夏

国学基本教材

诸子文选（下）

刘乃溪　徐　骆　姚之均◎编注

浙江古籍出版社

图书在版编目（CIP）数据

诸子文选：全2册 / 刘乃溪，徐骆，姚之均编注．-- 杭州：浙江古籍出版社，2013.9

国学基本教材

ISBN 978-7-5540-0153-0

Ⅰ．①诸… Ⅱ．①刘… ②徐… ③姚… Ⅲ．①先秦哲学—中国—选集 Ⅳ．① B22

中国版本图书馆 CIP 数据核字（2013）第 218080 号

诸子文选

刘乃溪　徐　骆　姚之均　编注

出版发行　浙江古籍出版社

（杭州体育场路 347 号　电话：0571-85176986）

网　　址　www.zjguji.com

责任编辑　陈临士　伍姬颖

特约编辑　田　雨　秦　南

责任校对　余　宏

美术编辑　刘　欣

责任印务　贾　敏

照　　排　杭州立飞图文制作有限公司

印　　刷　富阳美术印刷有限公司

开　　本　880 × 1230　1/32

印　　张　17.625

字　　数　420 千字

版　　次　2013 年 9 月第 1 版

印　　次　2013 年 9 月第 1 次印刷

书　　号　ISBN 978-7-5540-0153-0

定　　价　35.00 元

目　录

第一章　墨　子……………………………………………………1
第一节　修　身　…………………………………………………5
第二节　尚贤上　…………………………………………… 13
第三节　尚同上　…………………………………………… 23
第四节　兼爱中　…………………………………………… 33
第五节　非攻上　…………………………………………… 47
第六节　节用上　…………………………………………… 54
第七节　天志上　…………………………………………… 63
第八节　非命中　…………………………………………… 76
第九节　非儒下　…………………………………………… 86
第十节　公　输　…………………………………………… 99
第二章　荀　子…………………………………………………107
第一节　劝　学　………………………………………………109
第二节　修　身　………………………………………………121
第三节　非　相　………………………………………………133
第四节　非十二子　……………………………………………142
第五节　天论篇　………………………………………………154
第六节　礼　论　………………………………………………166
第七节　解蔽篇　………………………………………………178
第八节　性恶篇　………………………………………………189

第三章　韩非子……………………………………………………………200
第一节　主　道　…………………………………………………………202
第二节　二　柄　…………………………………………………………214
第三节　南　面　…………………………………………………………225
第四节　内储说下六微　…………………………………………………235
第五节　外储说左上　……………………………………………………245
第六节　难　势　…………………………………………………………254
第七节　定　法　…………………………………………………………264
第八节　五　蠹　…………………………………………………………276
后　记……………………………………………………………………293

第一章 墨 子

墨子是先秦诸子之中比较神秘的一位。先说他的名字，墨子或子墨子都是人们对他的尊称。一般认为，墨子姓墨，名翟(dí)。至于他的字,未有记载。元代以前，人们对墨子的姓名没有太多疑问，因为在与墨子同时代的人的著述里，都非常明确地提到“墨翟”二字。元代以后，人们开始产生怀疑。譬如元朝的伊世珍就认为墨子姓翟，名乌。近人的说法则更多。如钱穆认为，“墨”是古代的刑名之一，转词为刑徒、奴隶，墨家生活菲薄，所以姓墨。李石岑认为，墨子是一位手艺高超的木匠，而木匠常用绳墨，所以姓墨。胡怀琛的说法更惊人，他认为“墨翟”是“蛮狄”或“貊（mò）狄”之转音，墨子实为一不知姓名的外国人。因为其皮肤黝黑，奉行苦行主义，很可能是印度人。此外，还有学者论证墨子是阿拉伯人、犹太人。墨子的姓名问题至今仍然是众说纷纭，莫衷一是。

墨子像

墨子的生平也不明晰。关于墨子家世，未有文献明确记载。《史记·孟子荀卿列传》的结尾处只用了二十四字来记载墨子:“盖墨翟，宋之大夫，善守御，为节用。或曰并孔子时，或曰在其后。”就连这只言片语还带有揣测语气，实在是令人难以捉摸。我们只能从《墨子》中所记载的墨子事迹来推测他的生平。

首先是墨子的里籍，学术界的看法很多，主要分为两种意见。

一种认为墨子是宋国人，祖籍是今天的山东滕州；一种认为墨子是鲁国人，祖籍是河南鲁山。这两种说法都有道理。《史记》、《抱朴子》等都记载墨子是宋国人，而从《墨子》一书所反映的墨子的行踪来看，他周游列国之时，往往都是从鲁国出发，平时结交也以“鲁人”、“鲁君”居多，所以鲁国跟墨子也有极大关联。但考虑到先秦时期，人才流动频繁，譬如孙武是齐国人，在吴国做官；孟子是邹国人，主要活动在魏国、齐国等。所以，很可能墨子出生在宋国，但主要在鲁国活动。在墨子里籍这一点上，不妨鲁国、宋国两说并存。

其次是墨子的出身，主要也有两种说法。一种认为墨子是贵族出身。唐代林宝在《元和姓纂（zuǎn）》中说，墨氏是孤竹君的后人。孤竹君是墨胎氏，名初，是商朝的诸侯国孤竹国的第七任君主，也是伯夷、叔齐的父亲。墨胎氏后来改为墨氏，墨子就是他们的后人。当代史学家顾颉刚、童书业也认为墨子是贵族，是宋恒公之子目夷的后人。另一种说法较为常见，也被多数学者所接受，即墨子属于劳动者阶层。这一点从《墨子》一书中可以找出很多证据。譬如在《鲁问》、《公输》中记载了墨子与公输盘竞技的故事，由此可以看出墨子既对军事防御颇有研究，又是一位有着丰富经验的匠人。在《贵义》中，墨子自称“贱人”，表明他没有一官半职，属于劳动大众阶层。此外，在《韩非子·外储说左上》记载了墨子制造木鸢，能够飞天，制造车輗（ní），能载千斤的事情。这些都说明墨子是一个技艺高超，生活在社会下层的劳动人民。需要指出的是，墨子和一般的劳动者不同，据他自己所言“翟上无君上之事，下无耕农之难”（《墨子·贵义》），他既不是统治百姓的士大夫，也不是直接参加耕种的人。并且墨子还接受过教育。据《淮南子·要略》上说：“墨子学儒者之业，受孔子之术。”从《墨子》一书所征引的文献看，涉及《诗》、《书》、《春秋》，这都说明墨子接受过比较系统的知识训练，是一位处在下层社会的“士”。

再次，墨子一生的主要活动，也只能通过《墨子》来做一个大致推断。据方授楚先生考证，墨子生卒大致为春秋战国交替之际，生年当为公元前 490 年，卒年约为公元前 403 年。墨子早年在鲁国生活，主要是学习文化知识，并对儒家学说有非常细致的了解，进而展开了对儒家思想的批判。在略有名气之后，越王曾迎请墨子，但被他严词拒绝。墨子主要在鲁国和宋国活动，并曾经担任宋国大夫。在听闻楚国要攻打宋国之后，墨子行走十天十夜以“止楚攻宋”，又安排弟子三百余人保卫宋国。《公输》对墨子如何义正词严地批评公输盘、楚王，如何机智地化解公输盘的诡计有着非常精彩的描述。之后墨子又止楚攻郑，《鲁问》记载了墨子如何巧妙地劝诫鲁阳文君。此后，墨子游历于楚国、卫国和齐国等地，为制止战争而奔走不息。《庄子》一书中曾这样记载墨子：“多以裘褐为衣，以跂蹻（qí jué）为服。日夜不休，以自苦为极，曰：‘不能如此，非禹之道也，不足谓墨。’”也就是说，墨家学派的人大多都穿着粗布衣服，配木屐草鞋。他们日夜不停地劳作，把劳苦自己作为原则，说：“不能这样做就不是大禹之道，不配称之为墨者。”连斥责墨子为“无父无君，是禽兽也”的孟子也不得不对墨子的这种为天下奔走不计个人得失的精神表示赞许：“墨子兼爱，摩顶放踵，利天下为之。”

墨子不是书斋中的学者，而是一位实干家。他不仅跟孔子一样，开馆收徒，传授技艺，而且还建立了纪律严明的墨家学派。这个组织的成员行动意志非常坚定，以钜子为首领，钜子具有绝对权威，所有成员都必须绝对遵从纪律，钜子也不能享有特权。《吕氏春秋·去私》上记载了墨家钜子之子违背“墨者之法”，钜子毫不包庇，

最后将之处死的事情。除了严苛的纪律之外，墨家学派还有十分温情的一面。墨者之间实行“多财分贫”的制度，强调互帮互助，“有力者疾以助人，有财者勉以分人，有道者劝以教人”（《墨子·尚贤》）。正是墨家学派这种独具特色的风格和墨子本人“自苦为极”的表率作用，使得墨学成为春秋战国时的显学。

第一节　修　身

君子战虽有陈[1]，而勇为本焉；丧虽有礼，而哀为本焉；士虽有学[2]，而行为本焉[3]。是故置本不安者[4]，无务丰末[5]；近者不亲，无务来远；亲戚不附，无务外交；事无终始，无务多业；举物而闇[6]，无务博闻。是故先王之治天下也，必察迩来远。君子察迩修身也，修身见毁而反之身者也[7]。此以怨省而行修矣[8]。

关键词：立本　自省

注释

[1]陈：同“阵”，与敌人交锋前，军队行列的配置，也就是常说的阵法。　[2]士：同“仕”，指做官。　[3]行：道德品行。[4]置：同“植”，立的意思。　[5]无务：谈不上。丰末：枝繁叶茂。　[6]闇（àn）：同“暗”，不明白，不清楚。
[7]见毁：被毁谤。　[8]此以：因此。

译文

君子作战虽然布阵，但是勇气是最根本的；办理丧事虽然要

讲究礼仪，但是哀痛是最根本的；做官虽然讲究才学，但是德行是最根本的。所以，根基不牢固，就谈不上枝繁叶盛；身边的人都不亲近，就谈不上招徕远方的人；亲戚都不归附，就谈不上对外交际；做事不能善始善终，就谈不上开展多种事业；拿起手中的事物都不明白是什么，就谈不上见多识广。所以，古代的君王治理天下，必定是明察左右而使四方来臣服。君子明察左右来提高自己的修养，修养后还被别人诋毁，就要反躬自省。这样就会少些怨言，而自己的德行也得到修养。

谮慝之言[1]，无入之耳；批扞之声[2]，无出之口；杀伤人之孩[3]，无存之心，虽有诋讦之民[4]，无所依矣。故君子力事日强，愿欲日逾[5]，设壮日盛[6]。君子之道也，贫则见廉[7]，富则见义，生则见爱，死则见哀，四行者不可虚假，反之身者也。藏于心者，无以竭爱；动于身者，无以竭恭；出于口者，无以竭驯[8]。畅之四支[9]，接之肌肤，华发隳颠而犹弗舍者[10]，其唯圣人乎！

关键词：言辞　君子之道

注释

[1] 谮（zèn）：诽谤。慝（tè）：邪恶。　[2] 批扞（hàn）：诋毁、谩骂。　[3] 杀伤人之孩：也就是伤害人的念头。孩，同“核”，核代表种子，以此比喻刚刚萌发的念头。　[4] 诋讦（dǐ jié）：诽谤、

诋毁、攻击别人。　[5]愿欲：自己的所愿及所要做的事。逾：远大。　[6]设壮：这里指修养。　[7]见廉：表现出廉洁。见，同“现”。以下“见”皆同“现”。　[8]驯：雅驯，文辞优美，典雅不俗的意思。　[9]支：同“肢”。　[10]华发隳(huī)颠：形容老年人的样子。华发，即花发。隳颠，秃顶的意思。

译文

不要听诬陷与恶毒的话；不要说诽谤攻击别人的话；不要起伤害别人的念头。这样，即使有专门搬弄是非的人，也无处可依。因此君子本身的力量，一天比一天强；志向一天比一天远大，修养一天比一天提高。君子之道应该是贫穷时要廉洁，富贵时要仗义，对于生者要慈爱，对于死者要哀痛。以上四种德行不能有半点虚假，要时常反躬自问。埋藏在心中的，是无尽的兼爱；表现在行动上的，是无比的谦恭；说出口的，是无比的典雅。发自内心的爱人之心，通达于四肢、肌肤，一直到白发秃顶都不舍弃，恐怕只有圣人吧。

志不强者智不达，言不信者行不果。据财不能以分人者[1]，不足与友；守道不笃[2]、遍物不博、辩是非不察者，不足与游。本不固者末必几[3]，雄而不修者其后必惰[4]。原浊者流不清[5]，行不信者名必秏[6]。名不徒生而誉不自长，功成名遂。名誉不可虚假，反之身者也。

关键词：交友　自省　名誉

注释

[1]据财：拥有财富。　[2]笃（dǔ）：专一。　[3]几：危险。[4]雄：勇敢。修：长久。惰：懒惰。　[5]原：同“源”。[6]秏（hào）：同“耗”，败坏的意思。

译文

意志不坚强的人，才智不会通达；讲话没有信用的人，行为不会果敢。拥有财富而不能分给他人的人，不能与他交朋友；守道不专一，阅历不广博，是非不能明察的人，不能与他交游。根基不牢，必定会危及枝叶；一个人只是勇敢而不修身的话，日后必定怠惰。源头污浊的水流不会清澈，行为不守信用的人名声必然会败坏。名声不是凭空产生的，声誉不是自己生长的，功绩建立了名誉才能成就，名誉不能虚假，这是要反求于自身的。

务言而缓行，虽辩必不听；多力而伐功，虽劳必不图[1]。慧者心辩而不繁说，多力而不伐功，此以名誉扬天下。言无务为多而务为智，无务为文而务为察。故彼智无察[2]，在身而情[3]，反其路者也。善无主于心者不留，行莫辩于身者不立。名不可简而成也，誉不可巧而立也。君子以身戴行者也。思利寻焉，忘名忽焉[4]，可以为士于天下者，未尝有也。

关键词：睿智　明察　践行

注释

[1]图:取的意思。 [2]彼:当为“非”。 [3]情:当为“惰”，情和惰的字形相近，很可能是在传抄经文的过程中出现了错误。[4]忽：忽视。

译文

话说得多而行动缓慢，虽然言辞漂亮但别人是不愿听的；努力做事而又不断地夸耀自己，虽然劳苦但不一定可取。有智慧的人心里清楚，但不夸夸其谈，努力做事而很少夸耀自己，这样就能名扬天下。话用不着多，但一定要睿智；不要求文采，但一定要能明察。因此，如果有人既没有智慧，又不能明察，自身又懒惰，那么他就会与成功背道而驰了。善不是出自于内心，就不能长久地保持；品行不能从本身来辨明的，就不能树立。名声不会轻易获得，声誉不能靠投机取巧来获取。君子一定要身体力行。想着图谋私利，却忽视了立名，这样还能成为天下贤士的，从来没有过。

文史链接

以身戴行

《墨子·修身》讲的是君子从事自身修养的必要性和修身的准则，并强调修养的关键在于脚踏实地，落到实处。的确如此，任何好的理论，如果只是停留在主观世界里，不付诸行动，那么只是空中楼阁，水中泡影，对人对事都没有实际的价值。

墨子本人就是一个身体力行的思想家。他对自己要求极为严格。《贵义》记载，墨子南游出使卫国，车厢里载书甚多，以至于随行的弟子抱怨起来。弦唐子问：老师您平时教导我们说，能够

明白是非曲直就够了。可是为什么还要带这么多书呢？墨子说：周公旦每天读书上百篇，会见士人七十位，然后能辅佐天子，流芳百世。而如今我墨子上没有君上之事，下没有农耕之难，我怎么能够轻松自处，废弃读书呢？墨子的意思很清楚：要取得一番成就，连圣人周公旦都付出了艰辛的努力，那么自谦为“贱人”的墨子当然认为自己不能放松。

墨子的言传身教也感化了他的弟子。《备梯》记载墨子的大弟子禽滑釐侍奉墨子三年，手脚都磨起老茧，面目晒得黝黑，任凭墨子使唤，“不敢问欲”。可谓是任劳任怨，风雨不改。《淮南子》上也记载：“墨子服役者百八十人，皆可使赴火蹈刃，死不还踵。”在墨家看来，凡是符合道义的，再苦再累也必须坚持。《耕柱》也记载墨子一个名叫高石子的学生的故事。高石子在卫国当卿大夫，卫君给高石子非常优厚的俸禄，高石子向卫君多次劝谏但皆未被采纳，于是便放弃高官厚禄而去。高石子对墨子说：“我这样做，恐怕卫君要认为我发狂了吧？”墨子却说：“如果离开卫君合乎道义，即使受到狂的指责又有何妨呢？”高石子说：“如今卫君无道，如果我留下来贪图他的爵位俸禄，那我就是白吃人家的粮食了。”在墨家看来，凡是不符合道义的，即使极富极贵也必须放弃。

墨子及其学派的这种精神使得墨家在先秦诸子百家中的特色格外鲜明。战国晚期的韩非子评价道：“世之显学，儒墨也。”庄子在《天下》评论先秦各家学说，首先论述的就是墨家。庄子称赞墨子及其学派效仿大禹治水的实干精神，穿着粗布衣衫，日夜不休的劳作，即便是疾风骤雨也不停歇，使得腿肚子上没有一点肉，小腿上没有一根毛。但是墨子仍然是“自苦为极”，能够“生不歌，死无服”，诚心诚意将苦行当作重要的修行。不过庄子也指出，对于普通人来说，想要去效法墨子实在是太难了，如果墨子的做法勉强行于世，一定会“天下不堪”。

其实不仅晚于墨子的庄子对这种苦行之道有异议，墨子在世时就已经有人对他提出了质问。但墨子不仅是以身戴行，而且还辩才出众。责难他的人，反而受制于他。在《耕柱》中，有一位儒家弟子巫马子说：“墨子你为了仁义之道而奋斗，不见人们服你，也不见鬼神赐福给你，你却仍然要这样做。你这样子是有神经病吧？”墨子回答说：“现在假使你有两个家臣，一个看见你就做事，不看见你就不做事；另外一个看见你做事，不看见你他也做事。那么对这两个人你更欣赏哪一个呢？”巫马子不假思索地回答道：“当然是欣赏那个无论看不看见我都做事的人啊！”墨子说：“这样看来，你的神经病也不轻啊！”在《贵义》里，墨子的一位老朋友也劝告他：“现在天下没有谁行义，你却孑然一身苦苦地行义，你这是何苦呢？不如就此罢手吧。”墨子说：“假使现在此地有一个人，他有十个儿子，其中只有一个儿子耕地，其余的都游手好闲，不事耕作，那么这个耕地的儿子就不得不更加努力地耕作，这是为什么呢？因为吃的人多，而耕的人少。如今天下没有谁行义，你应该鼓励我去行义啊，为什么还要阻止我呢？”由此，我们可以看出，墨子非常擅长类推的论辩技巧，也可体会墨子的“自苦为极”实在是处于混乱之世，力挽狂澜于既倒之举。

后世儒家也十分强调身体力行，主张言行一致，知行合一。如《礼记·表记》中说：“口惠而实不至，怨灾及其身。”告诉我们，如果只是巧言令色，空口施惠于人而不付诸实施，反而会招致被怨恨的灾祸。明代大儒王阳明对知行的阐发非常深刻。他说：“未有知而不行者，知而不行，只是未知。”（《传习录》上）真知必会真行，修身若是只停留在书本知识之上，并非真正的修身。王阳明还说：“知之真切笃实处，即是行；行之明觉精察处，即是知。

知行工夫本不可离。只为后世学者分作两截用功，失却知行本体，故有合一并进之说。”（《传习录》中）明确告诉我们，知和行两者是相互促进的关系，不可偏废一端。空谈心性而不践行，终是踏空蹈虚；埋头苦干而不求索，必为事倍功半。我们学习了墨子的修身之理，也试着践行其中一二吧！

思考讨论

1. 请谈一谈今天日常语义中的“修行”和墨子所言的“修行”的差异。

2. 你最欣赏墨子修行的哪些内容？

第二节　尚贤上

子墨子言曰："今者王公大人为政于国家者，皆欲国家之富，人民之众，刑政之治[1]，然而不得富而得贫，不得众而得寡，不得治而得乱，则是本失其所欲[2]，得其所恶，是其故何也？"

子墨子言曰："是在王公大人为政于国家者，不能以尚贤事能为政也[3]。是故国有贤良之士众，则国家之治厚；贤良之士寡，则国家之治薄。故大人之务，将在于众贤而已[4]。"

关键词：尚贤　事能

注释

[1]刑政：刑事、政务。　[2]本：根本。　[3]尚贤事能：崇尚贤才，任用能者。　[4]众：这里作动词，是聚集的意思。

译文

墨子说："现在的王公大人，治理国家，都希望国家富足，人民众多，刑事政务都井井有条；但结果国家不富足，反而穷困；人民不增加，反而减少；刑政不安定，反而混乱不堪，这是从根本上失去他们所希望的，得到了他们所憎恶的，这是什么原因呢？”

墨子说：“原因在于朝廷里从政的王公大人不能崇尚贤才、任用能人来治理国家。一个国家拥有的贤良之士众多，治理国家的力量就雄厚。贤良之士少，治理国家的力量就薄弱。所以王公大人的重要任务，就是聚集贤良之士。”

曰：“然则众贤之术将奈何哉？”

子墨子言曰：“譬若欲众其国之善射御之士者，必将富之[1]、贵之、敬之、誉之，然后国之善射御之士，将可得而众也。况又有贤良之士厚乎德行、辩乎言谈、博乎道术者乎[2]？此固国家之珍，而社稷之佐也，亦必且富之、贵之、敬之、誉之，然后国之良士，亦将可得而众也。

关键词：聚贤之法

注释

[1]富之：使他们富有。　[2]辩乎言谈：善辞令，能说服人。博：通晓。

译文

有人问：“那么用什么方法才能聚集贤良之士呢？”

墨子说：“比如要聚集国家里善于射箭和驾车的人，一定要使他们富裕起来，提高他们的地位，尊敬他们，表扬他们，然后国内善于射箭和驾车的人就会多起来。况且那些贤良之士德行淳厚、能言善辩、通晓道理呢？这些人本来就是国家的珍宝、朝廷的良佐，也必须使他们富有、提高地位、敬重他们、赞誉他们，然后国内的贤良之士就可以多起来了。

是故古者圣王之为政也，言曰："不义不富[1]，不义不贵，不义不亲，不义不近。"是以国之富贵人闻之，皆退而谋曰："始我所恃者，富贵也。今上举义不辟贫贱[2]，然则我不可不为义。"亲者闻之，亦退而谋曰："始我所恃者，亲也。今上举义不辟亲疏，然则我不可不为义。"近者闻之，亦退而谋曰："始我所恃者，近也。今上举义不避远，然则我不可不为义。"远者闻之，亦退而谋曰："我始以远为无恃。今上举义不辟远，然则我不可不为义。"

关键词：举义

注释

[1]不义不富：不义的人不使之富贵。不富，不使之富。以下的"不贵"等与之类似。　[2]辟：同"避"。

译文

因此古代圣王执政时说："不义的人不能让他富有，不义的人

不能让他尊贵，不义的人不能给他信任，不义的人不能让他接近。”这样一来，国内富贵的人听了，都私下里商量说：“当初我们凭借的是富有与尊贵，现在君主选拔人才不避贫穷与地位低贱，那么我日后不能不行义了。”君主的亲戚听了，都私下里商量说：“当初我们凭借的是亲戚关系，现在君主选拔人才不避亲疏，那么我日后就不能不行义了。”君主身边的人听了，都私下商量说：“当初我们凭借的是近靠君主左右，现在君主选拔人才不避远近，那么我日后就不能不行义了。”远离君主的人听了，都私下商量说：“原先我以为同君主离得太远，没有什么可以凭借，现在君主选拔人才不避远近，那么我日后不能不行义了。”

逮至远鄙郊外之臣[1]，阙庭庶子[2]，国中之众、四鄙之萌人[3]，闻之皆竞为义。是其故何也？曰：上之所以使下者，一物也[4]；下之所以事上者，一术也[5]。譬之富者，有高墙深宫，墙立既谨，上为凿一门[6]，有盗人入，阖其自入而求之[7]，盗其无自出。是其故何也？则上得要也。

关键词：尚贤　行义

注释

[1]逮至：及至，直到。　[2]阙（què）庭庶子：在宫中侍卫的公族及卿大夫的庶子。阙，人君宫门。庶子，官吏的长子叫嫡子，其余叫庶子。　[3]萌人：农民。萌，同“甿”。[4]一物：这里指尚贤。　[5]一术：这里指行义。　[6]墙立

既谨，上为凿一门：既谨，一说是“塈墐（jì jìn）”，意思是用泥涂抹墙壁。一说为“墙既立，谨止为凿一门”，意思是把墙修好之后，只开凿一个门。两种说法皆可。　　[7] 阖（hé）：关闭。

译文

直到遥远偏僻的臣子，宫中的侍卫，城中的百姓，边远的人民听到这话，都会争着行义。这个原因是什么呢？这是因为君主所凭借着驱使臣下的，只有尚贤一种方法；臣下用来侍奉君主的，也只有行义一条路径。这就好像富贵的人家，有着高墙深院，墙修得很完整，仅仅在墙上开一个门。倘若小偷进来，就关上他进来的那扇门再来搜寻，小偷就没有办法跑出去。这是什么原因呢？就是因为上面能够把握要领。

故古者圣王之为政，列德而尚贤[1]，虽在农与工肆之人，有能则举之，高予之爵，重予之禄，任之以事，断予之令[2]，曰：“爵位不高则民弗敬，蓄禄不厚则民不信，政令不断则民不畏。”举三者授之贤者，非为贤赐也[3]，欲其事之成。故当是时，以德就列，以官服事[4]，以劳殿赏[5]，量功而分禄。故官无常贵，而民无终贱，有能则举之，无能则下之。举公义，辟私怨[6]，此若言之谓也。

关键词：举贤　举公义

注释

[1]列德：即任德，给有德的人安排职位。 [2]断：意为其令必行，给予决断的权限。 [3]非为贤赐：不是因为贤能而赏赐。 [4]服事：给予任事的权限。 [5]殿：评定。 [6]辟：避开，消除。

译文

因此古代圣王执政时，给有德的人安排职位，崇尚贤良之士。即便是百工商贾之人，只要有才能，就一定提拔，还封他很高的爵位，给予他优渥的俸禄，任用他来做事情，给他决断的权力，就是说："如果爵位不高，人民就不会尊敬他；如果俸禄不厚，人民就不会信任他；如果政令不能决断，人民就不会畏惧他。"把这三者给予贤人，并非为了赏赐贤人，而是希望他能把事情做好。所以在这个时候，要以德行安排官职，要以官职大小授予任事权力，要按照劳绩来定奖赏，要衡量功勋来分俸禄。这样一来，官吏就没有永远富贵的，平民百姓也不会终生贫贱。有才能的就提拔，没才能的就罢免。选拔大家公认有"义"的人，消除私怨成见，就是这个道理。

故古者尧举舜于服泽之阳[1]，授之政，天下平；禹举益于阴方之中[2]，授之政，九州成；汤举伊尹于庖厨之中[3]，授之政，其谋得；文王举闳夭、泰颠于罝罔之中[4]，授之政，西土服。故当是时，虽在于厚禄尊位之臣，莫不敬惧而施，虽在农与工肆之人，莫不竞劝而尚意[5]。故士者，所以为辅相承嗣也[6]。故得士则谋不困，体不劳，名立而功成，美章而恶不生，则由得士也。”

是故子墨子言曰：“得意，贤士不可不举；不得意，贤士不可不举，尚欲祖述尧舜禹汤之道[7]，将不可以不尚贤。夫尚贤者，政之本也。”

关键词：得士　尚贤

注释

[1]服泽之阳：服泽，古地名，具体所指不可考，与下文“阴方”同。阳，山之南，水之北。“泽”为水，故此处“阳”当为北面。
[2]益：人名，伯益。相传伯益善于狩猎和畜牧，被舜任命为山泽牧猎之官，后来又帮助大禹治水有功，曾被大禹选为继承人。根据《史记》记载，大禹死后原本将王位禅让给伯益，但诸侯更看好大禹之子启，所以伯益又禅让给启，之后便隐居到箕山。
[3]伊尹：相传伊尹原为奴隶，随主人出嫁而至商汤，善于烹饪，并利用进食机会向商汤剖析天下大势。商汤对其极为器重，提拔为宰相。他后来还辅佐商汤灭夏。　[4]闳（hóng）夭、泰颠：周文王的两位大臣。罝（jū）：捕兽的网。　[5]尚意：崇尚道德。
[6]承嗣：继承人。　[7]祖述：继承，遵循。

译文

所以古时候尧在服泽的北边提拔舜，把政事交给他，天下就太平了。大禹在阴方选拔伯益，把政事交给他，九州就统一了。

商汤在厨房里提拔伊尹，把政事交给他，他的谋略就取得了成功。周文王在猎户渔夫中选拔闳夭、泰颠，把政事交给他们，西方的诸侯就臣服了。因此在那个时候，即便是享有高官厚禄的大臣，也没有谁不兢兢业业的，并且都不敢松弛懈怠；即便是农民和工匠，也没有谁不竞相劝勉而崇尚德行的。所以说贤士是用来辅佐君王的大臣或是作为继承人的。因此只要得到贤士，君王就不会为谋略所困，身体就不会劳苦，从而功成名就，美好的事物得到彰显，罪恶也无从产生，这就是因为得到了贤士的缘故。

所以墨子说："君主得志的时候，不可不举用贤士；失意的时候，更加不可不举用贤士。倘若要遵循尧舜禹汤的政道，那就不可不崇尚贤士。崇尚贤士，是治国的根本。"

文史链接

刘邦用人

墨子提倡尊贤使能，反对世袭贵族制度，这在当时是非常先进的思想。历史也不断证明，只有任用贤能，唯才是举，君王才能一统天下，社会才能安定和谐。在秦朝末年，楚汉之争的故事也告诉我们，项羽自恃其才，刚愎自用，虽能征善战，但终以失败告终；而刘邦知人善用，胸襟开阔，虽中人之资，亦能成其大业。

《史记·高祖本纪》记载，在打败了项羽之后，刘邦在洛阳大宴群臣，以示庆贺。酒酣耳热之际，刘邦就问群臣："各位今日不要对我有什么隐瞒，大家说说看，我为什么能够得到今日之天下，而项羽又为什么失去了天下？"高起、王陵回答道："陛下傲慢而轻侮别人，项羽仁义而爱惜别人。但是陛下派人攻城略地，攻下的地方就封给他们，和天下同享同利。项羽嫉贤妒能，对有功的人进行伤害，对贤能的人随便怀疑，战胜了不给人论功行赏，夺得土地不给人好处，这是他失去天下的原因。”

高祖听后，说：“你们只知其一，不知其二。运筹帷幄之中，决胜千里之外，我不如子房（张良）；平定国家，安抚百姓，供应粮饷，不绝粮道，我不如萧何；率领百万大军，战必胜，攻必取，我不如韩信。这三个人，都是人中豪杰，我能重用他们，这就是我取得天下的原因。项羽有一个范增而不能重用，这就是他被我擒获的原因。”正是靠着用人得当，他才能在一次次落荒而逃之后，取得最后的胜利。

不过刘邦也有他自己的毛病，正如高起、王陵所说，刘邦时常轻慢侮辱别人。《史记·郦生陆贾列传》记载，刘邦不喜欢儒生，有儒生戴着帽子来找他，刘邦就跑上去摘下别人的帽子，朝着帽子小便。郦食其游说刘邦时，刘邦就表现得完全没有礼数，他一边靠着床，让两个女子服侍他洗脚，一边跟郦食其见面。不过刘邦的优点在于，他能接受批评意见并改正自己。当郦食其见到刘邦如此，就当面指责他“如果您希望聚合诸侯共诛暴秦，就不应该傲慢地接见长者”。刘邦听到后，没有勃然大怒，而是立刻停止洗脚，马上穿好衣裳，请郦食其上座，向他赔罪，并向他求教。汉朝建立之后，陆贾劝谏上书时，时常引用《诗经》、《尚书》来佐证自己的观点，刘邦不喜欢这些文绉绉的奏章，就对陆贾破口大骂：“天下是骑马打仗打出来的，哪里用得着这些？”陆贾对他讲了一番道理：“您能够骑马打天下，难道可以骑马治理天下吗？当初的吴王夫差、晋国的智伯，还有秦始皇，都是因为用尽武力而亡的。假如秦朝一统天下之后，施行仁义，效法先王，陛下今天还能得到天下吗？”听完这番话，刘邦顿时羞愧难当，恭请陆贾给他讲解天下得失的原因。每个人都会犯下过错，但有了过错不去掩盖，及时更改，不妨碍成为一个有道君子；每个人都有自己的弱点，但有了弱点不去遮掩，师法贤人，不妨碍成为一个仁人志士。刘邦尊贤使能、从谏如流的优点值得我们学习！

思考讨论

1. 你心目中的贤能是什么样子？试举例说明。

2. 墨子认为，对于贤能之士要“富之、贵之、敬之、誉之”，如果你做到了贤能，却没有获得相应的待遇，你还会坚持做一个贤能的人吗？为什么？

第三节　尚同上

子墨子言曰：古者民始生未有刑政之时，盖其语，人异义。是以一人则一义，二人则二义，十人则十义，其人兹众，其所谓义者亦兹众[1]。是以人是其义，以非人之义，故交相非是也。是以内者父子兄弟作怨恶[2]，离散不能相和合；天下之百姓，皆以水火毒药相亏害。至有余力，不能以相劳[3]；腐朽余财，不以相分；隐匿良道，不以相教。天下之乱，若禽兽然。

关键词：异义　相非

注释

[1] 兹众:越多。兹，通“滋”，增益，加多的意思。　[2] 以：同“已”，既而的意思。内者：一家之内。　[3] 相劳：相互帮助。

译文

墨子说：古时人类刚刚产生还没有刑法与政治的时候，人们所说的话，每个人都有不同的意义。所以一人就有一种意义，两人就有两种意义，十人就有十种意义。人越多，他们不同的意义也就越多。每个人都以为自己的意义对而别人的意义错，因而相互攻击。既而在家庭内父子兄弟之间开始相互怨恨，使得家人离散而不能和睦相处。天下的百姓，都用水火毒药相互残害，以致有余力的人不能帮助别人；多余的钱财宁愿让它腐烂，也不分给别人；有好的道理也自己隐藏起来，不肯教给别人。天下混乱，有如禽兽一般。

夫明虖天下之所以乱者[1]，生于无政长，是故选天下之贤可者[2]，立以为天子。天子立，以其力为未足，又选择天下之贤可者，置立之以为三公。天子、三公既以立，以天下为博大，远国异土之民，是非利害之辩，不可一二而明知[3]，故画分万国[4]，立诸侯国君。诸侯国君既已立，以其力为未足，又选择其国之贤可者，置立之以为正长[5]。

关键词：立政长　选贤能

注释

[1] 虖（hū）：即“乎”。　[2] 贤可者：贤能而可以当政的人。[3] 一二：应为“一一”，即逐一明白。　[4] 画：同“划”。[5] 正长：即政长，行政长官。

译文

明白了天下所以混乱的原因，是由于没有行政长官，所以就选择天下贤能又可为政的人，立之为天子。立了天子之后，认为力量还不够，又选择天下贤能又可为政的人，把他们立为三公。天子、三公已立，由于天下地域辽阔，对于远方异邦的人民以及是非利害的辨别，还不能一一了解，所以又把天下划为万国，然后设立诸侯国君。诸侯国君已立，又认为他们的力量还不够，又在他们国内选择一些贤能的人，把他们立为行政长官。

正长既已具，天子发政于天下之百姓，言曰："闻善而不善[1]，皆以告其上。上之所是，必皆是之；上之所非，必皆非之。上有过则规谏之，下有善则傍荐之[2]。上同而不下比者，此上之所赏而下之所誉也。意若闻善而不善，不以告其上；上之所是弗能是，上之所非弗能非；上有过弗规谏，下有善弗傍荐，下比不能上同者，此上之所罚，而百姓所毁也。"上以此为赏罚，甚明察以审信[3]。

关键词：上同　下比

注释

[1] 善而不善：这里的"而"作连词，与、和的意思。[2] 傍荐：广泛地举荐。傍，通"旁"。[3] 审信：审慎可信。

译文

行政长官已经设立之后，天子就向天下的百姓发布政令，说道："不管听到好的言论还是坏的言论，都要报告给上面。上

面认为是对的，大家都必须认为对；上面认为是错的，大家都必须认为错。上面有过失，就应该规谏，下面有好人好事，就应当广泛地推荐给国君。与上面保持一致，不与下面勾结，这是上面所赞赏，下面所称誉的。假如听到好的言论和坏的言论都不向上面报告；上面认为对的，却认为不对，上面认为错的，却认为没错；上面有过失不能规谏，下面有好人好事不能访求举荐；与下面勾结而不与上面保持一致，这是上面所要惩罚，也是百姓所要非议的。”上面根据这些方面来进行赏罚，就能明察秋毫，符合实际。

是故里长者[1]，里之仁人也。里长发政里之百姓，言曰：“闻善而不善，必以告其乡长。乡长之所是，必皆是之；乡长之所非，必皆非之。去若不善言，学乡长之善言；去若不善行，学乡长之善行。”则乡何说以乱哉[2]？察乡之所治何也？乡长唯能壹同乡之义[3]，是以乡治也。乡长者，乡之仁人也。乡长发政乡之百姓，言曰：“闻善而不善者，必以告国君。国君之所是，必皆是之；国君之所非，必皆非之。去若不善言，学国君之善言；去若不善行，学国君之善行。”则国何说以乱哉？察国之所以治者何也？国君唯能壹同国之义，是以国治也。

关键词：壹同　国治

注释

[1]里长：一里之长。仿周代闾胥、里宰之制，负责掌管户口、赋役之事，后代或置或废，建制不一。　[2]何说：怎么说。以：能、会的意思。　[3]壹同：统一。

译文

因此，里长就是这一里内的仁人。里长向里中的百姓发布政令说："无论听到好的言论和不好的言论，都必须报告给乡长。乡长认为对的，大家都必须认为对；乡长认为错的，大家都必须认为错。去掉你们不好的话，学习乡长的好话；去掉你们不好的行为，学习乡长的好行为。"那么，乡里怎么会说混乱呢？考察这一乡之所以得到治理是什么原因呢？是由于乡长能够统一全乡的意见，所以乡内就治理好了。乡长是这一乡的仁人。乡长向乡中的百姓发布政令说："无论听到好的言论和不好的言论，都必须把它报告给国君。国君认为是对的，大家都必须认为对；国君认为是错的，大家都必须认为错。去掉你们不好的话，学习国君的好话；去掉你们不好的行为，学习国君的好行为。"那么，国内怎么会说混乱呢？考察一国之所以得到治理是什么原因呢？是因为国君能统一国中的意见。所以国内就治理好了。

国君者，国之仁人也。国君发政国之百姓，言曰："闻善而不善，必以告天子。天子之所是，皆是之；天子之所非，皆非之。去若不善言，学天子之善言；去若不善行，学天子之善行"。则天下何说以乱哉？

察天下之所以治者何也？天子唯能壹同天下之义，是以天下治也。天下之百姓皆上同于天子，而不上同于天，则灾犹未去也。今若天飘风苦雨，溱溱而至者[1]，此天之所以罚百姓之不上同于天者也。是故子墨子言曰："古者圣王为五刑[2]，请以治其民[3]。譬若丝缕之有纪[4]，罔罟之有纲[5]，所以连收天下之百姓不尚同其上者也[6]。"

关键词：上同于天　纲纪

注释

[1] 溱溱：当为"凑（còu）凑"，不断，频繁。　[2] 五刑：中国古代五种刑罚之统称，在不同时期，五种刑罚的具体所指并不相同。在西汉汉文帝前，五刑指墨、劓（yì）、刖（yuè）、宫、大辟；隋唐之后，五刑则指笞、杖、徒、流、死。这里是指前者。[3] 请：通"情"，确实、的确的意思。　[4] 纪：把丝线分开的主要线索。　[5] 罔罟（gǔ）：渔猎所用的网。罔，同网。罟，网的总称。　[6] 连收：控制，约束。

译文

国君是这一国的仁人。国君发布政令于国中百姓，说道："听到善和不善，必须报告给天子。天子认为是对的，大家都必须认为对；天子认为是错的，大家都必须认为错。去掉你们不好的话，学习天子的好话；去掉你们不好的行为，学习天子的好行为。"那么，还怎么能说天下会乱呢？我们考察天下治理得好的原因是什么呢？是因为天子能够统一天下的意见，所以天下就治理好了。天下的老百姓都知道与天子一致，而不知道与天一致，那么灾祸还不能彻底除去。现在假如天刮大风下久雨，频频而至，这就是上天对那些不与上天一致的百姓的惩罚。所以墨子说："古时圣王制定五种刑法，确实是用它来治理人民的，就好比丝线有头绪、渔猎的网有纲一样，是用来控制那些不与上面意见一致的老百姓的。"

文史链接

特务政治

墨子主张尚同，讲求的是统一意志，步调一致，从而避免离乱纠纷，使社会归于安定。在这篇文章里，墨子提到了以贤能为根本标准的官吏推选制度，尽管在具体如何推选上语焉不详，但毋庸置疑的是，墨子思想有着民主政治的因素。方授楚先生在《墨学源流》中指出，天子"对民负责"，"则选择之者亦人民欤"，"或墨家后学，修正墨子之说，改天选而为民选"。萧公权先生也认为，"墨家尚同实一变相之民享政治论"（《中国政治思想史》）。当然，墨子受时代条件的局限，不可能提出一套令现代人满意的方案，甚至还存在一些值得商榷的观点。在这一篇里，墨子的有些观点就不免走向了极端，带有浓厚的专制主义的色彩。比如对于跟上面意见不一致的老百姓就要约束甚至施行刑罚。此外，墨子还主张打小报告，检举揭发，甚至还提出"设耳目以通上下之情"，有主张建立特务制度的嫌疑。刘泽华指出："墨子一方面倡导相互告密，另一方面又提出最高统治者要有一批'贤良'的羽翼遍布全国进行侦察暗探和监视。""建立亲信羽翼集团，一方面可以了解

民情，另一方面可借以实行权术政治。”“这里，墨子把监察、特务与权术结合在一起了。”（《中国政治思想史》先秦卷）

但在中国历史上，墨子并非是最早主张利用特务监视民众的人。早在西周末年，公元前9世纪，因周厉王对国人横征暴敛，残暴无道，民众对之怨声载道。为了禁止臣民对他的“诽谤”，周厉王从卫国找来一个巫人，替他打探消息。只要有人在一起议论政事，一经巫人上报就处以极刑。在这种恐怖统治之下，民众是敢怒不敢言，在路上遇到了，只能相互以目光来表达心中的愤恨。周厉王再也听不到民众埋怨他的言论，就认为自己的特务统治非常成功，还向召公夸耀说：“我能制止国人对我的诽谤，现在国人都不敢说我的坏话了。”召公劝诫他：“防民之口，甚于防川。”他对此置若罔闻，还沾沾自喜于国人一片沉默，并继续任用巫人执行特务统治，这样持续了三年，民众终于忍无可忍，起来造反，把周厉王赶跑了。

周厉王并没有给这个巫人封官授爵，所以巫人还并非是正式意义的特务。三国时期魏武王曹操则正式为特务设置了一个职位——校事，用来“广耳目，察群下”，监视臣僚。当时任职的人员是卢洪、赵达等人。他们的主要工作就是侦探、检举、处置对曹操心怀不满或有反叛嫌疑的文臣武将。曹操赋予他们的权力很大，“上察宫庙，下摄众司，官无局业，职无分限”，可以说满朝文武都在监视之内。其中死于特务的小报告之手的名士就有许攸。在官渡之战开始之后，许攸背叛袁绍，投靠曹操，凭着自己对袁绍军团的了解，为曹操屡献良策，扭转败局，取得官渡之战的胜利。胜利之后，许攸有点居功自傲，在曹操面前也放肆起来，屡次不顾场合和礼数，呼喊曹操的小名，并炫耀自己的功劳。后来有一次许攸随曹操离开邺城，出东门时就对别人说：“曹操一家要不是我，怎么可能还进得了东门啊。”这种私下的调侃就被校事听到了，随后便上报曹操，曹操按捺不住心中的怒火，给许攸捏造了一个罪名，便将他处死。

到了隋唐时期，杨广夺位、玄武门之变、武则天夺权、李林甫专权都和特务活动相关。宋元时期较有代表性的就是秦桧的特务统治。明代则设立了庞大的特务机构，即锦衣卫、东厂、西厂和内行厂，汪直、刘瑾、魏忠贤都是历史上有名的特务头子。到了清朝，顺治为了加强对臣民的侦控，实行了密折制度。康熙继位后，认为密折能够使“人不能欺朕，亦不敢欺朕”，并命令亲信大臣经常向他呈密奏。现存康熙朝的密奏有三千余件。雍正上台后，为了巩固皇权，大力推行密奏。短短十三年的统治时间里，就有一千二百多人向雍正上呈密奏。雍正还将密奏制度程序化，从缮折、装匣传递，到批阅、发还和收缴，都有相应的规章制度，运行得有条不紊。此外，清朝统治者为了维护统治，大兴文字狱，检举揭发几乎无孔不入。其中庄廷铣明史案株连甚广，为文字狱大案。庄廷铣是浙江富商，因病目盲，于是立志效法作《左传》的盲人左丘明，想写出一部传世史书。但他只是粗通文墨，并无撰史之才能。只好去买曾为明朝大学士的朱国桢的明史遗稿，并花费重金延揽诸多才子为之编校。该书在内容上并没有大的不妥，只是触犯了很多忌讳。例如对清朝正统不予认可，继续沿用明朝年号，并著录了清朝忌讳的建州女真、明末崇祯之事等。书成之后，庄廷铣定名为《明史辑略》，并标明为自己所著。不久之后，庄廷铣便去世了。其父庄允城将《明史辑略》刊行，后来小人吴之荣见到此书有忤逆清廷之嫌，在敲诈不成后，向官府告发，将事情闹大，最后一直闹到当时的辅政大臣鳌拜那里。鳌拜对此事的处理是逮捕并严厉处置涉案的相关人士。庄允城死于狱中，庄廷铣被开棺

焚骨，那些帮他编校的才子们全被处死，就连刻书、卖书、藏书之人也未能幸免于难。前后因《明史辑略》牵连被杀者七十余人，被充军边疆者几百人，所牵连者千余人。此后，清朝屡兴文字狱，知识界可谓是风声鹤唳。柳诒徵在《中国文化史》中说："雍乾以来，志节之士，荡然无存……稍一不慎，祸且不测。"至此，墨子的"尚同"已经被统治者推向了另一个极端——扭曲人格，钳制思想。

思考讨论

1. 当有少数人的意见和众人不同甚至针锋相对的时候，应该如何对待少数人的意见？

2. 当你和同学出现分歧时，你觉得如何处理比较公正？

第四节 兼爱中

子墨子言曰：仁人之所以为事者[1]，必兴天下之利，除去天下之害，以此为事者也。然则天下之利何也？天下之害何也？子墨子言曰：今若国之与国之相攻，家之与家之相篡[2]，人之与人之相贼，君臣不惠忠[3]，父子不慈孝，兄弟不和调[4]，此则天下之害也。

关键词：仁者之事　天下之富

注释

[1] 为事：处理事务。　[2] 篡：篡夺，以强力夺取。

[3] 惠：施恩惠。忠：忠诚。　[4] 和调：和睦，和谐。

译文

墨子说：仁人处理事务的原则，一定是兴办对天下有利的，去除对天下有害的，以此来处理事务。但是，天下的利是什么，而天下的害又是什么呢？墨子说：现在像国与国之间相互攻伐，家族与家族之间相互掠夺，人与人之间相互残害，君不爱臣，臣不忠君，父不慈子，子不孝父，兄弟之间不相互融洽协调，这些都是天下之害。

然则崇此害亦何用生哉[1]？以不相爱生邪[2]？子墨子言：以不相爱生。今诸侯独知爱其国，不爱人之国，是以不惮举其国以攻人之国。今家主独知爱其家[3]，而不爱人之家，是以不惮举其家以篡人之家。今人独知爱其身，不爱人之身，是以不惮举其身以贼人之身。是故诸侯不相爱,则必野战；家主不相爱，则必相篡；人与人不相爱，则必相贼；君臣不相爱，则不惠忠；父子不相爱，则不慈孝；兄弟不相爱，则不和调。天下之人皆不相爱，强必执弱，富必侮贫，贵必敖贱[4]，诈必欺愚。凡天下祸篡怨恨，其所以起者，以不相爱生也，是以仁者非之。

关键词：不相爱　生祸害

注释

[1]崇：应为“察”，考察的意思。何用生：何以生，从何生的意思。　[2]以：因为。不相爱：应当是“相爱”。　[3]家主：指公卿大夫。　[4]敖：同“傲”。

译文

那么考察这些大害又是因何而生的呢？是因为相爱产生的吗？墨子说：是因不相爱产生的。现在的诸侯只知道爱自己的国家，不爱别人的国家，所以不惜举全国之力去攻伐别人的国家。现在的家族宗主只知道爱自己的家族，而不爱别人的家族，所以不惜举全家之力去掠夺别人的家族。现在的人只知道爱自己，而不爱别人，所以不惜举全身之力去残害别人。所以诸侯不相爱，就必然发生野战；家族宗主不相爱，就必然相互掠夺；人与人不相爱，就必然相互残害；君与臣不相爱，就必然君不爱臣，臣不忠君；父与子不相爱，就必然父不慈子，子不孝父；兄与弟不相爱，就必然不相互融洽、协调。全天下的人都不相爱，强大的就必然控制弱小的，富足的就必然欺侮贫困的，尊贵的就必然傲视卑贱的，奸诈的就必然欺骗愚笨的。举凡天下祸患、掠夺、埋怨、愤恨产生的原因，都是因不相爱而产生的。所以仁者认为它不对。

既以非之，何以易之？子墨子言曰：以兼相爱、交相利之法易之。然则兼相爱、交相利之法将奈何哉？子墨子言：视人之国若视其国；视人之家若视其家；视人之身若视其身。是故诸侯相爱，则不野战；家主相爱，则不相篡；人与人相爱，则不相贼；君臣相爱，则惠忠；父子相爱，则慈孝；兄弟相爱，则和调。天下之人皆相爱，强不执弱，众不劫寡[1]，富不侮贫，贵不敖贱，诈不欺愚。凡天下祸篡怨恨可使毋起者，以相爱生也，是以仁者誉之[2]。

关键词：兼相爱　交相利

注释

[1] 劫：抢夺。　　[2] 誉：赞誉，称赞。

译文

已经认为不相爱不对，那用什么去改变它呢？墨子说：用彼此关爱、大家互利的方法去改变它。既然这样，那么彼此关爱、大家互利应该怎样做呢？墨子说道：看待别人国家就像自己的国家一样，看待别人的家族就像自己的家族一样，看待别人的生命就像自己的生命一样。这样的话，诸侯之间相爱，就不会发生野战；家族宗主之间相爱，就不会发生掠夺；人与人之间相爱就不会相互残害；君臣之间相爱，就会君惠臣忠；父子之间相爱，就会父慈子孝；兄弟之间相爱，就会相互融洽、协调。天下的人都相爱，强大的就不会控制弱小的，人多的就不会掠夺人少的，富足的就不会欺侮贫困的，尊贵的就不会傲视卑贱的，奸诈的就不会欺骗愚笨的。举凡天下的祸患、掠夺、埋怨、愤恨都可以使之不产生，就是因为相爱的关系。所以仁者称赞它。

然而今天下之士君子曰：然，乃若兼则善矣[1]。虽然，天下之难物于故也[2]。子墨子言曰：天下之士君子，特不识其利、辩其故也[3]。今若夫攻城野战，杀身为名，此天下百姓之所皆难也。苟君说之[4]，则士众能为之。况于兼相爱、交相利，则与此异。夫爱人者，人必从而爱之；利人者，人必从而利之；恶人者，人必从而恶之；害人者，人必从而害之。

此何难之有？特上弗以为政，士不以为行故也。

关键词：兼爱不难

注释

[1]乃若：如果。 [2]难物：即难事。于故：当作“迂故”，即迂阔之事。 [3]特：只是。辩其故：懂得其中的道理。辩，同“辨”，辨别，懂得。故，缘故，道理。 [4]说：通“悦”。以下的“说”皆为此意。

译文

然而现在天下的士君子们说：对！如果能兼爱当然是好的。虽然如此，兼爱却是天下一件难办而迂阔的事。墨子说道：天下的士君子们，只是不能认识兼爱的益处、懂得兼爱的道理罢了。现在如果说攻城野战，为成名而牺牲性命，这本来是天下的百姓都难以做到的事。但只要君主喜欢，那么民众就能做到。而兼相爱、交相利与之相比，则是完全不同的。关爱别人的人，别人也必定会关爱他；有利于别人的人，别人也必定有利于他；憎恶别人的人，别人也必定憎恶他；损害别人的人，别人也必定损害他。实行这种兼爱有什么困难呢？只是由于君主不用它行之于政，士人不用它施之于行的缘故。

昔者晋文公好士之恶衣[1]，故文公之臣，皆牂羊之裘[2]，韦以带剑，练帛之冠[3]，入以见于君，出以践于朝。是其故何也？君说之，故臣为之也。

昔者楚灵王好士细要[4]，故灵王之臣，皆以一饭为节[5]，胁息然后带[6]，扶墙然后起。比期年[7]，朝有黧黑之色[8]。是其故何也？君说之，故臣能之也。昔越王勾践好士之勇，教驯其臣，和合之，焚舟失火，试其士曰："越国之宝尽在此！"越王亲自鼓其士而进之，其士闻鼓音，破碎乱行，蹈火而死者，左右百人有余，越王击金而退之。

关键词：上行下效

注释

[1]恶衣：粗劣的衣服。　[2]牂（zāng）羊之裘：比较低档的皮衣。牂羊，即母羊。裘，皮衣。　[3]练帛之冠：质地较差的帽子。练帛，质地粗疏的绢帛。　[4]要：同"腰"。[5]一饭为节：一饭，一天吃一顿饭。节，节制。　[6]胁息：吸气。[7]比：等到。期（jī）年：一年。　[8]黧（lí）：黑色。

译文

从前晋文公喜欢士人穿粗劣的衣服，所以文公的臣下都穿着母羊皮缝的皮衣，腰间系一根牛皮带子挂剑，头戴熟绢作的帽子，进入宫廷可以参见君上，出来可以往来朝廷。这是什么缘故呢？因为君主喜欢这样，所以臣下就这样做。从前楚灵王喜欢细腰的士人，所以灵王的臣下就每天只吃一顿饭来节食，要深吸一口气然后才系上腰带，扶着墙然后才能站得起来。等到一年，朝廷之

臣都面色发黑。这是什么缘故呢？因为君主喜欢这样，所以臣下能做到这样。从前越王勾践喜爱士兵勇猛，训练他的臣下时，先把他们集合起来，然后放火烧船，考验他的将士说："越国的财宝全在这船里。"越王亲自擂鼓，激励将士前进。将士听到鼓声，都乱了阵脚不顾次序，蹈火而死的人一百人有余。越王这才鸣金让他们退下。

是故子墨子言曰：乃若夫少食、恶衣、杀身而为名，此天下百姓之所皆难也。若苟君说之[1]，则众能为之；况兼相爱、交相利，与此异矣！夫爱人者，人亦从而爱之；利人者，人亦从而利之；恶人者，人亦从而恶之；害人者，人亦从而害之。此何难之有焉？特上不以为政，而士不以为行故也。

关键词：上不为政　下不为行

注释

[1]若苟：假如。

译文

所以墨子说道：像少吃饭、穿恶衣、杀身成名，这都是天下百姓难以做到的事。假如君主喜欢它，那么民众就能做到。何况兼相爱、交相利是与此完全不同呢。关爱别人的人，别人也必定关爱他；有利于别人的人，别人也必定有利于他；憎恶别人的人，别人也必定憎恶他；损害别人的人，别人也必定损害他。这种兼爱有什么难实行的呢？只是由于君主不用它行之于政，而士人不用它施之于行的缘故。

然而今天下之士君子曰：然，乃若兼则善矣；虽然，不可行之物也。譬若挈太山越河济也[1]。子墨子言：是非其譬也。夫挈太山而越河济，可谓毕劫有力矣[2]。自古及今，未有能行之者也。况乎兼相爱，交相利，则与此异。古者圣王行之。何以知其然？古者禹治天下，西为西河渔窦[3]，以泄渠孙皇之水[4]。北为防原泒[5]，注后之邸[6]，嘑池之窦[7]，洒为底柱[8]，凿为龙门，以利燕代胡貉与西河之民[9]。东为漏之陆[10]，防孟诸之泽[11]，洒为九浍[12]，以楗东土之水[13]，以利冀州之民；南为江汉淮汝[14]，东流之，注五湖之处，以利荆楚干越与南夷之民[15]。此言禹之事，吾今行兼矣[16]。

关键词：圣者行兼　非不可为

注释

[1] 河：黄河。济：济水。　[2] 毕劫：当为“毕劼（jié）”，有力的样子。　[3] 西河：古代西部地区南北流向的黄河。渔窦：疑为“漯窦”，即黑水。　[4] 泄：排泄。渠孙皇：三条水的名字，即渠水、孙水和湟水，都在西河黑水流域。　[5] 防原泒（gū）：

三条水的名字，地址不详。　[6] 后之邸：古地名，在今山西太原祁县东。　[7] 嘑（hū）池之窦：即呼沱河。窦，沟渠的意思。　[8] 洒为底柱：在砥柱山被分流。洒，分流。底柱，即砥柱山。　[9] 燕代：古国的名称。燕国在今河北北部和辽宁西部；代国在今河北蔚县东北。胡貊：古代北方的部族名称。[10] 漏：疏导。之陆：当为大陆，在河北巨鹿。　[11] 防：拦截。孟诸：古代河南商丘东北的湖泽名。　[12] 九浍（kuài）：九条河水。　[13] 楗（jiàn）：限制的意思。　[14] 江：长江。汉：汉水。淮：淮河。汝：汝水。　[15] 荆楚：即楚国。干（hán）越：即吴国，因古代干国被吴国所灭，故称干越。　[16] 吾今行兼：我们现在也该施行这种兼爱了。

译文

然而现在天下的士君子们说：对！如果能兼爱当然是好的。虽然这样很好，却是一件无法实行的事。就好比要举起泰山越过黄河与济水一样。墨子说道：这不是个恰当的比方。举起泰山而越过黄河和济水，可以说是强劲有力的了，但自古及今，没有人能做得到。而兼相爱、交相利与此相比则是完全不同的。古时的圣王曾做到过。凭什么知道他们这样做了呢？古时大禹治理天下，在西边疏通了西河与黑水，用来排泄渠水、孙水和湟水；在北边又疏通防水、原水、泒水，使之注入昭余祁和呼沱河，在黄河中的砥柱山分流，再凿开龙门山，以有利于燕、代、胡、貊与西河地区的人民。在东边穿泄大陆的积水，为孟诸泽修堤坝，分为九条河，以此限制东土的洪水，并使得冀州的人民受益。在南边疏通长江、汉水、淮河、汝水，使之东流，注入太湖一带的湖泊里，以利于荆楚、吴越和南夷的人民。这是大禹实行兼爱的事迹，我们现在也应该施行这种兼爱。

昔者文王之治西土，若日若月，乍光于四方于西土，不为大国侮小国，不为众庶侮鳏寡，不为暴势夺穑人黍稷狗彘[1]。天屑临文王慈[2]，是以老而无子者，有所得终其寿；连独无兄弟者[3]，有所杂于生人之间；少失其父母者，有所放依而长[4]。此文王之事，则吾今行兼矣。昔者武王将事泰山，隧传曰："泰山有道。曾孙周王有事[5]，大事既获[6]，仁人尚作，以祇商夏[7]，蛮夷丑貉。虽有周亲，不若仁人。万方有罪，维予一人。"此言武王之事，吾今行兼矣。是故子墨子言曰：今天下之士君子，忠实欲天下之富[8]，而恶其贫；欲天下之治，而恶其乱，当兼相爱、交相利。此圣王之法，天下之治道也，不可不务为也。

关键词：圣王行兼　天下治道

注释

[1]穑（sè）人：农民，庄稼汉。黍（shǔ）稷：泛指农作物。狗彘（zhì）：泛指牲口家畜。　[2]屑临：青睐的意思。　[3]连：艰难，疾苦。　[4]放依：依靠。　[5]曾孙：古代帝王祭天时的谦称。　[6]大事：指讨伐商纣之事。既获：已得胜利。

[7] 祇：读为“振”，即拯救。商夏：这里指中原。 [8] 忠实：内心确实。

译文

从前周文王治理西土，就像太阳月亮一样，射出的光辉照耀四方和西周大地。他不自恃是大国就欺侮小国，不自恃人多来欺侮鳏寡孤独，不倚仗强暴势力去掠夺农夫的粮食牲畜。上天眷顾文王的慈爱，所以年老无子的人，可以得以善终；孤苦无兄弟的人可以安居于人们中间；幼小失去父母的人有所依靠而长大成人。这是文王实行兼爱的事迹，我们现在也应该实行这种兼爱。从前武王将祭祀泰山，奏陈：“泰山之神有灵！曾孙周王有事祷告。现在大事已成功，一批仁人起而相助，用以拯救商夏遗民及四方少数民族。虽有至亲，不如仁人。如果百姓有什么过失，由我一人承当。”这是周武王实行兼爱的事迹，我们现在也应该实行这种兼爱。所以墨子说道：现在天下的君子，内心确实希望天下富足，而厌恶贫穷；希望天下得治，而厌恶混乱，那就应当实行兼相爱、交相利，这是圣王的常法，治理天下的正道，不可不努力去做。

文史链接

三家分晋

在开篇的时候，墨子谈到了当时社会礼崩乐坏，天下混乱的现象：“国之与国之相攻，家之与家之相篡，人之与人之相贼。”墨子的批评并非夸大其词。司马迁也曾感叹：“春秋之中，弑君三十六、亡国五十二，诸侯奔走不得保其社稷者不可胜数。”（《史记·太史公自序》）这些国家走向覆灭，一方面是因为外部侵略，

即国与国“相攻”，另一方面则是国家内部的大家族在羽翼丰满之后予以篡夺，所以孔子也曾感言：“吾恐季孙之忧，不在颛臾，而在萧墙之内也。”（《论语·季氏》）这其中比较典型的案例就是三家分晋。

晋国之所以会出现这种情况，其实跟晋献公时的“骊姬之乱”有关。晋献公有六位妻子，共五个儿子。其中有齐姜所生的太子申生、狐姬所生的重耳、狐姬的妹妹小戎子所生的夷吾、骊姬所生的奚齐及其陪嫁妹妹所生的卓子。对于普通人家来说，生了五个儿子是好事，所谓“多子多福”，高兴都还来不及。但对于帝王诸侯来说，却有一个麻烦，那就是究竟让谁继承王位的问题。按照一般的习俗惯例，要立长子为嗣。但问题就在于晋献公对骊姬特别宠爱，而骊姬也野心勃勃，希望自己的儿子奚齐能够成为太子。为此，她步步为营，试图将异己逐个铲除。她首先是买通晋献公的亲信，让他们向晋献公献策，将太子申生、重耳和夷吾以保家卫国之名调离京城。其次便开始陷害太子申生。她在申生献给晋献公的酒肉里下毒，造成申生谋害父王的假象。申生尽管知道了骊姬的阴谋，但又不忍父王因惩罚骊姬而伤心，最后选择了自杀。剩下的就只有重耳和夷吾了。骊姬又设计陷害他们，令晋献公发兵讨伐自己的骨肉，重耳和夷吾便流亡在外。公元前651年，晋献公去世，骊姬总算如愿以偿，自己的儿子奚齐立为国君。但就在为晋献公举行丧礼的过程中，奚齐就被太子申生的老师里克杀死。而后大夫荀息又立奚齐的弟弟卓子为国君，没过几天，里克又将卓子和骊姬杀掉。随后，里克便迎接重耳回国即位，但被重耳谢绝，于是重耳的弟弟夷吾是为晋惠公。经过这场骊姬之乱，晋国从此不再立公子、公孙为贵族，这就是所谓的“晋无公族”。

既然“晋无公族”，那么各家异姓大夫的势力就有了膨胀的可能。而在晋成公时，“宦卿之适子而为之田，以为公族”，异姓大夫由此代为公族，这意味着晋公室不再独大，从而为异姓卿大夫的作乱提供了条件。到了晋文公、晋襄公时，狐氏、赵氏、先氏、郤氏、胥氏等氏族颇有权势，以后又出现了韩氏、魏氏、栾氏、范氏、荀氏等强大世族。这些家族正如墨子所言的“家之与家之相篡”，到了春秋晚期就剩下了赵、魏、韩、范、智、中行氏六家，是为“六卿”。到了公元前497年，范氏、中行氏趁赵氏内乱，试图打倒赵鞅。结果本来对对范、中行不满的韩、魏两家终于找到了借口，于是联合智氏一起帮助赵氏反攻范氏、中行氏。最后范氏、中氏逃往齐国，赵、韩、魏、智四家分掉了这两家的土地，变成了四家专权的局面，而其中势力最大的就是智氏。

智氏的野心也逐渐膨胀起来。公元前455年，智伯瑶向韩康子直接索要土地。韩康子本想拒绝，但他手下谋士向他献策：与其得罪傲慢无礼的智伯瑶，令韩智两族交战不断，不如暂且隐忍，让出一部分土地，等到其他氏族拒绝智伯瑶后发生冲突，坐收渔利。韩康子于是就送了个万家之邑给智伯瑶。智伯瑶得逞之后，更加狂妄贪婪。他接着便向魏宣子索要一个万家之邑。魏国的谋士也明白其中的玄机，于是魏宣子也答应了智伯瑶的要求。既然两家都献出了土地，在智伯瑶看来，剩下的赵氏应该也不在话下。但出乎意料的是，赵襄子的态度和前面两位截然不同，智伯瑶于是大怒，联合韩魏，发兵围攻晋阳，并约定胜赵之后，三分赵的土地。公元前453年，智伯瑶在久攻不下之后，决汾水淹晋阳。此时的晋阳就在覆灭之间。这时候，赵襄子的谋士张孟谈去拜访了韩康子、魏宣子。他告诉他们，智伯瑶狼子野心，贪得无厌，如果晋阳城破，赵氏灭亡，下一个要遭灭顶之灾的就是韩、魏。韩康子、魏宣子听了张孟谈的话，正中下怀，于是约定反戈一击，共灭智氏。

韩、魏和赵趁着智伯瑶毫无戒备，立即发动反击。赵襄子派出部队，杀死智氏军守堤的士兵，决开堤防反灌，让洪水冲进智伯营里，韩、魏军趁势从背后，侧翼进攻，赵襄子大败智氏军，擒杀智伯瑶。战胜后，赵襄子难解心中之恨，于是又砍下智伯瑶的首级，并雕刻上漆，当饮酒之器具。之后又大肆搜捕，将智氏宗室灭族。

从此晋国强族只剩下赵、韩、魏三家。晋国国君虽仍在位，早已形同虚设。公元前434年，晋哀公去世，晋幽公即位，韩、赵、魏再次瓜分晋国剩余土地，只可怜晋幽公身为一国之主，只剩下绛与曲沃两块土地。从此韩、赵、魏称为三晋。后人便将此事称为三家分晋。公元前403年，周威烈王册命晋大夫魏斯、赵籍、韩虔为诸侯。这标志着当时的中央政权承认了韩赵魏的合法政治地位。司马光在《资治通鉴》中便以此为战国的开始。

思考讨论

1. 墨子认为，社会的纷乱起源于人们之间不相爱，你觉得他的观点正确吗？

2. 人与人之间的相互关爱应该毫无差别，一视同仁吗？

3. 谈一谈你对兼爱的理解。

第五节　非攻上

今有一人，入人园圃[1]，窃其桃李。众闻则非之，上为政者得则罚之。此何也？以亏人自利也。至攘人犬豕鸡豚者[2]，其不义又甚入人园圃窃桃李[3]。是何故也？以亏人愈多，其不仁兹甚，罪益厚。至入人栏厩[4]，取人牛马者，其不仁义又甚攘人犬豕鸡豚。此何故也？以其亏人愈多。苟亏人愈多，其不仁兹甚，罪益厚。至杀不辜人也，扡其衣裘[5]，取戈剑者[6]，其不义又甚入人栏厩取人牛马。此何故也？以其亏人愈多，苟亏人愈多，其不仁兹甚矣，罪益厚。当此，天下之君子皆知而非之，谓之不义。今至大为攻国[7]，则弗知非，从而誉之，谓之义。此可谓知义与不义之别乎？

关键词：不义当非

注释

[1]园：即果园。圃：即菜园，这里主要是指果园。

[2]豚（tún）：小猪。　[3]甚：超过。　[4]栏厩：关牛马的圈。

[5] 扡（tuō）：即拖。这里是抢夺，夺取的意思。　[6] 戈剑：戈与剑，这里泛指兵器。　[7] 大为攻国：应为“大为不义攻国”。后文重复出现此语，故依据下文改之。

译文

现在假如有一个人，跑到别人的果园里，偷摘人家的桃子、李子。众人听说后就要指责他，上面执政的人抓到后就要处罚他。这是为什么呢？因为他损人利己。至于偷盗别人的鸡犬、牲猪的人，他的不义又超过到别人的果园里去偷桃李。这是为什么呢？因为他损人更多，他的不仁也就更大，罪过也就更重。至于进入别人的牛栏马厩内，偷取别人的牛马，他的不仁不义，又比偷盗别人鸡犬、牲猪的更甚。这是为什么呢？因为他损人更大。一旦损人更多，他的不仁也就更大，罪过也就更重。至于妄杀无辜之人，夺取别人的皮衣和戈剑，这种人的不义又超过钻进别人的牛栏马厩偷取别人的牛马。这是为什么呢？因为他损人更多。一旦损人更多，那么他的不仁也就更大，罪过也就更重。对此，天下的君子都知道谴责他，指责他的不义。现在最大的不义是攻打别国，而人们却不知道去谴责他，反而跟着赞誉这种行为，称之为义。这能够说是明白义与不义的区别吗？

杀一人谓之不义，必有一死罪矣。若以此说往[1]，杀十人十重不义[2]，必有十死罪矣；杀百人百重不义，必有百死罪矣。当此，天下之君子皆知而非之，谓之不义。今至大为不义攻国，则弗知非，从而誉之，谓之义，情不知其不义也[3]，故书其言

以遗后世。若知其不义也，夫奚说书其不义以遗后世哉[4]？今有人于此，少见黑曰黑，多见黑曰白，则以此人不知白黑之辩矣[5]；少尝苦曰苦，多尝苦曰甘，则必以此人为不知甘苦之辩矣。今小为非，则知而非之；大为非攻国，则不知非，从而誉之，谓之义。此可谓知义与不义之辩乎？是以知天下之君子也，辩义与不义之乱也。

关键词：杀人不义　君子辩义

注释

[1]说往：类推、推度。　[2]十重：十倍。　[3]情：的确，实在。　[4]奚说：怎么解释。　[5]则以此人不知：应为“则必以此人为不知”。

译文

杀掉一个人叫做不义，必定会被判处死罪。如果按照这种说法类推，杀掉十个人，就是十倍的不义，必定会被判处十重死罪；杀掉一百人，就是有百倍的不义，必定会被判处百重死罪。对于这种行为，天下的君子都知道谴责它，称它不义。现在有人做很大的不义之事，去攻打别人的国家，而人们却不知道去谴责他，反而跟着赞美这种行为，称之为义。他们确实不懂得那是不义的，所以才把那些称赞不义的话传诸后世。如果他们知道那是不义的，又怎么解释他们把这些不义之事记载下来传诸后世呢？假如现在

这里有一个人，看见少许黑色就说是黑的，看见很多黑色却说是白的，那么人们就会认为这个人不懂得白和黑的区别。少尝一点苦味就说是苦的，多尝些苦味却说是甜的，那么人们就会认为这个人不懂得苦和甜的区别。现在，对于做了很小一点错事的人，人们就都知道他错了，并谴责他；而对于犯了攻打别的国家这么大过错的人，人们却不知道谴责他，反而跟着赞美这种行为，称之为义。这能够说是明白义与不义的区别吗？所以由此知道天下的君子，把义与不义的区别弄得多么混乱啊。

文史链接

不义之战

墨子反对不义的攻战，把打仗杀人看做是与入园行窃、攘人猪羊一样可耻的行为。墨子善于使用类推的方式，将人们习以为常的妄念由浅入深地加以点破，给人以出其不意但又言之有理的感觉，相信每一个读完《非攻》的人都会重新对战争及战争英雄产生新的看法。当然，墨子对战争的剖析并非《非攻》一篇，在《墨子》中还有很多精彩的论述。

在《耕柱》中，墨子劝说鲁阳文君不要攻打小国。他说，大国去攻打小国，就好像小孩子玩骑马游戏一样。玩骑马游戏的结果是小孩子并没有骑到真正的马，反而把双腿累坏了。如今大国去攻打小国，以攻打的大国来说，战事一开，农夫就无法耕种，妇人就不能织布，所有生产活动都要为战争让路。而被攻打的小国，农夫也无法耕作，妇人也不能织布，也只能一心一意放在战争上面。这么打来打去，最后的结果就是破坏生产，损害战争双方的利益，白忙活一场。

在《鲁问》里，墨子再次劝阻鲁阳文君攻战。墨子对鲁阳文君说：“如果现在鲁阳境内的大都城去攻打小都城，大家族去侵夺小家族，把对方的人民都杀掉，夺取他们的牛马猪狗、布帛粮食和金银珠宝，您会怎么办？”鲁阳文君说：“鲁阳境内都是我的臣民，要是出现了大都城去攻打小都城，大家族去侵夺小家族，夺取他人财物的情况，我一定会重重惩罚。”墨子便接过鲁阳文君的话，质问道：“上天兼有天下，就好像您兼有鲁阳境内一样。您都会对肆意攻伐的臣下严惩不贷，那上天要是知道您去攻打郑国，只怕上天也会降罪于您啊！”鲁阳文君听后仍然强辩：“先生为什么要阻止我攻打郑国呢？我攻打郑国是顺从天意啊！郑人三代都杀国君，上天降罪于他们，使郑国三年没有收成。我这是替天行道啊。”墨子说：“郑人三代杀其国君，上天已经降罪于他们，使郑国三年没有收成，上天的惩罚已经够了。现在您又发兵攻打，还说自己是顺从天意。这就好比有一个人，他的孩子顽劣不成材，于是便将孩子鞭打了一顿。这时候邻居的家长也拿起木棒来打，说：‘我打这孩子，是顺他父亲的心意。’这不是非常荒谬吗？”

在《鲁问》里，墨子不仅劝阻了鲁阳文君，还打消了齐王攻打鲁国的念头。他仍然是采取循循善诱的方式，让对方自己明白其中的道理。他向齐王说：“假如现在这里有一把刀，拿人头来试刀，手起刀落，人头落地，这样的刀称得上锋利吧。”齐王说：“锋利！”墨子接着说：“那么多拿几个人头来试刀，也是一下子就砍断头，这样的刀称得上锋利吧。”齐王说：“锋利。”墨子于是便说：“刀证明是锋利的了，那谁将遭受杀人带来的不祥呢？”齐王说：“刀被证明是锋利，那试刀的人要遭受杀人带来的不祥。”墨子于是调转话头，质问齐王：“兼并别国土地，覆灭别国军队，残杀别国的百姓，那么谁将遭受战争带来的灾祸呢？”齐王听完后就明白了

墨子的意思，但苦于层层推理都是建立在自己作出的判断的基础之上，只好承认说："我将遭受这灾祸。"

先秦时期，主张非攻的不止墨家，道家、儒家，甚至以兵法擅长的兵家也反对战争。老子说："以道佐人主者，不以兵强天下。其事好还。师之所处，荆棘生焉。"（《道德经·第三十章》）意思是说用"道"来辅佐国君的人，不会靠武力在天下逞强。打仗这种事，总会得到报应。军队所过之处，长满了荆棘。大战之后，必定出现荒年。他还说："兵者不祥之器，非君子之器，不得已而用之，恬淡为上。胜而不美，而美之者，是乐杀人。夫乐杀人者，则不可得志于天下矣。"（《道德经·第三十一章》）他跟墨子一样，都认为战争会带来灾祸。如果不得已要打仗，最好是淡然处之。取得了胜利，也不应该得意，如果得意，那就是喜好杀人。凡是喜好杀人的，不可能在天下取得成功。老子甚至还认为，胜利之后不应该开表彰会，而应该举行追悼会。这就是所谓"战胜以丧礼处之"。

孔子对战争的态度也是敬而远之。子贡向孔子问政。孔子回答说："使粮食充足，使军备充足，使百姓信赖政府。"子贡再问："如果迫不得已要去掉一项，先去掉这三项中的哪一项？"孔子说："去掉军备。"（《论语·颜渊》）卫灵公向孔子询问有关作战布阵的方法。孔子回答说："礼仪方面的事，我是曾经听说过的；军队方面的事，却不曾学习过。"（《论语·卫灵公》）孔子并非真的不知道行军打仗之事，只是反对用军事暴力解决问题。孟子对"春秋无义战"的状况则表示极大的愤慨，他说："争地以战，杀人盈野；争城以战，杀人盈城，此所谓率土地而食人肉，罪不容于死。故善战者服上刑。"（《孟子·离娄上》）孟子认为，好战之人为了争城夺地，不惜横尸遍野，他们应该受到最重的刑罚。

孙武在《孙子兵法》中,也明确指出战争是不得已的下下之策。他说：“故上兵伐谋，其次伐交，其次伐兵，其下攻城。”最高明的兵法是使用策略取胜，而非在战场上厮杀。对于那些夸耀自己战功的人，孙武的评价并不高：“是故百战百胜，非善之善者也；不战而屈人之兵，善之善者也。”孙膑在《孙膑兵法》中警示后人：“乐兵者亡，而利胜者辱。”乐于征战，喜好胜利，终将导致灭亡。但可惜的是，时至今日，战争不但没有消亡，反而带来的破坏越来越大。那些动辄鼓噪战争的人们难道非走到“杀人盈国”的境地才能冷静下来倾听古人的劝说吗?

思考讨论

1. 墨子的非攻是针对所有的战争吗?
2. 你对战争的看法是怎样的?

第六节　节用上

圣人为政一国，一国可倍也[1]。大之为政天下[2]，天下可倍也。其倍之，非外取地也，因其国家，去其无用之费，足以倍之。圣王为政，其发令兴事，使民用财也，无不加用而为者[3]，是故用财不费，民德不劳[4]，其兴利多矣。

关键词：去无用之费

注释

[1]倍:作动词，使财利增加一倍。　[2]大:作动词，扩大。[3]加用：加，增益。用，实用。　[4]民德：民众。

译文

圣人治理一个国家，一国的财利可以增加一倍。如果扩大开来让圣人治理天下，天下的财利可以增加一倍。这增加的一倍，并不是向外掠夺土地得来的，而是根据国家的具体情况，省去无用之费，使得财力倍增的。圣王治理国家，他发布命令、举办事业、役使民众、使用财物，没有不是有益于实用才去做的。所以使用财物不浪费，民众能够不劳苦，他兴起的利益就多了。

其为衣裘何以为？冬以圉寒[1]，夏以圉暑。凡为衣裳之道，冬加温，夏加凊者[2]，芊䱉不加者去之[3]。其为宫室何以为？冬以圉风寒，夏以圉暑雨，凡为宫室加固者，芊䱉不加者去之。其为甲盾五兵何以为[4]？以圉寇乱盗贼。若有寇乱盗贼，有甲盾五兵者胜，无者不胜，是故圣人作为甲盾五兵。凡为甲盾五兵加轻以利，坚而难折者，芊䱉不加者去之。其为舟车何以为？车以行陵陆，舟以行川谷，以通四方之利。凡为舟车之道，加轻以利者，芊䱉不加者去之。凡其为此物也，无不加用而为者，是故用财不费，民德不劳，其兴利多矣。

关键词：实用　兴利

注释

[1] 圉（yù）：同“御”，抵御。　[2] 凊（qìng）：凉爽。[3] 芊䱉：当为“鲜且”，即鲜艳好看的意思。一说为“取之”之物，断句应为“冬加温，夏加凊者芊䱉（取之），不加者去之”，以下皆同。这两种说法都说得通。　[4] 五兵：五种兵器，一般指戈、矛、殳（shěn）、殳（shū）、戟。

译文

圣人制造衣服是为了什么呢？冬天用来御寒，夏天用来防暑。

缝制衣服的原则是：冬天能益于保暖，夏天能有利于凉爽，如果只是漂亮而不能增加这一特性的就去掉。圣人建造房子是为了什么呢？冬天用来抵御风寒，夏天用来抵挡炎热和雨水，凡是建造房子都以增加其坚固为目的，只是漂亮而不能增加这一特性的就去掉。圣人制造铠甲、盾牌和戈矛等五种兵器是为了什么呢？用来抵御外寇和盗贼。如果有外寇盗贼，拥有铠甲、盾牌和戈矛等五种兵器的就胜利，而没有的就要失败。所以圣人要制造铠甲、盾牌和戈矛等五种兵器。凡是制造铠甲、盾牌和戈矛等五种兵器，要能增加轻便锋利、坚固而难以折断的特点，如果只是漂亮而不能增加这一特性的就去掉。圣人制造车、船又是为了什么呢？车是用来行陆地，船是用来行水道，以此来沟通四方的利益。凡是制造车、船的原则，要让它更加轻快便利，如果只是漂亮而不能增加这一特性的就去掉。凡是圣人制造的这些东西，无一不是有益于实用才去做的，所以使用财物不浪费，民众能够不劳苦，他兴起的利益就多了。

有去大人之好聚珠玉、鸟兽、犬马[1]，以益衣裳、宫室、甲盾、五兵、舟车之数，于数倍乎[2]！若则不难。故孰为难倍？唯人为难倍。然人有可倍也。昔者圣王为法曰[3]：“丈夫年二十[4]，毋敢不处家[5]；女子年十五，毋敢不事人[6]。”此圣王之法也。圣王既没，于民次也[7]。其欲蚤处家者[8]，有所二十年处家[9]；其欲晚处家者，有所四十年处家。以其蚤与其晚相践[10]，后圣王之法十年，若纯三年

而字[11]，子生可以二三年矣[12]。此不惟使民蚤处家，而可以倍与。且不然已[13]。

关键词：倍人之道

注释

[1]有：同“又”。 [2]于数：在数量上。 [3]为法：制定法律。 [4]丈夫：古时男子的通称。 [5]处家：娶妻成家。[6]事人：这里指嫁人，侍奉夫君。 [7]次：即“恣”，放纵，听任。[8]蚤（zǎo）：通“早”。 [9]有所：有时。 [10]践：通“减”。[11]纯三年而字：全都三年生一个孩子。纯，都、全的意思。字，生子的意思。 [12]年：应为“人”。 [13]且不然已：但是却不这样。且，然而。已，同“矣”。

译文

又去掉王公大人们所爱好搜集的珠玉、鸟兽、犬马的费用，用来增加衣服、房屋、兵器、车船的数量，使之增加几倍，也不是什么难事。然而，什么是难以成倍增加的呢？只有人口是难以成倍增加的。然而人也有可以成倍增加的办法。古代圣王制订法令说道：“男子年到二十，不许不成家；女子年到十五，不许不嫁人。”这是圣王的法令。圣王去世以后，听任百姓放纵自己，那些想早点成家的，有时二十岁就成家；那些想迟点成家的，有时四十岁才成家。拿那些早成家的与晚成家的年龄相减，与圣王规定的法令相差十年。如果婚后都三年生一个孩子，就可多生两三个孩子了。让老百姓早点成家，不是可以使人口成倍增加吗？然而现在当政的人却不这样做。

今天下为政者，其所以寡人之道多[1]。其使民劳，其籍敛厚[2]，民财不足、冻饿死者，不可胜数也。且大人惟毋兴师以攻伐邻国[3]，久者终年，速者数月。男女久不相见，此所以寡人之道也。与居处不安、饮食不时、作疾病死者，有与侵就僾橐[4]、攻城野战死者，不可胜数。此不令为政者所以寡人之道、数术而起与[5]？圣人为政特无此。不圣人为政[6]，其所以众人之道亦数术而起与？故子墨子曰："去无用之务，行圣王之道[7]，天下之大利也。"

关键词：寡人之道

注释

[1]寡人：这里的意思是使人口数量减少。 [2]籍敛：赋税，税收。 [3]惟毋：语助词，无实义。 [4]有与：又加上。有，同"又"。侵就：指侵夺。僾橐（ài tuó）：指被敌人埋伏突击。 [5]不令：不善。一说"令"为"今"，是如今、当下的意思，这种说法也说得通。 [6]不：当为"夫"。 [7]去无用之务，行圣王之道：另有版本为"去无用，之圣王之道"。

译文

现在当政的人，他们使人口减少的原因是多方面的。他们使百姓劳苦，收取的赋税十分繁重。百姓因财用不足而冻饿死的，不可胜数。而且大人们只知兴师动众去攻打邻国，时间久的要一年，快的也要几个月，男女夫妇长期不相见，这就是减少人口的根源。加上居住不安定、饮食不按时、生病而死的，再加上被敌人掳走和伏击打死的，以及攻城野战而死的，也不可胜数。这些不善为政的人，他们使人口减少，究其原因，那是由于他们自己采取了多种手段而造成的啊？圣人治理国家绝对没有这种情况。圣人施政，他们使人口众多，究其原因，那是由于他们采取多种手段而达到的啊！所以墨子说："去掉无用的东西，实行圣王的治国之道，这是天下的大利呀。"

文史链接

骄奢亡国

墨子主张节用，矛头所指并非当时的普通民众，而是骄奢淫逸的王公贵族。在《墨子·七患》中，墨子批判道："（王公贵族们）以最高的奖赏去赏赐无功的人；掏空国库去购置车马衣裘和奇珍异宝；役使百姓劳苦不堪地去修造宫室、观赏游乐的场所；死了之后在棺木外还要做多重外棺，做很多衣衾。他们活着的时候，大修亭台楼榭，死了又大建坟墓。"是为"上不厌其乐，下不堪其苦"。统治者们忧愁的是如何用新的玩意去刺激享乐后的空虚，用一种无聊去代替另一种无聊；而劳苦大众却在莺歌燕舞的高台之下为衣食不全而焦虑，在这歌舞升平的世上苟活下去居然变成了一种奢望。于是，原本和谐安定的国家分化为两个极端，一边是王公贵族的豪奢享乐，醉生梦死；另一边却是人民群众的饥肠辘辘，哀鸿遍野。即便如此，不少统治者仍然抱怨着民脂民膏不足以花费，绞尽脑汁想榨干人民最后一滴血；而劳苦大众也不堪屈辱，有的逃亡他国，有的发起暴动，有的转为寇盗，使得本已风雨飘摇的

天下更加动荡不安。这样的昏乱之世如何不令墨子痛心疾首呢？

墨子说："民有三患：饥者不得食，寒者不得衣，劳者不得息，三者民之巨患也。"（《墨子·非乐上》）老百姓为什么会落得如此地步？墨子告诉我们，不是因为"以其常役，修其城郭"，"以其常征，收其租税"，正常的劳役和赋税虽然使民众伤财劳累，但不致造成困苦损伤。问题在于王公贵族们欲求过剩，不用心于天下苍生，而沉迷于宫室、衣服、饮食、舟车、蓄私之中。于是就"厚作敛于百姓，暴夺民衣食之财"（《墨子·辞过》）。在原有的徭役赋税基础上层层加码，老百姓如何不陷入困窘呢？孟子也说："有布缕之征，粟米之征，力役之征。君子用其一，缓其二。用其二而民有殍，用其三而父子离。"（《孟子·尽心下》）意思是说有征收布帛的赋税，有征收谷物的赋税，有征发人力的赋税。开明的君主在三者之中，采用一种，其他两种暂时缓用。如果同时采用两种，有的老百姓会被饿死；如果三种同时征收，那样，父子就会分家，谁也不顾谁了。而据杨宽《战国史》记载，齐国由于统治者剥削残酷，劳动人民生产的东西要被剥夺三分之二。此外，贵族又到处设立关卡勒索财货，所谓"逼介之关，暴征其私"，连贵族的宠妾也到市上去强行掠夺，所谓"内宠之妾，肆夺于市"。民生可谓艰难。此外，还有高利贷商人趁着人民穷困，进行盘剥。荀子批判道："行贷而食人。"（《荀子·儒效》）民间疾苦之深可以想见。

聚敛了百姓的财富之后，王宫大人们又怎么办呢？黄宗羲在《原君》中痛斥："其既得之也，敲剥天下之骨髓，离散天下之子女，以奉我一人之淫乐。"这正是那些统治者的真实写照。楚灵王役使民力七年，倾举国之力修章华台，据说该宫殿"台高十丈，基广十五丈"，"以豪华富丽夸于诸侯"，当时被誉为"天下第一台"。而楚灵王就在这高台之上寻欢作乐，丝竹管弦之声终日不绝。卫懿公爱好养鹤，玩物丧志。他把鹤编队起名，请专人训练它们鸣叫、舞蹈，还给鹤赐予爵禄，上等的鹤享受大夫的爵禄，次等的鹤等同士人，养鹤训鹤的人也均加官晋爵。每次出去游玩，都带上鹤，并载于车前，称之为“鹤将军”。为了养鹤，每年耗费大量的资财，为此向老百姓加派粮款，民众饥寒交迫，怨声载道。齐桓公吃腻了山珍海味，易牙给他献上用自己的儿子炖的人肉；周景公厌倦了中和之声，便铸造大钟无射以娱耳目。诸如此类的荒唐事不胜枚举。这些骄奢淫逸的君王最后也都不得善终。楚灵王被楚国人民轰下台，吊死郊外；卫懿公豢养的鹤大夫、鹤士人并不能帮他克敌制胜，终于兵败被杀；齐桓公信任连亲生骨肉都可以用来烹饪的易牙，最后活活饿死；周景公不听劝阻，声势惊人，霸气十足的无射铸成次年，他便气绝身亡。

墨子谈节用语重心长，可惜听得进去的统治者少之又少。诚如孟子所言，这并非是“挟泰山以超北海”之事，不是在能力上做不到，而是不愿意去做。到了战国后期，为统治者专制集权张目的韩非子也劝诫君主们力行节俭，反对奢侈浪费。他说：“人主乐美宫室台池，好饰子女狗马以娱其心，此人主之殃也。为人臣者尽民力以美宫室台池，重赋敛以饰子女狗马，以娱其主而乱其心，从其所欲，而树私利其间，此谓养殃。”（《韩非子・八奸》）他告诫统治者若是喜好声色犬马，下场就是被臣下操纵。他还说：“好宫室台榭陂池，事车服，器玩好，罢潞百姓，煎靡货财者，可亡也”。（《韩非子・亡征》）追求奢华将会导致亡国之祸。秦始皇听取了韩非子的权谋之术，但对主张节用的良言却置若罔闻，一统天下之后修建阿房宫，修得“五步一楼，十步一阁；廊腰缦回，檐牙高啄；各抱地势，钩心斗角”，可惜豪奢的阿房宫光鲜背后是无数民众的愤怒，终于“楚人一炬，可怜焦土”（杜牧《阿房宫赋》）。

思考讨论

1. 国家要走向强盛，家庭要走向富裕，你认为是节约重要，还是开源重要？

2. 你认为你的生活开支合理吗？有没有应当节约之处？

3. 节约和吝啬的分别是什么？

第七节　天志上

子墨子言曰：今天下之士君子，知小而不知大。何以知之？以其处家者知之。若处家得罪于家长，犹有邻家所避逃之。然且亲戚、兄弟、所知识[1]，共相儆戒[2]，皆曰："不可不戒矣！不可不慎矣！恶有处家而得罪于家长而可为也？"非独处家者为然，虽处国亦然。处国得罪于国君，犹有邻国所避逃之。然且亲戚、兄弟、所知识，共相儆戒，皆曰："不可不戒矣！不可不慎矣！谁亦有处国得罪于国君而可为也？"此有所避逃之者也，相儆戒犹若此其厚，况无所逃避之者，相儆戒岂不愈厚，然后可哉？且语言有之曰[3]："焉而晏日[4]，焉而得罪，将恶避逃之？"曰："无所避逃之。"夫天不可为林谷幽门无人[5]，明必见之[6]。然而天下之士君子之于天也，忽然不知以相儆戒[7]，此我所以知天下士君子知小而不知大也。

关键词：知小而不知大

注释

[1] 然且：然而，但是。所知识：认识的人。 [2] 儆（jǐng）：通“警”，警告的意思。 [3] 语言有之：俗话说。 [4] 焉而：于、在的意思。下一句“焉而得罪”的“焉而”是语助词。晏日：光天化日。 [5] 幽门：门，当为间。幽间，僻静幽深之处。 [6] 明：这里指上天的目光。 [7] 忽然：疏忽的样子。

译文

墨子说道：现在天下的士人君子只知道小道理，而不知道大道理。怎么知道是这样呢？从他们处身于家的情况就可以知道。如果一个人处在家族中而得罪了家长，他还可逃避到邻居家去。然而父母、兄弟和相识的人，都相互警戒说：“不可不警戒呀！不可不谨慎呀！怎么会有处在家族中而可以得罪家长的呢？”不仅处身于家的情况如此，就是处身于国也是这样。如果处在国中而得罪了国君，还有邻国可以逃避。然而父母、兄弟和相识的人，都相互警戒说：“不可不警戒呀！不可不谨慎呀！怎么会有处身于国而可以得罪国君的呢？”这还是有地方可以逃避的，人们相互警戒还如此严重，更何况那些没有地方可以逃避的人呢？互相警戒难道不就更加严重，然后才可以吗？而且俗话说：“在光天化日之下犯了罪，有什么地方可以逃避呢？”回答是：“没有地方可以逃避。”上天不会对山林深谷幽暗无人的地方有所忽视，他明晰的目光一定会见到一切。然而天下的士人君子对于天，却疏忽地不知道以此相互警戒。这就是我之所以知道天下的士人君子知道小道理而不明白大道理的原因。

然则天亦何欲何恶？天欲义而恶不义。然则率天下之百姓以从事于义，则我乃为天之所欲也。我为天之所欲，天亦为我所欲。然则我何欲何恶？我欲福禄而恶祸祟[1]。若我不为天之所欲而为天之所不欲，然则我率天下之百姓以从事于祸祟中也。然则何以知天之欲义而恶不义？曰天下有义则生，无义则死；有义则富，无义则贫；有义则治，无义则乱。然则天欲其生而恶其死，欲其富而恶其贫，欲其治而恶其乱，此我所以知天欲义而恶不义也。

关键词：天欲义而恶不义

注释

[1] 祟（suì）：鬼神降祸于人叫作祟。

译文

那么上天喜欢什么厌恶什么呢？上天喜欢义而憎恶不义。那么率领天下的百姓去做合乎义的事，这就是我们在做上天所喜欢的事了。我们做上天所喜欢的事，那么上天就会做我们所喜欢的事。那么我们又喜欢什么、憎恶什么呢？我们喜欢福禄而厌恶祸患，如果我们不做上天所喜欢的事，而去做上天所不喜欢的事，那么我们就是率领天下的百姓，陷身于祸患灾殃中去了。那么怎么知道上天喜欢义而憎恶不义呢？回答说：天下之事，有义的就生存，无义的就死亡；有义的就富有，无义的就贫穷；有义的就治理，无义的就混乱。而上天喜欢人类生存而讨厌他们死亡，喜欢人类富有而讨厌他们贫穷，喜欢人类太平而讨厌他们混乱。这就是我所以知道上天喜欢义而憎恶不义的原因。

曰：且夫义者政也[1]，无从下之政上，必从上之政下。是故庶人竭力从事，未得次己而为政[2]，有士政之。士竭力从事，未得次己而为政，有将军大夫政之。将军大夫竭力从事，未得次己而为政，有三公诸侯政之；三公诸侯竭力听治[3]，未得次己而为政，有天子政之。天子未得次己而为政，有天政之。天子为政于三公、诸侯、士、庶人，天下之士君子固明知，天之为政于天子，天下百姓未得之明知也。故昔三代圣王禹汤文武，欲以天之为政于天子，明说天下之百姓[4]，故莫不犓牛羊[5]，豢犬彘[6]，洁为粢盛酒醴[7]，以祭祀上帝鬼神，而求祈福于天，我未尝闻天下之所求祈福于天子者也[8]，我所以知天之为政于天子者也。

关键词：从上政下

注释

[1]政：通“正”，即匡正的意思。　[2]次己：任意，擅自。次，通“恣”，放纵、恣意的意思。为政：做事、从事的意思。下文出

现的“为政”皆为此意。　[3]听治：听政，处理政务。[4]明说：明白地告诉。　[5]犓(chú)：同“刍”，用草料喂养牲畜。[6]豢（huàn）：用谷米喂养　[7]粢（zī）盛酒醴（lǐ）：祭神的谷物美酒。　[8]天下：应为“天”。

译文

再说，义是用来匡正人的。不能从下来匡正上，必须从上来匡正下。所以老百姓竭力做事，但不能任意去做，有士人匡正他们；士人竭力做事，不得任意去做，有将军、大夫匡正他们；将军、大夫竭力做事，不得任意去做，有三公、诸侯去匡正他们；三公、诸侯竭力听政治国，不得任意去做，有天子匡正他们；天子不得任意去治政，有上天匡正他。天子匡正三公、诸侯、士、庶人，天下的士人君子固然明白地知道；上天匡正天子，天下的百姓却未能清楚地知道。所以从前三代的圣王，如禹、汤、周文王、周武王，想把上天匡正天子的事，明白地告诉天下的百姓，因此没有人不喂牛羊、养猪狗，洁净地预备酒醴粢盛，用来祭祀上帝鬼神，从而祈求上天降下福祉。我从未听说过上天向天子求福的，所以我知道上天是匡正天子的。

故天子者，天下之穷贵也[1]，天下之穷富也。故欲富且贵者，当天意而不可不顺。顺天意者，兼相爱，交相利，必得赏。反天意者，别相恶，交相贼，必得罚。然则是谁顺天意而得赏者？谁反天意而得罚者？子墨子言曰：昔三代圣王禹汤文武，此

顺天意而得赏也；昔三代之暴王桀纣幽厉[2]，此反天意而得罚者也。

关键词：顺天意得赏　反天意得罚

注释

[1]穷：最，极。　　[2]幽厉：指周代昏君周幽王、周厉王。

译文

天子是全天下极尊贵的人，全天下最富有的人。所以想要大富大贵的人，对天意就不可不顺从。顺从天意的人，相互关爱，交相得利，必定会得到赏赐；违反天意的人，互相厌恶，交相残害，必定会得到处罚。那么谁顺从天意而得到赏赐呢？谁违反天意而得到惩罚呢？墨子说道：从前三代圣王禹、汤、文王、武王，这些是顺从天意而得到赏赐的；从前三代的暴王桀、纣、幽王、厉王，这些是违反天意而得到惩罚的。

然则禹汤文武其得赏何以也？子墨子言曰：其事上尊天，中事鬼神，下爱人。故天意曰："此之我所爱，兼而爱之；我所利，兼而利之。爱人者，此为博焉；利人者，此为厚焉。"故使贵为天子，富有天下，业万世子孙，传称其善。方施天下，至今称之，谓之圣王。然则桀纣幽厉，得其罚何以也？子墨子言曰：其事上诟天，中诬鬼，下贼人。故天

意曰："此之我所爱，别而恶之；我所利，交而贼之。恶人者，此为之博也；贼人者[1]，此为之厚也。"故使不得终其寿，不殁其世[2]，至今毁之，谓之暴王。

关键词：赏善罚恶　暴王

注释

[1] 贼：伤害，危害。　[2] 不殁其世：不得善终。

译文

然而禹、汤、文王、武王得到赏赐是因为什么呢？墨子说：他们所做的事，对上尊敬上天，对中敬奉鬼神，对下关爱民众。所以天意说："他们对于我所爱的，没有区别全都关爱；对于我所使之受益的，也都让他们受益。关爱别人，这是最博大的；使别人受益，这是最深厚的。"所以使他们贵为天子，富有天下，子子孙孙不绝，传颂他们的美德。再把这美德遍施于天下，到现在还受人称道，称他们为圣王。那么桀、纣、幽王、厉王得到惩罚又是什么原因呢？墨子说道：他们所做的事，对上辱骂上天，于中辱骂鬼神，对下残害人民。所以天意说："他们对我所爱的，有所区别而憎恶；对于我所使之受益的，相互残害。憎恶别人，这是最为广泛的；残害别人，这是最为深重的。"所以使他们不能寿终正寝，不得善终。人们至今还在唾骂他们，称他们为暴君。

然则何以知天之爱天下之百姓？以其兼而明之[1]。何以知其兼而明之？以其兼而有之。何以知

其兼而有之？以其兼而食焉。何以知其兼而食焉？四海之内，粒食之民[2]，莫不犓牛羊，豢犬彘，洁为粢盛酒醴，以祭祀于上帝鬼神。天有邑人[3]，何用弗爱也[4]？且吾言杀一不辜者[5]，必有一不祥。杀不辜者谁也？则人也。予之不祥者谁也？则天也。若以天为不爱天下之百姓，则何故以人与人相杀，而天予之不祥？此我所以知天之爱天下之百姓也。

关键词：天爱百姓　不祥

注释

[1] 兼而明之：全部使之成长。明，成长的意思。　[2] 粒食之民：吃谷物的百姓。　[3] 邑人：即百姓，下民。　[4] 何用：即“为何”。　[5] 不辜：无辜，无罪。

译文

那么怎么知道上天关爱天下的百姓呢？因为他对百姓全都不加区别地使之成长。怎么知道他对百姓全都不加区别地使之成长呢？因为他全都不加区别地抚养。怎么知道他全都不加区别地抚养呢？因为他全都不加区别地供给食物。怎么知道他全都不加区别地供给食物呢？因为四海之内，凡是吃谷物的百姓，无不喂牛羊，养猪狗，洁净地做好粢盛酒醴，用来祭祀上帝鬼神。上天拥有下民，怎么会不关爱他们呢？而且我曾说过，杀了一个无辜的人，必定会有一桩灾祸。杀无辜之人的是谁呢？是人。降下灾祸的是谁呢？是上天。如果认为上天不关爱天下的百姓，那么为什么人与人互相残害，上天要降下灾祸呢？这是我知道上天关爱天下百姓的原因。

顺天意者，义政也；反天意者，力政也[1]。然义政将奈何哉？子墨子言曰：处大国不攻小国，处大家不篡小家，强者不劫弱，贵者不傲贱，多诈者不欺愚。此必上利于天，中利于鬼，下利于人。三利无所不利，故举天下美名加之，谓之圣王。力政者则与此异，言非此，行反此，犹倖驰也[2]。处大国攻小国，处大家篡小家，强者劫弱，贵者傲贱，多诈欺愚。此上不利于天，中不利于鬼，下不利于人。三不利无所利，故举天下恶名加之，谓之暴王。

关键词：义政　力政

注释

[1] 力政：暴力统治。　　[2] 倖驰：背道而驰的意思。倖，当为“僢（chuǎn）”。

译文

顺从天意的，就是义政；违反天意的，就是暴政。那么义政应是怎样呢？墨子说：处于大国地位的不攻打小国，居于大家族地位的不掠夺小家族，强者不胁迫弱者，尊贵的人不傲视低贱的人，狡诈的人不欺压愚笨的人。这必定上有利于天，中利于鬼神，下利于民众。做到这三利，就会无所不利。所以把天下最好的名声加给他，称之为圣王。而暴政则与此不同，他们言论上攻击义，行动上违反义，犹如背道而驰。处于大国地位的攻伐小国，居于大家族地位掠夺小家族，强者胁迫弱者，尊贵的人傲视低贱的人，狡诈的人欺压愚笨的人。这上不利于天，中不利于鬼神，下不利于民众。这三者不利就什么都不利了。所以将天下最坏的名声加给他，称之为暴君。

子墨子言曰：我有天志，譬若轮人之有规，匠人之有矩。轮匠执其规矩，以度天下之方圜[1]，曰：中者是也，不中者非也。今天下之士君子之书，不可胜载，言语不可尽计，上说诸侯，下说列士[2]，其于仁义则大相远也。何以知之？曰：我得天下之明法以度之[3]。

关键词：天志　规矩

注释

[1]圜：即“圆”。　[2]列士：有名望的人。　[3]明法：这里指天志。

译文

墨子说道：我们有了上天的意志，就好像制车轮的有了圆规，木匠有了方尺。轮人和木匠拿着他们的规和尺来量度天下的方和圆，说：符合的就是对的，不符合的就是错的。现在天下的士人君子的书，多得用车都载不完，言语多得都无法计算，对上游说诸侯，对下游说有名望的人，但他们距离仁义，则相差很远。怎么知道呢？回答是：我得到天下的明法来衡量他们。

文史链接

罪己诏

墨子主张“天志”，认为上天是明察秋毫的，具有赏善罚恶的道德意志，如果不遵从“义”，为非作歹，无论你是高高在上的君王，还是默默无闻的庶民，哪怕是逃到天涯海角，上天也一定会施行惩罚。墨子还专门写了一篇《明鬼》，警告那些君主，世界上是有鬼的，如果君主枉杀良臣，那么这些良臣就会化为厉鬼前来索命。当然，这些观念从今天的眼光看来，实在是荒诞不经的，但设想在科学蒙昧的两千多年前，提出这样的观点来遏制君主的专制独裁也是难能可贵的。而在后世，尽管君王们没有信奉墨子的思想，但有意志的上天的观点倒是被很多君王所接受。在中国的历史长河里，也形成非常有特色的“罪己诏”文化。

所谓诏书，是一种古代君主下达命令的文书。但“罪己诏”非常特殊，它不下达命令，而是皇帝下诏自责，以昭示天下。说得通俗一点，就是皇帝觉得自己有了过失，写下一封检讨书。那么这个检讨书是向谁检讨呢？古代的皇帝号称“九五之尊”，是至高无上的，但皇帝也被称之为“天子”，即上天在人间的代理人。因此，尽管在尘世间没有谁可以位于皇帝之上，但在红尘之外还有上天是一切的主宰。所以皇帝要向上天检讨。汉代大儒董仲舒就认为，“天者，百神之君也，王者之所最尊也”（《春秋繁露·郊义》）。天子最为尊崇的就是天。此外，天人之间还是交互感应的。

董仲舒认为，春夏秋冬正好与人的爱乐严哀相配;金、木、水、火、土五行跟人的仁、义、礼、智、信五德相配；天以一岁为一循环，人的身体有小的骨节三百六十六块，合于一年的日数；人有大的骨节十二块，合于一年的月数；人的身躯内有五脏，合于天的五行之数；外有四肢，合于一年的四时之数。因此，如果帝王在位期间出现了大的水旱灾荒，尤其是一些离奇古怪的事件，就表明上天对帝王在人间处理事务的成绩有所不满。在这个时候，皇帝就要出来做一番检讨了。

现在所知最早的“罪己诏”实际上是商朝的建立者成汤所作。史书上记载，当时天下接连大旱七年，百姓的生活极为困苦。于是成汤亲自到桑林进行祷告，他说：“罪过在我自身，我不敢自我宽恕，因为这些在上帝心里都明明白白。如果我一人有罪，请不要让万方（天下各个诸侯国）承担；如果万方有罪，请让我一人承担吧！”

西汉武帝也作过“罪己诏”，这就是著名的《轮台罪己诏》。这封诏书作于公元前 89 年，是中国历史第一份内容丰富、保存完整的罪己诏。汉武帝之所以会写下这封检讨书，是因为在各个方面都遭受了打击。在宫殿内，出了有名的“巫蛊之祸”，受株连者达数万人，连他宠爱的卫子夫和太子都不能幸免于难。在内政上，汉武帝为了通神求仙，大费资财，却一无所得。他对外好大喜功，大肆挥霍，对匈奴先后十多次用兵，导致国库空虚，民不聊生，各地民变之事此起彼伏。在这样的情形下，此时年近古稀的汉武帝，终于醒悟到自己一生犯下诸多错误，实在是有愧于苍天大地和黎民百姓，于是就写下了这封诏书。在这封诏书里，汉武帝承认自己的错误，并指出，现在最重要的是禁止苛政暴行，停止擅自增加赋税，全力以农业为本，让老百姓养马以免除徭役赋税，有必备的军备即可。这封诏书下达之后，汉朝的统治政策开始转变，重新回到了“文景之治”时的休养生息，各地的民变也逐渐平息。

后来，汉明帝、唐宪宗、宋理宗、明思宗等人都作过“罪己诏”。据统计，在中国历史上，总共有八十九位皇帝下过“罪己诏”。最后一份是民国五年袁世凯所下的撤销帝制的总统令。清朝皇帝下诏的比例最高，十位皇帝中有八位下过“罪己诏”。然而事实证明，靠“罪己诏”期盼老天爷网开一面，赐福于人，使王朝国泰民安只是一厢情愿的幻想。天若是真有道德意志，怜悯之心，怎么会坐视天下苍生陷于苦难而袖手旁观，又怎么会因为天子一封简单的诏书就不追究肇事者的责任？孔子早就告诫过人们：“获罪于天，无所祷也。”（《论语·八佾》）不痛改前非，反而“不问苍生问鬼神”，最终肯定不会落得好下场。

思考讨论

1. 你相信天有意志吗？你的身边有没有发生过“善有善报，恶有恶报”的事情。如果有，可以与大家分享一下。

2. 你觉得人间的灾祸和上天的意志有关系吗？

第八节　非命中

子墨子言曰：凡出言谈、由文学之为道也[1]，则不可而不先立义法[2]。若言而无义，譬犹立朝夕于员钧之上也[3]，则虽有巧工，必不能得正焉。然今天下之情伪[4]，未可得而识也，故使言有三法[5]。三法者何也？有本之者[6]，有原之者[7]，有用之者。于其本之也，考之天鬼之志，圣王之事。于其原之也，征以先王之书。用之奈何？发而为刑政。此言之三法也。

关键词：言有三法　本之　原之　用之

注释

[1] 由文学：写作文章的意思。由，当作“为”。文学，文章。[2] 则不可而不先立义法：当为“则不可不先立义法”。义，同“仪”，标准，准则。　[3] 立朝夕：立表观测早晚日影以定东西方向。员钧：即运钧，古代制作陶器所用的转轮。　[4] 情伪：真伪。情，通“诚”，真实情况的意思。　[5] 法：原则，法则。　[6] 本：追根溯源。　[7] 原：原由。

译文

墨子说：凡是发表言论、写作文章的原则，不可不先树立一个标准。如果言论没有标准，就好像把测时仪器放在制作陶器的转轮上。即使工匠心灵手巧，也不能得到正确的答案。但是现在世上的真假，不能得到辨识，所以言论要有三种法则。哪三种法则呢？是对事要追根溯源，要推究事情的缘由，要应用于实践。在追根溯源方面，要用天帝、鬼神的意志和圣王的事迹来考察它。在推究事情的缘由方面，要用先王的书来验证它。怎样把言语付诸实践呢？要应用于刑法政令上去。这就是言论的三条标准。

今天下之士君子[1]，或以命为亡。我所以知命之有与亡者，以众人耳目之情，知有与亡。有闻之，有见之，谓之有；莫之闻，莫之见，谓之亡。然胡不尝考之百姓之情？自古以及今，生民以来者，亦尝有见命之物，闻命之声者乎？则未尝有也。若以百姓为愚不肖，耳目之情不足因而为法，然则胡不尝考之诸侯之传言流语乎？自古以及今，生民以来者，亦尝有闻命之声，见命之体者乎？则未尝有也。然胡不尝考之圣王之事？古之圣王，举孝子而劝之事亲，尊贤良而劝之为善，发宪布令以教诲，明赏罚以劝沮[2]。若此，则乱者可使治，而危者可使安矣。若以为不然，昔者桀之所乱，汤治之；纣之所乱，

武王治之。此世不渝而民不改[3]，上变政而民易教。其在汤、武则治，其在桀、纣则乱。安危治乱，在上之发政也，则岂可谓有命哉！夫曰有命云者亦不然矣。

关键词：有命　无命

注释

[1]今天下之士君子：此句下当有“或以命为有”五字。[2]劝沮（jǔ）：鼓励和禁止。沮，阻止。　[3]渝：改变。

译文

现在天下的士人君子，有的认为命是有的，有的认为命是没有的。我之所以知道命的有或没有，是根据众人所见所闻的实情来知道有或没有。有听过它，有见过它，才叫有；没听过，没见过，就叫没有。既然如此，为什么不试着用百姓的实际来考察呢？自古到今，自有人民以来，有曾见过命的形象，听过命的声音的人吗？从未有过。如果认为百姓愚蠢无能，所见所闻的实情不能当做准则，那么为什么不试着用诸侯所流传的话来考察呢？自古到今，自有人民以来，有曾听过命的声音，见过命的形体的人吗？从未有过。那么为什么不用圣王之事来考察呢？古时圣王，举拔孝子，鼓励他事奉双亲；尊重贤良，鼓励他做善事，颁发宪令来教诲人民，严明赏罚以奖善止恶。这样，则可以治理混乱，使危险转为安宁。如果认为不是这样，那么请看从前桀把国家搞乱，汤治理了；纣把国家搞乱，武王治理了。这个世界不变，人民不变，君王改变

了政令，人民就容易教导了。在商汤、武王时就得到治理，在桀、纣时则变得混乱。安宁、危险、治理、混乱，原因在君王所发布的政令，怎能说是有命呢？那些说有命的，并不是对的。

今夫有命者言曰：我非作之后世也[1]，自昔三代有若言以传流矣[2]，今故先生对之[3]？曰：夫有命者，不志昔也三代之圣善人与[4]？意亡昔三代之暴不肖人也[5]？何以知之？初之列士桀大夫[6]，慎言知行，此上有以规谏其君长，下有以教顺其百姓。故上得其君长之赏，下得其百姓之誉。列士桀大夫声闻不废，流传至今。而天下皆曰其力也，一见命焉[7]。

关键词：声闻　力　命

注释

[1] 作之后世：后人编造、发明。　[2] 若言：这样的话。　[3] 故：应为“胡”，为什么的意思。　[4] 志：知道。　[5] 意亡：或许没有。　[6] 列士：名士。桀：通“杰”，杰出。　[7] 一见命：不会说这是他们的命。一见，应为“不曰亓（qí）”，亓即其。

译文

现在说“有命”的人说：并不是我在后世说这种话的，自三代时就有这种话流传了。先生为什么痛恨它呢？答道：说“有命”

的人，不知是三代的善人呢？还是三代的残暴无能的人？怎么知道的呢？古时候的名士和杰出的大夫，说话谨慎，行动敏捷，对上能规劝进谏君长，对下能教导百姓。所以上能得到君长的奖赏，下能得到百姓的赞誉。名士和杰出的大夫声名不会废止，流传到今天。天下人都说“是他们的努力啊”！必定不会说“这是他们的命”。

是故昔者三代之暴王，不缪其耳目之淫[1]，不慎其心志之辟[2]，外之驱骋田猎毕弋[3]，内沉于酒乐，而不顾其国家百姓之政，繁为无用[4]，暴逆百姓，使下不亲其上，是故国为虚厉，身在刑僇之中[5]，必不能曰：“我罢不肖[6]，我为刑政不善。”必曰：“我命故且亡[7]。”虽昔也三代之穷民，亦由此也，内之不能善事其亲戚，外不能善事其君长，恶恭俭而好简易[8]，贪饮食而惰从事，衣食之财不足，使身至有饥寒冻馁之忧，必不能曰：“我罢不肖，我从事不疾。”必曰：“我命固且穷。”虽昔也三代之伪民[9]，亦犹此也。繁饰有命，以教众愚朴之人。

关键词：不肖　繁饰有命

注释

[1] 缪（miù）：同“纠”，纠正的意思。　[2] 辟：通“僻”，

邪僻。 [3]毕：捕兽所用的网。弋(yì)：射鸟所用的系绳之箭。[4]繁为：大量地做。 [5]僇(lù)：通“戮”，杀。 [6]罢：疲惫，疲弱。不肖：不贤，不才。 [7]故：通“固”，原本，本来，注定。 [8]简易：简慢轻浮。 [9]伪民：弄虚作假之民。

译文

所以古时三代的暴君，不改正他们过度的声色享受，不谨慎他们内心的邪僻，在外则驱车打猎射鸟，在内则耽于饮酒作乐，而不顾国家和百姓的政事，做了许多无用的事，对百姓凶暴，使下位的人不敬重在上位的人。所以国家空虚，社稷倾覆，自己也处于刑戮之中。他们不肯说：“我疲懒无能，我没做好刑法政事。”而必然要说：“我命中注定要灭亡。”即使是古时三代的贫穷人，都是这样说。对内不能好好地对待双亲，在外不能好好地对待君长。厌恶恭敬勤俭而喜好简慢轻率，贪于饮食而懒于劳作。衣食财物不足，至使有饥寒冻馁的忧患。他们必不会说：“我疲懒无能，不能勤快地劳作。”一定会说：“我命中注定要穷。”即使是三代虚伪的人，也都这样说。粉饰“有命”之说，以教唆那些愚笨朴实的人。

久矣，圣王之患此也，故书之竹帛，镂之金石。于先王之书《仲虺之告》曰[1]：“我闻有夏人矫天命[2]，布命于下，帝式是恶[3]，用阙师[4]。”此语夏王桀之执有命也，汤与仲虺共非之。先王之书《太誓》之言然，曰：“纣夷之居[5]，而不肯事上帝，弃

阙其先神而不祀也[6]，曰：'我民有命。毋僇其务[7]。'天不亦弃纵而不葆[8]。"此言纣之执有命也，武王以《太誓》非之。有于三代不国有之曰："女毋崇天之有命也。"命三不国亦言命之无也[9]。于召公之《执令》亦然[10]，且："敬哉！无天命，惟予二人而无造[11]，言不自降天之哉得之[12]。"在于商、夏之《诗》、《书》曰："命者，暴王作之。"且今天下之士君子，将欲辩是非利害之故，当天有命者[13]，不可不疾非也。执有命者，此天下之厚害也，是故子墨子非也。

关键词：暴王执有命　墨子疾非命

注释

[1]《仲虺（huǐ）之告》:《尚书》篇名，已亡佚。仲虺，商汤的贤相。告，即诰，是古代帝王给臣子的命令。　[2]矫天命：假传天命。　[3]帝式是恶：上帝讨伐这种罪恶。式，当作"伐"。[4]用阙师：因此令他的军队覆灭。用，因而。阙，当作"丧厥"。[5]居：通"倨"，傲慢。　[6]弃阙其先神而不祀也：当为"弃厥先神祇而不祀也"。　[7]毋僇其务：当为"毋缪罪厉"，不悔改罪愆。　[8]天不亦弃纵而不葆：当作"天亦纵弃之而不葆"。[9]命三不：当作"今三代百"。　[10]召公：周武王之弟，名奭（shì），曾辅佐武王灭商。　[11]造：当为"诰"，即告诫之意。[12]言不自降天之哉得之：当为"吉不降自天，是我得之"。[13]天：当为"执"。

译文

圣王担忧这个问题已经很久了，所以把它写在竹帛上，刻在金石上。在先王的书《仲虺之告》中说："我听说夏代的人假托天命，对下面的人发布命令，所以天帝厌弃他，使他丧失了军队。"这是说夏朝的君王桀主张有命，而汤与仲虺共同批驳他。先王的书《太誓》也这样说道："纣十分倨傲无礼，不肯侍奉上帝，抛弃他先人的神灵而不祭祀。说：'我有命！并且不悔改他的罪愆。'天帝也抛弃了他而不保佑他。"这是说纣主张有命，武王作《太誓》反驳他。在三代百国的书上也有这样的话："你们不要崇信上天是有天命的。"现在三代百国也都说没有天命。召公的《执令》也是如此："要虔敬啊！不要相信天命。只有我俩执政，不能不相互诫勉，好事不会从天下掉下来的，都是我们自己求得的。"在商、夏时代的《诗》、《书》中说："天命是暴君捏造的。"现在天下的士人君子，想要辨明是非利害的原因，对于主张有命的人，不能不赶快批驳。主张有命的人，是天下的大害，所以墨子反驳他们。

文史链接

壶子算命

墨子认为，国家的兴亡强弱，个人的荣辱得失并非是"命运"的安排，而是由自身的力量决定。如果人们将一切都归之于命运，那么就会导致"上不听治，下不从事"，也就是在上位的统治者不去管理政事，在下位的老百姓不愿耕种劳作。如此一来，国家就会陷入混乱，黎民将无立锥之地，因此，墨子指责主张"有命"的说法是"暴人之道"。墨子的这种观念即使放在今日，仍然是有进步意义的。现代西方哲学中的存在主义似乎也与墨子的观念遥相呼应。譬如法国哲学家萨特说："存在先于本质。"意味着人没有一个事先确定好的所谓本质，所谓的人生道路，相反首先是人的存在、露面和出场，然后才说明自身。人的存在决定着自我的本质，而非所谓的命运主导着一切。中国历史上也有不少人持否定命定论的观点。譬如与墨子同处于战国之际的庄子就常常嘲笑那些相信命运的人。《庄子·应帝王》中的一个故事就是一个很好的例证。

郑国有一个神巫，名叫季咸，他能测知人的死生、存亡、祸福、寿夭，卜算出年月日，准确如神。郑国人看到他，都纷纷走避。列子见到他，却很崇拜，回去告诉壶子说："原先我以为先生的道术最高深了，现在又看到更了不起的。"壶子说："我教过你表面的虚文，还未谈到真实的部分，你就以为自己明白道了吗？全是雌鸟而没有雄鸟，又怎么会产卵呢？你用表面的虚文与世人周旋，一定会想要凸显自己，这样就让人有机会算出你的命运。你试着请他来，替我看看相。"

第二天，列子带着季咸来见壶子。见过面出去后，季咸对列子说："唉！你的先生快要死了，活不了了，不会超过十天！我看他神色有异，呼吸像湿灰一般沉重。"列子进入屋内，哭得眼泪沾湿了衣襟，把这个消息告诉壶子。壶子说："刚才我显示给他看的是地象，是不动不止的阴静状态。他大概是看我闭塞住自得的生机了。再请他来看看。"第二天，列子又带季咸来了。季咸见了壶子后，出去对列子说："真是幸运，你的先生正好遇到我。有救了，全然有生气了，我看见他闭塞的生机开始活动了。"列子进屋把这个消息告诉壶子。壶子说："刚才我显示给他看的是天地相通之象。名与实都不存于心，一线生机从脚跟发出。他大概是看到我生机发动了。再请他来看看。"

第二天，列子又带季咸来，季咸见了壶子后，出去对列子说："你的先生动静不定，我无法为他看相。等他平静下来，我再看吧。"列子进屋把这句话转告壶子。壶子说："刚才我显示给他看的是太虚无迹之象。他大概是看到我神情平衡的生机了。鲸鱼盘旋之处形成深渊，止水之处形成深渊，流水之处形成深渊。深渊有九种情况，我在此显示了三种。再请他来看看。"第二天，两人又来见壶子。季咸还未站定，就慌忙逃走了。壶子说："快去追他。"列子追出去，已经来不及了。他回来报告壶子，说："不见踪影了，不知去向了，我追不到他。"壶子说："刚才我显示给他看的是完全不离本源的状态。我以空虚之心随顺他，使他不知我究竟是谁，一下以为我顺风而倒，一下以为我随波逐流，所以立刻逃走了。"经过这次事件，列子才明白自己什么也没学会，就告辞回家，三年不外出。帮助妻子烧火做饭，喂猪像是侍候人一样。对于世间事物毫不在意，抛弃雕琢而回归朴素，超然独立于尘世之外，在纷扰的人间守住本性，终生如此。

思考讨论

1. 墨子对命定论持否定态度，他认为命定论的主要问题在哪里？

2. 有人说：性格决定命运；还有人说：星座、血型决定命运。你觉得这些说法正确吗？如果不正确，你如何反驳他们？

第九节　非儒下

儒者曰："亲亲有术[1]，尊贤有等。"言亲疏尊卑之异也。其《礼》曰：丧父母三年；其、后子三年[2]；伯父、叔父、弟兄、庶子其[3]；戚族人五月[4]。若以亲疏为岁月之数，则亲者多而疏者少矣，是妻、后子与父同也。若以尊卑为岁月数，则是尊其妻子与父母同[5]，而亲伯父宗兄而卑子也[6]，逆孰大焉。其亲死，列尸弗敛，登堂窥井，挑鼠穴，探涤器，而求其人焉。以为实在，则戆愚甚矣[7]；如其亡也[8]，必求焉，伪亦大矣！

关键词：等差之爱

注释

[1]亲亲有术：后一个"亲"为名词，意为亲近的人。术，当为"杀(shài)"，等差、等级的意思。　[2]其：当为"妻"。后子：嫡长子。[3]庶子：宗法制度下家庭的旁支所生的儿子。其：同"期(jī)"，指一年。　[4]戚族：指外姓姻亲及同姓族人。　[5]若以尊卑为岁月数，则是尊其妻子与父母同：当为"若以尊卑为岁月之数，则尊者多而卑者少矣，是尊其妻、后子与父母同"。这样才与上文"若

以亲疏为岁月之数”对应。　[6]亲伯父宗兄而卑子也：意思是把伯父亲兄同庶子一样看待。亲，当为“视”。宗兄，庶子对嫡子年长于己者的尊称。卑子，即庶子。而，当为“如”。　[7]戆(gàng)：愚笨、呆愣。　[8]如：当为“知”。

译文

儒家学派的人说：“爱亲人当因亲有等差而有区别，尊敬贤人也当因贤者有差别而不同。”这是说亲疏、尊卑是有区别的。他们的《仪礼》说：父母死了要服丧三年；妻子和长子死了也要服丧三年；伯父、叔父、弟兄、庶子死了要服丧一年；亲戚族人死了服丧五个月。如果按照亲疏来定服丧的年月，则亲的多而疏的少，那么，妻子、长子的服丧时间与父母的相同。如果按照尊卑来定服丧的年月，则尊的多而卑的少，那么是把妻子、儿子看作与父母一样尊贵，而把伯父、宗兄和庶子看成是一样的，这是多么大逆不道啊！他们的父母死了，却把尸体陈列着而不装殓，或登上屋顶以望远，或窥探水井之深，或掏挖掘穴以察幽微，或拿出洗涤的器具以见先人手泽，用这些方法为死人招魂。如果真的以为死者的灵魂还在，那就太愚蠢了。如果明明知道灵魂不在，却还一定要寻求，那就太虚伪了！

取妻身迎[1]，祗褍为仆[2]，秉辔授绥[3]，如仰严亲；昏礼威仪，如承祭祀。颠覆上下，悖逆父母，下则妻子[4]，妻子上侵事亲，迎妻若此，可谓孝乎？儒者曰：妻之奉祭祀，子将守宗庙。故重之。应之曰：此诬言也！其宗兄守其先宗庙数十年，死丧之

其；兄弟之妻奉其先之祭祀，弗散[5]。则丧妻子三年，必非以守奉祭祀也。夫忧妻子以大负累[6]，有曰[7]：“所以重亲也。”为欲厚所至私，轻所至重，岂非大奸也哉！

关键词：重妻轻亲　颠覆上下

注释

[1]取：通“娶”。身迎：亲身迎娶。　[2]祗褍（zhī duān）：当为缁袘（zī yì），黑色下摆的衣服。一说褍应为“颛”，是恭敬，敬谨之义。　[3]秉辔（pèi）授绥：新郎亲自驾车，并把登车用的引绳递给新妇。辔，驾牲口的绳子。绥，车上作拉手用的绳子。[4]下则妻子：当作“父母下列”。一说“则”为“即”，迁就的意思。[5]弗散：不服丧。散，当为“服”。　[6]忧：即“优”，优厚，优待。负累：错误。　[7]有：又。

译文

娶妻要亲身迎接，穿着黑色下摆的衣裳来做仆人的事，为她驾车，手里拿着缰绳，把引绳递给新妇，就好像承奉父母驾车一样。婚礼的隆重，就像在恭敬地祭祀祖先一样。上下颠倒，悖逆父母，把父母的地位竟然列为妻子之下，而妻子和长子的地位却向上侵犯了父母，像这样迎亲，能叫做孝吗？儒家的人回答说：妻子要供奉祭祀，长子要守宗庙，所以敬重他们。我们回应他说：这是谎话！他的宗兄守他先人宗庙几十年，死了却只为他服丧一年；兄弟的妻子也供奉他祖先的祭祀，却不为她们服丧，那么为妻子、长子服丧三年，一定不是因为守奉祭祀的原因。这样过于优待妻子、长子已经是个大错误了，却又说："这是为了尊重父母。"这是想厚待自己所偏爱的人，轻视自己应当最重视的人，这样的事难道不是非常奸邪的事吗？

有强执有命以说议曰[1]："寿夭贫富，安危治乱，固有天命，不可损益。穷达、赏罚、幸否有极[2]，人之知力，不能为焉！"群吏信之，则怠于分职；庶人信之，则怠于从事。吏不治则乱，农事缓则贫，贫且乱政之本，而儒者以为道教[3]，是贼天下之人者也。

关键词：强执有命　祸害天下

注释

[1]说议：辩解。　[2]否（pǐ）：不幸。　[3]道教：这里的意思是教导。道，同"导"。

译文

又有儒家之徒顽固地坚持有命的主张，并辩解道："寿夭、贫富、安危治乱，本来就有天命，不能减少增加。得志与不得志、受赏与遭罚、幸与不幸都有定数，人的知识和力量是无能为力的。"官吏们相信了这些话，则对分内的事懈怠；普通人相信了这些话，则对劳作懈怠。官吏不治理就要混乱，农事一懈怠就要贫困。既贫困又混乱就违背了政事的根本。而儒家的人把它当做教化之道，这是残害天下的人啊。

且夫繁饰礼乐以淫人[1]，久丧伪哀以谩亲[2]，立命缓贫而高浩居[3]，倍本弃事而安怠傲[4]，贪于饮食，惰于作务，陷于饥寒，危于冻馁，无以违之。是若鼸鼠藏人气[5]，而羝羊视[6]，贲彘起[7]。君子笑之，怒曰："散人！焉知良儒！"夫夏乞麦禾，五谷既收，大丧是随，子姓皆从，得厌饮食[8]。毕治数丧[9]，足以至矣。因人之家以为翠[10]，恃人之野以为尊。富人有丧，乃大说，喜曰："此衣食之端也[11]。"

关键词：繁饰礼乐　久丧乞食

注释

[1] 淫：迷惑。　[2] 谩：欺骗。　[3] 缓贫：安贫。浩居：同"傲倨"，傲慢的意思。　[4] 倍：通"背"。本：根本。　[5] 鼸（xiàn）鼠：田鼠。人气：人们待客的米。　[6] 羝（dī）：公羊。　[7] 贲（fén）：同"豮"，被阉割的公猪。　[8] 厌：通"餍"，满足。　[9] 毕治数丧：几次丧事办完。　[10] 翠：即"膵（cuì）"，肥的意思。　[11] 端：来源，机会。

译文

用繁杂的礼乐去迷惑人，用久丧和虚假的悲哀欺骗死去的双亲。造出有命的说法，安于贫困并以此傲世。违背治国的根本、荒废天下的生产，却安于懈怠，贪于饮食而懒于劳作，陷于饥寒冻馁而无法摆脱。他们就像田鼠一样偷藏食物，像公羊一样贪婪地看着，像阉猪一样见到食物就跳起来。君子嘲笑他们，他们就怒道：“平庸无才的人怎能知道良儒呢！”他们夏天向人乞食麦子和稻子，五谷都收割完了，就靠替人办理丧事混饭吃，他们的子孙也都跟着去，吃饱喝足。几家丧事办完了，他们的生计也就足够了。他们依仗别人的家产来养肥自己，依靠别人田野的收入来称尊。富人有丧事，他们就非常欢喜，说：“这是衣食的来源啊！”

儒者曰：君子必服古言然后仁[1]。应之曰：所谓古之言服者，皆尝新矣，而古人言之服之，则非君子也？然则必服非君子之服，言非君子之言，而后仁乎？又曰：君子循而不作[2]。应之曰：古者羿作弓，伃作甲[3]，奚仲作车[4]，巧垂作舟[5]，然则今之鲍函车匠[6]，皆君子也；而羿、伃、奚仲、巧垂皆小人邪？且其所循人必或作之，然则其所循皆小人道也？

关键词：因循守旧

注释

[1]服古言：应为“古言服”，即古代的言论和服饰。
[2]循而不作：遵循前人而不创新。
[3]伃：应为“杼（zhù）”，夏王少康之子，传说他在位期间发明一种用兽皮做的甲，是中国战甲的创始人。
[4]奚仲：传说是夏朝的车正，擅长造车。
[5]巧垂：传说是尧时的能工巧匠，发明了船。
[6]鲍：通“鞄（páo）”，指制皮革的工匠。函：指制铠甲的工匠。

译文

儒家的人说：君子的言论、服饰一定要依照古人，然后才称得上仁。我们回应道：所谓古代的言论和服饰，都曾经是新的。而古人用了这些言论与服饰，那他们就不是君子了吗？那么就一定要穿不是君子的衣服，说不是君子的话，这样才合乎仁吗？儒家之士又说：君子只遵循前人的做法而不创新。我们回答他说：古代的羿制造了弓，伃制造了甲，奚仲制造了车，巧垂制造了船。既然如此，那么今天的鞋匠、甲匠、车工、木匠都是君子了；而后羿、伃、奚仲、巧垂都是小人了吗？况且他们所遵循的东西，一定是有人创作的，这样的话，后人所遵循的都是小人之道了？

又曰：君子胜不逐奔，掩函弗射[1]，施则助之胥车[2]。应之曰：若皆仁人也，则无说而相与[3]。仁人以其取舍是非之理相告，无故从有故也[4]，弗知从有知也，无辞必服，见善必迁，何故相[5]？若两暴交争，其胜者欲不逐奔，掩函弗射，施则助之胥车，虽尽能，犹且不得为君子也。意暴残之国也，圣将为世除害，兴师诛罚，胜将因用儒术令士卒曰："毋逐奔，掩函勿射，施则助之胥车。"暴乱之人也得活，天下害不除，是为群残父母而深贱世也[6]，不义莫大矣！

关键词：作战　仁义　除害

注释

[1]掩函弗射:即对于躲藏起来的人就不要射击了。掩,掩藏。函,即“藏”。　[2]施则助之胥车:孙诒让认为,这句话似乎是讲敌军战败而逃后,我方帮他们推行重车。文字上应有脱漏之处。[3]无说而相与:没有相互敌对的理由可说。　[4]故:理由,道理。[5]何故相:应为“何故相与”,意思是怎么会相互敌对呢?
[6]贱:应为“贼”。

译文

儒家之士又说:君子打了胜仗不要追赶逃兵,不要射击那些躲藏起来的人,敌人溃败时,还要帮敌人推重车。我们回答他说:如果双方都是仁人,那么就不会相互敌对,仁人把自己取舍是非的道理互相告知,没道理的听从有道理的,不知道的听从知道的。说不出理由的必定要折服于对方,看到善的必定会改造自己。怎么会互相敌对呢?如果两个恶人互相争斗,战胜的人不追赶逃敌,不射击那些躲藏起来的人,敌人溃败时还帮助推车,那么即使这些都能做到,也不能被称为君子。对于暴君统治的国家,圣人准备为世上除害,兴师诛伐,如果战胜了就将用儒家的方法下令士卒说:“不要追赶逃敌,不要射击那些躲藏起来的人,敌人溃败时还帮助推车。”那么残暴作乱的人就得以活命,天下的祸害也没有除掉,这是残害众人的父母,深深地危害天下的人,没有比这更大的不义了!

又曰:君子若钟,击之则鸣,弗击不鸣。应之曰:夫仁人事上竭忠,事亲得孝,务善则美,有过

则谏，此为人臣之道也。今击之则鸣，弗击不鸣，隐知豫力[1]，恬漠待问而后对[2]。虽有君亲之大利，弗问不言。若将有大寇乱，盗贼将作，若机辟将发也[3]，他人不知，己独知之，虽其君亲皆在，不问不言，是夫大乱之贼也。以是为人臣不忠，为子不孝，事兄不弟[4]，交，遇人不贞良。夫执后不言，之朝，物见利使己，虽恐后言。君若言而未有利焉，则高拱下视，会噎为深[5]，曰："唯其未之学也。"用谁急[6]，遗行远矣。

关键词：人臣之道　弗击不鸣　大乱之贼

注释

[1]隐知豫力：隐藏智慧，保留余力。　[2]恬漠：沉默、冷淡的样子。　[3]机辟：机关，是一种古代机械发射装置，也是打猎常用的器具。　[4]弟：同"悌（tì）"，敬爱兄长。　[5]会噎为深：闭口不能言，如同噎着了一样。　[6]谁：当为"虽"。

译文

儒家之士又说：君子就像钟一样，敲它就发出声音，不敲就不发出声音。我们回答他说：仁人事上尽忠，事亲尽孝，有善就称美，有过就谏阻，这才是做人臣的原则。现在却敲他才响，不敲就不响，隐藏智谋，留有余力，安静冷淡地等待别人发问，然后才作答。即使对君主和双亲有大利，不问也不说。如果将发生大的叛乱，盗贼即将举事，就好像一种安置好的机关一触即发，别人不知这事，只有自己知道，即使君主和双亲都在，不问就不说，这种人实际是大乱之贼。以这种态度做人臣就不忠，做儿子就不孝，事兄就不恭顺，待人就不诚实善良。他们遇事后退不言，但到朝廷上，看到有利于自己的东西，唯恐说得比别人迟。君上如果说了对自己无利的事，就高拱两手，往下低头看，好像嘴被噎住了一样，还说："这个我未曾学过。"虽有急事需要他，他却已弃君远走了。

文史链接

后世非儒

墨子批评儒家只知遵循前人之道，不知创新；指责儒家持有命之说，实为"暴人之道"；对残贼之人还惺惺作态讲仁义，是"贼天下人"；鼓吹礼乐为假，骗取钱财为实。这些批评虽然有以偏概全之嫌，但也有不少是切中肯綮的。

历史上对儒家批评的人还有不少。与孔子同时代的晏婴就曾向准备重用孔子的齐景公说："儒学者滑稽善辩，不可以用法来约束他；傲慢任性，不可以作为臣下使用他；他崇尚丧礼，追求尽哀，不惜破败家产也要举行厚葬之礼，不可让这种主张成为风气；他到处游说求取官俸，不可以用他来治理国家。从上古大贤生后，就制定了礼乐，直到周王室衰败了而礼乐也出现了残缺。现在孔子极力推崇仪容服饰，上朝下朝都有繁琐的礼节，刻意快步行走的规矩，这些繁文缛节恐怕几代人都不能学完，一整年也做不完一套礼仪。您想用他的主张来改变齐国的风俗，恐怕这不适合去引导百姓。"齐景公听完后，就不再向孔子请教礼仪了。

庄子对儒家的讥讽更多。在《庄子》一书里，常可见他用孔

子及其弟子做主人公,借儒家之口反驳儒家之理的寓言故事。在《外物》篇里，庄子对儒家可谓极尽讽刺之能事。庄子说，儒者盗墓时，也会用到《诗》与《礼》。大儒生传话下来说："太阳已经出来了，事情进行得如何？"小儒生说："裙子与上衣尚未脱下，口里还含着一颗珠子。"大儒生说:"《诗》上早就写着:'青青的麦穗，生长在山坡上。生前不布施给人，死后又何必含珠！'抓着他的鬓发，按着他的胡须，你用铁锤敲他的下巴，慢慢拨开他的两颊，不要碰坏了口里的珠子。"在《胠箧（qū qiè）》里，庄子也借盗跖之口来揶揄儒家。故事说：有弟子问盗跖说："盗也有道吗？"盗跖说："怎么能没有道呢？大胆猜测屋中有宝藏，这是圣明；入内时领先，这是勇敢；退出时殿后，这是义气；判断进退时机，这是智谋；分赃公平，这是仁恩。不具备这五项条件而能成为大盗，那是天下不曾有过的。"在庄子看来，儒家所作的教化百姓之事，实际上就如同人们为了防备盗贼，把贵重之物放在箱子里，绑好绳索，关紧锁钮，还以为自己聪明，而实际上大盗一来，背起箱子直接就跑，还生怕绳索和锁钮不牢固。儒家的所作所为就是帮助大盗积累和看守财物。

魏晋时期，玄学盛行，对儒家的批评更多。竹林七贤之一的阮籍曾写下一篇《大人先生传》讥讽当时的腐儒。他笑话那些恪守礼法的腐儒，说他们都是一群虱子，躲在裤缝深处，藏在烂棉絮之中，自以为找到了一个安乐窝。平时走路的时候不敢离开裤缝的边际，活动的时候不敢脱离裤裆这个范围，还自以为一举一动是符合礼教、得中绳墨的。肚子饿了就拼命咬人，自以为可以吃到天荒地老。但是等到大火来临，生灵涂炭的时候，这群虱子还在裤裆里躲着，不能出来。

南北朝时期，佛教发展非常迅速。所谓"南朝四百八十寺，多少楼台烟雨中”，其实南朝的寺庙何止四百八十处，各地大小寺庙加起来有数万间之多。其中以信仰佛教而闻名的梁武帝萧衍更是几次舍身入佛门，都是大臣花了几亿钱重新赎回。他提出“三教同源说”，抬高佛教，贬低儒道，他说道有九十六种，唯佛一道是正道，其余九十五种名为邪道。佛祖如来和老子、孔子是师徒关系，儒道两教来源于佛教，佛教为黑夜之明月，儒、道即拱月之星。

至于隋唐，帝王们对佛道尤为热衷，唐朝甚至有五位皇帝因听信道士的方术，而服食丹药中毒而死。宋明时期儒学虽然有所发展，被称之为“宋明理学”，但对儒家持批评意见的也大有人在。被视为异端的李贽就说自己倔强难化，不信仙、释，故见道人则恶，见僧则恶，见道学先生则尤恶。他写了一篇《题孔子像于芝佛院》，文中说：儒学先辈们根据自己的主观臆断猜测讲授孔子的著作，父亲和老师沿袭儒学先辈们的观点朗诵记忆着孔子的著作，学生们朦朦胧胧地听着记着。大家的意见都一致，没有破旧立新，千百年来同一个格律，自己还不知道。不说“仅仅朗诵他的话语”，而说“已经知道这个人了”；不说“勉强把没有弄懂当作弄懂了”，而说“弄懂了就是弄懂了”。时至今日，即使有批判发现的眼光，也没有发挥它作用的地方。他还大力提倡个性解放，男女平等，对于突破儒家千年以来的僵化观念发挥了重要的作用。

其实，不管是儒家，还是墨家，或是佛道，都有可以肯定之处，也有值得批评之处。正如李贽所言：“咸以孔子之是非为是非，故未尝有是非耳。”（《藏书世纪列传总目前论》）天下的学问若非要执于一端，不顾其余，那么必定会越走越窄，卒成朽木。

思考讨论

1. 墨子在批评儒家时，谈到了为父母守丧三年，你同意墨子对此的批评意见吗？孔子认为："子生三年，然后免于父母之怀。夫三年之丧，天下之通丧也。"（《论语·阳货》）你认为孔子的话有道理吗？

2. 如果有人比较有条理地批评你，你会采取什么样的态度回应？

第十节　公　输

公输盘为楚造云梯之械[1]，成，将以攻宋。子墨子闻之，起于[2]，齐行十日十夜而至于郢[3]，见公输盘。公输盘曰："夫子何命焉为[4]？"子墨子曰："北方有侮臣，愿借子杀之。"公输盘不说。子墨子曰："请献十金。"公输盘曰："吾义固不杀人。"子墨子起，再拜曰："请说之。吾从北方闻子为梯，将以攻宋。宋何罪之有？荆国有余于地[5]，而不足于民，杀所不足，而争所有余，不可谓智；宋无罪而攻之，不可谓仁；知而不争，不可谓忠；争而不得，不可谓强；义不杀少而杀众，不可谓知类[6]。"公输盘服。子墨子曰："然乎？不已乎？"公输盘曰："不可，吾既已言之王矣。"子墨子曰："胡不见我于王？"公输盘曰："诺。"

关键词：攻宋　公输盘

注释

[1] 公输盘：亦作公输般，公输为姓，为鲁国的能工巧匠，是

后世传说中的鲁班。云梯：一种古代战争器械，用于攀越城墙攻城。 [2]起于："起于"后当补一"鲁"字，即从鲁国出发。 [3]齐：即"疾"。郢：楚国国都，今湖北荆州江陵。 [4]何命焉为：有什么指教。 [5]荆国：即楚国。 [6]知类：懂得类推的道理。

译文

公输盘为楚国制造攻城的云梯，造成后准备用它攻打宋国。墨子听说了，就从鲁国动身，赶了十天十夜的路，到达楚国国都郢，见到公输盘。公输盘说："先生有什么指教？"墨子说："北方有一个欺侮我的人，我想拜托你杀了他。"公输盘听了很不高兴。墨子说："我愿意献给你十镒黄金作为酬劳。"公输盘说："我奉行义，决不杀人。"墨子站起来，对公输盘拜了两次说："请听我说说这义。我在北方听说你造了云梯，打算用它攻打宋国。宋国有什么罪呢？楚国有多余的土地，而人口却不足。现在牺牲不足的人口，掠夺有余的土地，不能说有智慧。宋国没有罪却攻打它，不能说是仁。知道这些，不去谏阻，不能称作忠。谏阻而没有成功，不能算是强。你奉行义，不去杀那一个人，却来杀害众多的百姓，不能说懂得类推的道理。"公输盘服了他的话。墨子又问他："既然如此，为什么不取消进攻宋国这件事呢？"公输盘说："不能。我已经对楚王说了。"墨子说："为什么不向楚王引见我呢？"公输盘说："好吧。"

子墨子见王，曰："今有人于此，舍其文轩[1]，邻有敝舆，而欲窃之；舍其锦绣，邻有短褐，而欲窃之；舍其粱肉[2]，邻有糠糟，而欲窃之。此为何若人？"王曰："必为窃疾矣。"子墨子曰："荆之

地方五千里，宋之地方五百里，此犹文轩之与敝舆也；荆有云梦[3]，犀兕麋鹿满之[4]，江汉之鱼鳖鼋鼍为天下富[5]，宋所为无雉兔狐狸者也[6]，此犹粱肉之与糠糟也；荆有长松、文梓、楩楠豫章[7]，宋无长木，此犹锦绣之与短褐也。臣以三事之攻宋也，为与此同类。臣见大王之必伤义而不得。”王曰：“善哉！虽然，公输盘为我为云梯，必取宋。”

关键词：窃疾　伤义

注释

[1] 文轩：涂饰文采的有棚的车。　[2] 粱肉：泛指精美食物。　[3] 云梦：古代指洞庭湖、洪湖泽一大片沼泽地。[4] 兕（sì）：雄性犀牛。　[5] 鼋（yuán）：为鳖类中最大的种类，又称绿团龟。鼍（tuó）：鳄鱼类，又名中华鳄，扬子鳄。[6] 雉：野鸡。　[7] 楩（pián）：黄楩木。楠：建筑和制器具的贵重木材。豫章：樟树。

译文

墨子见了楚王，说：“现在这里有一个人，舍弃他的华丽彩车不坐，邻居有辆破车，他却想把它偷来；舍弃他的锦绣衣服不穿，邻居有一件粗布短衣，他却想把它偷来；舍弃他的精美菜肴不吃，邻居有些糟糠，他却想把它偷来。这是什么样的一个人呢？”楚王回答说：“这人一定患了偷窃病。”墨子说：“楚国的地方，方圆五千里；

宋国的地方，方圆五百里，这就像彩车与破车相比。楚国有云梦大泽，犀、兕、麋鹿充满其中，长江、汉水中的鱼、鳖、鼋、鼍富甲天下；宋国却连野鸡、兔子、狐狸都没有，这就像美食佳肴与糟糠相比。楚国有松、梓、黄楩木、楠、樟等名贵木材；宋国连棵大树都没有，这就像锦绣衣服与粗布短衣相比。从这三方面的事情看，我认为楚国进攻宋国，与有偷窃病的人是同一种类型。我认为大王您如果这样做，一定会伤害了道义，而不得好结果。”楚王说：“说的好啊！虽然如此，公输盘已经给我造好了云梯，我一定要攻取宋国。”

于是见公输盘。子墨子解带为城[1]，以牒为械[2]，公输盘九设攻城之机变[3]，子墨子九距之[4]。公输盘之攻械尽，子墨子之守圉有余。公输盘诎[5]，而曰：“吾知所以距子矣，吾不言。”子墨子亦曰：“吾知子之所以距我，吾不言。”楚王问其故，子墨子曰：“公输子之意，不过欲杀臣。杀臣，宋莫能守，可攻也。然臣之弟子禽滑釐等三百人，已持臣守圉之器，在宋城上而待楚寇矣。虽杀臣，不能绝也。”楚王曰：“善哉！吾请无攻宋矣。”

子墨子归，过宋。天雨，庇其闾中[6]，守闾者不内[7]也。故曰：治于神者，众人不知其功；争于明者，众人知之。

关键词：守圉有余　无攻宋　宋人不内

注释

[1]带：衣带，腰带。 [2]牒：木片。 [3]机变：机巧变化。 [4]距：通“拒”。 [5]诎（qū）：无言以对、无计可施的样子。 [6]闾（lǘ）：里巷的门。 [7]内：同“纳”，接纳。

译文

于是楚王又叫来公输盘。墨子解下衣带，围作一座城的样子，用小木片当做守备的器械。公输盘九次巧妙设置不同的器械来攻城，墨子九次阻挡了他的进攻。公输盘攻城的器械用尽了，墨子的守御措施还绰绰有余。公输盘无计可施，说：“我知道用什么办法对付你了，但我不说。”墨子也说：“我知道你用什么办法对付我，我也不说。”楚王问原因。墨子回答说：“公输盘的意思，不过是杀了我。杀了我，宋国没有人能防守了，就可以进攻。但是，我的弟子禽滑釐等三百人，早已拿着我守御用的器械，在宋国的都城上等待楚军的入侵呢。即使杀了我，也不能阻止他们的抵抗。”楚王说：“好吧！我不攻打宋国了。”

墨子从楚国归来，经过宋国，天下着雨，他想到里巷去避雨，守闾门的人却不接纳他。所以说：运用神机的人，众人不知道他的功劳；而在明处争辩不休的人，众人却都知道他。

文史链接

弭兵之会

墨子风尘仆仆地赶到楚国，消弭一场战争，宋国人还不知道自己躲过一劫。这是墨子的仗义，但也是宋国的悲哀。宋国是一

个处在楚国、齐国、魏国等大诸侯国之间的小国。虽然宋襄公曾经也被称为“春秋五霸”之一，但实际上宋国既没有强大的军事实力，也没有广阔的土地，只有一群躲在夹缝中生存的民众而已。所以宋襄公趾高气扬没几年，就在泓水之战中被楚军射中大腿，一命呜呼。宋国此后常常被几个大国轮番欺凌，今天楚国来攻打，就依附于楚国；明天晋国来围城，便归顺于晋国。这种尴尬的局面使得宋国的处境十分为难。为了避免兵灾，消除国与国之间的矛盾，宋国不能总是指望有墨子这种行侠仗义的人来助自己一臂之力，更何况在墨子出生之前，宋国就早已存在了。所以他们也想了一点办法，这就是春秋时期的弭兵之会。

这个主意是宋国的执政大夫华元提出来的。当时正是晋楚相争正酣之际，双方打得精疲力竭，不分上下，于是只好暂时停止厮杀。华元就借机利用他与楚国的令尹子重和晋国的执政栾武子之间的私人关系，游说晋楚两国罢兵和谈。晋楚两国本来也有暂缓战争的打算，正好有个中间人出来调解，免除了身为大国的尴尬，于是晋楚欣然同意在宋国举行和谈会议。

这次和谈的主要成果，就是晋楚双方约定此后不再相互用兵。如果楚国有难，晋国应该帮忙讨伐；如果晋国有难，楚国也要尽到相应的义务。两国之间加强往来，共同对付背叛的小国。谁违背了这个盟约，就要遭受神明的惩罚。协议达成之后，宋国也得到了暂时的安宁。但实际上这种盟约在晋楚两国看来完全没有任何神圣性，只不过需要养兵休整，积蓄力量，所以暂且答应宋国的要求。三年之后，楚国便撕毁盟约，厉兵秣马开始攻打晋国。

楚国虽然兵多将广，但晋国也是实力雄厚，楚国贸然进攻的结果是连续大败两场。此时后方的吴国见机可乘，开始侵扰楚国。前有败局，后有威胁，楚国又有了休战的打算。而此时的晋国虽然在前方屡屡获胜，但国内却是一片内乱，异姓大族之间正忙于争权夺利，拼得你死我活。战争已经持续三十多年了，如果继续跟楚国对峙下去，说不定会因为后院失火，输掉战争。因此，晋国此时也有意休战。这个时候，处在夹缝中饱受兵荒马乱之苦的宋国，又抓住时机，开始当中间人，让晋楚两国坐下来和谈。

第二次和谈仍然是宋国召集，只是主持大会的换成了向戌。这次会议参与的诸侯国多达十四个，算是规模盛大了。虽然是和谈会议，但是气氛一点都不和谐。楚国一开始就提出比较蛮横的要求，要让原来分别附属于晋楚两国的中小诸侯国，同时向两个国家朝贡。这个要求看起来没什么，实际上楚国没几个附属国，大多数都是晋国的，所以实际上是占晋国便宜。在最后的歃（shà）血仪式上，楚国又抢先歃血，争抢盟主的位置。最后的会议结果就是重申了第一次和谈晋楚交相利的原则，同时所有的附属国必须既朝晋又朝楚。这样一来晋楚不用争来争去,大家共同瓜分小国利益。成语有言“朝秦暮楚”，实际上宋国是“朝晋暮楚”，老老实实地缴纳双倍的供奉，终于换来了几十年的安宁。

宋国最后的灭亡是咎由自取的。在宋康王的时候，有一只小鸟在城墙的角落生了一只鹯鸟。宋康王让太史占卜，太史说：“小鸟生了大鸟，一定能称霸天下。”宋康王听了之后非常高兴。于是出兵灭掉了滕国，进攻薛国，夺取了淮北的土地，宋康王屡战屡胜，变得非常自信。他想尽快实现霸业，于是用箭射天，又鞭打土地，还砍掉了土神、谷神的神位，把它们烧掉，说:“我用威力降服天下鬼神。”他骂那些年老敢于劝谏的大臣，剖开驼背人的背，砍断早晨过河人的腿，国中的人都十分惊恐。齐国听说后进攻宋国。战事一开，百姓便四处逃散,城也没守住,很快宋康王被齐国人抓住杀掉了。从此，宋国便灭亡了。

思考讨论

1. 墨子凭借一己之力消除了一场战争，却不能终止整个战国的混战，但他仍然四处奔走，尽力而为。他的行为从实际效果而言，无异于扬汤止沸，杯水车薪，却获得后世的广泛赞扬，你认为其中原因何在？

2. 你还听说过历史上其他用言语制止战争的事情吗？与大家分享一下。

第二章　荀　子

荀子像

荀子，姓荀，名况。因受时人所尊重，所以号为“卿”,即荀卿。又因“荀”和“孙”古音相近，亦被称为孙卿。关于荀子的字，说法不一。汉代刘向说“兰陵人善为学，盖以孙卿也。长老至今称之，曰兰陵人喜字为卿”。所以后世很多学者如胡适、钱穆、梁启雄、杨柳桥、孔繁都认为，荀子的字就是卿。三国时期的徐干则认为，荀子可能跟孟子一样，在战国时期，因为“乐贤者寡”，所以“同时之人，不早记录”，即认为荀子的字没有传下来。加之古人的名和字一般都有相应之处，如张飞，字翼德，飞同翼相应；诸葛亮，字孔明，亮与明响应。考之“况”与“卿”含义并无相关之处,所以称“卿”为字或有不妥。今暂且存疑。

至于荀子的籍贯，据司马迁《史记·孟子荀卿列传》记载为赵人。至于具体的处所，有三种说法：第一种是从荀子的姓来考证，认为“荀”姓为“郇”国转变而来，而郇国在今山西临猗一带。第二种则认为荀子本姓孙，“孙”姓起源于卫国，而卫国在今河南濮阳西北。第三种则根据司马迁把荀子称为赵人,而非赵国人,依照约定俗成的解释,赵人即河北邯郸人。三种说法都有可取之处,但还待之后的出土文献来确定。

荀子的生卒没有明确记载，根据已有史料记载，推测他的政

治学术活动在公元前 298 年到前 238 年之间。荀子和孟子一样，虽然不是孔子的嫡传弟子，但都对儒家学说了如指掌。他私淑于大儒子弓，年轻时便已博学善辩。《史记》记载他约五十岁来到齐国游学，当时齐国学者云集，田骈等人过世之后，荀子成了最年长资深的老师，曾经三次担任稷下学宫的祭酒。祭酒是学宫中名望崇高的、在祭祀时举酒祭神的老师。所以，荀子在齐国可谓德高望重。公元前 285 年，荀子曾企图说服齐国实行儒家的仁义王道，任用儒者，但齐滑（mǐn）王不采纳荀子的建议，加之有人在齐滑王面前诋毁荀子，荀子就只好离齐去楚。在楚国期间，春申君让他作了兰陵的县令。春申君死后，荀子被废黜，便留在兰陵安享晚年，专门从事著述与教学。门下弟子有李斯、韩非、浮丘伯、张苍等，再传弟子有汉文帝时“治天下第一”的吴公、以《过秦论》闻名的思想家贾谊等。在楚期间荀子还打破“儒者不入秦”的惯例，公元前 260 年，他会见了秦昭王和秦相范雎，他赞赏秦国变法的结果，但也建议秦昭王重用儒者，实行仁义，只是荀子的学说得不到秦昭王的青睐。他还去过赵国，在赵孝成王面前与临武君议论兵法，主张“以不敌之威，辅服人之道”。但最后还是选择留居楚国，直至老死。

第一节 劝学

君子曰：学不可以已[1]。青，取之于蓝而青于蓝[2]；冰，水为之而寒于水。木直中绳[3]，輮以为轮[4]，其曲中规，虽有槁暴[5]，不复挺者，輮使之然也。故木受绳则直，金就砺则利[6]，君子博学而日参省乎己[7]，则知明而行无过矣。

故不登高山，不知天之高也；不临深溪[8]，不知地之厚也；不闻先王之遗言，不知学问之大也。干、越、夷、貊之子[9]，生而同声，长而异俗，教使之然也。《诗》曰："嗟尔君子，无恒安息。靖共尔位，好是正直。神之听之，介尔景福[10]。"神莫大于化道[11]，福莫长于无祸。

关键词：博学　参省

注释

[1]已：停止。　[2]蓝：即蓼（liǎo）蓝，一种草本植物，有解毒、解热与杀菌之功效，亦可作为一种提炼出蓝色的染料。靛（diàn）青就是从蓼蓝中提出。　[3]中（zhòng）：符合。绳：

指墨线，木匠用以测定木材的曲直。　[4]輮（róu）：用火熏烤使木材变得弯曲。　[5]槁暴（gǎo pù）：晒干。暴，太阳晒。　[6]砺：磨刀石。　[7]参省（cān xǐng）：反省检查。一说参，通“叁”，意思是要从多方面或多次反省自己。　[8]溪：山涧。　[9]干、越：古国名。今在江苏、浙江一带。夷、貉（mò）：我国古代东方与北方少数民族的泛称。　[10]“嗟（jiē）尔”句：出自《诗经·小雅·小明》。恒，常，总是。靖共，靖恭，恭谨地奉守。介，佐助，帮助。景，大。　[11]神：这里指神智，精神。

译文

君子说：学习不能够停止。靛青从蓼蓝中提取，却比蓼蓝更青；冰由水凝固而成的，但比水更寒冷。木材笔直得符合木匠的墨线，但用火熏烤，就可以弯成车轮，而且弯曲的程度就像与圆规画的一样，即使再经过火烤，暴晒，它也不能再恢复原样了，这是熏烤弯曲使它变成这样。所以木材经过墨线量过才能取直，刀剑在磨刀石上磨过才能锋利，君子广泛地学习，并且每天多次检查反省自己，那就会智慧高明，行为没有过错了。

所以，不登上高山，就不知道天有多高；不亲临深涧，就不知道地有多厚；没有听到过前代圣王的遗言，就不知道学问有多博大。干国、越国，夷族和貉族的孩子，刚生下来的时候，他们的哭声是一样的，但长大后习俗却不同了，这是因为后天的教化使他们这样的。《诗经》上说：“君子啊，不要总是贪图安逸，要恭谨地对待你的本职，爱好正直的德行。上帝知道了，就会赐予你莫大的幸福。”精神修养没有比受道的教化更大的，福分没有比没灾没祸更长远的。

吾尝终日而思矣，不如须臾之所学也。吾尝跂而望矣[1]，不如登高之博见也。登高而招，臂非加长也，而见者远；顺风而呼，声非加疾也[2]，而闻者彰。假舆马者[3]，非利足也，而致千里；假舟楫者，非能水也，而绝江河[4]。君子生非异也[5]，善假于物也。

关键词：善学　善假于物

注释

[1]跂（qì）：踮着脚。　[2]疾：壮，这里指声音洪亮。[3]假：借助，凭借。舆马：车马。　[4]绝：渡过。　[5]生：通"性"，指人的天资，天赋。

译文

我曾经整天思考，却不如片刻的学习。我曾经踮起脚远望，却不如登上高处看得广阔。登上高处招手，手臂并没有加长，但远处的人就能看见，顺着风向呼喊，声音并没有更加洪亮，但听的人却听得很清楚。借助车马远行的人，脚走得并不快，但能够到达千里之外；借助舟船渡河的人，并不擅长游泳，却能够横渡江河。君子的生性与别人并无不同，只不过是善于借助外物罢了。

积土成山，风雨兴焉；积水成渊，蛟龙生焉；积善成德，而神明自得[1]，圣心备焉。故不积跬

步[2]，无以至千里；不积小流，无以成江海。骐骥一跃[3]，不能十步；驽马十驾[4]，功在不舍。锲而舍之，朽木不折；锲而不舍，金石可镂。螾无爪牙之利[5]，筋骨之强，上食埃土，下饮黄泉，用心一也。蟹八跪而二螯[6]，非蛇蟺之穴无可寄托者[7]，用心躁也。是故无冥冥之志者[8]，无昭昭之明；无惛惛之事者[9]，无赫赫之功。行衢道者不至[10]，事两君者不容。目不能两视而明，耳不能两听而聪。螣蛇无足而飞[11]，梧鼠五技而穷[12]。《诗》曰："尸鸠在桑，其子七兮。淑人君子，其仪一兮。其仪一兮，心如结兮[13]。"故君子结于一也。

关键词：积累　专注

注释

[1]神明：最高精神境界。　[2]跬（kuǐ）步：古人的半步，相当于今之一步。　[3]骐骥：千里马，骏马。　[4]驽（nú）马：劣马。　[5]螾（yǐn）：通"蚓"，指蚯蚓。　[6]螯（áo）：节足动物的第一对脚。足端两歧，开合如钳，可取食并作防卫之用。[7]蟺（shàn）：同"鳝"。　[8]冥冥：幽暗，这里比喻专注精诚，埋头苦干。　[9]惛（hūn）惛：与"冥冥"同义，皆为专心致志之义。　[10]衢（qú）道：十字路，歧路。　[11]螣（téng）蛇：古代传说中的一种能飞的神蛇。　[12]梧鼠：应为"鼫（shí）鼠"，据说有五种技能：能飞但不能上屋顶；能爬但爬不上树顶；

能游但游不到山涧；能打洞但洞不能掩身；能走但走不过别的动物。所以才说鼫鼠“五技而穷”。 [13]“尸鸠（jiū）”句：出自《诗经·曹风·尸鸠》。尸鸠，布谷鸟，传说这种鸟养育幼子早上从上而下，傍晚则从下而上，平均如一，一视同仁。这里主要以尸鸠的如一为喻，告诫人们学习要用心专一坚固。

译文

土堆积起来就成了山，风雨就会在这里兴起；水汇积起来成为深潭，蛟龙便会在这里生长；积累善行，就能成为有道德的人，就会达到精神的最高境界，从而具备圣人的心智。所以不半步半步的积累，就无法到达千里之外的地方；不汇集众多的小溪流，就不能形成江海。骏马的一跳，不能超过十步；劣马跑十天也能走得很远，因为它不曾放弃行走。用刀子刻东西，如果半途而废，即使是腐烂的木头也不能刻断；如果持之以恒，坚持不懈，就连金属和石头都能雕成花纹。蚯蚓没有锐利的爪牙，也没有强壮的筋骨，但它上能吃到地上的泥土，下能喝到地下的泉水，这是因为它用心专一的缘故。螃蟹有八只脚两只螯，但如果离开了没有蛇或鳝所居住的洞穴，它就无处安身，这是因为它用心浮躁的缘故。所以一个人要是没有专一精诚的精神，就不能获得清明的智慧；不专心致志地工作，就不可能有显赫的成绩。彷徨于歧路，不能到达目的地，同时侍奉两个君主，在道义上不可以宽容。这就像眼睛不能同时看清楚两件东西，耳朵不能同时听清楚两种声音一样。螣蛇虽没有脚，但是能飞；鼫鼠虽有五种技能，但是处境困窘。《诗经》说：“布谷鸟居住在桑树上，喂养着七个雏儿。那些善人君子啊，他们的行为仪态多么坚定专一。行为专一不偏邪，意志才能坚定不移。”所以君子学习要坚定专一。

学，恶乎始[1]？恶乎终？曰：其数则始乎诵经[2]，终乎读《礼》；其义则始乎为士[3]，终乎为圣人。真积力久则入，学至乎没而后止也[4]。故学数有终，若其义则不可须臾舍也。为之，人也；舍之，禽兽也。故《书》者[5]，政事之纪也；《诗》者，中声之所止也[6]；《礼》者，法之大分[7]，类之纲纪也[8]；故学至乎《礼》而止矣！夫是之谓道德之极。《礼》之敬文也[9]，《乐》之中和也[10]，《诗》、《书》之博也，《春秋》之微也，在天地之间者毕矣。

关键词：学习次第　真积力久

注释

[1] 恶：哪里，何处。　[2] 数：次第顺序。经：指儒家经典，即《诗》、《书》、《礼》、《乐》、《易》、《春秋》。另说“经”为“书”之误，即《尚书》，这样才能与下文从《书》开始介绍对应。[3] 义：意义。　[4] 没：通“殁（mò）”，去世。　[5]《书》：《尚书》，汉以后又称《书经》，是上古历史文献的汇编。　[6] 中声：心声，一说为中和之声。　[7] 大分：前提、要领、纲要、总纲。[8] 纲纪：纲要。　[9] 文：文明，礼仪。　[10]《乐》：《乐经》，今已不存，毁于秦始皇焚书坑儒。

译文

学习，从哪里开始？到哪里结束？答案是：从学习的顺序来说，是从诵读经文开始，到研读《礼》为止；从学习的意义来说，是从做一个读书人开始，到成为圣人为止。诚心积累，长期努力，就能深入，学习到死然后才停止。所以从学习的顺序来说，是有尽头的；但如果从学习的意义来说，那么学习是片刻也不能停止的。努力学习，就成为人；放弃学习，就成了禽兽。《尚书》，是记载古代政事的；《诗经》，是心声的归结；《礼》，是法制的要领，万事万物的总纲。所以学到《礼》就到头了，这可以叫做达到了道德的极境。《礼》之敬重文明礼仪，《乐》的中正和乐，《诗》、《书》的见闻广博，《春秋》的微言大义，将天地之间的一切道理都包括进去了。

君子之学也，入乎耳，箸乎心[1]，布乎四体，形乎动静；端而言，蠕而动，一可以为法则。小人之学也，入乎耳，出乎口；口耳之间，则四寸耳，曷足以美七尺之躯哉？古之学者为己，今之学者为人。君子之学也，以美其身；小人之学也，以为禽犊[2]。故不问而告谓之傲[3]，问一而告二谓之囋[4]。傲，非也；囋，非也；君子如向矣[5]。

关键词：君子之学　小人之学　为己为人

注释

[1]箸（zhù）：通“著”，显明、明通。　[2]禽犊：赠献之物，这里比喻卖弄。　[3]傲：急躁。　[4]囋（zá）：多言，唠叨。　[5]向：通“响”，回响，回声。指的是“善待问者如撞钟，小叩小鸣，大叩大鸣，不叩不鸣”。

译文

君子学习，听在耳里，记在心中，灌注到全部身心，表现在一举一动上；端正地说话，和缓地行动，这样微小的言行都可以成为别人效法的对象。小人学习，耳朵里进，嘴巴里出，口耳之间不过四寸罢了，怎么能够致美于七尺长的身躯呢？古代的人学习是为了修养自己，现在的人学习是为了给别人看。君子的学习，是用它来完美自己的身心；小人的学习，只是把学问当做家禽小牛之类的礼物去讨好别人。所以别人没问就去告诉的叫做急躁，别人问一件事而告诉两件事的叫做唠叨。急躁，是不对的；唠叨，也是不对的；君子回答别人，就像钟的回响，问什么答什么。

百发失一，不足谓善射；千里跬步不至，不足谓善御；伦类不通[1]，仁义不一，不足谓善学。学也者，固学一之也。一出焉，一入焉，涂巷之人也[2]；其善者少，不善者多，桀纣盗跖也[3]；全之尽之，然后学者也。君子知夫不全不粹之不足以为美也，故诵数以贯之[4]，思索以通之，为其人以处之，除其害者以持养之。使目非是无欲见也，使耳非是无欲闻也，使口非是无欲言也，使心非是无欲虑也。及至其致好之也，目好之五色，耳好之五声，口好之五味，心利之有天下。是故权利不能倾也，群众不能移也，天下不能荡也[5]。生乎由是，死乎

由是，夫是之谓德操。德操然后能定，能定然后能应。能定能应，夫是之谓成人。天见其明[6]，地见其光[7]，君子贵其全也。

关键词：善学者一　全之尽之　德操

注释

[1]伦类：泛指各类事物、事理。　[2]涂巷之人：指普通老百姓。涂，同“途”，道路。　[3]盗跖（zhí）：传说是春秋末年的一个大盗。　[4]诵数：诵说。　[5]荡：动摇。　[6]见：同“现”，显现的意思。　[7]光：同“广”，宽大广阔的意思。

译文

射一百支箭，有一支没有射中，就不能说是擅长射箭；驾车走了一千里的路程，还差半步没有走完，就不能叫做善于驾车；对各类事理不能融会贯通，对仁义之道不能坚持如一，就不能称之为善于学习。学习，就要做到一心一意。一会儿学得进去，一会儿学不进去，那是普通老百姓。他们之中好的少，不好的多，夏桀、商纣、盗跖就是这样的人；完全地、尽心尽力地学习，这样才称得上是个真正的学者。君子知道，做学问不全面、不纯正是不足以称之为完美的，所以要诵说经典以求融会贯通，用心思索以求领会通晓，用设身处地的要求来处理它，根除一切有害的东西来培养保护它。不该看的，眼睛不看；不该听的，耳朵不听；不该说的，嘴巴不说；不该想的，内心不去思考。等到了极其爱好学习的境地，就像眼睛喜爱看五色、耳朵喜爱听五声、嘴巴喜爱吃五味、内心喜好拥有天下一样。因此，权力利益不能打动他，人多势众不能改变他，天下万物不能使他动摇。活着是这样，到死也是这样，这就叫做道德操守。具备了这样的道德操守，就有定力，有定力就能够应付自如。既有定力，又能应付自如，这样才是有成就的人。天显现它的光明，地显现出它的广阔，君子的可贵之处就在于德行的完美。

文史链接

学习之道

荀子谈学习，对“生而知之者”的天才不作推崇，对“不学而能”、“不虑而知”的“良知良能”谈得很少，因为荀子的眼光具有浓厚的现实主义的色彩，他所在意的对象是一般的民众，他所关心的主旨是理论的现实可行性。而处在战国中后期的背景之下，经过孔孟两代大圣之后的儒家已经显得有些风雨飘摇了。墨家、道家、阴阳家等学派大行其道，如果儒家继续抱着一些“迂阔而远于事情”的主张，而不去适应周围已经变化了的环境，那么儒家的薪火就有熄灭的危险。荀子开篇讲劝学意味深长，既有君子应该学习的内容和次第，又有学习的方法和技巧，还有勉励和鞭策君子学习动机的警语。其中荀子反复强调的就是一定要有专心致志、锲而不舍的精神。在荀子看来，人与人之间并不存在“唯智与下愚不移”的情况，只要努力学习，不断积累，再愚笨的人也可以有一番作为。荀子还说“涂之人可以为禹”，圣人没有什么神秘莫测的，只要掌握正确的学习方法，路上的一般人也可以成为像大禹一样的圣人。圣人只是后天不断努力积累的结果。

虽然人们把孔子当作圣人，但实际上孔子从不以圣人自居。孔子也不是“生而知之”的天才，他的成长是一个不断积累的过程。

有学生问孔子，为什么老师有这么多才华呢？孔子只是说：我年少的时候身份十分卑贱，什么事情都要自己亲自去做，所以就什么也都会一点而已。孔子谈到自己的学习，他说："我非生而知之者，好古，敏以求之者也。"（《论语·述而》）我的知识是爱好古代文化，勤奋敏捷学习得来的。孔子谈到自己的好学非常自豪。他说："十室之邑，必有忠信如丘者焉，不如丘之好学也。"（《论语·公冶长》）有人在忠信上比得上我，但在好学这一点上像我这样的不多啊。孔子还要求自己"默而识之，学而不厌，诲人不倦"，强调坚持不懈地努力。他利用各种方式增加自己的知识，如他"入太庙，每事问"，见到不清楚的问题，就勇敢向别人请教。他用来评价孔文子的"敏而好学，不耻下问"放在他自己身上也非常合适。孔子对学习不是一种功利的态度，而是把学习当做一种乐趣，他说自己学习的时候"发愤忘食，乐以忘忧，不知老之将至云尔"（《论语·述而》）。学习对于他来说，完全就是一种享受了。有一种良好的学习态度，持之以恒，不断积累，最后便自然而然地达到了"从心所欲不逾矩"的境界。

三国时期的吕蒙是一位能征善战的猛将。他十六岁的时候就偷偷随着自己的姐夫邓当去讨伐山贼。邓当后来发现他在军中，大吃一惊，喝令他不得随军打战。但吕蒙仍然坚持参战。邓当只好告诉吕蒙的母亲，当吕母责骂吕蒙时，吕蒙说："我实在无法忍受贫贱的生活，如果让我行军打仗的话，说不定还能够获取军功，到时候就可以大富大贵。况且不探虎穴，安得虎子呢？"吕母也只好作罢。吕蒙后来十分勇猛，邓当去世之后，他已经较有名望，被张昭推荐担任别部司马的职务。但吕蒙因为年少不读书，文化程度较低，每次有大事向孙权禀报，都要找别人捉刀代笔。很多人都私下讥笑吕蒙。有一天，孙权就对吕蒙说："你现在当权管事

了，不能不学习啊！”吕蒙长期行军打仗，对读书十分反感，于是就拿军务繁忙来推辞。孙权便说："我难道是让你去研究儒家经学，去当博士官吗？我只是要你粗通文墨，了解历史就行了。再说你管理的事务跟我相比，算得上繁忙吗？会比光武帝刘秀和曹操的事情多吗？当年光武帝一样是军务缠身，但他照样是手不释卷；如今曹操转战南北，同样是手不释卷啊。”吕蒙听了，理屈词穷，十分羞愧，于是就潜心学习，专心致志，不知疲倦。经过一段时间的学习之后，他的所见所闻，已经远远超出了一般的读书人。后来鲁肃遇到吕蒙，在他面前谈天说地，可没想到的是吕蒙这时谈论天下大事如数家珍且颇有见地。鲁肃见状是又惊又喜："我以前只听说吕将军一身好武艺，没有想到，今日一见，你的学识精深广博，早已不是以前人们说的吴下阿蒙啊。”吕蒙回答说："士别三日，即当刮目相看。如今与关羽为敌，他非常好学，对《左传》烂熟于心，我要对付他，当然也要多读书了。”随后便向鲁肃献上了三个计策，鲁肃听后，对他越发敬佩。

生活在今天的我们，不也常常拿事务繁忙来作为不学习的托辞吗？扪心自问，我们真的有那么忙吗？就算我们忙，诚如孙权所言，我们的忙碌和压力能比得上刘秀和曹操吗？只要有心向学，坚持不懈，像吕蒙这种毫无文化基础的武将都可以变得学识渊博，何况处在今日优越条件下的我们呢？

思考讨论

1. 荀子的学习方法对你有什么启示？你有过持之以恒而后豁然开朗的体会吗？

2. 你学习的目的是什么？在学习的过程中能否感受到乐趣？如果有乐趣或烦恼，能否给大家详细分享一下具体内容？

第二节 修 身

见善，修然必以自存也[1]；见不善，愀然必以自省也[2]。善在身，介然必以自好也[3]；不善在身，菑然必以自恶也[4]。故非我而当者[5]，吾师也；是我而当者，吾友也；谄谀我者，吾贼也。故君子隆师而亲友，以致恶其贼。好善无厌，受谏而能诫，虽欲无进，得乎哉！小人反是，致乱而恶人之非己也，致不肖而欲人之贤己也，心如虎狼，行如禽兽，而又恶人之贼己也。谄谀者亲，谏争者疏，修正为笑，至忠为贼，虽欲无灭亡，得乎哉！诗曰："噏噏呰呰，亦孔之哀。谋之其臧，则具是违；谋之不臧，则具是依[6]。"此之谓也。

关键词：自存自省　隆师亲友

注释

[1]修然：整饬的样子。存：审查，检查。　[2]愀（qiǎo）然：忧惧的样子。　[3]介然：坚固的样子。　[4]菑（zāi）然：灾害在身的样子。菑，通"灾"。　[5]当：恰当。　[6]"噏（xī）

嗡”句：出自《诗经·小雅·小旻（mín）》。噏噏，意为附和。呰（zǐ）呰，诋毁、诽谤之意。孔，很、十分的意思。臧（zāng），好、善的意思。

译文

见到善行，一定要认真对照自己检查是否有这种行为；见到不善的行为，一定要惊心警惕地检讨自己。自己身上的善，要坚定不移地珍视它；自己身上有不善，要像厌恶灾祸一样厌恶它。所以，批评我且中肯恰当的人，是我的老师；肯定我且中肯恰当的人，是我的朋友；谄媚我的人，是害我的谗贼。所以君子要尊重老师，亲近朋友，而极为痛恨那些谄媚自己的贼人。追求好的德行永不满足，受到规谏而能警惕，即使想不进步也做不到啊。小人则与此相反，自己做尽胡乱之事，却厌恶别人批评自己；做尽丑恶之事，却期望别人说自己贤能；自己心地如同虎狼，行为如同禽兽，却又憎恨别人妨害自己。他们亲近阿谀奉承自己的人，疏远直言规劝自己的人，把纠正自己错误的话当做讥笑，把极为忠诚的人当做谗贼，这样的人即使想不灭亡也做不到啊！《诗经》说："又附和来又诽谤，真是使人很悲伤。谋略之中那好的，却被非难丢一旁。谋略之中不好的，却全照办弗思量。"说的就是这样的人吧。

扁善之度[1]，以治气养生，则后彭祖[2]；以修身自名，则配尧、禹。宜于时通，利以处穷[3]，礼信是也。凡用血气、志意、知虑，由礼则治通，不由礼则勃乱提僈[4]；食饮、衣服、居处、动静，由

礼则和节，不由礼则触陷生疾[5]；容貌、态度、进退、趋行，由礼则雅，不由礼则夷固僻违[6]、庸众而野。故人无礼则不生，事无礼则不成，国家无礼则不宁。《诗》曰："礼仪卒度，笑语卒获[7]。"此之谓也。

关键词：礼法　守礼

注释

[1]扁善之度：就是无所往而不善、放之四海而皆准的法则。扁，通"遍"。　[2]彭祖：传说他经历了虞、夏、商、周，活了八百岁，常以他作为寿星的代称。　[3]穷：困窘，困境。[4]勃：通"悖"，意为荒谬，荒诞不经。提僈：松弛懈怠。[5]触陷生疾：一举一动都有毛病。一说为触发危险，发生疾困。[6]夷固：傲慢。僻违：偏邪不正。　[7]"礼仪"句：出自《诗经·小雅·楚茨（cí）》。卒，尽，完全。获，得当。

译文

君子有无往而不善的法则，用它来调养血气，养护身体，那么寿命可以跻身于彭祖之后；用它来洁身自好，那么自己可与尧、禹媲美。既适宜于显达的顺境，也适宜于困窘的境遇，这全在于礼法和信义。凡是使用血气、意志、智慧和思虑的时候，遵循礼义就通达顺利，不遵循礼义就产生谬误错乱，松弛懈怠；在吃饭、穿衣、居处及活动的时候，遵循礼义的行为就会和谐适当，不遵循礼义则一举一动都会发生毛病；人的容貌、态度、进退、行走，遵循礼义就温雅可亲，不遵循礼义就显得傲慢偏邪，庸俗粗野。

所以，人没有礼义就不能生存，做事情不讲礼义，事情就办不成，国家没有礼义就不能安宁。《诗经》说："礼仪完全符合法度，一言一笑完全得当。"说的就是这个意思。

以善先人者谓之教[1]，以善和人者谓之顺[2]；以不善先人者谓之谄，以不善和人者谓之谀。是是、非非谓之知，非是、是非谓之愚。伤良曰谗[3]，害良曰贼。是谓是、非谓非曰直。窃货曰盗，匿行曰诈，易言曰诞[4]，趣舍无定谓之无常[5]，保利弃义谓之至贼。多闻曰博，少闻曰浅。多见曰闲[6]，少见曰陋。难进曰偍[7]，易忘曰漏。少而理曰治，多而乱曰秏[8]。

关键词：德目　恶行

注释

[1]先：引导，前导。　[2]和：附和。　[3]谗：用言语陷害攻击人。　[4]易言：指说话轻浮、轻率。　[5]趣舍：取舍。　[6]闲：博大，广博的意思。　[7]偍（tí）：迟缓。　[8]秏（mào）：通"眊"，蒙昧不明，混乱。

译文

用善良的言行来引导别人的叫做教导，用善良的言行来附和别人的叫做顺应；用不良的言行来引导别人的叫做谄媚，用不良的言行来附和别人的叫做阿谀。以是为是、以非为非的叫做明智，以是为非、以非为是的叫做愚蠢。中伤贤良叫做谗毁，陷害贤良叫做残害。对的就说对，错的就说错叫做正直。偷窃财物叫做盗窃，隐瞒自己的行为叫做欺诈，轻率胡言叫做荒诞，取舍没有个定准叫做无常，为了保住利益而背信弃义的叫做至贼。听闻多叫做渊博，听闻少叫做浅薄。见得多叫广博，见得少叫做鄙陋。进展艰难叫做迟缓，容易忘记叫做遗漏。举措简明扼要而有条理叫做政治清明，措施繁复铺陈而混乱叫做昏乱不明。

治气养心之术：血气刚强，则柔之以调和；知虑渐深[1]，则一之以易良；勇胆猛戾[2]，则辅之以道顺[3]；齐给便利[4]，则节之以动止；狭隘褊小[5]，则廓之以广大；卑湿重迟贪利[6]，则抗之以高志[7]；庸众驽散[8]，则劫之以师友[9]；怠慢僄弃[10]，则炤之以祸灾[11]；愚款端悫[12]，则合之以礼乐，通之以思索。凡治气养心之术，莫径由礼，莫要得师，莫神一好。夫是之谓治气、养心之术也。

关键词：治气　养心　礼法　良师　专一

注释

[1] 渐深：思想深沉而不明朗的样子。　[2] 猛戾：凶狠暴躁，乖张。　[3] 道顺：引导并使之驯顺的意思。道，通“导”。顺，通“训”。　[4] 齐给便利：敏捷轻快，这里指行为不够慎重、稳沉。　[5] 褊（biǎn）小：气量狭小。　[6] 卑湿：低下的意思。重迟：

宽缓，迟钝的意思。[7]抗：举，在此为激发，鼓励之意。[8]驽散：才能低劣而散漫。[9]劫：夺取，这里指靠师友来根除旧弊。[10]僄(piào)弃:轻佻而自暴自弃。[11]炤:同“照”,明确告之的意思。[12]愚款:单纯憨厚。端悫(què):端正朴实。

译文

调理血气，养护身心的方法是：对血气刚强的人，就用心平气和来柔化他;对思虑过于深沉复杂的人，就用坦率善良来纠正他;对勇敢大胆、凶猛暴戾的人，就开导他，使其驯顺；对行动轻率求快的人，就用举止安静来节制他；对胸怀狭隘、气量很小的人，就用宽宏大量来扩大他；对卑下迟钝、贪图小利的人，就用高尚的志向来激发他；对庸俗、低能、散漫的人，就用良师益友来改造他；对怠慢轻浮、自暴自弃的人，就明确地用灾祸之事警醒他；对过于朴实单纯的人，就用礼乐来调和他，用思索来疏导他。大凡理气养心的方法，没有比遵循礼义更直接的途径了，没有比得到良师更重要的了，没有比专心致志、一心一意更能发生神妙作用的了。这就是理气养心的方法。

夫骥一日而千里，驽马十驾则亦及之矣。将以穷无穷逐无极与[1]？其折骨、绝筋终身不可以相及也。将有所止之[2]，则千里虽远，亦或迟、或速、或先、或后，胡为乎其不可以相及也？不识步道者将以穷无穷逐无极与[3]？意亦有所止之与[4]？夫“坚

白”、“同异”、“有厚无厚”之察[5]，非不察也，然而君子不辩，止之也；倚魁之行[6]，非不难也，然而君子不行，止之也。故学曰：“迟，彼止而待我，我行而就之，则亦或迟、或速、或先、或后，胡为乎其不可以同至也？”

关键词：有所止

注释

[1]穷无穷：穷尽无穷的意思。无极：没有终点。　　[2]止：终点，止境。这里指限度，范围。　　[3]步道者：行路的人。　　[4]意：通“抑”，或者，还是的意思。　　[5]坚白：即“离坚白”，是战国时名家公孙龙子的命题。指的是石头具有坚硬和白色两种属性，但这二者是各自独立的。眼睛看到“白”而看不出“坚”，手摸到“坚”而不能感知“白”。同异：是战国时名家惠施的论题。他认为事物的同异是相对的。从具体的事物来看，事物之间可以有相同之处，又可以有相异之处，如桌子和椅子从构造、用途而言是不同的，但我们可以把它们都称之为家具。从宇宙万物的总体来看，万物既可以说是相同的，也可以是相异的。因为万物都可以称之为物质，万物又各有其相异的特性。有厚无厚：也是惠施提出的哲学命题。他说：“无厚不可积也，其大千里。”认为平面从厚（体积）来说是无，但面积仍可大至千里。一说“有厚无厚”是春秋时邓析的论题。　　[6]倚魁：通“奇傀”，奇怪的意思。

译文

骏马一日可行千里，劣马走十天也就能达到。想要走尽没有穷尽的路途，追逐那没有终点的行程吗？这样的话，劣马即便是跑断了骨头，走断了脚筋，一辈子也赶不上骏马。如果有一个限度，那么千里的路程虽然很远，也不过是有的走得慢一点，有的跑得快一点，有的先到一些，有的后到一些，怎么可能走不到呢？不认识道路的人，是去走那无穷之路、追逐那无尽的行程呢？还是有所止境呢？对“坚白”、“同异”、“有厚无厚”等命题的考察分析，君子不是不明察，但是君子不去争辩它，是因为凡事有个限度。出奇怪异的行为，做起来不是不难，但是君子不去做，也是因为凡事有个限度啊。所以学者们说：“我迟缓落后了，别人停下来等我，我便努力地追赶上去，那也就不过是或迟缓一些，或迅速一些，或冒前一些，或落后一些，怎么会到不了同一个地方呢？”

故跬步而不休，跛鳖千里；累土而不辍，丘山崇成[1]；厌其源[2]，开其渎[3]，江河可竭；一进一退，一左一右，六骥不致。彼人之才性之相县也[4]，岂若跛鳖之与六骥足哉？然而跛鳖致之，六骥不致，是无他故焉，或为之，或不为尔！道虽迩，不行不至；事虽小，不为不成。其为人也多暇日者[5]，其出人不远矣。

关键词：不行不至　不为不成

注释

[1] 崇：通“终”，最终，终究。 [2] 厌：塞，堵塞。 [3] 渎：沟渠。 [4] 县：同“悬”，差距，悬殊。 [5] 多暇日者：指有许多空闲日子的人，这里意为极其懒惰之人。

译文

所以半步半步地走个不停，瘸了腿的甲鱼也能走到千里之外；堆积泥土不中断，山丘终究能堆成；堵塞水源，开通沟渠，那么江河也会干枯；一会儿前进一会儿后退，一会儿向左一会儿向右，就是六匹骏马拉车也不能到达目的地。至于各人的资质，即使相距遥远，哪会像瘸了腿的甲鱼和六匹骏马之间那样的悬殊呢？然而，瘸了腿的甲鱼能够到达目的地，六匹骏马却不能到达，这没有其他的缘故啊，只是一个去做，一个不去做罢了！路程虽然很近，不走就不能到达；事情虽然很小，不做就不能完成。那些游手好闲怠惰的人，他的成就不可能超过别人多远。

文史链接

诤友谏臣

荀子告诫我们，与人交往，要分清楚师、友、贼。对于批评我们的人，如果言之有理，尽管听起来十分刺耳，也要坦然接受，把这种指正自己的人当做老师。而如果自己毫无建树，浑浑噩噩，还只希望别人赞美自己，那么迟早会走上歧途。如果在这种情况之下还有阿谀奉承之人，那么这种溜须拍马之辈肯定怀有虎狼之心。荀子的意见是非常中肯的。我们修身不能够只凭自己的感觉，所谓“独学而无友，则孤陋而寡闻”，一定要与人交往，听人意见。

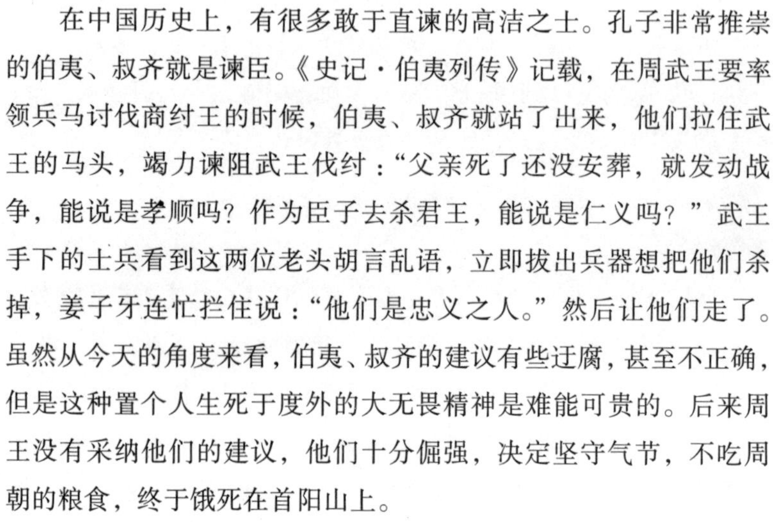

在人生路上有良师益友为伴，便可尽早走上正路。

在中国历史上，有很多敢于直谏的高洁之士。孔子非常推崇的伯夷、叔齐就是谏臣。《史记·伯夷列传》记载，在周武王要率领兵马讨伐商纣王的时候，伯夷、叔齐就站了出来，他们拉住武王的马头，竭力谏阻武王伐纣："父亲死了还没安葬，就发动战争，能说是孝顺吗？作为臣子去杀君王，能说是仁义吗？"武王手下的士兵看到这两位老头胡言乱语，立即拔出兵器想把他们杀掉，姜子牙连忙拦住说："他们是忠义之人。"然后让他们走了。虽然从今天的角度来看，伯夷、叔齐的建议有些迂腐，甚至不正确，但是这种置个人生死于度外的大无畏精神是难能可贵的。后来周王没有采纳他们的建议，他们十分倔强，决定坚守气节，不吃周朝的粮食，终于饿死在首阳山上。

三国时期的辛毗是有名的谏臣。他为人刚直，常常为百姓说话，不怕拂逆君上。有一次，曹丕准备将冀州十万户百姓迁移到河南，但是当时蝗灾严重，人民饥寒交迫，朝不保夕，如此大规模的迁移对于老百姓来说无异于雪上加霜。曹丕也知道自己的主张肯定会有大臣反对，于是就摆出一副非常生气的样子。群臣见到之后，都知道曹丕心意已决，多言只会平生事端，于是都不说话。这时候辛毗仍然毫无顾忌，挺身而出，指责曹丕。曹丕就说："你以为这件事我做得不对吗？"辛毗非常坚决地回答道："确实不对！"曹丕非常生气，当场拂袖而去，并说："我不想再跟你商议了。"辛毗却说："陛下任命我做臣子，职责就是给你出谋划策，现在为什么不和我商议了呢？我所说的不是为了自己的私欲，都是为了国家社稷，你为什么要对我发火生气？"曹丕顿时哑口无言，只好躲到内室去。辛毗便跟着曹丕，拽着他的衣袖，继续直言自己的意见。曹丕愤怒地把衣服从辛毗手里拽回来，把自己关在内室里半天不出来。过了很久，曹丕对辛毗说："你为什么如此苦苦相逼呢？"辛毗说："这件事做了的话，陛下就要失去民心，人民就会遭受饥荒，我不得不进谏。"最后曹丕也只好让步，迁移了五万户。

唐朝的魏征更是众所周知的谏臣，他对唐太宗从来都直言不讳。早在唐太宗初登基的时候，他就表现出这种刚直不屈的精神。譬如玄武门之变后，有人就向秦王李世民告发，说魏征曾经是李密的幕僚，后来还给太子建成出谋划策，甚至还劝说建成杀害秦王。李世民听后，立刻就让人把魏征叫来。魏征见了秦王，秦王就问："你为什么在我们兄弟中挑拨离间？"这个问题提出来，左右大臣都替魏征捏了一把汗，生怕秦王秋后算账，把魏征杀掉。可没想到，魏征倒是神情自若，非常从容地说："可惜太子没有听我的建议，否则也不会发生这样的事了。"李世民听他说完，觉得此人胆识过人，非同小可，所谓"识英雄重英雄"，李世民也和颜悦色地说："这已经是过去的事了，就不用再提了。"此后，魏征更是保持本色，只要看到唐太宗有错误之处，便毫不客气地批评指正。到了后来，唐太宗都有些畏惧他。有一次，太宗正在逗一只漂亮的小鸟，一瞥眼看到魏征来了，赶紧把小鸟藏在自己怀里，生怕魏征教训他玩物丧志，有失体统。没想到魏征这次上奏的内容非常繁多，时间拖得很长，太宗也没有办法，只有任他说完。好不容易等魏征出去，太宗赶紧把小鸟拿出来，可是这时候小鸟已经闷死怀中。后来魏征去世，唐太宗非常悲伤，他说："夫以铜为镜，可以正衣冠；以古为镜，可以知兴替；以人为镜，可以明得失。朕常保此三镜，以防己过。今魏征殂（cú）逝，遂亡一镜矣！"（《旧唐书·魏征传》）

历史上的谏臣还有很多，譬如春秋的介子推，战国时的孟子，汉代的汲黯，唐朝的房玄龄、杜如晦，宋代的胡铨、寇准，明代的海瑞、杨继盛、袁可立等。这些谏臣对于匡正帝王的行为发挥了积极的作用，是中国历史文化中非常亮丽的一道风景线。当然，并非所有的谏臣的建议都是合理的，但毕竟“兼听则明，偏信则暗”，不妨姑妄听之；也并非所有的君王都能像齐宣王、唐太宗一样宽容大度，不少谏臣也落得身首异处的下场。

思考讨论

1. 你的身边有没有对你谄媚讨好或批评指正的人？别人的赞美或指责，哪一种带给你的影响更大？

2. 荀子认为，我们不应该去追问一些“无意义”的问题，譬如“坚白”、“同异”之类这种关于逻辑学的问题，你认为荀子说得对吗？

第三节 非 相

相人[1]，古之人无有也，学者不道也。古者有姑布子卿[2]，今之世，梁有唐举[3]，相人之形状颜色而知其吉凶妖祥，世俗称之。古之人无有也，学者不道也。故相形不如论心[4]，论心不如择术[5]。形不胜心，心不胜术。术正而心顺之，则形相虽恶而心术善，无害为君子也；形相虽善而心术恶，无害为小人也。君子之谓吉，小人之谓凶。故长短、小大、善恶形相，非吉凶也。古之人无有也，学者不道也。

关键词：相形 论心 择术

注释

[1] 相人：给人看相，算命。 [2] 姑布子卿：春秋时郑国人，曾看过孔丘和赵襄子的相，说孔子有四位圣人的脸型特征：像尧一样的面颊，像舜一样的眼红，像禹一样的脖项，像皋陶一样的鸟嘴。其事见《韩诗外传》卷九和《史记·赵世家》。 [3] 唐举：战国时看相的人，曾看过李兑的相，断言李兑不出百日掌握赵国政权。而后又看过蔡泽的相，蔡泽后来成为秦国的宰相。在李兑、

蔡泽发迹之后，唐举成为战国的看相权威，名动一时。其事见《史记·蔡泽列传》。 [4]论心：研究人的思想。 [5]择：区别，引申为鉴别。术：道路，方法，这里可引申为立身处世之道。

译文

给人看相，古代的人不做这种事，有学识的人也不谈论这种事。古时候有个姑布子卿，现在魏国有个唐举，他们观察人的容貌面色就能知道他的吉凶祸福，世俗之人都称道他们。古代的人不做这种事，有学识的人也不谈论这种事。观察人的相貌不如考察他的思想，考察他的思想不如鉴别他立身处世的方法。相貌不如思想重要，思想不如立身处世方法重要。立身处世方法正确，思想又顺应着它，那么形体相貌即使丑陋，只要思想和立身处世方法是好的，不会妨碍他成为君子；形体相貌即使好看，只要思想与立身处世方法是丑恶的，不能阻止他成为小人。做君子就会吉祥，做小人就会凶险。所以高矮、大小、美丑等形体相貌上的特点，并不是吉凶的标志。古代的人没有这种事，有学识的人也不谈论这种事。

且徐偃王之状[1]，目可瞻焉；仲尼之状，面如蒙倛[2]；周公之状，身如断菑[3]；皋陶之状[4]，色如削瓜；闳夭之状[5]，面无见肤；傅说之状[6]，身如植鳍[7]；伊尹之状[8]，面无须麋[9]。禹跳[10]，汤偏[11]，尧、舜参牟子[12]。从者将论志意，比类文学邪[13]？直将差长短、辨美恶，而相欺傲邪？

关键词：形貌　志意　学识

注释

[1] 徐偃王：西周时徐国国君，据说其目仰视，能够看到自己的额头，但不能俯视。 [2] 蒙倛（qī）：古时人们驱疫辟邪时所用的一种面貌丑恶的假面具。 [3] 断菑（zì）：立着的枯树。 [4] 皋陶（gāo yáo）：传说是东夷族的首领，曾被舜任为掌管刑法的官。皋陶与尧、舜、禹被后人尊为“上古四圣”。 [5] 闳夭：周文王的大臣。他曾设法解救被纣囚于羑里的周文王。 [6] 傅说（yuè）：商王武丁的大臣。 [7] 植鳍（qí）：身上的皮肤犹如鱼鳍。 [8] 伊尹：商汤王的大臣。 [9] 须麋（mí）：同“须眉”，即胡子眉毛。 [10] 禹跳：大禹跛着脚走路。 [11] 汤偏：商汤半身瘫痪。 [12] 参牟子：牟通“眸”。参，这里指有二瞳之相参，即两个瞳仁。另一说，参通“叁”，叁牟子就是三个瞳仁。但从《史记》、《尸子》等书记载来看，应为两个瞳仁。 [13] 文学：文才学识。

译文

况且徐偃王的形貌是眼睛可以向上看到前额；孔子的形貌是脸上好像蒙着一个狰狞的辟邪面具；周公的形貌是身体好像一个立着的枯枝；皋陶的形貌是脸色青中带绿就像削去了皮的瓜；闳夭的形貌是脸上的胡须多得看不见皮肤；傅说的形貌是身上如同长了鱼鳍；伊尹的形貌是脸上没有胡须眉毛。大禹跳着走路；商汤半身不遂；尧和舜都是双瞳。相信相术的人们，是考察他们的志向思想，比较他们的文才学识呢？还是比较他们的高矮、区分他们的美丑，以互相欺骗、互相傲视呢？

古者，桀、纣长巨姣美[1]，天下之杰也，筋力越劲，百人之敌也。然而身死国亡，为天下大僇[2]，后世言恶则必稽焉[3]。是非容貌之患也。闻见之不众，论议之卑尔！

今世俗之乱君，乡曲之儇子[4]，莫不美丽姚冶，奇衣妇饰，血气态度拟于女子；妇人莫不愿得以为夫，处女莫不愿得以为士，弃其亲家而欲奔之者，比肩并起。然而中君羞以为臣，中父羞以为子，中兄羞以为弟，中人羞以为友；俄则束乎有司而戮乎大市[5]，莫不呼天啼哭，苦伤其今而后悔其始。是非容貌之患也。闻见之不众，论议之卑尔！然则从者将孰可也？

关键词：容貌　闻见　议论

注释

[1] 长巨姣美：身材高大俊美。　[2] 僇（lù）：耻辱。

[3] 稽：考证，印证，引证。　[4] 儇（xuān）子：轻薄的男子。

[5] 俄：转眼，不久后，有朝一日。束乎有司：被司法机关逮捕。

译文

古时候，夏桀、商纣都是身材高大俊美的人，是天下相貌出众的人物，他们敏捷强壮，足可对抗上百人。但最后落得身死国亡，成为天下最可耻的人，后世说到坏人，就一定会拿他们作例证。这并不是因为他们的形貌造成的祸患啊，而是他们见闻不多，思想卑下造成的。

现在世俗的乱民，乡间僻壤的轻薄男子，没有不打扮得妖里妖气的，他们穿着奇装异服，像妇女那样装饰自己，气色神态都模仿女人。妇女们没有谁不想得到这样的人做丈夫，姑娘没有谁不想得到这样的人做情人，抛弃了自己的父母家庭，而想私奔他们的女人，是比肩接踵。但是，即使是平庸的国君也羞于把这种人作为臣子，平常的父亲也羞于把这种人当做儿子，平庸的哥哥也羞于把这种人当做弟弟，一般的人也羞于把这种人当做朋友。有朝一日，这种人就会被官吏绑去，在大街闹市中处决，他们无不呼天喊地，号啕大哭，都悲痛今日，而后悔当初。这并不是容貌造成的祸患，而是由于他们见识浅薄，思想卑下造成的。那么，信从相术的人，究竟认为谁才是对的呢？

人有三不祥：幼而不肯事长，贱而不肯事贵，不肖而不肯事贤，是人之三不祥也。人有三必穷：为上则不能爱下，为下则好非其上，是人之一必穷也；乡则不若[1]，偝则谩之[2]，是人之二必穷也；知行浅薄，曲直有以县矣[3]，然而仁人不能推，知士不能明[4]，是人之三必穷也。人有此三数行者，以为上则必危，为下则必灭。《诗》曰："雨雪瀌瀌，宴然聿消。莫肯下隧，式居屡骄[5]。"此之谓也。

关键词：三不祥　三必穷

注释

[1]乡：通“向”，面对面的意思。若：顺从。　[2]偝（bèi）：背后，私下。谩：诋毁，毁谤。　[3]曲直：能与不能，这里是指才能上的差别。有：即“又”。县：通“悬”，悬殊的意思。　[4]明：尊崇。　[5]“雨雪”句：出自《诗经·小雅·角弓》。瀌（biāo）瀌，雪多而大的样子。宴然，日出和暖的样子。聿，于是，或作语气助词。隧，通“坠”，此处指退位。

译文

人有三种不祥之事：身为年幼的人却不肯侍奉长者，地位卑贱的人不肯侍奉尊贵的人，没有德才的人不肯侍奉贤能的人，这是人的三种不祥。人在三种情况下必然会陷于困窘：做君主的不爱护臣民，做臣民的喜欢非议君主，这是第一种情况；当面不顺从，背后又毁谤，这是第二种情况；知识浅陋，品行卑劣，才能又与别人相差悬殊，却又不能推举仁人，尊崇智士，这是第三种情况。人如果有这三种情况所说的种种行为，当君主就必然危险，做臣民就必定灭亡。《诗》云：“纷纷雪花满天飘，阳光灿烂便融消。不肖哪肯自引退，占据高位人骄傲。”说的就是这种情况。

文史链接

人不可貌相

荀子告诉我们，人的样貌好坏和吉凶祸福之间没有必然的关系，一个人长得很漂亮，但用心不善，不妨碍他成为恶人；一个人长得很丑陋，但心地质朴，不妨碍他成为善人。虽然很多偶然的际遇会让人生的道路出现偏差，但从根本上而言，人的命运掌握在自己的手中，而不是由先天的长相所决定。荀子的这种观点是朴实无华的，激人奋进的。但千载以下，时至今日，仍然有人笃信看相算命，实在令人惋惜。

庄子曾经讲过一个算命的故事。有一天，宋元君半夜梦见有人披头散发，在侧门边窥视，并且说："我来自名为宰路的深渊，我被清江之神派往河伯那里去，渔夫余且捉住了我。"元君醒来，叫人占卜此梦，卜者说:"这是神龟啊。"国君说:"渔夫有叫余且的吗？"左右的人说:"有。"国君说:"命令余且来朝见。"第二天，余且上朝。国君说："你捕到什么？"余且说："我网住了一只白龟，直径有五尺长。"国君说："把你的龟献上来。"龟献上之后，国君又想杀它，又想养它，心中犹豫不决，叫人来占卜，卜者说："杀龟用来占卜，吉利。"于是挖去龟肉，用龟甲占卜，七十二次都没有失误。孔子说:"神龟能够托梦给宋元君，却不能避开余且的渔网；它的智巧能够占卜七十二次都没有失误，却不能避开挖肉的祸患。这样看来，智巧有穷尽之时，神妙有不及之处。即使有最高的智巧，也避不开万人的谋害。"一个神通广大，预知后世的神龟最后却躲不开被挖肉的悲惨命运。要是它真的如此神妙，怎么连自己的生命都无法保全呢？同样的道理，那些号称自己是"铁口神算"的算命先生，为什么连自己的命运都无法算清楚呢？更荒谬的是，算命先生还鼓吹可以"修天改命"，如果命运是由天决定的，既然可以去修改变动它，那究竟是算命先生本领大，还是天本领大？若是天主宰一切，那命运又如何能被一个算命先生轻易地改掉？如果算命先生本领大，甚至超过了天，那么他又何必以算命为生呢？

但是，看人看表面也是人之常情。在对某人无法深入了解的情况下，只能退而求其次诉诸第一印象。当然，第一印象尽管很关键，但靠不住。在自己的许多成见的影响下，通过第一印象下

判断往往容易出现错误。孔子当年就犯过类似的错误。他说："吾以言取人，失之宰予；以貌取人，失之子羽。"（《史记·仲尼弟子列传》）宰予，字子我，是孔子门下的高足。孔子门下有四科，分别是德行、言语、政事和文学，而宰予以能言善辩著称，位于言语科之首。孔子平时对这个巧舌如簧的学生非常看重，但有一次去学生的住处看望学生，没想到已经是大白天了，宰予还赖在床上不起来，孔子看到之后就非常生气。这个学生平时在众人面前谈起修身立德头头是道、口若悬河，没想到回到住处却如此懒散怠惰、顽劣不堪。孔子于是破口大骂："朽木不可雕也，粪土之墙不可杇也，于予与何诛。"对这样的学生我都不知道该怎么责骂才是啊。孔子转而又反省自己：过去我对待别人，听到他的说法就相信他的行为；现在我对待别人，听到他的说法，还要观察他的行为。我是看到宰予的例子，才改变态度的。

至于子羽的故事，《韩非子·显学》和《史记·仲尼弟子列传》都有记载。子羽，叫做澹（tán）台灭明，据说他的措辞高雅纯正而有文采，他充满智慧但不逞口舌之利。他向孔子拜师，孔子跟他见面之后，看到他"状貌甚恶"，长得奇丑无比，便觉得此人不会有什么才华，并不器重他。而子羽进入门下之后，潜心学习，努力提高自己，不走旁门左道，不因公事也不去见卿大夫。后来子羽南游到长江，跟随他的学生有三百人之多，名闻诸侯。孔子听说之后，便批评自己："以貌取人，失之子羽。"孔子后来对花言巧语，长相漂亮的人都抱有一种怀疑态度。他说："巧言令色，鲜矣仁。"（《论语·学而》）他还说："巧言、令色、足恭，左丘明耻之，丘亦耻之。匿怨而友其人，左丘明耻之，丘亦耻之。"（《论语·公冶长》）

长得漂亮的人，文辞优美的人，德行并不能保证，历史上赫赫有名的西晋美男子潘岳，字安仁，后人常称为潘安，他的俊美非同一般，文采也名冠一时。据说他每次出门，少女们都会手牵着手围着他的车子，争先恐后地一睹潘安的美貌，还向他的车子投掷水果，等到他回家的时候，车上的水果都已经堆积如山，所以就有“掷果盈车”这样一个典故。但是潘安为人趋炎附势，对权贵贾谧极尽阿谀之能事。所以后来金代文学家元好问批评他：“心画心声总失真，文章宁复见为人。高情千古《闲居赋》，争信安仁拜路尘。”（《论诗三十首》）

思考讨论

1. 你认为人的长相和命运之间有必然的关联吗？它们之间有什么样的关系？

2. 荀子告诉我们，人在三种情况下必然出现不祥，有的人没有出现三种情况之一，也出现了不祥之事，你觉得这两者相互冲突吗？

第四节　非十二子

假今之世[1]，饰邪说，文奸言，以枭乱天下[2]，矞宇嵬琐[3]，使天下混然不知是非治乱之所存者有人矣。

纵情性，安恣睢[4]，禽兽行，不足以合文通治[5]；然而其持之有故，其言之成理，足以欺惑愚众。是它嚣、魏牟也[6]。

忍情性，綦蹊利跂[7]，苟以分异人为高，不足以合大众、明大分[8]；然而其持之有故，其言之成理，足以欺惑愚众。是陈仲、史䲡也[9]。

关键词：它嚣　魏牟　陈仲　史䲡

注释

[1]假：趁着，凭借。　[2]枭乱：扰乱。枭，通“挠”。[3]矞（jué）通“谲”，欺诈，诡诈。宇：通“讦（xū）”，迂曲，诡诈。嵬（wéi）：怪诞，怪异。琐：委琐，鄙陋庸俗。　[4]安：心中无所愧疚的样子。恣睢（suī）：任意胡为。　[5]合文通治：合于礼义，达到国家的治理。　[6]它嚣：人名，生平已无可考。魏牟：战国时魏国的公子牟，《汉书·艺文志》将他归入道家，著

录有《公子牟》四篇。　[7]綦（qí）蹊（xī）：可理解为谨小慎微。綦，通“极”。蹊，小路。利跂：背离世俗而独行。跂，通“企”，踮起脚跟。　[8]大分：忠孝之大义，君臣上下之名分。[9]陈仲：又名田仲、陈仲子，战国时期的齐国贵族，认为兄长拥有的是不义之财，所以离开兄长，隐居长白山，以编织草鞋为生。史鳝（qiū）：春秋时卫国大臣，多次为卫灵公推荐贤才，斥退奸臣，但未被采纳，临死前还嘱托儿子不要将自己的尸体入棺，死后还要“尸谏”。卫灵公终于被史鳝的言行所打动，开始尊贤使能。史鳝被后世视为中国古代谏臣的典范，并开启了“尸谏”的先河。

译文

趁着当今这个乱世，修饰邪说，美化奸邪的言论，用来扰乱天下，那些诡诈、夸大、怪异、委琐的言论，使天下人变得浑浑噩噩，不知道何为是何为非，何为治何为乱，这样的人大有人在。

纵情任性，恣肆放荡无所愧疚，行为如同禽兽，不足以符合礼义明通政治，但是他们立论时却有根有据，他们解说论点时又有条有理，足以欺骗迷惑愚昧的民众。它嚣、魏牟就是这样的人。

抑制性情，谨小慎微，离世独行，一心把与众不同当做高尚，不足以协和大众，申明大义；但是他们立论时却有根有据，他们解说论点时又有条有理，足以欺骗迷惑愚昧的民众。陈仲、史鳝就是这样的人。

不知壹天下、建国家之权称[1]，上功用[2]，大俭约而僈差等[3]，曾不足以容辨异、县君臣；然而其持之有故，其言之成理，足以欺惑愚众。是墨翟、

宋钘也[4]。

尚法而无法，下修而好作[5]，上则取听于上，下则取从于俗，终日言成文典，反紃察之[6]，则倜然无所归宿[7]，不可以经国定分；然而其持之有故，其言之成理，足以欺惑愚众。是慎到、田骈也[8]。

关键词：墨翟　宋钘　慎到　田骈

注释

[1]权称：准则，法度，这里主要是指荀子推崇的“礼”。一说权称为轻重之意，但墨子并非不知道国家统一的重要性，其“尚同”的思想就是明证，故不采用轻重之意。　[2]上：崇尚。[3]僈：轻视。　[4]宋钘（xíng）：又叫宋荣子、子宋子，生平难以确考，为战国时宋国人，约与齐宣王同时。思想接近墨家，主张“崇俭”、“非斗”等。　[5]好作：自作主张、自作聪明。[6]紃（xún）察：循省审查。紃，通“循”。　[7]倜（tì）然：远离的样子。　[8]慎到：战国中期道家、法家学者，赵国人。主张“尚法”和“重势”。田骈（pián）：战国时齐国人，他与慎到一样由道家转入法家。主张“齐万物以为首”，要求摆脱各自的是非利害，回到“明分”、“立公”的自然之理，从“不齐”中实现“齐”。

译文

不懂得统一天下，建立国家的法度，崇尚功利实用，重视节俭而轻视等级差别，甚至不容许人与人之间有差异，君臣之间有悬殊；但是他们立论时却有根有据，他们解说论点时又有条有理，足够用来欺骗迷惑愚昧的民众。墨翟、宋钘就是这样的人。

推崇法治但又没有准则，轻视贤能的人而喜欢自作主张，对上听从君主，对下依顺世俗，整天讲述着礼义法典，但等到回过头来，循省考察这些典制，就会发现它们脱离实际而没有着落，不可以用来治理国家、确定名分；但是他们立论时却有根有据，他们解说论点时又有条有理，足够用来欺骗迷惑愚昧的民众。慎到、田骈就是这种人。

不法先王，不是礼义，而好治怪说，玩琦辞[1]，甚察而不急[2]，辩而无用，多事而寡功，不可以为治纲纪；然而其持之有故，其言之成理，足以欺惑愚众。是惠施、邓析也[3]。

略法先王而不知其统[4]，然而犹材剧志大[5]，闻见杂博。案往旧造说[6]，谓之五行[7]，甚僻违而无类[8]，幽隐而无说[9]，闭约而无解[10]，案饰其辞而祗敬之曰[11]：此真先君子之言也。子思唱之[12]，孟轲和之[13]，世俗之沟犹瞀儒[14]，嚾嚾然不知其所非也[15]，遂受而传之，以为仲尼、子游为兹厚于后世[16]。是则子思、孟轲之罪也。

关键词：惠施　邓析　子思　孟轲

注释

[1]琦：通“奇”。 [2]不急：不能马上发生作用，产生效果。 [3]惠施：战国时期哲学家，名家学派的代表人物。宋国人，生卒年不详。长于雄辩与逻辑推理。邓析：春秋末年郑国人，作过郑大夫。他反对不许民知争端与禁止民有争心的礼治，作竹刑，主张刑名之治。《汉书·艺文志》把邓析列为名家第一人，并称《邓析子》的书有两篇，现已亡佚。 [4]统：要领，统领。

[5]材剧：才能很多。 [6]案：依照。往旧：古代。造说：臆造一种学说。 [7]五行：具体意义不明，一说为五常，即仁义礼智信。 [8]僻违：邪僻。 [9]幽隐：晦涩。无说：无法解说，无法言说。 [10]闭约：隐晦。 [11]案：语助词，无实义。祗（zhī）敬：恭恭敬敬。 [12]子思：战国初期哲学家。姓孔，名伋，字子思，孔鲤之子，孔子之孙。鲁国陬邑（今山东曲阜）人。约生于公元前481年，卒于公元前402年前后。相传子思作《中庸》，被尊为“述圣”，其思想对孟子和宋明理学都有影响。唱：通“倡”，倡导，提倡。 [13]孟轲：即孟子，战国中期邹国人，儒家思想的代表人物，后世被尊为“亚圣”。 [14]沟：同“怐（kòu）”，愚昧无知。犹：犹豫不决，没有主见的意思。瞀（mào）：蒙昧。 [15]嚾（huān）嚾然：吵吵嚷嚷的样子，形容十分喧闹。 [16]子游：姓言，名偃，字子游，亦称言游，位列孔门四科中的文学科第一名，也是孔子七十二弟子中唯一南方人，后学成南归，道启东南，对江南文化的繁荣有很大贡献，被誉为“南方夫子”。但《荀子》全书里，“仲尼”常与“子弓”连称，且荀子对子游持批评态度，因此此处“子游”当为“子弓”之误。

译文

不效法先王，不赞成礼义，而喜欢钻研奇谈怪论，玩弄奇辞，非常精微但不能急用，雄辩动听但无法实用，做的事情多，功效却很少，不可以作为治国的纲领；但是他们立论时却有根有据，他们解说论点时又有条有理，足够用来欺骗迷惑愚昧的民众。惠施、邓析就是这种人。

粗略地效法先圣，而不知他们的要领，然而却自以为才华横溢，志向远大，博闻多见。依据古制臆造新说，称之为五行，这些学说非常乖僻而不伦不类，隐晦难明而无法言说，晦涩不通而无从解说，还粉饰他们的言论，恭恭敬敬地说：这真正是先师孔子的言论啊。子思在前倡导，孟轲随后附和，世俗那些愚昧无知的儒生吵吵闹闹地不知道他们错在哪里，于是接受了这种学说又传授给后人，以为是孔子、子弓的学说来嘉惠于后代。这就是子思、孟轲的罪过了。

若夫总方略[1]，齐言行，壹统类，而群天下之英杰，而告之以大古[2]，教之以至顺；奥窔之间[3]，簟席之上[4]，敛然圣王之文章具焉[5]，佛然平世之俗起焉[6]，六说者不能入也，十二子者不能亲也，无置锥之地而王公不能与之争名，在一大夫之位则一君不能独畜，一国不能独容，成名况乎诸侯[7]，莫不愿以为臣。是圣人之不得势者也，仲尼、子弓是也[8]。

关键词：仲尼　子弓　不得势

注释

[1]总：总括，统领。方略：道术。 [2]大古：指古代帝王的功绩。 [3]奥窔（yào）：意指室隅深处，亦泛指堂室之内。奥，屋子里的西南角。窔，屋子里的东南角。 [4]簟（diàn）席：竹席。 [5]敛然：聚集的样子，形容浩繁丰富。 [6]佛（bó）然：勃然兴起的样子。 [7]况：超过。 [8]子弓：一说为孔子的弟子，姓冉，名雍，字仲弓；一说为犴（hán）臂子弓，《史记》上记载子弓是孔子易学的第二代传人。郭沫若在《周易之制作年代》中提出《易经》作者为孔子的再传弟子犴臂子弓，并推测《易传》的作者大部分是荀子的门徒。

译文

至于总括治国的方针策略，统一的言行，统一治国的纲纪，从而会聚天下的英雄豪杰，告诉他们上古先王的伟绩，用天下的至理来教导他们。在室堂之内，竹席之上，堆积着圣王的礼义制度，社会安定的礼义也勃然兴起。它嚣、墨翟等六家学说不能侵入这讲堂，魏牟、孟轲等十二个人不能接近这竹席。虽然他们没有立锥之地，但天子诸侯不能与之竞争名望；虽然只是身居大夫之职，但一个诸侯国的国君却不能将他据为己有，一个诸侯国也无法单独容纳他。他们的盛名超过了诸侯，没有一个国君不想让他们来当自己的臣子。这就是没有取得权势的圣人，孔子、子弓就是这种人。

一天下，财万物[1]，长养人民，兼利天下，通达之属[2]，莫不从服，六说者立息，十二子者迁化。则圣人之得势者，舜、禹是也。

今夫仁人也，将何务哉？上则法舜、禹之制，下则法仲尼、子弓之义，以务息十二子之说。如是，则天下之害除，仁人之事毕，圣王之迹著矣[3]。

关键词：仁人之务　息十二子

注释

[1]财：通“裁”，管理，利用。　[2]通达之属：交通工具所能到达的地方，这里指整个天下。　[3]著：显著，彰显。

译文

统一天下，管理万物，养育人民，使天下人都得到好处；天下之人，没有不服从的，上述六种学说会立刻销声匿迹，十二子的学说也会渐渐改变。这就是得到了权势的圣人，舜、禹就是这种人。

当今的仁人，应该做些什么呢？对上要效法舜禹的制度，对下要效法孔子、子弓的礼义，一定要消灭十二子的学说。这样的话，天下的祸害就得到清除，仁人的事业也得到完成，圣王的事迹也得到了彰显。

古之所谓士仕者[1]，厚敦者也，合群者也，乐可贵者也[2]，乐分施者也[3]，远罪过者也，务事理者也，羞独富者也。今之所谓士仕者，污漫者也[4]，贼乱者也，恣睢者也，贪利者也，触抵者也[5]，无礼义而唯权势之嗜者也。古之所谓处士者[6]，德盛

者也，能静者也，修正者也，知命者也，箸是者也[7]。今之所谓处士者，无能而云能者也，无知而云知者也，利心无足而佯无欲者也，行伪险秽而强高言谨悫者也[8]，以不俗为俗，离纵而跂訾者也[9]。

关键词：古今士仕　古今处士

注释

[1]士仕：应为"仕士"，与下文"处士"对应，意思是做官的人。[2]乐可贵者：注重道德品质的高尚的人；一说"乐可贵"应为"易富贵"，轻视富贵的意思。　[3]分施：把恩惠施与众人。[4]污漫：行为肮脏，丑恶。　[5]触抵：触犯法令，以权势忤逆他人，引申为仗势欺人。　[6]处士：隐士。不愿意做官的人。[7]箸是：宣扬正确的主张。　[8]谨悫：谨慎诚实。　[9]离纵：离开正道。跂訾（zǐ）：显示自己与众不同。

译文

古代所说的做官的人，是老实厚道的人，是团结群众的人，是注重道德品质的高尚的人，是乐于把恩惠施与众人的人，是远离罪过的人，是努力研究事理的人，是以独自富裕为羞耻的人。现在所说的做官的人，是行为污秽卑鄙的人，是为非作歹的人，是恣肆放荡的人，是贪图私利的人，是仗势欺人的人，是不顾礼义而只贪图权势的人。古代所说的隐士，是道德高尚的人，是能恬淡静默的人，是行为端正的人，是知道天命的人，是彰明正道的人。现在所说的隐士，是没有才能而自吹有才能的人，是没有知识而自吹有知识的人，是贪得无厌而又假装没有欲望的人，是行为阴险肮脏而又硬要吹嘘自己是谨慎老实的人，是把不同于社会的习俗作为自己的习俗，背离正道而自命不凡的人。

文史链接

必使无讼

荀子在《非十二子》中批评了很多当时的学者，其中有的学者至今仍然闻名遐迩，而有的学者则早已淡出人们的视野，甚至已经无迹可考，化为历史的陈迹。其中有一位学者邓析也是人们平时接触较少的，他被荀子批评为喜欢奇谈怪论，玩弄文字游戏，善于论辩而于事无益。只要我们大致了解一下邓析，就会发现这些评价还是比较中肯的。

邓析是春秋末年郑国名家思想家。他是郑国当时执政的卿大夫子产的部下。《吕氏春秋·离谓》对邓析的事迹记载较为详细。上面说邓析“以非为是，以是为非，是非无度”，是一个擅长辞令，论辩高明的人。当时郑国发大水，有个富人溺水淹死了。有人打捞到富人的尸体。富人家属得知后便拿钱去赎回尸体。而打捞尸体的人却向富人家属索要很多金子。富人家属便向邓析请教，邓析说：“你们放心吧，得到尸体的人除了把尸体卖给你们，他还能卖给谁呢？”而打捞到尸体的人担心死者家属不来赎尸，也去请教邓析，邓析便说：“你放心吧。那死者家属除了找你可以买到尸体，他还能找谁去买呢？”双方都觉得非常有道理，但是把邓析的话合在一起，就不知道如何是好。

邓析还用自己的诡辩之术来对付上级子产。当时郑国有许多人相互以书信辩答。子产下令不许用书信辩答，邓析就文饰法律。子产下令不许文饰法律，邓析就曲解法律。法律无穷无尽，邓析的办法也无穷无尽。这样一来，一切事情都变得模棱两可，是非黑白混淆不清。

此外，在子产治理郑国的时候，邓析还刁难他。他与打官司的人约定，要打大官司就要送一套长袍，打小官司就要送一套短衣裤，他便倾囊相授论辩之术，指点法律漏洞，确保官司稳操胜券。于是人们纷纷送衣裤来向他学习如何打官司，一时门庭若市，每天来往进出的人络绎不绝。而邓析因为收费为别人提供法律咨询，也被后世看作中国律师的始祖。这样一来，许多人都学会逞口舌之利，善于搬弄是非，令郑国的狱讼十分混乱。子产终于忍无可忍，将邓析处死。

《吕氏春秋》对邓析的言行举止是持否定态度的。邓析被处死之后，《吕氏春秋》这样评价："今世之人，多欲治其国，而莫之诛邓析之类，此所以欲治而愈乱也。"意思是说，现在的人要想治理好国家，就要多杀一些像邓析这样的人。之所以有这种观念，跟影响中国人思维观念比较深远的儒道思想相关。在《论语·颜渊》里，孔子谈到了自己对民间诉讼问题的看法："听讼，吾犹人也，必也使无讼乎。"意思是说，审判诉讼案件，我与别人差不多。如果一定要有所不同，我希望使诉讼案件完全消失。这段话就成了儒家对于民间诉讼的基本态度。也就是不希望出现打官司的现象，打官司是教化不行，民风不淳的结果。作为官员，重要的是行教化，而不是审理案件。官员加强自我修养，以身作则，教化上去了，就可以达到"无讼"的境界。老子也谈到："圣人处无为之事，行不言之教。"（《道德经·第二章》）"我无为而民自化；我好静而民自正。"（《道德经·第二章》）"和大怨，必有余怨，安可以为善？"（《道德经·第七十九章》）这些思想很明确地表明道家对诉讼的态度是排斥的，只要统治者清静无为，自然就不会发生诉讼。所以在中国传统思想里，喜好争辩，动辄诉讼，往往被视为品质顽劣不堪的表现。而处理诉讼的官员，也尽量是大事化小，小事化了，用最自然、最和谐的方式来处理人与人之间的矛盾。譬如在《后汉书·循吏传》就记载了这样的故事。许荆为桂阳太守，属下耒阳县有一个叫做蒋均的县民与兄弟争夺财产，互相起诉。许荆在审理案件时，对着蒋氏兄弟叹气说：“我身为桂阳太守，承担国家重任，却没能令教化大行，致使兄弟彼此诉讼，这个责任都是因我而起啊！”然后便对下属书吏吩咐，要向朝廷上书说明自己的罪状，请求廷尉降罪。蒋氏兄弟听后，非常惭愧不安，对自己的行为也懊悔万分，于是当场和解，还请求太守治自己的“不悌”之罪。

此外，还有一位叫做仇览的亭长。他非常注重辖区内子民的教化，督促各户尽力耕作，还规定自种自养蔬果鸡猪，子弟要入学学习。有一天，一个叫做陈元的人因顶撞母亲而被母亲起诉。仇览便说：“我去过你们家，你们家的屋舍田园都很整齐，这说明你儿子陈元并不是坏人，只是缺少教化而已。你守寡养孤，含辛茹苦一辈子，难道就为了这么点小事要陷你儿子于重罪吗？”陈元母亲听后十分感动。仇览接着便到陈元家，与母子二人一同吃饭，并向陈元讲述人伦孝行。陈元听从仇览的谆谆教诲，从此变成一名孝子。仇览后来被县令王涣提升为主簿，王涣便以陈元之事质问他：“你听说陈元有罪，不予以惩罚却教导训化，是不是有损官吏如鹞鹰扑恶鸟的志气？”仇览回答道：“我觉得与其当一只凶猛的鹞鹰，不如做教化百鸟臻于吉祥的凤凰。”王涣听罢后极为赞叹，便将仇览保送到洛阳太学去深造。

思考讨论

1. 荀子批评十二子的学说，但又说他们“持之有故，言之成理”，你能否查一查资料，说明其中某一位思想的合理之处？

2. 荀子将古今官员进行对比，厚古而薄今，你觉得这种观点正确吗？是否古代的就一定好，现在的人就一定糟呢？

第五节　天论篇

天行有常[1]，不为尧存，不为桀亡。应之以治则吉[2]，应之以乱则凶[3]。强本而节用[4]，则天不能贫；养备而动时[5]，则天不能病；循道而不忒[6]，则天不能祸。故水旱不能使之饥，寒暑不能使之疾，袄怪不能使之凶[7]。本荒而用侈，则天不能使之富；养略而动罕[8]，则天不能使之全；倍道而妄行，则天不能使之吉。故水旱未至而饥，寒暑未薄而疾，袄怪未至而凶。受时与治世同，而殃祸与治世异，不可以怨天，其道然也。故明于天人之分，则可谓至人矣。

关键词：天行有常　循道不忒　天人之分

注释

[1]天行：自然界的运行变化。常：常规，固定的规律。[2]应：对应，承接。之：指天道。治：一说是合理的措施，一说为太平安定的社会。　[3]乱：一说是不合理的措施，一说为混乱不堪的社会。　[4]本：这里指农业。　[5]养：养生之

具，供养之物，指衣食等生活资料。备：充足。动时：这里指让老百姓劳作，不误农时，亦不使百姓劳苦。 [6] 循：遵循。忒：差错。 [7] 祆怪：即妖怪，在《荀子》一书里主要是指自然灾害和自然界的变异现象。祆，同“妖”。 [8] 略：不足。动罕：怠惰的意思。

译文

自然界的运行有自己的规律，它不会因为尧而存在，也不因为桀而消亡。用合理的措施去顺应它就吉利，用混乱的措施去承接它就凶险。加强农业，节约费用，那么天就不能使他贫穷；衣食给养充足，老百姓劳作适时，那么天就不能使他困苦；遵循自然规律而不出差错，那么天就不能使他遭殃。所以水涝旱灾不能使他饥渴，严寒酷暑不能使他生病，自然界的反常变异不能使他遭殃。反之，荒废农业，用度奢侈，那么天就不能使他富裕；衣食给养不足而懒于劳作，那么天就不能使他保全；违背规律而恣意妄为，那么天就不能使他吉利。所以水涝旱灾还没有来到，他就挨饿了；严寒酷暑还没有迫近，他就生病了；自然界的反常变异还没有出现，他就遭殃了。遇到的天时和治世相同，遇到的灾祸却与治世不同，这不可以埋怨上天，这是人自己所采取的措施造成的。所以明白了大自然与人类社会的区分，就可以称作是最高明的人了。

不为而成，不求而得，夫是之谓天职 [1]。如是者，虽深，其人不加虑焉 [2]；虽大，不加能焉；虽精，不加察焉；夫是之谓不与天争职。天有其时，地有其财，人有其治[3]，夫是之谓能参[4]。舍其所以参，而愿其所参[5]，则惑矣！

天不为人之恶寒也辍冬[6]，地不为人之恶辽远也辍广，君子不为小人之匈匈也辍行[7]。天有常道矣，地有常数矣[8]，君子有常体矣[9]。君子道其常，而小人计其功。《诗》曰："礼义之不愆，何恤人之言兮[10]？"此之谓也。

关键词：天职　能参　执守常道

注释

[1]天职：自然界的职能。　[2]其人：至人，高明的人。[3]治：指人治理社会与自然的能力。　[4]能参：能够与天地相配合。　[5]所参：配合自然界的功绩。　[6]辍：停止。[7]匈匈：同"汹汹"，吵嚷喧哗的样子。　[8]常数：永恒不变的法则。　[9]常体：持久不变的行为标准。　[10]礼义之不愆（qiān），何恤人之言兮：所引诗句不见于《诗经》，可能已经失传。但在《荀子·正名》中再次出现此句。愆，差错，过错。恤，在意，顾及。

译文

无须作为就能成功，不用求取就能得到，这就叫做自然的职能。像这种情况，即使意义深远，高明的人对它也不加以思考；即使影响广大，高明的人对它也不加以干预；即使道理精妙，高明的人对它也不加以审察，这叫做不和自然争职。天有自己的时令季节，大地有自己的材料资源，人类有自己的治理方法，这叫做与天地参与配合。如果舍弃了自身用来与天、地相并列的职能，却羡慕天时地财的职能，那就糊涂了。

天不会因为人们厌恶寒冷，就废止冬季；大地不会因为人们厌恶辽远，就废止宽广；君子不会因为小人的吵闹喧哗，就废止善行。上天有经久不变的规律，大地有永恒不变的法则，君子有持久不变的行为标准。君子执守善道，而小人计较功利。《诗》云："在礼义上没有过失，何必担忧人说长道短？"说的就是这个道理。

楚王后车千乘，非知也[1]；君子啜菽饮水[2]，非愚也：是节然也[3]。若夫志意修，德行厚，智虑明，生于今而志乎古，则是其在我者也。故君子敬其在己者，而不慕其在天者；小人错其在己者[4]，而慕其在天者。君子敬其在己者，而不慕其在天者，是以日进也；小人错其在己者，而慕其在天者，是以日退也。故君子之所以日进与小人之所以日退，一也[5]。君子、小人之所以相县者，在此耳！

关键词：时运　反躬己身

注释

[1]知：同"智"。　[2]啜（chuò）：吃。菽（shū）：豆类，这里泛指粗粮。　[3]节然：偶然，时运使然，时运如此。节，时运。[4]错：通"措"，舍弃，弃置。　[5]一也：一个道理。

译文

楚王后面跟随的车子有上千辆，并不是因为他聪明；君子吃粗粮喝白水，并不是因为他愚蠢；这是时运使他们如此。至于志意端正，德行美好，谋虑精明，生在今天而向往古代，这些是我们自己能够努力做到的。所以，君子敬重那些取决于自己的事情，而不羡慕那些取决于上天的东西；小人丢下那些取决于自己的事情，而指望那些取决于上天的东西。君子敬重那些取决于自己的事情，而不去羡慕那些取决于上天的东西，因此天天进步；小人丢下那些取决于自己的事情，而指望那些取决于上天的东西，因此天天退步。所以君子天天进步的原因与小人天天退步的原因，道理是一样的。君子小人之所以相差如此悬殊，原因就在这里。

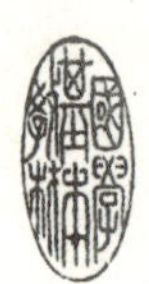

星队、木鸣[1]，国人皆恐，曰：是何也？曰：无何也。是天地之变、阴阳之化、物之罕至者也。怪之，可也；而畏之，非也。夫日月之有蚀，风雨之不时，怪星之党见[2]，是无世而不常有之。上明而政平，则是虽并世起[3]，无伤也；上暗而政险，则是虽无一至者，无益也。夫星之队、木之鸣，是天地之变、阴阳之化、物之罕至者也。怪之，可也；而畏之，非也。

关键词：天地之变　可怪不可畏

注释

[1] 星队：流星坠落。队，同“坠”。木鸣：古代祭神用的树，因风吹而发出声音。　[2] 党见：偶然出现。党，同“傥”，侥幸、偶然的意思。　[3] 并世：在同一时代。

译文

流星坠落，树木发声，人们都很害怕。说：这是怎么回事呢？回答说：这没有什么。这是自然界的变异、阴阳二气的变化、事物中很少出现的现象。感到奇怪，是可以的；但害怕它，就错了。有时候日月有亏蚀，风雨不按时节，奇怪的星星偶然出现，这些现象任何时代都曾出现过。如果君主英明而政治清明，那么这些现象即使在同一时候出现，也没有什么妨害；若是君主愚昧而政治黑暗，那么这些现象纵然一样都没出现，也毫无裨益。流星的坠落、树木的发声，这是自然界的变异、阴阳二气的变化、事物中很少出现的现象。对它感到奇怪，是可以的；但感到害怕，就错了。

雩而雨[1]，何也？曰：无何也，犹不雩而雨也。日月食而救之[2]，天旱而雩，卜筮然后决大事[3]，非以为得求也，以文之也[4]。故君子以为文，而百姓以为神。以为文则吉，以为神则凶也。

在天者莫明于日月，在地者莫明于水火，在物者莫明于珠玉，在人者莫明于礼义。故日月不高，则光晖不赫；水火不积，则晖润不博[5]；珠玉不睹

乎外，则王公不以为宝；礼义不加于国家，则功名不白[6]。故人之命在天，国之命在礼。君人者，隆礼尊贤而王，重法爱民而霸，好利多诈而危，权谋、倾覆、幽险而尽亡矣。

关键词：雩以为文　隆礼尊贤

注释

[1] 雩（yú）：古代求雨的祭祀。　[2] 救之：古人以为日食、月食是“天狗”把日、月吞食了，所以敲盆击鼓吓跑“天狗”以抢救日、月。　[3] 卜筮（shì）：古代用龟甲占吉凶叫卜，用蓍草占吉凶叫筮。　[4] 文：文饰。　[5] 晖：同“辉”，指火的光亮。润：水的光泽。博：众多，丰富。　[6] 白：显露。

译文

祭神求雨就下了雨，这是为什么呢？回答说：没什么，它就像不去祭神求雨而下了雨一样。日食、月食发生了，人们就去营救它们；天气干旱了，人们就祭神求雨；占卜算卦，然后人们决定大事。做这些事情，并非是因为这些做法能得到所祈求的东西，只是用它们来文饰政事罢了。所以君子把这些活动看做一种文饰，而老百姓却把它们看成神灵之事。把它们看做一种文饰就吉利，把它们看成神灵之事就凶险了。

在天上的东西没有什么比太阳、月亮更明亮的了，在地上的东西没有什么比水、火更明亮的了，在万物之中没有什么比珍珠、宝玉更明亮的了，在人类社会之中没有什么比礼义更明亮的了。

太阳、月亮如果不高挂空中，那么它们的光辉就不显著；水、火如果不积聚，那么火的光辉、水的光泽就不多；珍珠，宝玉的光彩如果不显露于外，那么天子诸侯就不会把它们当做宝贝；礼义如果不施行于国家，那么它的功绩和名声就不会显著。所以人的命运在于如何对待天，国家的命运在于如何对待礼义。君主推崇礼义，尊重贤人，就能称王天下；重视法治，爱护人民，就能称霸诸侯；贪图私利而诡计多端，就会危险；玩弄权术、颠覆政权、阴暗险恶，那就会彻底灭亡了。

大天而思之[1]，孰与物畜而制之[2]？从天而颂之，孰与制天命而用之？望时而待之，孰与应时而使之？因物而多之，孰与骋能而化之[3]？思物而物之[4]，孰与理物而勿失之也？愿于物之所以生，孰与有物之所以成？故错人而思天[5]，则失万物之情。

关键词：制天命　应时　理物　有物

注释

[1] 大天：以天为大，崇尚、推崇天。　[2] 物畜：把天当作物来蓄养。　[3] 骋能：尽力施展人的才能。　[4] 物之：使物为己所用。　[5] 错人：放弃人的努力。

译文

尊崇天而思慕它，哪里比得上把它当作物来蓄养从而控制它呢？顺从天而颂扬它，哪里比得上掌握它的变化规律而利用它呢？

盼望着天时，而等待天的恩赐，哪里比得上因时制宜而使它为我所用呢？听凭万物的自然生长而羡慕其多，哪里比得上施展人的才能而化用它呢？思慕万物而希望为己所用，哪里比得上管理好万物而不失去它们呢？思考万物产生的原因，哪里比得上促进万物更好地成长呢？所以，放弃了人的努力而寄希望于天的恩赐，那就丢掉了万物的实情。

文史链接

天人相分

荀子论天和许多思想家都不同，他既不是诗情画意地欣赏把玩，也不是正襟危坐地顶礼膜拜。在他看来，天就是天，人就是人，天和人各有各的边界，天不会因为人间的治乱而遥相呼应，人间的吉凶悔咎也跟冥冥不可测的天没有多大关系。一般的老百姓可以把奇怪的自然现象看作神圣的天的安排，但仁人君子却万万不可。用这些神秘的天意可以愚弄百姓，但是统治者若是把它真当一回事便是大谬。荀子是一种比较典型的“天人相分”的朴素唯物主义思想。在中国哲学史上，与他类似的哲学家还有王充、柳宗元、刘禹锡、王夫之等。在此简单地介绍一下相关思想。

王充是东汉时期的哲学家，字仲任，他父辈都是勇武刚强之人，而他却是一个嗜书如命的读书人。他满腹经纶，但仕途坎坷，晚年更是潦倒。他丰富的人生经历让他对社会世相有一种清醒的冷眼旁观的态度，不过他跟庄子一样都是“眼极冷，心极热”，讥俗讽世，特立独行，对社会却是一副古道热肠。王充流传后世的代表作是《论衡》，这本书有许多地方都继承发扬了荀子的理性主义传统。譬如古人一谈到电闪雷鸣，就认为是老天爷的暴怒，要惩罚世人。时至今日，这种观点仍然活在百姓的口头上。日常生活中，我们常会听到有人说：“你做这么多坏事，小心天打雷劈。”好像这两件事有必然的关联一样。而在王充看来，天是天，人是人，天人相分，怎么会有雷劈恶人的事情呢？王充说，雷的确劈死了一些坏人，但从实际情况来看，更多的是劈死一些无辜善良的普通人。有人就狡辩说，那些所谓的无辜善良的人，可能只是表面看上去如此，实际上骨子里是坏人啊，或者他们背地里干了很多坏事，或者包藏祸心，有所图谋呢？王充反驳道：既然如此，那为什么那些光天化日之下做尽伤天害理之事的人反倒没有被雷劈呢？为什么除了人被雷劈，一些树木花草，还有一些牲畜也被雷劈呢？难道这些牲畜草木都犯了大罪而要遭老天爷的惩罚吗？王充的层层剖析，有力地反驳了人们关于雷劈的种种虚无观念。还有很多人相信鬼神，说人是有精神的，死后就变成了鬼。王充则反驳道：人死后精神就变成鬼，但人身上穿的衣服应该是物质的，自然衣服不会因为人死了就跟着变成鬼，如此一来，鬼的身上应该是没有衣服的，全是裸体。但为什么那些见过鬼的人都说自己看到的鬼是穿衣服的呢？由此可见，所谓有精神的东西死后精神变成鬼的说法是站不住脚的。退一步说，即便是人死后真的可以变成鬼，人类已经存在数千年了，那么这数千年死了多少人，就会产生多少鬼，如此算来，鬼的数目是非常惊人的，恐怕已经到了“填街塞巷”的地步了，无处不在啊，但为什么那些声称自己见到鬼的人总是只看到极少的鬼呢？可见，鬼神之说也是值得怀疑的啊。

唐代的文学家柳宗元也是一位睿智的思想家。他认为天地、阴阳、元气都是自然之物，跟寻常的瓜果草木没有本质区别，只不过在形体上有差异而已。人们所看到的地质灾害和天文异常现象，实

质上都是“自崩自缺”，它们的存在变化是因为自身的缘故，不是为了人类的目的而作为。对于社会上流行的天人感应之说，柳宗元也持反驳态度，他说，兴衰治乱不是由上天决定的，而是由人类自己决定。那么天降灾害异象的事情，并不是上天要惩罚众人。况且春雷破石裂木，秋霜凋残草木这些现象如果说存在一个被惩罚的对象，那么受害的也是草木、巨石，不是众人。而犯错的是众人，非草木巨石，老天爷惩罚草木巨石，这难道不是很荒谬吗？

与柳宗元同榜登进士的刘禹锡也持类似的观点。他认为，天有天擅长之处，天能让万物生长，但不能干预人间的治乱；人有人擅长之处，人能够治理管辖万物，利用改造自然界，但不能干预天的“寒暑”，不能左右自然规律。所谓“天恒执其所能以临乎下，非有预乎治乱云尔；人恒执其所能以仰乎天，非有预乎寒暑云尔”（《天论》）。人不能夺走天的长处，天同样也不能忽略人的长处，彼此的作用是不可取代的，都有各自擅长的领域。这就是著名的“天与人交相胜”的命题。刘禹锡还认为，天虽然有时候比人强大，但是这种强大是凭借自然的特性，并非是有意为之；而人有时候能够战胜天，却不是靠着自然而然，而是凭借着自己的头脑有意识地战胜天。这种有意识分为三种程度，第一种是“法大行”，即法制完备、赏罚分明、公道盛行，这时候祸福皆由自取，不需要天的干涉；第二种是“法小弛”，即法制略有松弛，是非有时混淆，赏罚或许失误，这时候祸福就开始捉摸不定，许多人就把希望寄托于上天；第三种是“法大弛”，即法纪败坏、是非颠倒、赏罚悖理，这时候社会已经趋于混乱，根本没有办法把握自己的命运，只好求助于上天了。所以，人能不能胜天，关键不在于天，而在于人自己的主观能动性有多强。推行法治、公正严明，自然就不会求助于天道；世道混乱、善恶不分、纲纪废弛，那么迷信困惑的人就必定多了。就好像我们要渡过一条大河，在没有良好的交通工具之前，渡河能否成功，是吉是凶，就要靠占卜求神；而如今技术昌明，渡河毫无风险，便再也不会看到人们去跪求河神庇佑了。

思考讨论

1. 荀子认为，天有自己运行的规律，人间有自己的法则，两者没有必然的关联，如今自然环境急剧恶化，你认为这是天的问题，还是人的问题？我们应该如何处理自然和社会的关系？

2. 孔子说："君子有三畏：畏天命，畏大人，畏圣人之言。"（《论语·季氏》）荀子则认为，天有异象，"怪之，可也；而畏之，非也"。你更欣赏哪种观点？为什么？

第六节　礼　论

礼起于何也？曰：人生而有欲；欲而不得，则不能无求；求而无度量分界[1]，则不能不争；争则乱，乱则穷。先王恶其乱也，故制礼义以分之，以养人之欲、给人之求，使欲必不穷乎物，物必不屈于欲[2]，两者相持而长。是礼之所起也。

故礼者，养也。刍豢稻粱[3]，五味调香[4]，所以养口也；椒兰芬苾[5]，所以养鼻也；雕琢刻镂，黼黻文章[6]，所以养目也；钟鼓、管磬、琴瑟、竽笙，所以养耳也；疏房、檖貌、越席，床笫、几筵[7]，所以养体也。故礼者，养也。

关键词：礼之所起　礼以养体

注释

[1]度量：所以定多少之数。分界：所以定彼此之分。

[2]屈（jué）：竭尽，穷尽。

[3]刍豢（chú huàn）：指牛羊猪犬之类的肉类。

[4]香：当作“盉（hé）”，通“和”。

[5]苾(bì)：芳香。

[6]黼黻(fǔ fú)：绣有各种华丽花纹的服装。

[7] 疏房：敞亮通明的房屋。檖貌（suì mào）：宽大深幽的宫室。檖，深远，深邃。貌，又作“貌”，同“庙”，王宫的前殿，朝堂。越席：蒲席。第（zǐ）：竹编的床席。几筵：古人席地而坐，放在座位边上供倚靠的小桌子叫几，竹制的垫席叫筵。

译文

礼的兴起是因为什么？回答说：人生来就有欲望，如果有欲望而得不到，就不可能不去求取；如果求取而没有限度和界限，就不能不发生争夺；争夺就会引发祸乱，祸乱就会导致陷入困境。古代的圣王厌恶这种祸乱，所以制定了礼义以区分等级界限，以此来调养人们的欲望，满足人们的要求，让人们的欲望决不会由于物资的不足而得不到满足，令物资决不会因为人们的欲望而枯竭，使物资和欲望互相制约而都有所增长。这就是礼兴起的缘由。

所以，礼是调养人们欲望的。肉食稻粱，五味调和，是用来调养嘴巴的；椒树之类的香草香木，是用来调养鼻子的；雕刻精美的器皿和花纹色彩美丽的衣服，是用来调养眼睛的；钟鼓、管磬、琴瑟、竽笙等乐器，是用来调养耳朵的；通明敞亮的房间、深邃宽大的宫室、蒲席、竹席、凭靠的几和垫座的筵，是用来调养躯体的。所以礼这种东西，是调养人们欲望的。

君子既得其养，又好其别。曷谓别？曰：贵贱有等，长幼有差，贫富轻重皆有称者也[1]。故天子大路越席[2]，所以养体也；侧载睪芷[3]，所以养鼻也；前有错衡[4]，所以养目也；和鸾之声[5]，步中《武》、《象》，趋中《韶》、《护》，所以养耳也；

龙旗九斿[6]，所以养信也[7]；寝兕、持虎、蛟韅、丝末、弥龙[8]，所以养威也；故大路之马，必倍至教顺，然后乘之，所以养安也。

关键词：礼之养　礼之别

注释

[1]称：相称，相符。　[2]大路：即"大辂"，古代天子坐的车。[3]睪（zé）芷：香草。　[4]错：涂饰。衡：车前的横木。[5]和鸾：车上的铃铛。　[6]斿（liú）：通"旒"，古代旌旗下边悬垂的饰物。　[7]信：通"神"，也通"伸"，这里指神气，也有学者认为指徽号，如杨柳桥《荀子诂译》中说："谓徽号也。"还有学者认为是符信，凭据。古代天子诸侯乃至各级官员为了区别不同的身份与地位而使用不同旗章作为符信（称"信幡"），龙旗九斿是彰明天子身份的旗章，所以说"养信"。　[8]寝兕（sì）：卧着的犀牛。持虎：蹲着的老虎。蛟韅（xiǎn）：鲛鱼皮做的马肚带。韅，驾车时套在牲口腹部（一说背部）的皮带。丝末：丝织的车帘。弥龙：金饰的龙首。

译文

君子既然得到了礼的调养，还要注意礼的区别。什么叫做区别？回答说：就是贵贱有等级，长幼有差别，贫富尊卑都各有相宜的规定。所以天子出门要乘坐大车，坐蒲席，用这样来保养身体；车两边放置香草，用来调养鼻子；车前有画着五彩花纹的横木，用来调养眼睛的；车铃的声音，在车子缓行时合乎《武》、《象》的节奏，在车子奔驰时合乎《韶》、《护》的节奏，这些是用来调养耳朵的；画着龙的旗帜下边有九条飘带，这是用来保养天子的神气的；车子上画着横卧的犀牛和蹲着的老虎，马肚子上系着用鲛鱼皮制成的腹带，车前挂着丝织的车帘、金饰的龙首，这是用来保养天子的威严的；天子的大车上所用的马，一定要加倍地调教训练，然后才用它拉车，这是用来保证安全的。

孰知夫出死要节之所以养生也？孰知夫出费用之所以养财也？孰知夫恭敬辞让之所以养安也？孰知夫礼义文理之所以养情也？故人苟生之为见，若者必死；苟利之为见，若者必害；苟怠惰偷懦之为安，若者必危；苟情说之为乐[1]，若者必灭。故人一之于礼义，则两得之矣；一之于情性，则两丧之矣。故儒者将使人两得之者也，墨者将使人两丧之者也，是儒、墨之分也。

关键词：礼义　情性　儒墨之分

注释

[1] 说：通“悦”。

译文

谁知道献出生命坚守节操是用来保养生命的呢？谁知道花费钱财是用来保养钱财的呢？谁知道恭敬谦让是用来保证安定的呢？谁知道礼义仪式是用来培养情操的呢？所以如果一个人只看

见生，这样的人就一定会死；如果一个人只看见利，这样的人就一定会招来祸害；如果一个人把懈怠懒惰、散漫懦弱当做安逸，这样的人就一定会遇到危难；如果一个人把纵情欢愉当做快乐，这样的人就一定会灭亡。所以一个人如果专门把心思放在礼义上，那么礼义和情性两方面就都可以得到；如果一门心思放在满足情性上，那么礼义和情性两方面都会失去。所以儒家是要使人们两者兼得，而墨家是要使人们两者俱亡，这就是儒家和墨家的区别。

礼有三本[1]：天地者，生之本也；先祖者，类之本也；君师者，治之本也。无天地，恶生？无先祖，恶出？无君师，恶治？三者偏亡焉无安人[2]。故礼，上事天，下事地，尊先祖而隆君师[3]。是礼之三本也。

关键词：礼之三本　天地　先祖　君师

注释

[1]本：根本，本源。　[2]焉：则。　[3]隆：推崇。

译文

礼有三个本源：天地是生命的本源，祖先是氏族的本源，君主和师长是天下太平的本源。没有天地，生命从何而来？没有祖先，氏族从何而来？没有君主和师长，天下太平从何说起？这三者缺失一个，人民就没法得到安宁。所以礼对上事奉天，对下事奉地，尊重祖先而推崇君主和师长。这是礼的三个根本。

凡礼，始乎棁[1]，成乎文，终乎悦校[2]。故至备，情文俱尽；其次，情文代胜[3]；其下，复情以归大一也[4]。天地以合，日月以明；四时以序，星辰以行，江河以流，万物以昌，好恶以节，喜怒以当，以为下则顺，以为上则明，万变不乱，贰之则丧也[5]。礼岂不至矣哉！立隆以为极[6]，而天下莫之能损益也。本末相顺，终始相应；至文以有别，至察以有说。天下从之者治，不从者乱；从之者安，不从者危；从之者存，不从者亡。小人不能测也。

关键词：礼　情文　从礼　治乱

注释

[1] 棁：应为“脱”，为简略的意思。　[2] 悦校：当为“悦恔（xiào）”，是快乐、快慰、满意的意思。　[3] 情文代胜：情感或者胜过礼仪，礼仪或者胜过情感。代，交替，轮流。
[4] 大一：即太一，这里是指情感回归毫无修饰、最质朴真挚的本源。
[5] 贰之则丧：这里指违背了礼义就会丧失一切。贰，违背，背离。
[6] 立隆：指建立完备的礼制。极：最高准则。

译文

礼，开始于简略，然后以文饰使之完备，最后达到使人称心如意的程度。所以，最完备的礼是情感和文饰都发挥得淋漓尽致；比它次一等的，情感和文饰互为胜负；其次的，是把情感回归到

太古之时的情况。天地因为有礼的作用而更加调和，日月因为礼的作用而更加光辉明亮；四季因为礼的作用而更加有序，星辰因为礼的作用而正常运行；江河因为礼的作用而奔流不息，万物因为礼的作用而繁荣昌盛；人的好恶因为礼的作用而得到节制，喜怒因为礼的作用而恰当适宜；用礼来约束百姓，就可使百姓依顺；用礼来规范君主，就可使君主贤明；以礼为标准，万事万物虽然千变万化也不会混乱，但如果违背了礼，就会丧失这一切。礼，难道不是最高境界吗？建立完备的礼制作为最高准则，天下没有谁能对它增加或减少。礼的根本原则和具体细节之间互相顺应，礼的开头和结尾也相互照应；它非常完备，等级区分十分明确；它非常细密，有详尽的理论说明。天下遵从礼的国家就会治理得好，不遵从礼的国家就会陷入混乱；遵从礼的国家得到安定，不遵从礼的国家面临危险；遵从礼的国家得以保全，不遵从礼的国家就会灭亡。小人是不能了解这其中的道理的。

故曰：性者，本始材朴也[1]；伪者[2]；文理隆盛也。无性则伪之无所加；无伪则性不能自美。性伪合，然后成圣人之名一[3]，天下之功于是就也。故曰：天地合而万物生，阴阳接而变化起，性伪合而天下治。天能生物，不能辨物也；地能载人，不能治人也；宇中万物生人之属，待圣人然后分也[4]。《诗》曰：“怀柔百神，及河乔岳[5]。”此之谓也。

关键词：性伪

注释

[1]材朴：材质。 [2]伪：人为。 [3]一：纯一。 [4]分：等分，即高低贵贱之分，男女父子之别。 [5]“怀柔”句：引自《诗经·周颂·时迈》。怀柔，安抚。乔岳，高山。

译文

所以说，本性，是人原始的自然材质；人为，是隆重盛大的礼法文理。没有本性，那么礼法文理就没有地方施加；没有人为，那么人的本性也不可能自行完美。本性和人为相结合，然后圣人之名才能纯一，天下的功业也才能完成。所以说：天地配合，万物生长；阴阳二气相接，变化才会出现；本性和人为的相结合，天下才能得到治理。天能产生万物，但不能辨明万物；地能承载人民，但不能治理人民；宇宙万物和人类，必须依靠圣人制定礼法，才能各据其位。《诗经》说：“安抚众神，以及河川高山。”说的就是这种意思。

三年之丧，何也？曰：称情而立文[1]，因以饰群[2]，别亲疏、贵贱之节而不可益损也。故曰：无适不易之术也。创巨者其日久，痛甚者其愈迟。三年之丧，称情而立文，所以为至痛极也。齐衰、苴杖、居庐、食粥、席薪、枕块[3]，所以为至痛饰也。三年之丧，二十五月而毕，哀痛未尽，思慕未忘，然而礼以是断之者，岂不以送死有已、复生有节也哉[4]？

关键词：三年之丧 称情而立文

注释

[1]称情：这里指根据悲哀之情的轻重。立文：这里指制定丧礼的规定。　[2]饰群：区分人的亲疏远近，高低贵贱。群，指五服之亲属。　[3]齐衰（zī cuī）：熟麻布做的丧服。苴（jū）杖：哭丧时拄的竹杖。枕块：以土块为枕。　[4]复生：指除丧后恢复平常的生活秩序。

译文

为父母服丧三年，原因何在呢？回答说：这是根据哀情的轻重而制定的丧礼制度，用来区分人的亲疏贵贱，是不能增减的。所以说这是无论到什么地方都不可改变的法则。创伤大的，它的愈合时间就长；疼痛厉害的，它的痊愈速度就慢。三年的服丧，是根据哀情的轻重而制定的丧礼制度，是用来作为最哀痛的限度。穿着麻布丧服、拄着竹杖、住茅屋、吃稀粥、垫柴草、枕土块，就是为了表达悲痛的心情。三年的服丧，二十五个月就结束了，但哀痛之情并未了结，思念之心并未忘却，然而礼制却规定在这个时候终止服丧，这难道不是因为送别死者应该有个完结，恢复正常的生活应该有个期限吗？

文史链接

礼的历史地位

荀子主张“隆礼”，也就是对礼极为推崇，把礼看作治国安邦、天下大治的必要条件。礼是中国古代社会的一种社会制度，它既是一种维护宗法与等级制度的礼节仪式，也是一种调整人与人之间的各种社会关系和权利义务的规范和准则。荀子并非是第一个重视礼的思想家，在孔子那里就已经谈到了礼的必要性。他说："礼乐不兴，则刑罚不中；刑罚不中，则民无所措手足。"(《论语·子路》)礼乐制度如果不上轨道，那么老百姓到最后连手脚都不知道搁在哪里才好。孔子还告诉我们，有好的品德无可厚非，但如果不节之以礼，那么就会走向反面。他说："恭而无礼则劳，慎而无礼则葸，勇而无礼则乱，直而无礼则绞。"(《论语·泰伯》)意思是说，一味谦恭而没有礼的节制，就会流于劳倦；一味谨慎而没有礼的节制，就会显得畏缩；只知勇敢行事而没有礼的节制，就会制造乱局；只知直言无隐而没有礼的节制，就会尖刻伤人。孔子还谈到礼对于人的成长的重要性，他说："兴于《诗》，立于礼，成于乐。"(《论语·泰伯》)也就是说，礼是人成长的一个必要环节。

除了孔子之外，春秋战国时期，还有其他学者也谈到礼的重要性。郑国卿大夫子产说："夫礼，天之经也，地之义也，民之行也。"(《左传·昭公二十五年》)连比较务实的管仲也对礼持肯定态度，他说："所谓八经者何？曰上下有义，贵贱有分，长幼有等，贫富有度。凡此八者，礼之经也。"(《管子·五辅》)

先秦之后，礼的地位基本上是不可撼动了。东汉时，汉章帝诏令儒生会于白虎观，讲议五经同异，会后班固整理编撰了《白虎通德论》，又称《白虎通义》，这个会议确定了为人熟知的"三纲六纪"。三纲即君为臣纲，父为子纲，夫为妻纲。六纪即诸父有善，诸舅有义，族人有序，昆弟有亲，师长有尊，朋友有旧。儒家的礼成为了封建统治者高度认可的管理手段。礼对人约束的味道越来越浓，人们将之称为"礼教"、"名教"。

魏晋时期，嵇康喊出了"越名教而任自然"的口号，希望去除虚伪而繁重的道德束缚，重新回归人的本真状态。隋唐时期，三教论衡，儒家的礼制不温不火。宋明之后，礼教则实质上形成

了一种对人性近乎残酷的压迫。吴敬梓在《儒林外史》中对封建礼教扭曲人性进行了非常生动的刻画。书中写道，有位腐儒王玉辉见到自己的女婿病死后，女儿寻死觅活，他却鼓励女儿殉节自杀。他说："这是青史上留名的事，我难道反拦阻你？你竟是这样做罢。"等到女儿绝食八日去世之后，妻子伤心不已，而王玉辉反倒说："你这老人家真正是个呆子！三女儿他而今已是成了仙了，你哭他怎的？他这死的好，只怕我将来不能像他这一个好题目死哩！"随后仰天大笑道："死的好！死的好！"以王玉辉为代表的腐儒对生命完全失去了任何敬意，只剩下一个枯索干瘪的名节，早已忘记了先秦原始儒家对人性的关怀、生命的尊重。到了明末清初，黄宗羲猛烈批评专制主义，矛头直指三纲之一的君权，斥责封建君王"敲剥天下之骨髓，离散天下之子女，以奉我一人之淫乐，视为当然"（《原君》），可谓振聋发聩。

到了民国初年，吴虞在《新青年》上发表了《吃人与礼教》一文，他说："我们如今应该明白了！吃人的就是讲礼教的！讲礼教的就是吃人的呀！"由此，"吃人的礼教"不胫而走，人人皆知。时至今日，只要一提到礼教，人们往往都会跟封建遗毒划上等号。这似乎又走向了一个极端。平心而论，我们既不能将礼神圣化和绝对化，也不能将礼完全弃之不顾。而且原始儒家也从未愚昧地片面强调崇君崇父，这在《论语》、《孟子》、《礼记》等书里都有非常明确的说明。即便是被视为儒家异端的荀子，也非常清楚地说："天之生民，非为君也；天之立君，以为民也。"（《荀子·大略》）他还说："从道不从君，从义不从父，人之大行也。"（《荀子·子道》）所以，我们绝对不能对儒家作简单粗暴的理解。现代社会，自由、法制、政治、道德、礼都有各自的作用，不能顾此失彼。如果人人以法律为底线，那么只要不犯法，有何事不可为呢？两千多年前，孔子说的一句话仍然值得我们学习："道之以政，齐之以刑，民免而无耻；道之以德，齐之以礼，有耻且格。"（《论语·为政》）

思考讨论

1. 荀子所说的"礼"和今天日常语义中的"礼"相同吗？你认为有什么差别？

2. 荀子认为，礼要"称情而立文"，不同程度的情感需要不同程度或方式的仪式文饰，你可以举出日常生活中的例子来说明吗？

第七节　解蔽篇

凡人之患，蔽于一曲而暗于大理[1]。治则复经[2]，两疑则惑矣[3]。天下无二道，圣人无两心[4]。今诸侯异政，百家异说，则必或是或非，或治或乱，乱国之君，乱家之人[5]，此其诚心莫不求正而以自为也，妒缪于道而人诱其所迨也[6]。私其所积[7]，唯恐闻其恶也；倚其所私，以观异术，唯恐闻其美也。是以与治离走而是己不辍也。岂不蔽于一曲而失正求也哉！心不使焉，则白黑在前而目不见，雷鼓在侧而耳不闻，况于使者乎！德道之人[8]，乱国之君非之上，乱家之人非之下，岂不哀哉！

关键词：蔽于一曲　暗于大理

注释

[1]曲：局部，片面。暗：不清楚，不明白。大理：全面的，正确的道理。　[2]治：纠正。复经：恢复正道。　[3]两疑则惑：应为“两则疑惑”，意思是三心二意就会疑惑。　[4]两心：三心二意。　[5]乱家之人：这里指持观点片面的学者，与前文“百家异说”相对应。　[6]妒缪：背离。诱其所迨（dài）：指投其

所好，诱入歧途。所追，即所近。 [7]私：偏爱。积：积习，这里指知识，经验。 [8]德道：即得道。德，通“得”。

译文

大凡人的通病，是局限于某种片面的认识，而不明白全面正确的道理。纠正了这种片面的认识，才能使认识符合正道，对正道三心二意就会产生疑惑。天下不会有两种对立的正道，圣人也不会三心二意。现在诸侯各国的政治措施不同，各个学派的学说各异，那么必定是有的对，有的错；有的能导致安定，有的会制造混乱。搞乱国家的君主，局限于某种片面认识的学者，这些人也无不是诚心诚意地想寻求一条正道，而有所作为，只是因为他们背离了正道，又有人投其所好，诱之歧途。他们偏爱自己平时积累的学识，唯恐听到对自己的非议。他们依据自己的偏见，去看待与自己不同的学说，唯恐听到对别人的赞美。因此，他们与正道背道而驰，还自以为是，不知悔改，这难道不是局限于某种片面的认识，而失去了对正道的追求吗？如果心不在焉，那么白的黑的就算是摆在面前，眼睛也会看不见；雷鼓就算是在身旁敲击，耳朵也会听不进，更何况心被蒙蔽的人！获得正道的人，搞乱国家的君主在上面非难他，局限于某种片面认识的学者在下面非难他，这难道不是很可悲的吗？

故为蔽[1]？欲为蔽，恶为蔽[2]；始为蔽，终为蔽；远为蔽，近为蔽；博为蔽，浅为蔽；古为蔽，今为蔽。凡万物异则莫不相为蔽，此心术之公患也[3]。

关键词：蔽　公患

注释

[1] 故为蔽：意思是蔽是怎么造成的？故在这里作语助词，作“胡”。　[2] 恶：憎恶，讨厌。　[3] 心术：思想方法。

译文

蒙蔽是怎么造成的呢？偏爱会造成蒙蔽，憎恶也会造成蒙蔽；只看到开始会造成蒙蔽，只看到终了也会造成蒙蔽；只看到远处会造成蒙蔽，只看到近处也会造成蒙蔽；知识广博会造成蒙蔽，知识浅陋也会造成蒙蔽；只了解古代会造成蒙蔽，只知道现在也会造成蒙蔽。大凡事物都有差异，有差异就会相互造成蒙蔽，这是人感情认识的一个通病啊。

人何以知道？曰：心。心何以知？曰：虚壹而静[1]。心未尝不臧也[2]，然而有所谓虚；心未尝不两也[3]，然而有所谓一；心未尝不动也，然而有所谓静。

人生而有知，知而有志。志也者，臧也，然而有所谓虚，不以所已臧害所将受谓之虚。心生而有知，知而有异，异也者，同时兼知之。同时兼知之，两也，然而有所谓一，不以夫一害此一谓之壹。心，卧则梦，偷则自行[4]，使之则谋。故心未尝不动也，然而有所谓静，不以梦剧乱知谓之静[5]。未得道而求道者，谓之虚壹而静，作之，则将须道者虚则入[6]，

将事道者之壹则尽，将思道者静则察。知道察，知道行，体道者也。

关键词：虚壹而静

注释

[1] 虚：虚心。壹：一心一意，专心致志。 [2] 臧：通“藏”，贮藏。这里指记忆。 [3] 两：同时认识不同的事物。 [4] 偷：松懈，苟且偷安。自行：放任自由，放纵。 [5] 梦剧：梦幻想象与胡思乱想。乱知：即扰乱智慧。 [6] 须：求。入：接受。原文为“人”，根据上下文义改。虚：前有衍文“之”，亦根据上下文义删。

译文

人怎样才能了解道呢？回答说：用心。心怎样才能了解道呢？回答说：靠虚心、专一和宁静。心里未尝没有贮藏着许多东西，但却有所谓虚心；心里未尝没有兼顾数者的时候，但却有所谓专一；心未尝没有活动的时候，但却有所谓宁静。

人生下来就有认识能力，有了认识能力就有记忆；有记忆也就是贮藏，但是有所谓虚心，不让已有的贮藏去妨害将要接受的知识就叫做虚心。心生来就有认识能力，有了认识能力就能区别不同的事物；区别不同的事物，也就是同时了解它们；同时了解它们，也就是兼顾数者；但是有所谓专一，不因为对那一种事物的认识来妨害对这一种事物的认识就叫做专一。心，睡着了就会做梦，懈怠的时候就会胡思乱想，用它的时候就会思考谋划，所以心从来没有不活动的时候，但是有所谓宁静，不因为梦幻想象

和胡思乱想而扰乱智慧就叫做宁静。对于还不认识道而追求道的人，要告诉他们虚心、专一和宁静的道理。照虚壹而静去做，那么想要求道的人，达到了虚心的地步就能够得到道；想要奉行道的人，达到了专一的地步就能够认识道的全部；想要研究道的人，达到了宁静的地步就能够明察道。认识道而且明察得十分清楚，认识道而且照着去做，这就是身体力行于道的人。

虚壹而静，谓之大清明。万物莫形而不见，莫见而不论[1]，莫论而失位。坐于室而见四海，处于今而论久远，疏观万物而知其情，参稽治乱而通其度[2]，经纬天地而材官万物[3]，制割大理[4]，而宇宙理矣。恢恢广广[5]，孰知其极！睪睪广广[6]，孰知其德！涫涫纷纷[7]，孰知其形？明参日月，大满八极[8]，夫是之谓大人。夫恶有蔽矣哉！

关键词：大清明　无蔽

注释

[1] 论：通“伦”，指次序。　[2] 参：验证。稽：考查。度：界线。　[3] 经纬：这里是安排、治理的意思。材官：管理，利用。[4] 制割：掌握，利用。大理：全面而正确的道理。　[5] 恢恢广广：广大深远。广广，通“旷旷”。　[6] 睪（hào）睪：广大的样子。　[7] 涫（guàn）涫：水沸腾的样子。纷纷：杂乱的样子。　[8] 八极：八方。

译文

虚心、专一与宁静，这叫做最大的清澈澄明。在这种境界里，万事万物无不显现出来，显现出来的都能加以归类，排列次序，能排列次序的都会让其各得其位。进入这种境界，坐在室内而能看见整个天下，处在当今而能评判远古，通观万物而能看清它们的真相，考察社会的治乱而能通晓它的界线，治理天地而利用万物，掌握了全面而正确的道理就可以治理整个宇宙。宽广深远啊，谁能知道它的尽头？浩瀚广大啊，谁能知道它的功德？沸沸扬扬，纷繁复杂，谁能知道它的准则？它的光辉可比日月，它的广大充塞了四方八极，进入这种境界的人就叫做“大人”。这样的人，哪里还会有被蒙蔽的呢？

凡观物有疑，中心不定[1]，则外物不清，吾虑不清，则未可定然否也。冥冥而行者，见寝石以为伏虎也[2]，见植林以为后人也[3]，冥冥蔽其明也。醉者越百步之沟，以为跬步之浍也[4]；俯而出城门，以为小之闺也[5]；酒乱其神也。厌目而视者[6]，视一以为两；掩耳而听者，听漠漠而以为哅哅[7]；势乱其官也。故从山上望牛者若羊，而求羊者不下牵也，远蔽其大也。从山下望木者，十仞之木若箸，而求箸者不上折也，高蔽其长也。水动而景摇，人不以定美恶，水势玄也[8]。瞽者仰视而不见星[9]，

人不以定有无，用精惑也[10]。有人焉，以此时定物，则世之愚者也。彼愚者之定物，以疑决疑，决必不当。夫苟不当，安能无过乎？

关键词：以疑决疑

注释

[1]中心：心中。　[2]寝石：横卧的石头。　[3]后人：疑为“立人”。　[4]浍(kuài)：小沟。　[5]闺：上圆下方的小门。[6]厌：通“压”，按的意思。　[7]讻（xiōng）讻：喧嚣之声。[8]玄：通“眩”，动荡不定。　[9]瞽（gǔ）：瞎子。　[10]精：视力。惑：迷惑不清。

译文

大凡观察事物有所疑惑，内心不定之时，那么对外界事物就会看不清，自己的思虑混乱不清，那么就无法判断是非。在昏暗中走路的人，看见横卧的石头就以为是趴着的老虎，看见直立的树林就以为是站着的人，这是昏暗蒙蔽了他的视觉。喝醉酒的人跨越百步宽的沟渠，还以为是半步宽的小沟；低着头走出城门，以为是走出小闺门；这是酒扰乱了他的心神。按压着眼睛去看东西的人，会把一件东西看成两件；捂住耳朵去听的人，那默默无声也会听作喧嚣之声；这是因为外力扰乱了他的感官。从山上远望山下的牛就好像是羊，但找羊的人是不会下山去牵的，这是距离遮蔽了牛的高大。从山下远望山上的树木，十仞高的树木就好像筷子，但找筷子的人是不会上山去折的，这是高遮蔽了树木的长度。水晃动，水中的影子也晃动，但人们不会以水中的倒影来判定美丑，这是因为水的晃动扰乱了倒影。瞎子抬头看不见星星，人们不会以此来判定星星的有无，这是因为知道他的视力看不清东西。如果有人在这种情况下来判断事物,那就是世界最愚蠢的人。那些愚蠢的人对事物的判断，是用疑惑不清的心去判断疑惑不清的事物，其判断必定不得当。判断如果不得当，又怎么能没有错误呢？

文史链接

一叶障目，不见泰山

荀子虽然肯定人的认识能力，认为人通过后天不断学习和积累经验，可以成为知识广博而精深的君子，但也看到人们很多时候会犯下错误。犯错误的原因也并不是因为没有开动脑筋，而是看问题的时候偏执于一端，虽然思考得很细致，但所谓“只见树木不见森林”，越是思考得深入细致，越是被片面的情况蒙蔽得厉害。因此，人们不但要发挥认识能力，更要有全局思维，整体观念；不仅要善于脚踏实地、深入钻研，还要善于提神太虚、统揽全局。这样才能去除认识上的遮蔽，让事物的本来面目显现出来。

三国时代的人物邯郸淳被后人称为“笑林始祖”，他所编集的《笑林》三卷是我国最早关于笑话方面的专书，作品短小精悍，语言简练传神。虽然我们今天已经看不到完整的三卷本《笑林》，但还留下了二十多则故事，可以让我们领略一下古人幽默的风采。其中有一则故事就跟荀子所说的“解蔽”相关。这则故事讲的是楚国有个书生，家里十分贫困。有一天，他读《淮南子》的时候，发现其中有一条写着：“螳螂捕蝉时遮身的那片树叶可以让人隐

形。”顿时喜出望外，马上便去树下找这样的叶子。守在树下很久，总算有只螳螂藏在叶子下面捕蝉，书生非常高兴，马上把这个树叶从树上打下来。但等到树叶落在地上的时候，已经跟地上原来的树叶分不清楚了。书生只好拿着扫把和簸箕，把这些树叶全部带回家，然后拿着树叶一片一片地试验。他用树叶遮住自己，问妻子说：“你还能看见我吗？”妻子刚开始也老老实实地回答说看得见。但一天下来，妻子终于厌倦不堪了，只好敷衍他说：“看不见了。”书生听到后，欣喜若狂，连忙带着这片树叶到集市上，十分大胆地当着别人的面偷取财物。结果自然是被衙役逮个正着。等到见到县官，书生就将始末原原本本交代了一番，县官听完后，笑得前仰后翻，便没有将这个书生治罪，让他回家了。这就是人们常说的“一叶障目，不见泰山”的由来。

要去除蒙蔽，除了要全面看待事物之外，还要保持内心的虚静。所谓“虚静”，意味着要让心胸开放，内心里不要充满各种欲求和成见。在这方面，庄子有许多真知灼见。他认为，人要认识大道，就必须“堕肢体，黜聪明，离形去知”（《庄子·大宗师》），也就是忘记自己的躯体，舍弃自己的小聪明，摆脱形体的拘执，免除智巧的束缚。就好像要去盛一碗清冽的泉水，首先必须将碗里的脏水倒干净才行，不然根本无法体会泉水的真滋味。庄子常常笑话那些自作聪明的人，他们抱着成见，跳不出条条框框，还自以为把握了真理。有一天，庄子要去世了，他的弟子们打算厚葬他。庄子拒绝了他们：“我把天地当做棺椁，把日月当做双璧，把星辰当做珠玑，把万物当做殉葬，我陪葬的物品难道还不齐备吗？有什么比这样更好的！”弟子说：“我们担心乌鸦与老鹰会把先生吃掉。”庄子说：“在地上会被乌鸦与老鹰吃掉，在地下会被蝼蚁吃掉，从那边抢过来，送给这边吃掉，真是偏心啊！”这些学生正是心中充满了世俗的观念，看问题固执一端，所以才难以达到老师的思想高度。

与之类似的还有禅宗六祖大师惠能的一则故事。惠能在继承了五祖弘忍的衣钵之后，一路被人追杀。跑了几个月之后，到了大庾岭，后面还跟着几百人要夺衣钵。追兵之中有一个和尚原本是四品将军，叫做陈惠明，他性行粗犷，冲在最前面，马上就要赶上惠能了。惠能于是把衣钵放在石头上，说："这衣钵是佛祖的信物，难道是可以用强力来夺取的吗？"自己便躲在草丛之中。惠明转眼就来到石头前，他猛力一提衣钵，结果纹丝不动。于是便有所醒悟，对惠能说："我是来求佛法的，不是要来抢衣钵的。"惠能于是便走了出来，坐在石头上。惠明说："希望大师您为我说法。"惠能就告诉他："你是为求佛法而来，那么现在就屏息诸缘，勿生一念，我来说法。"过了一会，惠能说："不思善，不思恶，正在当下，那个是明上座本来面目？"惠明听完之后便顿悟了。佛性并不复杂，复杂的是人心，各种私心杂念纠缠在一起便将真实的心境蒙蔽起来。而当心中既定的一切通通舍弃之后，佛性便自然而然地浮现出来。正是在这样的意义上，惠能说："智慧常明，于外著境，被妄念浮云盖覆自性，不得明朗。"（《坛经·忏悔》）

明代的大儒王阳明同样也是通过虚静而解蔽，最后达到"大清明"的境界。《王阳明年谱》记载了著名的"龙场悟道"的过程。王阳明三十七岁时，因得罪宦官刘瑾，被贬谪到贵州龙场。龙场地处贵州西北万山丛棘之中，虫蛇魍魉横行，蛊毒瘴疠弥漫，周边都是不通言语的少数民族，偶然有可以说上话的，都是从中原逃亡而来的人。王阳明在龙场既无住房，又无粮食，便自己垒土架木做了个房子，靠自己种菜艰难度日。在这种恶劣环境下，他对自己的内心反复体察，他说"自计得失荣辱皆能超脱，惟生死

一念，尚觉未化”，于是做了一副石棺。对天发誓说：“吾惟俟命而已！”于是，王阳明随遇而安，开始极力排除生死杂念，“日夜端居澄默，以求静一；久之，胸中洒洒”。后来有一天王阳明想到：“圣人处此，更有何道？”继续静心思考，“忽中夜大悟格物致知之旨，寤寐中若有人语之者，不觉呼跃，从者皆惊。始知圣人之道，吾性自足，向之求理于事物者误也”。到这个时候，王阳明便大彻大悟，去除了一切困惑，胸次了然，终于成为“心学”的一代宗师。他的觉悟过程非常契合荀子在《解蔽》中所讲的虚壹而静。他能够忘记名利得失，乃至超脱生死，这是“虚”；他日夜端坐，澄明静默，“以求静一”，这就是“静”和“壹”；最后对圣人之道感同身受的体察，便是“虚壹而静”的效果“大清明”。

思考讨论

1. 你曾经有过类似于荀子所说的理智被“蔽”的情况吗？能否仔细回想一下，当时为什么会被“蔽”？

2. 荀子认为“虚壹而静”，请试着保持内心的平和安宁，抛开先见，高度专注地去学习一个新知识。看看跟以前的学习效果有什么不同。

第八节　性恶篇

人之性恶，其善者伪也。今人之性，生而有好利焉，顺是，故争夺生而辞让亡焉；生而有疾恶焉[1]，顺是，故残贼生而忠信亡焉；生而有耳目之欲，有好声色焉，顺是，故淫乱生而礼义文理亡焉[2]。然则从人之性[3]，顺人之情，必出于争夺，合于犯分乱理而归于暴[4]。故必将有师法之化[5]，礼义之道[6]，然后出于辞让，合于文理，而归于治。用此观之，然则人之性恶明矣，其善者伪也。

关键词：性恶　善伪　师法　礼义

注释

[1]疾恶（wù）：嫉妒，憎恨。　[2]文理：节文，条理，秩序。[3]从：通“纵”，放纵。　[4]犯分：违背人所应遵守的等级名分。[5]师法之化：老师和法制的教化。　[6]礼义之道：指礼义的引导。

译文

人的本性是恶的，那些善良的行为是人为的。人的本性，生

来就有喜好利益之心，顺着这种本性，争抢掠夺就会产生，而推辞谦让就会消失了；生来就会嫉妒憎恨，顺着这种本性，残杀陷害就会产生，而忠诚守信就会消失；生来就有耳目之欲，就喜欢音乐、美色，顺着这种本性，淫荡混乱就会产生，而礼义秩序就会消失。既然如此，放纵人的本性，顺着人的情欲，就一定会出现争抢掠夺，并且会跟违犯等级名分、扰乱礼义秩序的行为联合在一起，而最终导致社会暴乱。所以一定要有老师和法制的教化，礼义的引导，然后人们就会出现推辞谦让，并且会跟遵守礼法相配合，而最终达到社会安定。由此看来，人性本恶就很明显了，那些善良的行为则是人为的。

故枸木必将待檃栝、烝、矫然后直[1]，钝金必将待砻、厉然后利[2]。今人之性恶，必将待师法然后正，得礼义然后治。今人无师法则偏险而不正；无礼义则悖乱而不治。古者圣王以人之性恶，以为偏险而不正，悖乱而不治，是以为之起礼义、制法度，以矫饰人之情性而正之，以扰化人之情性而导之也[3]。使皆出于治、合于道者也。今之人，化师法，积文学[4]，道礼义者为君子；纵性情，安恣睢而违礼义者为小人。用此观之，然则人之性恶明矣，其善者伪也。

关键词：性恶　矫饰　引导

注释

[1] 枸（gōu）：弯曲。檃栝（yǐn kuò）：矫正弯木的工具。烝（zhēng）：即蒸，烘烤，加热。矫：矫正。 [2] 砻（lóng）：磨。厉：同“砺”，本义是粗质磨刀石，这里作动词。 [3] 扰化：驯服教化。[4] 积文学：积累学术文化知识。

译文

所以，弯曲的木头一定要依靠正木器和烘烤矫正才能挺直；不锋利的金属器具一定要依靠磨砺才能锋利。现在人的本性是恶的，一定要依靠老师和法制的教化才能端正，要得到礼义的引导才能治理好。人们没有老师和法制，就会偏邪险恶而不端正；没有礼义，就会叛逆作乱而无法治理。古代圣王认为人的本性是恶的，认为人们会偏邪险恶而不端正、叛逆作乱而无法治理的，因此为人们建立了礼义、制定了法度，用来矫正整治人们的性情，使人们端正起来；用来驯服感化人们的性情，使人们的性情得到引导。使人们都得到治理，符合道义。现在的人，受到了老师和法制的教化，积累了文化知识，遵行了礼义的，就是君子；放纵本性，恣肆放荡而违反礼义的，就是小人。由此看来，人性本恶就很明显了，那些善良的行为则是人为的。

问者曰：“人之性恶，则礼义恶生[1]？”应之曰：凡礼义者，是生于圣人之伪，非故生于人之性也[2]。故陶人埏埴而为器[3]，然则器生于陶人之伪，非故生于人之性也。故工人斫木而成器[4]，然则器生于

工人之伪，非故生于人之性也。圣人积思虑，习伪故[5]，以生礼义而起法度，然则礼义法度者，是生于圣人之伪，非故生于人之性也。

关键词：礼义　圣人之伪

注释

[1] 恶（wū）：何处。　[2] 故：通“固”，本来，以下“非故生于人之性也”中的“故”皆为此意。　[3] 埏（shān）：用水和土。埴（zhí）：黏土。　[4] 斫（zhuó）：砍削，加工。　[5] 伪故：指人的行为。故，行为，事故。

译文

有人问：“人的本性是恶的，那么礼义是从哪里产生出来的呢？”回答说：所有的礼义都产生于圣人的人为努力，不是人的本性原本就有的。制作陶器的人用水和黏土制成陶器，那么陶器就产生于陶器工人的人为努力，而不是陶器工人的本性原本就有的。木工砍削木材制成木器，那么木器产生于木工的人为努力，而不是木工的本性原本就有的。圣人深思熟虑，熟悉人们的作为，从而创造了礼义，建立起法度，那么礼义法度便是产生于圣人的人为努力，而不是圣人的本性原本就有的。

若夫目好色、耳好声、口好味、心好利、骨体肤理好愉佚[1]，是皆生于人之情性者也，感而自然，不待事而后生之者也。夫感而不能然，必且待事而

后然者，谓之生于伪。是性、伪之所生、其不同之征也。故圣人化性而起伪，伪起而生礼义，礼义生而制法度。然则礼义法度者，是圣人之所生也。故圣人之所以同于众，其不异于众者，性也；所以异而过众者，伪也。夫好利而欲得者，此人之情性也。假之人有弟兄资财而分者，且顺情性，好利而欲得，若是，则兄弟相拂夺矣[2]；且化礼义之文理，若是，则让乎国人矣。故顺情性则弟兄争矣，化礼义则让乎国人矣。

关键词：化性起伪　礼义法度

注释

[1] 愉佚（yì）：安逸，快慰。　　[2] 拂夺：争夺。

译文

至于眼睛爱看美色、耳朵爱听音乐、嘴巴爱吃美味、内心爱好利益、身体喜欢舒适安逸，这些都是产生于人的本性，是一有接触就自然形成，不需要人为的努力就会产生出来。那些接触而不能自然，一定要依靠人为的努力才能形成的东西，便叫做产生于人为。这便是人的本性和人为所产生的东西以及其不同的特征。圣人改变了人的本性而作出了人为的努力，人为的努力作出后就产生了礼义，礼义产生后就制定了法度。那么礼义法度就是圣人所创制的。因此，圣人和众人相同，而跟众人没有差异的地方，就是本性；圣人和众人不同，而又超过众人的地方，就是人为的努力。爱好利益而希望得到，这是人的本性。假如有弟兄之间要分财产。如果是依顺爱好利益而希望得到的本性，那么兄弟之间也你争我抢；如果受到礼义规范的教化，那就会把财产谦让给一般人。所以依顺本性，那么兄弟也会相争；受到礼义教化，那么一般人也会谦让。

“涂之人可以为禹[1]。”曷谓也？曰：凡禹之所以为禹者，以其为仁义法正也。然则仁义法正有可知可能之理，然而涂之人也，皆有可以知仁义法正之质，皆有可以能仁义法正之具，然则其可以为禹明矣。今以仁义法正为固无可知可能之理邪，然则唯禹不知仁义法正，不能仁义法正也。将使涂之人固无可以知仁义法正之质，而固无可以能仁义法正之具邪？然则涂之人也，且内不可以知父子之义，外不可以知君臣之正。今不然。涂之人者，皆内可以知父子之义，外可以知君臣之正，然则其可以知之质，可以能之具，其在涂之人明矣。今使涂之人者以其可以知之质、可以能之具，本夫仁义发正之可知可能之理，然则其可以为禹明矣。今使涂之人伏术为学[2]，专心致志，思索孰察[3]，加日县久[4]，

积善而不息，则通于神明，参于天地矣。故圣人者，人之所积而致也。

关键词：仁义法正　涂之人　积善不息　圣人

注释

[1]涂之人：路上的人，这里指普通老百姓。涂，通“途”。[2]伏术为学：这里是指掌握实行仁义法度的方法。伏，通“服”，从事。术，方法。　[3]孰：同“熟”，这里是仔细的意思。[4]加日县久：年深日久的意思。县，同“悬”，此处为深远，久远的意思。

译文

“路上的普通人也可以成为大禹。”为什么这么说呢？回答说：禹之所以成为禹，是因为他能实行仁义法正。这样说来，仁义法正就可以为人所知，为人所行。而路上的普通人都有知晓仁义法正的资质，都有践行仁义法正的条件，那么他们能够成为大禹的道理就十分清楚了。现在如果把仁义法正当作不可知不可行的道理，那么即便是大禹也不会知晓仁义法正，践行仁义法正了。假如路上的普通人根本就没有可以知晓仁义法正的资质，根本就没有践行仁义法正的条件，那么，路上的普通人，在家就不可能懂得父子之间的礼义，在外就不可能懂得君臣之间的准则了。但实际上并非如此，现在路上的普通人都是在家能懂得父子之间的礼义，在外能懂得君臣之间的准则，那么，那些可以知晓仁义法正的资质、可以践行仁义法度的条件就存在于路上的普通人身上的道理也就十分清楚了。现在如果使路上的普通人用他们可以知晓仁义的资质、可以践行仁义的条件，去掌握那可为人所知、为人所行的仁义，那么，他们可以成为大禹的道理也就十分清楚了。现在如果使路上的普通人掌握方法，研究学问，专心致志，认真思考，仔细审察，日复一日持之以恒，积累善行而不停息，那就能达到通于神明，与天地相配合的境界了。所以，圣人是普通人积累仁义法正而达到的。

文史链接

礼义法度不可缺

荀子对人性的看法并不乐观，他认为人的本性是好逸恶劳，喜好声色，欲壑难填。如果放纵人的这种本性，那么必将导致争夺杀伐，相互侵害，整个文明都要走向崩溃。于是荀子提出，必须建立一套礼义法度来调养节制人们的本性。而礼义法度不是建立起来之后，社会就会自然而然地走向太平。要实现社会的安定，还需要“伪”，也就是后天人为的努力。人们要通过不断学习才能摆脱恶的本性，成为仁人君子；同时社会规范和法律制度必须与之配合发挥制约作用，才能使个人与社会走向正规。

荀子的这套观念是比较符合实际的。他虽然强调人性恶，但他的归属却是“化性起伪”，去恶成善，希望每一个普通人都成为像大禹一样的圣人。而从历史事实来看，如果对人，尤其是对处在权力高层的人缺乏约束，必然会对社会造成极大的破坏。而比较有趣的是，荀子的学生李斯以他的人生历程很好地诠释了荀子的学说。《史记·李斯列传》记载，李斯是楚国上蔡人。年轻时是一个地位低贱的小官吏。他看到衙门的厕所里有老鼠吃着不干净的东西，一旦有人和狗靠近，便马上仓皇而逃。等到李斯去仓库的时候，也看到许多老鼠，它们吃着囤积的粮食，住在大屋子里，不受人和狗的惊扰。李斯于是就醒悟到："人的贤能与不贤能就好像老鼠一样,在于自己处于什么样的环境！"于是便在完成学业后，离开楚国，并说"处在卑贱的地位不想有所作为，这好比看到现成的肉才吃的禽兽一样，空有人的面孔，勉强能行走罢了。人最大的耻辱就是卑贱，最大的悲伤就是贫穷"。这就是著名的"老鼠哲学"。从这段话不难看出，在李斯眼里，贤能不是一个内在的修养问题,而是一个外在的功利问题。人生在世就是要追求荣华富贵。这便是荀子所说的"心好利"。在此之后，李斯便走向了一条不归路，不顾礼义法度，不讲仁义道德，为达目的不择手段，陷害同门韩非子,伙同赵高立胡亥,最后落得腰斩之刑,与家人同赴黄泉。死前李斯对着他的二儿子说："我多想再有一次机会，与你一道牵着我们家的大黄狗,到上蔡的东门外去追逐野兔啊！"但事已至此，父子唯有相对痛哭不已。

三国时期的吴国末代君主孙皓是一个放纵情形，恣意妄为的人，而他又恰好身为帝王，礼义法度对他不构成真正的约束，结果就成为了一代暴君。孙皓在即位之初，也并非是个恶徒。他开仓赈粮，放出宫中女子，让她们回到民间婚配，还将豢养的禽兽放归山林。百姓对他交口称赞，满朝文武也称他为明君。等到站稳脚跟之后，孙皓就露出他的本来面目。他刻薄残暴，且生性妒忌，凡是自己看不顺眼的人便统统杀掉。当时有一位散骑常侍叫做王蕃，长得是一表人才，俊朗不凡，但不懂得阿谀奉承，对孙皓只是依君主之礼而行。孙皓看在眼里，恨在心里，便想找个借口杀掉王蕃。有一次,孙皓大宴群臣,王蕃喝醉了便伏在桌上休息。孙皓对王蕃有成见在先，便认为王蕃是故意装醉。于是就让人将王蕃搀到外面，想试探他是不是真醉。过了一会，孙皓又召王蕃

入席。王蕃在外面站了一会，凉风吹得清醒了几分，他又十分注重仪表，所以把衣冠整理得非常端正。孙皓见王蕃不到片刻，便恢复往日神采，就断定王蕃刚才是装醉。于是喝令武士将王蕃当场斩于殿下。王蕃可谓是飞来横祸，死得不明不白。而孙皓至此还不解恨，令人把王蕃首级扔在山上，又让左右将王蕃的头咬碎撕裂才罢休。

孙皓还对正直之士痛下杀手。太守车浚清廉正直，有一年郡中大旱，便上表请求开仓赈粮，孙皓却认为车浚是笼络人心，便派人将他枭首。另一太守张咏，也提出要救济百姓，孙皓一样认定他是收买民心，图谋不轨，将他杀掉。尚书熊睦见孙皓如此暴虐，便上书劝谏，孙皓不但不采纳建议，反而命人以刀撞杀之，然后割尽其身上的肉喂狗。由于无法制约孙皓的权力，他到后来越发暴虐。孙皓甚至下令不准别人看他，如发现谁看他便当即命人挖去双眼。结果满朝文武上朝时都不得不低着头，宫中的卫士也双目下垂不敢看他。这种作恶多端之徒到最后也没有受到法律的制裁。公元 280 年，吴国在孙皓的残酷统治之下，已经完全失去战斗力，被晋武帝所灭。而孙皓则成了晋国的俘虏，还被赐号为“归命侯”。到了这个时候，孙皓仍然没有任何悔改之心。有一次，晋武帝跟王济下棋，便问孙皓：“听说你在吴国的时候动辄剥人面、刖人足，有这回事吗？”孙皓却说：“作为人臣而失礼于君主，他就应当受这种刑罚。”毫无忏悔之意。讽刺的是，本来应该约束人性、导人向善的礼，因为对最高统治者没有约束力，却成为了统治者随意杀人的工具。

思考讨论

1. 荀子认为，人性是好逸恶劳、贪图声色享乐的。反思一下，你有没有荀子所说的这些毛病。当你出现荀子所说的问题时，你内心的感受是舒适，还是羞愧？

2. 孟子说人性善，有四端之心，修养就是要存心养性，扩而充之。而荀子言人性恶，如果放纵情性就会陷入昏乱不安，修养就是要通过后天的人为努力，用礼义法度来矫正人性，用文化知识来提升自我。你更欣赏哪种观点？

第三章　韩非子

韩非子姓韩，名非，至于他的字，未有记载。韩非子旧称韩子，到了宋朝以后，因尊称唐代文学家韩愈为韩子，为避免混淆，故改称为韩非子。韩非子的籍贯比较明确，因韩非为韩国的贵族，而韩国在灭郑后迁都新郑，因此当为河南新郑人。韩非的生年已不能详考，但鉴于他与李斯是同学，可以推断他大约出生在公元前 280 年，死于公元前 233 年。

《史记·老子韩非列传》上记载，韩非喜好刑名之学，亦多受黄老思想影响。他口吃，不善言谈，但长于著书。他曾与李斯一道求学于荀子，李斯自认为不如韩非。韩非在年轻时曾多次上书劝谏韩王以法治国，但未被采纳。后来韩非对韩王不修法制，任

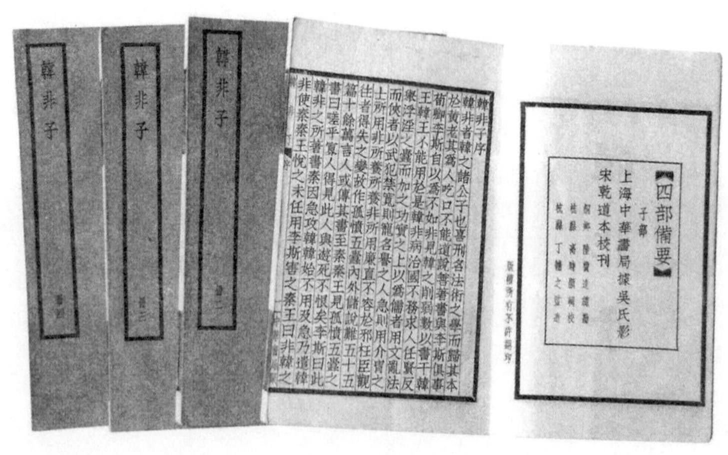

韓非子序

韓非者韓之諸公子也喜刑名法術之學而歸其本於黃老其爲人吃口不能道說善著書與李斯俱事荀卿李斯自以爲不如非見韓之削弱數以書干韓王韓王不能用於是韓非病治國不務求人任賢反舉浮淫之蠹而加之功實之上以爲儒者用文亂法而俠者以武犯禁寬則寵名譽之人急則用介胄之士所用非所養所養非所用廉直不容於邪枉臣觀往者得失之變故作孤憤五蠹內外儲說難五十五篇十餘萬言人或傳其書至秦秦王見孤憤五蠹之書曰嗟乎寡人得見此人與遊死不恨矣李斯曰此韓非之所著書秦因急攻韓韓始不用及急乃遣韓非使秦秦王悅之未任用李斯害之秦王曰非韓之

【四部備要】

子部

上海中華書局據吳氏影

宋乾道本校刊

《韩非子》书影

用奸佞之徒，以及儒家用文献经典扰乱国家法度，游侠用武力违犯国家禁令的社会现实强烈不满，于是根据历史得失成败的经验，写下了十多万字的著述。这本书流传到秦国，秦王政即后来的秦始皇看到了《孤愤》、《五蠹》，感叹道："唉，我如果能见到这个人并且同他交往，就死而无憾了。"李斯告诉他这是韩非所著的书。于是秦国就发兵进攻韩国以求得到韩非。

公元前 234 年，韩王派韩非出使秦国。秦王一见之后非常欣赏韩非，但暂时没有任用他。李斯与姚贾怕秦王重用韩非后失势，于是便向秦王进谗言，说韩非是韩国宗室公子，必定不会效忠秦国，留在这里不能使用，放回去又是自留祸患，不如找个理由把韩非杀了。秦王于是便将韩非交狱吏治罪。李、姚二人担心夜长梦多，便赶紧到狱中给韩非送去毒药，让他自杀。韩非想找秦王讲清楚，但又无法觐见。等到秦王后来悔悟，派人去赦免韩非，可惜他早已含恨离世。

第一节　主　道

道者，万物之始，是非之纪也[1]。是以明君守始以知万物之源，治纪以知善败之端。故虚静以待令[2]，令名自命也，令事自定也。虚则知实之情，静则知动者正。有言者自为名，有事者自为形；形名参同[3]，君乃无事焉，归之其情。故曰：君无见其所欲[4]，君见其所欲，臣自将雕琢；君无见其意，君见其意，臣将自表异[5]。故曰：去好去恶，臣乃见素；去旧去智[6]，臣乃自备[7]。故有智而不以虑，使万物知其处；有贤而不以行，观臣下之所因[8]；有勇而不以怒，使群臣尽其武。是故去智而有明，去贤而有功，去勇而有强。群臣守职，百官有常[9]；因能而使之，是谓习常。

关键词：虚静　形名参同

注释

[1]纪：纲领、头绪、准则、要领。　[2]虚：空虚，深藏，

无成见。静：清静，无欲，不急躁。　[3]参同：验证相合，会合比验。　[4]见：同“现”。下文的“见”皆为此意。[5]表异：自矜才能，表示异于常人，以此迎合君主。　[6]旧：一说为成见，一说为巧。　[7]自备：就是自己防范自己。备，戒备。[8]因：因循，凭借，依据。　[9]常：指常规、常法。

译文

道，是万物的本原，是非的准则。因此英明的君主把握住本原，以此来了解万事万物的根源；研究好准则，以此来了解善恶成败的起因。所以君主虚无安静地对待一切，使名称自然命定，使事情自然确立。内心虚无，才知道事实的真相；安静不躁，才明了行动的准则。让进言的人自行解说，让办事的人自行表现，表现的结果和解说的内容验证相合，君主就无需有所作为，事情的真相就会显现出来。所以说，君主不要显露自己的欲望，如果君主显露自己的欲望，那么臣下就会粉饰自己的言行来迎合君主；君主不要显露自己的意图，君主如果显露出自己的意图，那么臣下将会表现出特异的才能以迎合君主。所以说，君主不显露自己的好恶，臣下就显露出自己的本来面目；君主抛弃心机智巧，臣下就会自己防范自己。所以君主有智慧也不用它来思虑，使万物知道自己应该处在什么样的位置；有贤能也不用行动表现出来，以便观察臣下的行事依据；有勇气也不用来逞强，而是使群臣尽量发挥他们的勇武。因此，君主不用智慧却能明察，无须贤能却仍有功业，不必勇敢却十分强大。群臣各司其职，百官行为都有常规；君主根据才能而使用人才，就称为是遵循常规。

故曰：寂乎其无位而处，漻乎莫得其所[1]。明君无为于上，群臣竦惧乎下[2]。明君之道，使智者尽其虑，而君因以断事，故君不穷于智；贤者敕其材[3]，君因而任之，故君不穷于能；有功则君有其贤，有过则臣任其罪，故君不穷于名。是故不贤而为贤者师，不智而为智者正。臣有其劳，君有其成功，此之谓贤主之经也。

关键词：明君　无为　贤主

注释

[1]漻：通“寥”，空虚。　[2]竦：通“悚”，恐惧，害怕。[3]敕（chì）：通“饬”，整理、整顿的意思。

译文

所以说，寂静啊！君主似乎没有把自己放在君位上。空廓啊！臣下不知道君主在哪里。英明的君主在上面无所作为，群臣在下面就会提心吊胆了。英明的君主的原则是，使有智慧的人竭尽思虑，君主以此来决断事情，如此君主的智力就不会枯竭；让贤能的人锻炼自己的才干，君主便根据他们的才能来任职，如此君主的才能就不会穷尽；有了功劳，君主就有了贤能的光彩；有了过失，臣下就要担当罪责，如此君主的名声就不会衰减。因此，不贤能的君主可以成为贤能之士的老师，没有智慧的君主可以成为智者的师长。臣下承担劳苦，君主享受成功，这就是贤能君主的常法。

道在不可见，用在不可知。虚静无事，以暗见疵[1]；见而不见[2]，闻而不闻，知而不知。知其言以往，勿变复更，以参合阅焉。官有一人，勿令通言[3]，则万物皆尽。函掩其迹[4]，匿其端，下不能原[5]；去其智，绝其能，下不能意。保吾所以往而稽同之[6]，谨执其柄而固握之。绝其望，破其意，毋使人欲之。不谨其闭[7]，不固其门，虎乃将存。不慎其事，不掩其情，贼乃将生。弑其主，代其所，人莫不与，故谓之虎。处其主之侧，为奸臣[8]，闻其主之忒，故谓之贼。散其党，收其余，闭其门，夺其辅，国乃无虎。大不可量，深不可测，同合刑名[9]，审验法式[10]，擅为者诛，国乃无贼。

关键词：虚静无事　同合形名

注释

[1] 疵（cī）：小毛病，这里引申为过失。　[2] 见而不见：而，在此为犹如之意。看见了好像没看见。以下两句与此类似。[3] 通言：串通消息，互相通气。　[4] 函掩：隐藏。　[5] 原：推测。　[6] 稽同之：稽，考察。同之，指言论和实际一致。[7] 闭：关闭门户的器具。　[8] 为奸臣：疑为注释乱入正文，为衍文。　[9] 刑名：刑，通“形”，即前文的“形名参同”。[10] 法式：法度。

译文

君主的治臣之道在于臣下无法测度，运用时臣下不能了解。君主应该平心静气，无所作为，却能从暗中看到臣下的过失。看见了好像没看见，听说了好像没听说，知道了好像不知道。君主知道臣下的言论以后，不要去改变他，不要去更正他，而要用对照验证的形名之术去考察他。每个官职只配备一人，不要让他们互相通气，那么一切事情就会暴露无遗。君主掩盖自己的行踪，藏匿起自己的念头，臣下就不能推测；摒除自己的智慧，不施展自己的才能，下级就无法揣度。君主应该坚守自己的意图来考察臣下的言论是否与实际相符，谨慎地执掌权柄而牢固地掌握住。杜绝臣下的窥视，破除臣下的揣度，不要使臣下来图谋自己。君主如果不谨慎门户的关闭，不巩固自己的门户，就会存在虎视眈眈的人。君主如果不慎重对待自己的行事，不掩盖自己的真实情况，奸贼就会有机可乘。杀掉自己的君主，篡夺君主的权位，而人们莫敢不从，这样的臣下所以就称之为猛虎。他们侍奉在君主的身边，暗中窥测君主的过错，所以称之为贼。解散他们的党羽，收拾他们的残余，封闭他们的家门，铲除他们的帮凶，国家就没有猛虎。君主的治臣之术，大得不可度量，深得无法探测，考察臣下的行为与言论是否一致，审察检验法规的实施情况，擅自胡作非为的就诛杀，国家就会没有奸贼了。

是故人主有五壅[1]：臣闭其主曰壅，臣制财利曰壅，臣擅行令曰壅，臣得行义曰壅，臣得树人曰壅。臣闭其主，则主失位；臣制财利，则主失德；臣擅行令，则主失制[2]；臣得行义，则主失明[3]；臣得树人，

则主失党。此人主之所以独擅也，非人臣之所以得操也。

关键词：五壅

注释

[1]壅（yōng）：阻隔，阻挡，障蔽。　[2]制：君主的命令。　[3]明：据陈奇猷（yóu）的看法（《韩非子新校注》），“明”应为“萌”，“萌”又同“氓”，人民、民众的意思。这里的“失明”就是失去人民、失去民心。

译文

所以，君主有五种被蒙蔽的情况：臣下蔽塞君主的耳目叫做被蒙蔽，臣下控制国家财富叫做被蒙蔽，臣下擅自发号施令叫做被蒙蔽，臣下得行仁义叫做被蒙蔽，臣下培植党羽叫做被蒙蔽。臣下蔽塞君主的耳目，那么君主就会失去地位；臣下控制国家财富，那么君主就会失去奖赏的大权；臣下擅自发号施令，那么君主就会失去控制臣民的命令；臣下得行仁义，那么君主就会失去民众；臣下培植党羽，那么君主就会失去徒众。这些都是君主应该独揽的，而不是臣下可以把持的。

人主之道，静退以为宝[1]。不自操事而知拙与巧，不自计虑而知福与咎[2]。是以不言而善应[3]，不约而善增[4]。言已应，则执其契[5]；善已增，则操其符[6]。符契之所合，赏罚之所生也。故群臣陈其言，

君以其言授其事，事以责其功。功当其事，事当其言，则赏；功不当其事，事不当其言，则诛。明君之道，臣不得陈言而不当。

关键词：静退　形名参合

注释

[1]静退：虚静退让之意。陈奇猷认为，韩非子的思想借鉴了老子，老子认为有“慈、俭、不敢为天下先”三宝，而这里韩非子所说的以“静退”为宝，其中“静”可对应“慈俭”，“退”则是“不敢为天下先”。　[2]咎（jiù）：祸患。　[3]善应：善于提出自己的主张。　[4]善增：善于提高功效。　[5]契：古代的一种凭证，古人在竹简或木简上刻字，刻好后剖成两半，双方各留一半，验证时将两半相合，看是否契合，以验真伪。[6]符：信符，古代国君命官封爵或调兵遣将时所用的凭证，用竹、木、铜、玉等材料制成，上面刻有文字，刻好后剖成两半，君臣双方各留一半，验证时将两半相合，看是否契合，以验真伪。

译文

君主的治臣之术，是以虚静退让为宝。君主无须亲自操劳事务就知道臣下办事的拙巧，不必亲自计划和谋虑就能知道臣下谋略的福祸。因此，君主虽然不说话，但臣下会提出很好的意见；君主虽然不明确约束，但臣下会增加做事的功效。对臣下已经提出的意见，君主就把它当成契约；对臣下已经做了的事情，君主就把它当成信符。契约与信符对合验证的结果，就是赏罚产生的依据。所以群臣陈述自己的意见，君主就根据他们的意见来安排他们的工作，然后根据他们的职事来责求他们的成绩。成绩与职事相当，职事与意见相当，就给予赏赐；成绩与职事不相当，职事与意见不相当，就加以诛杀。英明的君主之道，是臣下不可以陈述了意见而做不到。

是故明君之行赏也，暧乎如时雨[1]，百姓利其泽；其行罚也，畏乎如雷霆，神圣不能解也。故明君无偷赏[2]，无赦罚。赏偷，则功臣堕其业[3]；赦罚，则奸臣易为非。是故诚有功，则虽疏贱必赏；诚有过，则虽近爱必诛。疏贱必赏，近爱必诛，则疏贱者不怠，而近爱者不骄也。

关键词：赏罚严明

注释

[1] 暧（ài）：浓云遮盖的样子。这里形容雨水的充沛，此处引申为奖赏的优厚。 [2] 偷赏：随便赏赐。偷，苟且，随便。[3] 堕：通“惰”，懈怠。

译文

所以英明的君主进行赏赐，充沛得就像及时雨，百姓都能受到他的恩惠；他进行惩罚，威严得就像雷霆万钧，就连神圣也不能解脱。所以英明的君主不随便给予赏赐，不任意赦免惩罚。赏赐如果随便，那么功臣就会懈怠他的事业；惩罚如果赦免，那么奸臣就会容易为非作歹。因此如果臣下确实有了功劳，那么即便是疏远卑贱的人，君主也一定要给予赏赐；如果臣下的确有过错，那么即便是亲近喜爱的人，君主也一定要给予惩罚。疏远和卑贱的有功必赏，亲近和喜爱的有过必惩，那么疏远和卑贱的人做事就不会懈怠，而亲近和喜爱的人做事也就不会骄横放纵了。

文史链接

清静无为

韩非子谈为君之道，强调的不是品德贤能，而是权、法、术。权就是权势，孔子、颜回极贤能，没权势便没有办法成就帝王之业；夏桀、商纣极残暴，但只要有一天的权势便是一天的君王。因此，君王绝对不能将权势让与他人。法就是法制，是臣民所必须共同遵守的行为规范。韩非子十分强调法制的严肃性和权威性，他主张"以法为教"、"以吏为师"，旗帜鲜明地反对儒家以六经为学，更不遗余力地打压墨家的以武犯禁。但他也强调法律的公平性和平等性，他提出"刑过不避大臣，赏善不遗匹夫"（《韩非子·有度》），即使至高无上的君王，他也指出"不得背法而专制"（《韩非子·南面》）。至于术，就是君主所掌握的驾驭群臣百官的秘术、权术。术里面既包括比较公开明朗的"因任而授官，循名而责实"（《韩非子·定法》），还包括一些君主私底下不可告人的阴谋诡计。这一篇《主道》就谈到了君主常用的权术之一：虚静无事。

虚静无事的概念来自于老子，但韩非子所理解的和老子原本的意思并不相同。韩非子的"虚静"，强调的是君主的喜乐哀乐应该不形于色，君主的欲求安排不可被臣下窥视，简单地说，君主应该保持神秘感，像老子所说的"道"一样，"是谓无状之状，无物之象，是谓惚恍。迎之不见其首，随之不见其后"（《道德经·第十四章》)。让臣下无从预测，这样一来，君在暗，臣在明，就可以控制臣下了。至于“无事”，韩非子并不是说什么事都不做，而是指君主不必事事躬亲，只需把大的思路定下来，具体的事务交给臣子去做，然后依照臣子的言论与业绩相符合的情况给予考察奖惩即可。另外，这个“无事”还包含着君主应该表面上装作恬淡无事，但实际上在背后里要费尽心机、竭尽所能地控制臣下。

这些观点可谓是与老子的说法大相径庭。“虚静”是老子哲学的关键词，老子是将虚静当做一种体道的方式，即“致虚极，守静笃”(《道德经·第十六章》)。所谓“致虚极”，就是将内心的种种欲望、成见、智巧、心机等一点点地剥离消除，让内心变得空明起来，这样才能真正地接纳万物的本来面目。因此，站在老子哲学的角度，韩非子那种老谋深算不但是无法体道，简直就是背“道”而驰。关于这一点，庄子曾经讲过一个故事，说的是孔子的学生子贡前往南方的楚国游历，返回晋国时，经过汉水南岸，看见一个老人在菜园里工作。这老人凿通一条地道到井边，抱着瓮进去装水出来灌溉，花了许多力气而效果不明显。子贡说：“现在有一种机械，每天可以灌溉一百块菜园，用力很少而效果很大，老先生不想要吗？”种菜老人抬起头看着子贡说：“怎么做到的？”子贡说：“削凿木头做成机器，后面重而前面轻，提水就像抽引一样，快得像沸汤涌溢。这种机器叫做桔槔（gāo）。”种菜老人听后怒形于色，然后讥笑说:“我听我的老师说过：‘使用机械的人，一定会进行机巧之事；进行机巧之事的人，一定会生出机巧之心。机巧之心存在于胸中，就无法保持纯净状态；无法保持纯净状态，心神就不安定；心神不安定的人，是无法体验大道的。’所以，我不是不懂得使用机械，而是因为觉得羞耻才不用的。”连使用简单的机械，老子、庄子都觉得是一种机巧之心，最后的结果是适得其反，让原本清静安乐的心灵变得浮躁不

安，更何况君臣之间的尔虞我诈、钩心斗角呢？其实，韩非子一味强调现实的权势功利，却忘记了权势功利并不是人生的目的，也不是幸福的必要条件。像老子、庄子这种逍遥于世外的人，虽然终身不得荣华富贵，但谁又能从他们身上夺走自适之乐呢？

老子讲无为，并非指不做事，更不是表面一套背后一套。老子的无为是不任意妄为，顺其自然。老子说："圣人处无为之事，行不言之教。万物作而不为始，生而不有，为而不恃，功成而弗居。"（《道德经·第二章》）意思是说，圣人以无为的态度来处事，以不言的方法来教导。任由万物成长而不加以干涉，生养万物而不据为己有，化育万物而不仗恃己力，成就万物而不自居有功。老子告诉我们，无为是一种超功利的态度，它不意图占有任何事物，而是让万物自行生长。老子还说："道常无为而无不为。侯王若能守之，万物将自化。化而欲作，吾将镇之以无名之朴。无名之朴，夫亦将不欲。不欲以静，天下将自定。"（《道德经·第三十七章》）意思是说，道总是无为的，但其达到的效果是万物的生长。如果侯王能够持守，物将会自行化生。万物化生而有人想要有所作为时，我就用无名的真朴状态来安定他。无名的真朴状态，也就是要使人不起欲望。不起欲望而趋于静止，天下将会自己稳定。说到底，老子反复强调的是一定要去除不必要的欲望。对于韩非子的注重法制，强调权术，老子虽早于韩非子，但他的睿智眼光已经预见了推行法家之术的后果："天下多忌讳，而民弥贫；民多利器，国家滋昏；人多伎巧，奇物滋起；法令滋彰，盗贼多有。"（《道德经·第五十七章》）意思是说，天下的禁忌多了，百姓就愈贫穷；人间的利器多了，国家就愈混乱；人们的技巧多了，怪事就愈增加；法令订得愈细，盗贼反而变多。反观历史，老子的话一一应验，真令人感叹不已。

可惜真正能够领会老子清静无为的君王不多，老子自己也清楚，他说："知我者希，则我者贵。"(《道德经·第七十章》）能够了解我的很少，能效法我的很可贵。唐太宗就是其中为数不多的一个。他曾对侍臣说："过去，刚刚平定隋朝都城的时候，隋宫中的美女及奇珍异宝等玩物，没有哪个庭院不是满满的。隋炀帝还感到不满足，征敛索取没完没了，加上他东征西讨，穷兵黩武，百姓实在不能忍受了，于是导致灭亡。这些都是我亲眼所见。所以，我从早到晚努力不怠，只希望清静无为而治，使天下平安无事，终于得以不再大兴徭役，年年五谷丰登，百姓安居乐业。治理国家就像栽树一样，只有树根坚固不动摇，枝叶才会茂盛。国君能够做到清静无为而治，百姓难道还得不到安乐的生活吗？"唐太宗说得很对，国家大事哪能经得住反复的"折腾"呢？

思考讨论

1. 韩非子主张君主要深藏不露，操纵群臣，你认为他的这种观点合理之处在哪里？

2. 你所理解的清静无为和韩非子所说的相同吗？谈谈你对道家清静无为的理解。

第二节　二　柄

明主之所导制其臣者[1]，二柄而已矣。二柄者，刑、德也。何谓刑、德？曰：杀戮之谓刑，庆赏之谓德[2]。为人臣者畏诛罚而利庆赏[3]，故人主自用其刑德，则群臣畏其威而归其利矣。故世之奸臣则不然[4]，所恶，则能得之其主而罪之；所爱，则能得之其主而赏之。今人主非使赏罚之威利出于己也，听其臣而行其赏罚，则一国之人皆畏其臣而易其君[5]，归其臣而去其君矣。此人主失刑德之患也。夫虎之所以能服狗者，爪牙也；使虎释其爪牙而使狗用之，则虎反服于狗矣。人主者，以刑德制臣者也，今君人者释其刑德使臣用之，则君反制于臣矣。

关键词：刑德　赏罚

注释

[1]导制：引导、牵制、控制的意思。　[2]庆赏：庆，一说是赏的意思；一说庆与赏不同。陈奇猷认为，“庆”原是以物奉人祝人纳福之意，后引申为君主以爵禄赐臣使臣受福。庆与赏的

区别在于：一、庆是赐予爵禄，赏是赐予财物；二、赏仅及财物，庆则带有赐福之意。(《韩非子新校注》)　[3]利：贪图。
[4]故：可是，但是。　[5]易：轻视，看不起。

译文

英明的君主用来控制他臣下的办法，不过是两种权柄而已。这两种权柄，就是刑和德。什么叫做刑、德呢？回答说：杀戮就叫刑，奖赏就叫德。做臣子的害怕诛杀惩罚而贪图奖赏，所以君主亲自使用刑罚和庆赏的大权，那么群臣就害怕用刑罚的威势，而追求他的赏赐。但现在的奸臣却不是这样，他对所厌恶的人，能从君主那里得到大权予以惩罚；对所喜爱的人，能从君主那里得到大权进行奖赏。假使君主没有将赏罚的威势和利益把握在自己手中，而是听任臣下去行使赏罚大权，那么一国的民众就会害怕权臣，而轻视君主；就会归附权臣，而背弃君主。这就是君主失去刑赏大权的祸害。老虎之所以能制服狗，是因为它有爪牙，如果虎去掉爪牙而让狗使用爪牙，那么老虎反而会被狗制服。君主是靠刑罚和庆赏来制服臣下的。如果君主丢掉刑罚和庆赏的大权而让臣下使用，那么君主反而会被臣下制服。

故田常上请爵禄而行之群臣[1]，下大斗斛而施于百姓[2]，此简公失德而田常用之也[3]，故简公见弑。子罕谓宋君曰[4]："夫庆赏赐予者，民之所喜也，君自行之；杀戮刑罚者，民之所恶也，臣请当之。"于是宋君失刑而子罕用之。故宋君见劫[5]。田常徒

用德而简公弑[6]，子罕徒用刑而宋君劫。故今世为人臣者兼刑德而用之，则是世主之危甚于简公、宋君也，故劫杀拥蔽之主[7]，非失刑德而使臣用之[8]，而不危亡者，则未尝有也。

关键词：失刑德　危亡

注释

[1] 田常：即田成子，名恒，汉朝为避讳汉文帝刘恒，改称为田常。他是春秋时齐国的大臣。在齐悼公时，田常推行争取民众的办法，即下文所讲的用大斗出贷，用小斗收贷。公元前 485 年，田成子唆使齐国大夫鲍息弑杀齐悼公，立齐简公。田常和阚止（又名监止，字子我）任齐国的左右相。公元前 481 年，田常又发动政变，杀死了阚止和齐简公，拥立齐简公的弟弟为国君，是为齐平公。此后，田常独揽齐国大权，尽诛鲍、晏诸族。　[2] 斛（hú）：古代量器，唐朝之前，十斗为一斛，为 120 斤；宋朝开始，五斗为一斛。　[3] 简公：齐悼公之子，姜姓，吕氏，名壬。[4] 子罕：即皇喜（皇为氏，喜为名），姓戴。战国中期任宋国司城（掌管土木建筑工程），兼管刑狱，他劫杀了宋恒侯，夺取了宋国的政权。《竹书纪年》上称“宋剔成肝废其君璧而自立”。宋君：宋恒侯，名璧，或璧兵。　[5] 见劫：被劫持，被劫杀。　[6] 徒：只是，仅仅。[7] 拥：堵塞。　[8] 非失刑德：陈奇猷认为，“非”应为“兼”，与上文“徒”相对应；非失刑德就是同时失去刑罚和庆赏大权。

译文

所以田常向君主请求爵禄而赐给群臣，在民间加大斗斛把粮食施舍给百姓，这就是齐简公失去庆赏大权而田常使用了它，所以齐简公就被杀掉了。子罕对宋桓侯说："奖赏恩赐这种事情，是民众所喜欢的，您就亲自施行吧；杀戮刑罚这种事情，是民众所厌恶的，请让我来承担吧。"于是宋君失去了刑罚大权而子罕使用了它，所以宋桓侯被劫杀了。田常只是用了庆赏而齐简公就遭到了杀害，子罕仅仅用了刑罚而宋桓侯就遭到劫杀。所以，如今世上为臣子的人同时兼用刑罚和庆赏来使用它们，那么现在的君主将遭受到比齐简公、宋桓侯更大的危险。所以被劫杀被蒙蔽的君主，一旦同时失去刑罚和庆赏大权而让臣下使用，却又不危险灭亡的，那是从来没有过的啊。

人主将欲禁奸，则审合刑名者，言异事也[1]。为人臣者陈而言，君以其言授之事，专以其事责其功。功当其事，事当其言，则赏；功不当其事，事不当其言，则罚。故群臣其言大而功小者则罚，非罚小功也，罚功不当名也。群臣其言小而功大者亦罚，非不说于大功也，以为不当名也，害甚于有大功，故罚。昔者韩昭侯醉而寝[2]，典冠者见君之寒也，故加衣于君之上。觉寝而说[3]，问左右曰："谁加衣者？"左右对曰："典冠。"君因兼罪典衣与典冠。其罪典衣，以为失其事也；其罪典冠，以为越其职也。非不恶寒也，以为侵官之害甚于寒。故明主之畜臣，臣不得越官而有功，不得陈言而不当。越官

则死，不当则罪。守业其官，所言者贞也，则群臣不得朋党相为矣。

关键词：循名责实　守业其官

注释

[1] 言异事：应为“言与事”，用来说明前文“刑名”的内容。　[2] 韩昭侯：又作昭釐侯、昭僖侯、僖侯，战国时期韩国君主。公元前 358 年至前 333 年在位。战国七雄中，韩国最为弱小。公元前 351 年，他任用申不害为相，实行政治改革，一时国内称治，诸侯不敢进犯。　[3] 觉寝：睡醒。

译文

君主要想禁止奸邪，就必须要审察考核形与名是否相合，也就是臣下所说的言论和所做的事是否相符。让做臣子的陈述他的意见，君主便根据他的意见交给职事，然后专门根据这个职事来责求他的功绩。功绩和职事相当，职事和他的言论相当，就奖赏。功绩与职事不相当，职事与他的言论不相当，就惩罚。所以，群臣之中话说得大而功绩小的就要惩罚，并不是罚他功绩小，而是惩罚他取得的功绩与言论不相符；群臣之中话说得小而功绩大的也要惩罚，这并不是不喜欢大的功绩，而是认为功绩与言论不相当的危害超过了他所取得的大功，所以要惩罚。从前韩昭侯喝醉后睡着了，掌管君主帽子的侍从看见君主受了寒，就拿衣服给君主盖上。韩昭侯睡醒后很高兴，就问身边的侍从：“盖衣服的是谁？”身边的侍从回答说：“是掌管帽子的侍从。”韩昭侯因而同时惩处了掌管衣服的侍从和掌管帽子的侍从。他惩处掌管衣服的侍从，

是认为他没有尽到职责；惩处掌管帽子的侍从，是认为他超越了他的职责范围。韩昭侯并不是不怕着凉，而是认为侵犯他人职权的危害比着凉更严重。所以英明的君主蓄养臣下时，臣下不得超越职权去立功，也不可以说了话而不做事。超越了职权就处死，言行不一致就治罪。臣子都恪守职责，所说的话和所做的事相当，那么群臣就不能结党营私，狼狈为奸了。

人主有二患：任贤，则臣将乘于贤以劫其君；妄举[1]，则事沮不胜[2]。故人主好贤，则群臣饰行以要君欲[3]，则是群臣之情不效[4]；群臣之情不效，则人主无以异其臣矣[5]。故越王好勇[6]，而民多轻死；楚灵王好细腰[7]，而国中多饿人；齐桓公妒外而好内[8]，故竖刁自宫以治内[9]；桓公好味，易牙蒸其子首而进之[10]；燕子哙好贤[11]，故子之明不受国[12]。

关键词：饰行　要君欲

注释

[1] 妄举：胡乱地提拔官吏。　[2] 沮：败坏。不胜(shēng)：不能承受。　[3] 要（yāo）：迎合，讨好。　[4] 情不效：真实情况无法显现出来。情，真实情况。效，呈现，显现。
[5] 异：分辨，辨别。　[6] 越王：这里指勾践。　[7] 楚灵王：本名围，是楚共王的次子，杀了侄儿楚郏敖自立，即位后改名熊虔。公元前540年至前529年在位。对内穷奢极欲，对外穷兵黩武，后被楚国人民推翻，灵王逃亡他国，最后吊死郊外。　[8] 齐桓公：

姜姓吕氏，名小白，春秋时齐国国君，公元前685年至前643年在位，依靠管仲的辅佐，尊周室，攘夷狄，成为春秋五霸之一。管仲死后，亲小人，远贤臣，后反遭小人陷害。妒外而好内：据陈奇猷的看法，外为男子，内为女子，这里指齐桓公贪好女色而嫉妒男子为其管理妇女。故竖刁自宫为他治内。　[9] 竖刁：齐桓公宠爱的内侍。后与易牙、开方作乱，填塞宫门，筑起高墙，内外不通，令齐桓公饿死宫内。因无人安葬齐桓公，所以桓公尸体在宫中一直腐烂，直至尸体上的蛆虫爬出窗外。后齐国卿大夫与宋襄公合作，发动政变，诛杀竖刁。　[10] 易牙：齐桓公宠爱的近臣，长于调味烹饪，善于逢迎。与竖刁作乱，后逃亡鲁国。　[11] 燕子哙(kuài)：战国时燕国国君。公元前318年，燕王哙禅让君王于子之，后国内大乱，齐宣王趁机发兵攻破燕国，燕王哙被杀。　[12] 子之：战国时燕国人，燕王哙任其为相，子之为相邦时，办事果断，善于监督考核臣属，得到燕王的赏识和重用。后燕王效法尧以天下让与许由的故事，把燕国政权都交给子之。公元前314年，齐宣王在孟子的策动下，发兵攻破燕国，子之逃亡，后被齐人抓住做成肉酱。

译文

君主有两种忧患：如果任用贤能的人，那么臣下将会凭借自己的才干来劫持他的君主；如果胡乱提拔官吏，那么事情就会败坏得让人无法承受。所以如果君主喜好贤能，那么群臣就会粉饰自己的行为来迎合君主的欲望，这样的话群臣的真实情况就显露不出来；群臣的真实情况显露不出来，那么君主就无法区别群臣的真假好坏了。过去越王勾践喜好勇敢，民众中就涌现出很多轻视死亡的人；楚灵王喜好细腰，于是国内就有很多为了使自己的腰变细而饿肚子的人；齐桓公嫉妒男人为其管理后宫而爱好女色，竖刁于是自行阉割来治理后宫的事务；齐桓公喜好美味的食物，易牙就蒸了自己儿子的头献给齐桓公；燕王子哙喜好贤名，所以子之表面上不肯接受王位。

故君见恶，则群臣匿端；君见好，则群臣诬能。人主欲见，则群臣之态得其资矣。故子之托于贤以夺其君者也；竖刁、易牙因君之欲以侵其君者也。其卒子哙以乱死，桓公虫流出户而不葬。此其故何也？人君以情借臣之患也[1]。人臣之情非必能爱其君也，为重利之故也。今人主不掩其情，不匿其端，而使人臣有缘以侵其主，则群臣为子之、田常不难矣。故曰：去好去恶，群臣见素。群臣见素，则大君不蔽矣。

关键词：去好去恶　群臣见素

注释

[1] 借臣：被群臣利用。

译文

因此，如果君主对事流露出厌恶，那么群臣就会把这方面的事隐瞒起来；如果君主流露出喜好，那么群臣就会冒充有这方面的才能。君主的欲望表现出来，那么群臣在表现自己的情态时就

有了可资揣度的材料。所以，子之假托贤名篡夺了燕王哙的君位；竖刁、易牙依顺君主的欲望来侵害君主。下场就是，燕王哙因战乱而死，齐桓公的尸体上爬满蛆虫也得不到安葬。这是什么缘故呢？就是君主自己的真实情况被臣子利用而招致的祸害。臣子的内心，不一定会爱他的君主，而是因为看重了利益的缘故才装出爱君主的样子。现在的君主不掩饰自己的真情，不藏匿自己的念头，而使臣下得到条件来侵害君主，那么群臣成为子之、田常那样的人就很容易了。所以说："君主不要表现出自己的喜好，也不要流露自己的厌恶，那么群臣就会显露出真实情况。"群臣露出真实情况，那么君主就不会被蒙蔽了。

文史链接

赏罚有度

韩非子的"二柄"实际上讲的是赏罚。他告诫君王，赏罚两者不可或缺，千万不可让渡于人。其次赏罚的多少一定要根据实际情况而定，不能因为个人的喜恶而忽视客观因素。最后还叮嘱君王喜怒哀乐一定要不形于色，这样才能让臣下露出本来面貌，而自己也不会因为臣下投其所好而受制于人。平心而论，韩非子的"二柄"之说是很有可行性和操作性的。时至今日，赏罚分明都是非常重要和有效的管理手段。但不少人都忽视了一点，即赏罚一定要有度，往往是"爱之欲其生，恶之欲其死"，喜爱一个人的时候，希望他活久一些；厌恶一个人的时候，又希望他早些死去，忘记了孔子早就说过，这种"既欲其生，又欲其死"，正是"惑也"。

春秋战国时期，中国的刑罚是非常重的，尤其是在当时由法家变法而崛起的秦国，真可谓是严刑酷法。1975 年底在湖北云梦睡虎地 11 号墓出土了大量秦简，其中有大量的法律文书，如《秦律十八种》、《效律》、《法律答问》、《封诊式》、《为吏之道》等。通过这些材料，我们可以领略一下当时法律的残酷。关于偷盗，秦简《法律答问》上说："五人盗，赃一钱以上，斩左趾，又黥为城旦。"五人一同偷盗，偷盗一钱以上的罪犯，惩罚是斩掉左脚趾，同时还要在脸上刺字，然后判四五年徒刑去修筑城墙。对于家庭纠纷，如孝道的问题，秦朝法律规定：殴打祖父母及曾祖父母者，"黥为城旦舂"。殴打长辈，惩罚是男子要判四五年徒刑去修筑城墙；女子要判四五年徒刑去舂米。而且秦朝的法律非常细密，连耕牛不当也要惩罚。《厩苑律》规定：使用耕牛不当，牛腰围瘦了一寸，要用竹板责打主事者背部十下。除此之外，还有著名的"保甲连坐"制度，一人犯法，如果同村人窝藏或隐瞒，那么整个村子里的人都要受到惩罚。当然秦朝使用最多的刑罚就是死刑。死刑对于人具有威慑力，但也有其弊端。即如果人被逼到必死无疑的地步，那么多半会奋力反击。如果只有数人如此，那么统治者倒可以安然无恙。但如果因死刑而奋力反击的人太多，那么死刑就根本起不到震慑的作用了，反而成为了引发动荡的导火线。陈胜、吴广起义就是一个很好的例子。《史记·陈涉世家》上记载，当时九百多个穷苦农民，被征发到渔阳戍守长城。但当他们走到大泽乡时，遇上连日大雨，道路被冲毁以致无法按期到达。依照秦法，误期者要被处斩。既然误期要处死，逃跑也要处死，造反也是一死，那还不如豁出去奋力一搏，说不定造反之后还有活命的机会。这样一来，这群人就被逼成了起义军。

明太祖朱元璋出身于贫苦人家，因为元末吏治腐败，民不聊生，朱元璋深受其害，早年甚至不得不出家以维持生计。所以等到他当皇帝的时候，贪污受贿就成了他的眼中钉肉中刺，必须连

根拔起、从严从重才能泄心头之恨。翻开《大诰三编》，我们可以看到这样一些赃物："收受衣服一件、靴二双"，"圆领衣服一件"，"书四本，纲巾一个，袜一双"。在朱元璋看来，收受一双袜子和一根金条没有区别，都是贪污受贿，因此都要受到严惩。在《大明律》里，他规定了贪赃枉法满一贯以下杖六十，以上递增，至赃满八十贯以上处绞刑。但在实际操作过程中，因为他痛恨贪污，所以大大加重了惩罚。他特别规定收受财物满六十贯以上的贪官要处以"剥皮实草"之刑，竖在下任官员的办公桌旁边，以示警告。这样的刑罚对于贪官来说实在是太有威慑力了。于是明初确实有一阵子吏治清明。但时期一长问题就暴露出来。首先，如果贪污六十贯要被"剥皮实草"，贪污六百贯同样是"剥皮实草"，六千贯、六万贯亦是如此，那么在收受贿赂时，官吏们会选择多一点，还是少一点呢？其次，如果一人贪污六十贯要被"剥皮实草"，伙同其他人贪污六十贯、六百贯也要被"剥皮实草"，那么官吏们会选择独自一人贪污，还是伙同他人贪多一点，利益均沾，从而官官相卫，把大家都捆绑在一条船呢？在刑罚过度的情况之下，腐败不但得不到根治，反而会促使腐败的扩大化。明朝的历史便是明证。

思考讨论

韩非子讲了一个韩昭侯处理"典衣"和"典冠"的故事，你觉得韩昭侯的处理方法正确吗？如果你是韩昭侯，你会怎么办？

第三节　南　面

人主有诱于事者，有壅于言者，二者不可不察也。

人臣易言事者，少索资，以事诬主[1]。主诱而不察，因而多之[2]，则是臣反以事制主也。如是者谓之“诱”[3]，诱于事者困于患。其进言少，其退费多，虽有功，其进言不信。不信者有罪，事有功者必赏[4]，则群臣莫敢饰言以惛主[5]。主道者，使人臣前言不复于后[6]，后言不复于前，事虽有功，必伏其罪，谓之任下。

关键词：诱于事者　以事制主

注释

[1]诬：欺骗。　[2]多：赞扬，称赞。　[3]诱：当为“诱于事”。　[4]事有功者必赏：当为“事有功者不赏”，这样才能与下文的“事虽有功，必伏其罪”对应。　[5]惛：迷惑。　[6]使：假使，如果。

译文

君主有被事情诱惑的，有被言论蒙蔽的，这两种情况不能不

加以审察。

臣子中有把事情说得很简单的人，他们要求的经费也很少，拿办事来欺骗君主。君主受到诱惑，而不仔细审察，就随着加以称赞，这样臣子反过来利用事情来控制君主。像这样的情况就称之为“被事情诱惑”，被事情诱惑的君主就必然会困于祸患。他们要求的经费很少，退下去后花费却很多，虽然办事有功效，但他们对君主讲话不诚实。对君主讲话不诚实就有罪，办事即使有功效也不给奖赏，那么臣下就不敢粉饰言论来迷惑君主了。君主的治臣之术应该是，假使臣下先前说的话与后来办的事不合，或者后来说的话与先前办的事不合，办事虽然有功效，也要叫他们伏法认罪，这就叫做任用臣下的办法。

人臣为主设事而恐其非也，则先出说设言曰：“议是事者，妒事者也。”人主藏是言，不更听群臣[1]；群臣畏是言，不敢议事。二势者用[2]，则忠臣不听而誉臣独任[3]。如是者谓之“壅于言”，壅于言者制于臣矣。主道者，使人臣必有言之责，又有不言之责。言无端末、辩无所验者，此言之责也；以不言避责、持重位者，此不言之责也。人主使人臣，言者必知其端以责其实，不言者必问其取舍以为之责，则人臣莫敢妄言矣，又不敢默然矣，言、默则皆有责也。

关键词：壅于言者　言默有责

注释

[1]更：再。　　[2]二势者用：这两种情形起了作用。[3]誉臣：徒有虚名的臣子。

译文

臣下为君主筹划事情而又怕被别人非议，就预先说出这样的话："议论这件事的人，就是嫉妒这件事的人。"君主心里存着这话，就不再听取群臣的意见；群臣害怕这种话，就不敢议论这件事。君主不听群臣，群臣不敢议论两种情形起了作用，那么君主就不听忠臣的话而专门任用那些徒有虚名的臣子。像这样的情况就称之为"被言论蒙蔽"，被言论蒙蔽的君主就会被臣下控制。君主的治臣之术应该是，使臣下负有说话的责任，又负有不说话的责任。说话无头无尾，辩词无法验证的，这就要追究说话的责任；用不说话来逃避责任，来保持重要地位的，这就要追究不说话的责任。君主使用臣下，对说话的臣子，一定要了解他说话的来龙去脉，并用它来责求他的办事实效；对不说话的臣子，一定要问清楚他对某事是赞成还是反对，并把它作为他的责任。这样的话，那么臣下就不敢乱说，也不敢沉默了，说话和沉默都有了责任。

人主欲为事，不通其端末[1]，而以明其欲[2]，有为之者，其为不得利，必以害反。知此者，任理去欲[3]。举事有道，计其入多[4]，其出少者，可为也。惑主不然，计其入，不计其出，出虽倍其入，不知其害，则是名得而实亡。如是者，功小而害大矣。

凡功者，其入多，其出少，乃可谓功。今大费无罪而少得为功，则人臣出大费而成小功，小功成而主亦有害。

关键词：名得实亡　功小害大

注释

[1] 端末：始末，来龙去脉，前因后果的意思。　[2] 而以明其欲：君主已经将自己的意图表露出来。以，即“已”。[3] 任：顺应。　[4] 入：所得的收益。

译文

君主想做事，但没有搞清楚那件事的来龙去脉，就把自己的想法显露出来，有这种行为的君主，他做事不但不能得利，反而一定会受害。知道这个道理的君主就应该顺应客观道理，去掉主观欲望。做事情有一定的原则，就是计算下来收益多而付出少的事情，才可以做。糊涂的君主不这样，他们只计算收益，不计算付出，付出即使是收益的一倍，他们也不知道害处，这样的话是名义上得到，而实际上失去。像这样就是功绩小而危害大。凡是功绩，就是收益多，而付出少，才可以称之为功绩。现在耗费大的无罪，而收益少的却有功，那么做臣子的就会支出大量的费用去成就微小的功绩，这些微小的功绩即使取得了，而君主也还是有所损害。

不知治者，必曰：“无变古，毋易常[1]。”变与

不变，圣人不听，正治而已[2]。然则古之无变，常之毋易，在常古之可与不可。伊尹毋变殷[3]，太公毋变周[4]，则汤、武不王矣。管仲毋易齐[5]，郭偃毋更晋[6]，则桓、文不霸矣[7]。凡人难变古者，惮易民之安也[8]。夫不变古者，袭乱之迹；适民心者，恣奸之行也。民愚而不知乱，上懦而不能更，是治之失也。

关键词：因循守旧　治之失

注释

[1]毋易常：亦作“无易常”。　[2]正治：端正治道。[3]伊尹：名挚，尹是官名。传说伊尹出身奴隶，生于伊水边，原为有莘之君的近身奴仆，听说商汤“贤德仁义”，而心向往之。商汤与有莘结亲，他作为有莘氏女的陪嫁之臣来到商汤手下，成为汤的“小臣”。他身为庖人（厨师），便乘机用“割烹”作比喻向商汤陈说，要他“伐夏救民”。　[4]太公：即姜子牙，吕氏，姜姓，号太公望，俗称姜太公。相传其七十岁时在渭水边钓鱼，周文王按占卜预示去拜访他，后尊他为师。后来他辅佐周武王灭商而使周王朝统一天下，因有功而封于齐地，后代称齐国。
[5]管仲：春秋时齐国政治家。名夷吾，字仲，亦称管敬仲。据说他早年经营商业，后从事政治活动。在齐国公子小白（即齐桓公）与公子纠争夺君位的斗争中，管仲曾支持公子纠。小白取得君位后，不计前嫌，重用管仲；管仲亦辅佐齐桓公，实行了一系列重大的

政治和社会改革，使齐桓公成为春秋时期第一个霸主。在齐国任相 40 年，以“尊王攘夷”为号召，帮助桓公实行改革，对齐国称霸诸侯起了重要作用。　[6] 郭偃：又称卜偃，春秋时期晋国占卜官。他生活在晋献公、晋惠公、晋怀公、晋文公的时代，他的预言多有应验。在晋文公时，他主导社会改革，帮助晋国完成封建化的转换。　[7] 文：即晋文公。春秋时晋国国君，公元前 636 至前 628 年在位。“春秋五霸”之一。晋献公之子，姬姓，名重耳。因晋献公立幼子为嗣，他被迫流亡列国十九年之久，后由秦国送回即位。他对内任用贤能，对外尊王攘夷，开创了晋国长达一个多世纪的中原霸权。　[8] 惮：畏惧。易民：人民，普通民众。安：安逸，习惯。

译文

不懂得治理国家的人，必然会说：“不要改变古代的社会制度，不要改变常规惯例。”是否变法易俗，圣人不听别人怎么说，只求把政治办得正确就好。那么古代的社会制度改变不改变，常规惯例改变不改变，全在于这些东西是可行还是不可行。伊尹如果不改变殷商朝的古制惯例，姜太公不改变周朝的古制惯例，那么商汤王、周武王就不能称王。如果管仲不改变齐国的古制惯例，郭偃如果不改变晋国的古制惯例，那么齐桓公、晋文公也就不能称霸。大凡难以改变古制惯例的，是顾忌民众对古制惯例下的生活已经习惯了。但不改变古制惯例，是在重蹈乱国的覆辙；迎合民众的愿望，就是放纵邪恶的行为。民众愚蠢而不知道古制惯例的恶劣，上级懦弱而不知道变革古制惯例，这就是治理国家的失策。

人主者，明能知治，严必行之。故虽拂于民心，立其治。说在商君之内外而铁殳重盾而豫戒也[1]。故郭偃之始治也，文公有官卒[2]；管仲始治也，桓公有武车——戒民之备也[3]。是以愚赣窳惰之民[4]，苦小费而忘大利也，故夤虎受阿谤[5]；而輴小变而失长便[6]，故邹贾非载旅[7]；狎习于乱而容于治[8]，故郑人不能归。

关键词：变法　严行

注释

[1] 殳：古时一种长柄勾头似的器具，长一丈二尺，无刃。豫戒：预防。　[2] 官卒：国家的军队，一说为卫队。　[3] 武车：即威武的兵车。　[4] 赣（zhuàng）：通“戆”，刚直而愚笨鲁莽。窳（yǔ）：懒惰。惰：通“惰”。　[5] 夤（yín）虎：可能是春秋时的陈大夫庆寅，庆虎。阿谤：呵斥毁谤。　[6] 輴（zhěn）：通“震”，畏惧的意思。　[7] 邹贾：人名，邹为姓，贾或为因行贾而得名，其事迹不详。载旅：指征兵制度。旅，古代军队五百人为一旅，引申为军队。　[8] 狎习于乱：即习惯于混乱。容于治：陈奇猷认为，容上缺“不”字，容为悦的意思，因此“容于治”就是不悦于明法（变法）而治。（《韩非子新校注》）

译文

当君主的，应该明智而能懂得治理的措施，应该严格并付诸实施。这样的话，即便是违逆民众的心理，他还是要建立起一套治国方略。譬如商鞅变法的时候，内外都有卫士拿着铁殳和盾牌来预防。郭偃开始治理晋国的时候，晋文公备用了国家的军队；管仲开始治理齐国的时候，齐桓公配备了武装的兵车——这些都是防备民众的措施。愚蠢迂腐、败坏懒惰的人，总是为微小的花费发愁，而忘记了将要取得的巨大利益，所以夤虎受到斥责诽谤；他们畏惧微小的变革，而丢失了长久的便利，所以邹贾非难征兵的制度；他们习惯于混乱而不愿意治理，所以郑国人无家可归。

文史链接

创业守业

韩非子在这一篇里谈到，君主既不能被臣下的花言巧语所蒙蔽，也不能让臣下通过保持沉默逃避责任。说话和沉默都要尽到责任，这样君主才能够掌控全局。韩非子还谈到了君王要适时而变，不能抱残守缺，害怕变革。这一点可谓真知灼见。古往今来，多少王朝的覆灭就在于墨守成规，错过改革良机，最后导致积弊难除，大业不返。所以古人才有感叹，创业难，守业亦难。贞观十年时，唐太宗曾对侍臣说：“帝王之业，草创与守成哪一个难？”房玄龄回答道：“天下大乱的时候，各路英雄竞相起兵，被攻破的才降服，被打败了才制伏。所以，创业艰难。”魏征回答说：“帝王起兵，必然乘着世道衰败混乱的时候，消灭掉那些昏乱狂暴的人，百姓就乐于拥戴，天下人都来归附；上天授命，百姓奉与，所以创业不算艰难。然而取得天下之后，志趣趋向骄奢淫逸，老百姓希望休养生息，但各种徭役没有休止；百姓已经穷困疲敝，但奢侈的事务却一刻不停；国家的衰落破败，常常由此而起，就此而论，守业艰难。”唐太宗说：“房玄龄曾随我平定天下，饱尝艰难困苦，出入于生死之间，侥幸能得到一条生路，所以看到的是创业艰难。魏征与我一起安定天下，担心出现骄奢淫逸的萌芽，必定重蹈危亡的境地，所以看到的是守业艰难。现在创业的艰难已经过去，守业这一难事，我应该考虑与你们一起慎重地对待它。”

守业如何去守呢？保持原样，维持状态，并不是守。因为外部和内部的环境都在发生变化，抱着条条框框不放，死守着祖宗的几句箴言，并不能适应内外的变化。《周易》主张三易：易简、不易和变易。其中最根本的就是变易。《周易》将“变”视为人类活动的首要原则。在《系辞下传》中有这样一段话：“易之为书也不可远，为道也屡迁，变动不居，周流六虚，上下无常，刚柔相易，不可为典要，唯变所适。”这告诉我们，道不仅是变化的，而且是“屡”变、多变。天地之间的大道都发生了变化，尘世间的人如果不变，则必为天所厌弃。所以，艮卦的《彖传》告诉我们：“时止则止，时行则行，动静不失其时，其道光明。”只有因时而动，才能获得光明。孔子也非常强调变化，孟子说孔子是“圣之时者”，也就是圣人中能适应时势发展的人，他说孔子是“可以仕则仕，可以止则止；可以久则久，可以速则速”（《孟子·公孙丑上》）。只有善于利用时机，适时而动，才能达到预期的目的。司马谈在《史记·太史公自序》谈到了当时的六家，他对阴阳、儒、墨、名、法这五家都有不同程度的批评，唯独对道德家，即道家作全面肯定。他说道家使人“精神专一，动合无形，赡足万物”，“无所不宜，指约而易操，事少而功多”，为什么他对道家有这么高的评价呢？就是因为道家从根本上是“与时迁移，应物变化”。道家并不追求一个恒定不变的道，而是“无成势，无常形”；圣人要真正做到“不朽”，就要“时变时守”。

但可惜的是，后世不少人的思想还比不上千年前的诸子。西汉的董仲舒就说：“道之大原出于天，天不变，道亦不变。”（《汉

书·董仲舒传》）把维持封建统治秩序，保持三纲六纪不变当做是治国之根本。到了清朝晚期，西方列强用坚船利炮轰开了尘封已久的大门，但仍然有人还沉睡在迷梦之中，鼓吹只用讲求仁义道德，便可驯化夷狄，归顺天朝。到了国家危难的关头，统治者们依然是以自己的权势为重，生怕变革丢掉了自己的“祖宗基业”。康有为、梁启超不愧是睿智之士，他们提倡变法，要求革新，摆脱枷锁，重振旗鼓。可惜晚清的统治者僵化腐朽，错失良机，终于尝到了当变不变的苦果。

思考讨论

1. 你是否曾经因为别人的劝诱而改变原本正确的想法？回想一下，当时为什么会被蒙蔽？

2. 如果社会发生了非常大的变化，你的理想抱负已经与时代脱节，请问你是会继续坚持，还是随波逐流？为什么？

第四节　内储说下六微

六微[1]：一曰权借在下，二曰利异外借，三曰托于似类，四曰利害有反，五曰参疑内争[2]，六曰敌国废置。此六者，主之所察也。

权势不可以借人。上失其一，臣以为百。故臣得借，则力多；力多，则内外为用；内外为用，则人主壅。

君臣之利异，故人臣莫忠，故臣利立而主利灭。是以奸臣者，召敌兵以内除，举外事以眩主，苟成其私利，不顾国患。

关键词：六微　权势　君臣　利异

注释

[1] 微：微妙玄通之事。　[2] 参疑：匹敌，势力相当的意思。

译文

六种微妙的情况：一是君主的权势转借给臣下，二是由于君臣的利益不同而臣下借助外国的势力来谋取私利，三是臣下依靠类似的事来欺骗君主谋取私利，四是人们的利害关系存在着相反

的情况而臣下会危害君主和他人来谋取私利，五是臣下的势力互相匹敌而导致了统治集团内部的争夺权力的斗争，六是敌对的国家插手对大臣的废黜和任用。这六种情况，是君主应当明察的。

君主的权势不可以转借给别人。君主失去一分权势，臣下就会把它变成百倍的权势去利用。因此，如果臣下能够利用君主的权势，那么他的力量就强大了；他的力量强大，那么朝廷内外就会被他所利用；朝廷内外被他所利用，那么君主就会被蒙蔽。

君臣之间的利益不同，所以人臣不会绝对尽忠于君主。因此，臣下得到了利益，那么君主就会失去利益。因此，奸邪的臣子，会招引敌国的军队来除掉国内的私仇，利用外交事务来惑乱君主；臣下只求能够成就他的私利，不会顾及国家的祸患。

似类之事，人主之所以失诛，而大臣之所以成私也。

事起而有所利，其尸主之[1]；有所害，必反察之。是以明主之论也，国害则省其利者，臣害则察其反者。

参疑之势，乱之所由生也，故明主慎之。

敌之所务，在淫察而就靡[2]，人主不察，则敌废置矣。

“参疑”、“废置”之事，明主绝之于内而施之于外。资其轻者，辅其弱者，此谓“庙攻”[3]。参伍既用于内[4]，观听又行于外，则敌伪得。

关键词：似类　利害　参疑　废置　庙攻

注释

[1]尸主：主事者，这里指得利的主谋者。 [2]淫察：即混乱视听之意。就靡：即促成祸乱之意。 [3]庙攻：指朝廷所制定的战胜敌人的策略。庙，朝廷。 [4]参伍：即“三五”，它们用来泛指多而错杂，引申为将多方面的情况放在一起加以比较检验。

译文

类似的事情，就是君主处罚失当的原因，也是大臣们用来成就私欲的凭借。

事情发生了，如果有什么好处，一定是那得到好处的人主谋干了这件事；如果有什么害处，一定要从反面去考察它。因此英明的君主在进行判断的时候，如果国家受害，就要仔细察看在其中得到好处的人；如果臣子受害，就要仔细审查与他的利害关系相反的人。

臣下的势力互相匹敌的局面，是祸乱得以产生的根源。所以英明的君主对这种局面最为慎重小心。

敌人所致力的，是惑乱国君的视听而使国君铸成错误，国君如果不明白这一点，那么敌人就可以使国君按照他们的意图来任免大臣了。

“臣下的势力互相匹敌而发生内争”、“敌国插手对大臣的废黜和任用”这种事情，英明的君主要努力杜绝它们在国内出现，而设法将之施加到外国去扰乱敌国。资助敌国中那些权势低微的臣子，帮助敌国中那些势单力薄的臣子，这叫做“朝廷所制定的战胜敌人的策略”。在国内已使用比较检验多方面的事实的方法来决断事宜，在国外又实施观察探听的手段，那么敌人的阴谋诡计就能识破了。

卫人有夫妻祷者，而祝曰[1]：“使我无故[2]，得百来束布[3]。”其夫曰：“何少也？”对曰：“益是，子将以买妾。”

魏王遗荆王美人[4]，荆王甚悦之。夫人郑袖知王悦爱之也，亦悦爱之，甚于王。衣服玩好[5]，择其所欲为之。王曰：“夫人知我爱新人也，其悦爱之甚于寡人，此孝子所以养亲，忠臣之所以事君也。”夫人知王之不以己为妒也，因为新人曰[6]：“王甚悦爱子，然恶子之鼻，子见王，常掩鼻，则王长幸子矣[7]。”于是新人从之，每见王，常掩鼻。王谓夫人曰：“新人见寡人常掩鼻，何也？”对曰：“不己知也。”王强问之[8]，对曰：“顷尝言恶闻王臭。”王怒曰：“劓之[9]！”夫人先诫御者曰：“王适有言，必可从命。”御者因揄刀而劓美人。

关键词：卫人祷布　楚王劓姬

注释

[1]祝：求神赐福。　[2]无故：没有事故，不发生灾祸。[3]束布：束，捆。布，布币。　[4]荆王：楚王，这里指楚怀王。[5]玩好：珍贵的玩物，珍宝。　[6]为：通“谓”。　[7]长幸：长久地宠幸。　[8]强问：竭力追问。　[9]劓（yì）：古代割掉鼻子的刑罚。

译文

卫国有一对夫妻做祈祷，妻子向神求福说："使我平安无事，能得到一百来束布币。"她的丈夫说："为什么求这么少呢？"妻子回答说："多了，你就会去买个小老婆。"

魏王送给楚王一个美女，楚王非常喜爱她。楚王的夫人郑袖知道楚王很喜爱她，也装着很喜爱她，而且表现出比楚王还喜爱的样子。衣裳服饰和玩物珍宝，都挑选美女所喜欢的来送给她。楚王说："夫人知道我喜爱新来的美人，你对她的喜爱甚至超过了我，这是孝子用来供养父母亲，忠臣用来侍奉君主的德行啊。"夫人郑袖知道大王认为自己没有嫉妒之心了，就对新来的美人说："大王非常喜爱你，但不喜欢你的鼻子，你去见大王时，要时常掩住鼻子，那么大王就会长期宠爱你了。"于是新来的美人听从郑袖的话，每次见楚王，都掩住鼻子。楚王对夫人说："新美人来见我时常常掩住鼻子，这是为什么呢？"郑袖回答说："我不知道其中的缘故。"楚王竭力追问她，郑袖回答说："不久前听她说厌恶闻到大王的气味。"楚王愤怒地说："把她的鼻子割掉。"夫人郑袖事先曾告诫侍卫说："大王如果有什么吩咐，一定要服从命令。"侍卫因此抽刀就把美人的鼻子割掉了。

僖侯浴[1]，汤中有砾[2]。僖侯曰："尚浴免[3]，则有当代者乎？"左右对曰："有。"僖侯曰："召而来。"谯之曰[4]："何为置砾汤中？"对曰："尚浴免，则臣得代之，是以置砾汤中。"

关键词：取而代之

注释

[1] 僖侯：即韩昭侯。　[2] 砾（lì）：小石子。　[3] 尚浴：主管君主沐浴的人。　[4] 谯（qiào）：通“诮”，责骂。

译文

韩昭侯洗澡，洗澡水中有小石子。韩昭侯说：“掌管我沐浴之事的官吏如果被免职了，那么有接替他的人吗？”左右侍卫回答说：“有。”韩昭侯说：“召他进来。”于是责骂他说：“你为什么把小石子放在洗澡水中？”那人回答说：“如果掌管沐浴之事的官员被免职了，那么我就能取而代之，因此把小石子放进洗澡水中。”

文公之时[1]，宰臣上炙而发绕之[2]。文公召宰人而谯之曰：“女欲寡人之哽耶[3]，奚为以发绕炙？”宰人顿首再拜请曰：“臣有死罪三：援砺砥刀[4]，利犹干将也[5]，切肉肉断而发不断，臣之罪一也；援木而贯脔而不见发[6]，臣之罪二也；奉炽炉，炭火尽赤红，而炙熟而发不烧，臣之罪三也。堂下得无微有疾臣者乎[7]？”公曰：“善。”乃召其堂下而谯之，果然，乃诛之。

关键词：文公断案

注释

[1] 文公：即晋文公重耳。　[2] 宰臣：掌管膳食的官吏。

[3] 女：通“汝”。哽：堵塞喉咙。 [4] 援砺砥刀：拿起磨刀石磨刀。 [5] 干将：古代宝剑名。 [6] 脔(luán)：切成片的肉。
[7] 疾：同“嫉”，嫉妒，妒忌之意。

译文

晋文公的时候，掌管膳食的官员端上烤肉，但却有头发缠绕在烤肉上。晋文公召来厨师而责问他说：“你想要我咽不下去吗？为什么用头发缠绕烤肉？”厨师磕了头又拜了两次，请罪说：“我有死罪三条：拿磨刀石磨刀，把刀磨像干将宝剑一样锋利，切肉的时候把肉切断但没把头发切断，这是我的第一条罪状；拿木棒穿肉片而没有看见头发，这是我的第二条罪状；把肉串放在火热的炉子里，炭火烧得通红，把肉烤熟了但没把头发烧掉，这是我的第三条罪状。您堂下的侍从中有没有暗中忌恨我的人呢？”晋文公说：“很好。”于是召集堂下侍从来责问，果然是这样，于是就将他诛杀了。

文史链接

党争之乱

韩非子的“六微”是历史经验的总结。先秦时期，与“六微”相关的权力斗争可以说每天都在上演，只不过是换了扮演的角色和场景，剧情都极为相似。韩非子出身于韩国宗室，对宫廷里的明争暗斗可谓耳濡目染。他的《六微》写得洋洋洒洒，案例一个接着一个，不胜枚举。然而，韩非子把君臣之间的那层纸都捅破了，是否就能避免类似的事情发生呢？从几千年的历史看来，理论是理论，实际是实际，理论说得再清楚，实际生活中还是有不少利

令智昏的人。所以唐代文学家杜牧曾在《阿房宫赋》中说："秦人不暇自哀，而后人哀之，后人哀之而不鉴之，亦使后人而复哀后人也！"德国哲学家黑格尔也曾感叹道："历史给我们唯一的教训，就是我们从不吸取历史的教训。"但黑格尔也认为，相似悲剧反复发生的历史过程并非是简单的重复和循环，而是一种螺旋式的上升。从表面上看，人性之恶使得悲剧反复发生，整体上却鬼使神差地促进了人类社会的不断改善和发展；历史中的人物明明是在为自己的权势利益蝇营狗苟，却无意识地为公共福利作出了贡献。这就是黑格尔所说的"理性的狡计"。

"六微"中第五条："参疑之势，乱之所由生也，故明主慎之。"告诉我们朝中如果有旗鼓相当的臣下，很容易出现祸乱。这一点在中国历史上确实存在。就拿君主身边最亲近的人来说，外戚和宦官就常常是势同水火。君主又往往会违背"六微"的第一条：不可将权力借与臣下。幼小的君主有时候不得不靠外戚扶持，而昏庸的君王又懒得理会朝政，大小事务便推给宦官打理。外戚和宦官都有权力，于是就免不了钩心斗角。东汉时期的外戚专权和十常侍的故事就是耳熟能详的明证。除此之外，还有朝廷大臣的党争。其中影响较大的有唐朝的"牛李党争"。其中"牛党"指的是以牛僧孺、李宗闵为首的党羽，"李党"则是以李德裕为领袖。这两党从唐穆宗时期便开始相争，随后经历了唐敬宗、唐文宗、唐武宗和唐宣宗，皇帝都换了好几个，他们却持续争执了近四十年。而且"牛李党争"并非是为国家社稷之永续，天下苍生之安乐而争，他们多半是为了党派势力而针锋相对。一党掌权了，完全不计较对方的人才有多贤能，一律贬斥出朝廷，至于对方的政策是否有利于国计民生，更是置之脑后。譬如李德裕任西川节度使时，曾接受吐蕃将领的投降，收复了重镇维州（今四川理县）。而牛僧孺上台后，却意气用事，强令把降将和城池交还吐蕃。“牛李党争”的起因是科举。唐宪宗元和三年（808），朝廷以“贤良公正、能直言极谏科”开科考试，牛僧孺、李宗闵等对策的时候，痛贬时弊，主考官杨于陵等大为赞赏，评为上策。而当时的宰相是李德裕的父亲李吉甫。既然痛贬时弊能为上策，那么主考官就是意图诋毁自己的政绩。于是向皇上告状,举报考试舞弊。最后的结果就是主考官被贬，而牛僧孺等人也因此得不到升迁。这就埋下了牛李两党相争的隐患。此后这两党依附宦官发展得势均力敌，在朝廷上便为了一党私利你争我夺，使得原本就已衰落的唐朝加速走向毁灭。

另外一场非常有名的党争就是明朝万历年间的“东林党争”。这场党争不像“牛李党争”是一对一，而是东林党以一党之力对抗全国上下的朋党，其中有浙党、齐党、楚党、昆党、宣党等。万历年间的吏部郎中顾宪成因得罪了皇帝遭到革职，于是就回到家乡和高攀龙、钱一本等人在无锡东林书院讲课。他们常常在书院里谈论朝政得失，影响很大，于是就渐渐形成了一个在野集团，被称为“东林党”。东林党人后来有不少人入仕为官，浙党、齐党、楚党等党派纷纷投靠阉党魏忠贤门下，继续与东林党作对。他们之间的党争和牛李之争一样，大多都是为了一党私利，罔顾社稷民生。其中一件因党争而发生的荒唐事就是熊廷弼被杀案。1621年，熊廷弼被朝廷任命为辽东经略，而王化贞为巡抚。他们两人各属不同党派。熊廷弼早年属于楚党，与东林党有过争执，而王化贞与东林党人交从甚密，被东林党人视为知己。两人一同出战辽东，便因观点不同而争吵。老成持重、经验丰富的熊廷弼主张以逸待劳，积极防御；素不习兵、狂傲轻敌的王化贞希望一鼓作气，速战速决。后来王化贞不配合熊廷弼的战略，准备“一举荡平辽东”，结果指挥不力，十万多兵马全军覆没，最后导致广宁失守。战事失利之

后，熊、王二人都要受到处分。王化贞犯了重大的军事错误，自然东林党人保不了他。既然自己人都照顾不了，东林党人也就不会保全与自己有过节的熊廷弼。熊廷弼于是被定为死罪。在这个紧要关头，王化贞抛弃了还在四处为自己奔走辩护的东林党，投靠了阉党魏忠贤，还反过来咬东林党一口，揭露东林党“贪污辽东军饷”，魏忠贤趁机对东林党人予以毁灭性的打击。而性格刚强的熊廷弼面对生死关头也没有办法，最后只好找人向魏忠贤求救。魏忠贤便趁机向熊廷弼勒索四万两黄金。熊廷弼为官清廉，根本就没多少积蓄。魏忠贤打着如意算盘，结果什么钱都捞不到。于是决定赶紧处决熊廷弼。此时东林党人看到魏忠贤要杀他，又反过来要救他。结果却适得其反，阉党和东林党人本来就势不两立，如今东林党人要救熊廷弼，结果就是更加坚定了魏忠贤断绝熊廷弼后路的决心。1625 年，熊廷弼被处死。而之后尚可保全明朝的大将袁崇焕也因为反间计，死于阉党之手。明朝终于因为党争之乱加速灭亡。

思考讨论

1.“六微”中的哪一条让你深有同感？举出日常生活中的事例来说明。

2. 韩非子讲了一个韩昭侯洗澡时有人放小石子的故事，并断定是由接替沐浴之官的职员所为，请问是否还有其他可能性？事实判断和价值判断是否能够等同？

第五节 外储说左上

楚王谓田鸠曰[1]："墨子者，显学也。其身体则可[2]，其言多而不辩[3]，何也？"曰："昔秦伯嫁其女于晋公子[4]，令晋为之饰装，从衣文之媵七十人[5]。至晋，晋人爱其妾而贱公女。此可谓善嫁妾，而未可谓善嫁女也。楚人有卖其珠于郑者，为木兰之椟[6]，薰以桂椒[7]，缀以珠玉[8]，饰以玫瑰，辑以翡翠。郑人买其椟而还其珠。此可谓善卖椟矣，未可谓善鬻珠也[9]。今世之谈也，皆道辩说文辞之言[10]，人主览其文而忘有用。墨子之说，传先王之道，论圣人之言，以宣告人。若辩其辞[11]，则恐人怀其文忘其直[12]，以文害用也。此与楚人鬻珠、秦伯嫁女同类，故其言多不辩。"

关键词：言多不辩　买椟还珠　秦伯嫁女

注释

[1] 田鸠：即田俅（qiú），又名田系，战国时齐国人，墨家人物。《汉书·艺文志》著录《田俅子》三篇，已佚。今有《田俅子》辑

文一卷。 [2]身体：身体力行，亲身实践。 [3]辩：有口才，说话动听。 [4]秦伯：因秦国国君最初受封时爵位是伯，故后皆称秦伯。公子：《仪礼·丧服》：诸侯之子称公子。后来公子一词扩大了涵盖范围，成为对古代年轻男子的一种尊称。 [5]衣文：穿着华丽的衣服。媵（yìng）：陪嫁的妾。 [6]木兰：树名，皮有香气，木质优良，花蕾可入药。椟（dú）：匣子。 [7]薰：通“熏”，熏烤的意思。桂椒：肉桂和花椒，是两种香料。[8]缀：编织，点缀。 [9]鬻（yù）：卖。 [10]辩说文辞：动听漂亮的话。 [11]辩其辞：修饰美化它的文辞。 [12]直：通“值”，价值。

译文

楚王对田鸠说：“墨子是当今赫赫有名的学者。他亲身实践还算可以，他的话讲得很多，却不动听，这是什么原因呢？”田鸠说：“从前秦国君主把女儿嫁给晋国国君的儿子，让晋国为他女儿装饰打扮，跟从陪嫁的女子就有七十个人，她们的衣着都很华丽。到了晋国，晋国人反而喜欢陪嫁的妾，看不起秦国国君的女儿。这可以叫做善于嫁侍女，却不能说善于嫁女啊。有个楚国人在郑国卖珠宝，他用木兰香木做了一个匣子，用肉桂花椒香料熏烤它，用珍珠宝石点缀它，用玫瑰装饰它，用翡翠衬托它。郑国人买了他的匣子，而把里面的珠宝还给他。这可以称之为善于卖匣子了，却不能说善于卖珠宝。如今世上的言谈，都说些华丽动听的文辞，君主往往只欣赏文章的文采，却忘了它的实际功用。墨子的学说，是传授先王治国的办法，阐述圣人的言谈，并将它告知天下人。假若只想使文辞动听，那么恐怕人们记住了华美的文辞而忘掉了它的实用价值，这是因为言辞而损害实用啊。这跟楚国人卖珠宝、秦穆公嫁女是一个道理，所以他讲得很多而不动听。”

人为婴儿也，父母养之简[1]，子长而怨；子盛壮成人，其供养薄，父母怒而诮之[2]。子父至亲也，而或诮或怨者，皆挟相为而不周于为己也[3]。夫买庸而播耕者[4]，主人费家而美食，调布而求易钱者[5]，非爱庸客也，曰："如是，耕者且深，耨者熟耘也[6]。"庸客致力而疾耘耕者，尽巧而正畦埒陌者[7]，非爱主人也，曰："如是，羹且美，钱布且易云也。"此其养功力，有父子之泽矣，而心调于用者，皆挟自为心也。故人行事施予，以利之为心，则越人易和[8]；以害之为心，则父子离且怨。

郑县人卜子使其妻为裤[9]，其妻问曰："今裤何如[10]？"夫曰："象吾故裤。"妻子因毁新，令如故裤。

关键词：挟自为心　郑妻为裤

注释

[1]简：简慢，马虎。　[2]诮（qiào）：责骂。　[3]挟相为：怀着相互依赖的心理。　[4]买庸：雇佣工人。庸，通"佣"。　[5]调：挑选。布：货币名称。易钱：成色好的钱币。　[6]耨（nòu）：锄草。熟：精细。耘（yún）：除草。　[7]埒（liè）陌：泛指田埂。埒，田间的小堤。陌，田间东西方向的道路。　[8]越人：指当时居住在东南滨海地区的越族人，这里比喻关系

疏远的人。　　[9] 郑县人：战国时韩国地名，今在河南郑州。[10] 何如：像什么样子。

译文

人在婴儿时，父母对他抚养得马虎，孩子长大了就要埋怨父母；孩子长大成人，对父母的供养微薄，父母就会责骂孩子。父子之间是最亲近的，但有时责骂，有时埋怨，都是因为怀着相互依赖的心理，而又认为对方对自己照顾不周全。雇佣工人来播种耕作，主人花费家财准备美食，拿了布币去求取成色好的钱币作为他们的酬劳，不是因为爱雇工，而是说：“这样做，耕作的人才能耕得深，锄草的人才会锄得细。”雇工卖力而快速地耘田耕地，使尽技巧来整理畦埂，不是因为爱主人，而是说：“这样做，饭菜才会丰美，得到的钱币才会成色好。”主人这样来供养雇工，爱惜劳力，有父子之间的恩泽，而雇工专心致志地工作，都是怀着为自己打算的思想。所以人们办事给人好处，如果从有利于人出发考虑，那么关系疏远的人也会喜悦和好；如果从损害别人出发考虑，那么即便是父子也会分离而且相互埋怨。

郑县有个叫卜子的人让他的妻子做裤子，他的妻子问他说：“现在这条裤子做成什么样子？”丈夫说：“做得像我的旧裤子。”妻子因此毁坏新裤子，使它像旧裤子。

宋襄公与楚人战于涿谷上[1]。宋人既成列矣，楚人未及济[2]。右司马购强趋而谏曰[3]：“楚人众而宋人寡，请使楚人半涉，未成列而击之，必败。”襄公曰：“寡人闻君子曰：‘不重伤[4]，不擒二毛[5]，

不推人于险，不迫人于厄，不鼓不成列。’今楚未济而击之，害义。请使楚人毕涉成阵，而后鼓士进之。”右司马曰："君不爱宋民，腹心不完[6]，特为义耳。”公曰："不反列[7]，且行法。”右司马反列。楚人已成列撰阵矣[8]，公乃鼓之。宋人大败，公伤股，三日而死。此乃慕自亲仁义之祸。夫必恃人主之自躬亲而后民听从，是则将令人主耕以为食，服战雁行也民乃肯耕战[9]，则人主不泰危乎[10]？而人臣不泰安乎？

关键词：宋襄公　仁义　虚名

注释

[1]宋襄公：名兹父，春秋时宋国君主，公元前650至前637在位。公元前642年齐桓公病逝，齐国发生内乱，宋襄公率兵马至齐国，与齐人里应外合，平息内乱，拥立齐孝公。因此，宋襄公亦被视为“春秋五霸”之一。涿（zhuō）谷：宋国地名，今河南柘城西。此战应为公元前638年的泓水之战。　[2]未及济：没有完全渡过河。　[3]右司马购强：右司马，古代官名，掌管军政和军事赋税。购强，人名，当是《左传》中记载的公孙固的字。[4]重：重复。　[5]二毛：因为年长的人头发胡子花白，有黑白两色，故称之为二毛，常以此代指老年人。　[6]腹心不完：一说腹心为国家的根本；另一说认为“宋民”与“腹心不完”应连读，不断句，指的是宋民战败后腹心不完好，深受重伤之意。

[7] 反列：回到队列。　　[8] 撰阵：摆好阵势。　　[9] 服：从事。雁行：像大雁一样排列成行。　　[10] 泰：通“太”。

译文

宋襄公与楚国人在涿谷边上交战。宋国军队已经排成队列了，而楚国人还没有完全渡过河。右司马购强快步走到宋襄公身边劝谏说：“楚国人多而我们宋国人少，请让我们在楚国人过河过了一半，还没有排成队列时就去攻击他们，他们一定会失败。”宋襄公说：“我听君子说过：‘不要重复地伤害已经受伤的人，不要俘虏年事已高的老兵，不要把人推入危险的境地，不要把人逼上绝路，不要击鼓进攻不成队列的敌军。’如今楚国军队还没有过完河就去攻击他们，这是有伤仁义的。还是让楚国军队全部过河后排成队列，再击鼓进攻他们。”右司马说：“您不可怜宋国军民将被挖心剖腹，只是为了仁义的虚名。”宋襄公说：“你再不返回队列中，就按军法处置。”右司马于是返回队列。此时楚国人已经排好队伍、摆好阵势了，宋襄公命令击鼓。结果宋国军队大败，宋襄公伤及大腿。三天后死了。这就是追求亲行仁义而造成的祸害。如果一定要依靠君主身体力行，然后民众才听从命令，那就是要君主自己种田来糊口、自己像大雁一样排成队列去打仗，然后民众才肯耕耘作战，这样的话，君主不是太危险了吗？而做臣下的不是太安逸了吗？

文史链接

美不可少

韩非子在《外储说左上》里为我们讲了很多脍炙人口的故事。买椟还珠、画犬马难、郑人置履等基本上达到了家喻户晓的地步。

除此之外，还有鼓琴卧治、郢书燕说、客为周君画荚等饶有趣味的寓言。可惜篇幅有限，不能一一介绍。韩非子之所以不厌其烦地讲这么多故事，目的还是宣传他“挟自为心”，强调自利的人性论和注重实际效益的功利观。而这两者也是相互关联的。注重实效，追求功利是为了更好的自利；而要实现最大程度的自利就必须摒弃华而不实的东西。韩非子的观点有合理之处，但也有一定的局限性。

拿强调实际效益的功利观来说，人的确必须满足物质上的需要才谈得上精神享受，君主也的确需要把统驭臣下当做头等大事来抓，才谈得上是明君。但如果只把人的需要定位在物质层次和政治权力，而把其他的东西通通看做是没有价值的无用之物，那么就太过于狭隘了。买椟还珠出现了形式大于内容的问题，但不可否认的是这个形式是美的，能够给人带来精神的愉悦。抛开实际的目的性和功利性不谈，只要人们去欣赏这个匣子，就能够感受到精神的快乐。墨子三年制造出一个能飞的木鸢，虽然只能飞一天，论实际功利确实比不上几块木头做成的能行千里的运输车，但不可否认的是当木鸢飞上天的时候，人们的那种欢欣雀跃之情是用再多的金钱也买不到的。更何况木鸢已经成功飞行了一天，假以时日，继续在这所谓的“无用之物”上钻研，怎么知道木鸢以后不会成功飞行一个月，一年呢？如果能够飞上一年，在实用价值上比靠人力推拉的运输车不也更胜一筹吗？韩非子的急功近利必然会导致目光短浅。

更重要的是，美和艺术是一种不可或缺的价值。孔子说：“兴于诗，立于礼，成于乐。”（《论语·泰伯》）人的成长中两个重要的环节，都要靠艺术。孔子传授给学生的六艺：礼、乐、射、御、书、数，其中礼、乐、书都和艺术紧密相关。孔门四科：德行、言语、

文学、政事，其中的文学就是用文学的形式培养弟子们的高雅情操、思维方法、工作能力。孔子还特别注重诗教，他对自己的儿子孔鲤的要求就是："不学诗，无以言。"（《论语·季氏》）韩非子的老师荀子一样看重艺术对人的陶冶教化作用。他的《乐论》非常详细地分析了乐的地位、作用和意义。他告诉我们，音乐源自人心，能极尽情感之变化，乃"人情之所必不免"之物，具有"入人也深，化人也速"、"移风易俗"的效用。即便从韩非子狭隘的功利观看来，艺术、美与君王的权势也不会冲突。当百姓都接受了礼乐的教化之后，不正好消除了顽劣之性吗？不正好成为了君主眼中的顺民吗？韩非子片面地强调实用价值，正好就是他老师荀子所批评的"蔽于一曲而暗于大理"。而在韩非子之后，历史也证明，中国艺术的形式种类不但没有变少，反而是不断地推陈出新，艺术无论是手法技巧，还是品格境界，都有非常大进步。这就说明，人们不但需要艺术，而且还要追求更上层的艺术。

到了近代，王国维和蔡元培都大力提倡"美育"。王国维在《论教育之宗旨》中明确提出美育是完整教育不可缺少的一个环节。而蔡元培则把美育的地位看得更高，甚至提出"以美育代宗教"。

蔡元培认为，美育是走出中国近代以来困境的出路。而中国之所以会出现问题，追根溯源在于急功近利，这正好驳斥了韩非子片面追求实际效益的观点。一味追求功利并不能保证得到功利，反而会减少实际的功利。孔子也曾告诉我们："君子谋道不谋食。耕也，馁在其中矣；学也，禄在其中矣。君子忧道不忧贫。"（《论语·卫灵公》）过于看重功利，而忽视学习修养，又怎么能得到功利呢？蔡元培还说："我的提倡美育，便是使人类能在音乐、雕刻、图画、文学里又找到他们遗失了的情感。我们每每在听一支歌，看了一张画，一件雕刻，或者读了一首诗，一篇文章以后，常会有种说不出的感觉，四周的空气会变得温柔，眼前的对象会变得更甜蜜，似乎觉得自身在这个世界上有一种伟大的使命。这种使命不仅仅是要使人有饭吃，有衣裳穿，有房子住，他同时还要使人人能保持生存以外，还能去享受人生。知道了享受人生的乐趣，同时也便知道人生的可爱，人与人的感情便不期然而然地更加浓厚起来。那么，虽然不能说战争可以完全消灭，至少可以毁除了不少起衅的秧苗了。”(《蔡元培全集》) 这告诉我们，美育不但能够带给我们享受，更能够柔化和美化我们的心灵。当每个人都接受了美育之后，当每个人都因美生爱的时候，这个世界就会少了许多因“挟自为心”的自利而起的明争暗斗，尔虞我诈。韩非子也不必为权术斗争而绞尽脑汁了。

思考讨论

1. 韩非子认为父子之间都是以利害之心相互计较，从你自己的感受来看，家庭关系中最重要的是什么？

2. 韩非子所举的宋襄公讲仁义而败北的例子能否说明君主不能讲仁义？宋襄公的“仁义之举”是否真的是仁义？

第六节　难　势

夫势者，名一而变无数者也。势必于自然[1]，则无为言于势矣。吾所为言势者，言人之所设也。今曰：“尧、舜得势而治，桀、纣得势而乱。”吾非以尧、舜为不然也。虽然，非一人之所得设也。夫尧、舜生而在上位，虽有十桀、纣不能乱者，则势治也；桀、纣亦生而在上位，虽有十尧、舜而亦不能治者，则势乱也。故曰：“势治者则不可乱，而势乱者则不可治也。”此自然之势也，非人之所得设也。若吾所言，谓人之所得设也而已矣，贤何事焉？

关键词：势　自然

注释

[1] 必于自然：由客观决定。

译文

势这个东西，名称只有一个，但内容却是变化无穷的。如果势是由客观存在决定的，那么就不需要去讨论它了。我所要讨论的势，是人为设立的权势。现在你说："尧、舜得到权势，天下就太平；桀纣得到了权势，天下就混乱。"我并不认为尧、舜不是这样。但是，权势并非是一人能够设立的。假如尧、舜生来就处在君位，即使有十个桀、纣也不能扰乱天下，这就是靠势治理天下的缘故；假如桀、纣生来就处在君位，即使有十个尧、舜也不能去治理好天下，这就是靠势扰乱天下的结果。所以说："凡是靠势治理好的天下，就不可能被扰乱，而靠势扰乱的天下，也不可能治理好。"这就是客观的势，而不是人们设立的势。像我所说的势，是指人为设立的势，何必用什么贤人呢？

何以明其然也？客曰[1]："人有鬻矛与盾者[2]，誉其盾之坚[3]，'物莫能陷也'，俄而又誉其矛曰：'吾矛之利，物无不陷也。'人应之曰：'以子之矛，陷子之盾，何如？'其人弗能应也。"以为不可陷之盾，与无不陷之矛，为名不可两立也。夫贤之为势不可禁，而势之为道也无不禁，以不可禁之贤与无不禁之势，此矛盾之说也。夫贤势之不相容亦明矣。

关键词：自相矛盾

注释

[1]客：韩非子假设的某个人。　[2]鬻（yù）：卖。[3]誉：夸耀。

译文

怎么说明这其中的原因呢？某人讲过这样一个故事："有个卖矛和盾的人，夸耀他的盾坚固，说'没有东西能刺穿它'，一会儿又夸耀他的矛说：'我的矛很锋利，没有什么东西刺不穿。'有人就驳斥他说：'用你的矛刺你的盾，会怎么样呢？'那个人就不能回答了。"因为不可刺穿的盾和没有东西刺不穿的矛，在逻辑概念上是不能同时存在的。按照贤治的原则，贤人是不受约束的；按照势治的原则，就没有什么是不能约束的，不受约束的贤治和没有什么不能约束的势治就构成了矛盾。所以贤治和势治的不相容也就很清楚了。

且夫尧、舜、桀、纣千世而一出，是比肩随踵而生也[1]。世之治者不绝于中[2]，吾所以为言势者，中也。中者，上不及尧、舜，而下亦不为桀、纣。抱法处势则治，背法去势则乱。今废势背法而待尧、舜，尧、舜至乃治，是千世乱而一治也。抱法处势而待桀、纣，桀、纣至乃乱，是千世治而一乱也。且夫治千而乱一，与治一而乱千也，是犹乘骥、駬而分驰也[3]，相去亦远矣。夫弃隐栝之法[4]，去度量之数，使奚仲为车[5]，不能成一轮。无庆赏之劝[6]，刑罚之威，释势委法[7]，尧、舜户说而人辨之[8]，不能治三家。夫势之足用亦明矣，而曰"必

待贤”，则亦不然矣。

关键词：抱法处势

注释

[1]比肩随踵：肩挨着肩，脚跟着脚。 [2]中：指中等才能的人。 [3]駬（ěr）：马名，即騄（lù）駬，这里泛指良马。[4]隐栝：矫正木材的器具，既可以矫正使直，亦可矫正使曲。[5]奚仲：夏之车正，传说姓任，黄帝之后，为车的创造者，春秋薛之始祖。 [6]劝：劝勉，勉励。 [7]委：放弃。[8]户说：挨家挨户的劝说。

译文

况且那尧、舜、桀、纣这样的人一千世能够出现一个，就已经算是比肩接踵而至了。历代治国的君主不断产生于中等才能的人之中，我讨论势治的目的，就是为这些资质中等的君主。这种资质中等的君主，往上比赶不上尧、舜，往下比也不是桀、纣那样的人。只要他们坚守法度、掌握权势，那么国家就会得到治理；背离法度、离开权势，那么国家就会陷入混乱。现在如果抛弃了权势、背离了法度而等待尧、舜那样的君主，要等到尧、舜那样的君主出现才能天下太平，这就是要天下千世混乱而一世治理。坚守法度、掌握权势而等待桀、纣那样的君主，要等到桀、纣那样的君主出现后才会天下混乱，这就是要天下千世治理而一世混乱。千世太平而一世混乱和一世太平而千世混乱这两种情况相比，就像是骑着良马背道而驰一样，它们之间的距离相差的也太远了。如果抛弃矫正木材的办法，丢掉测量的技术，让奚仲去造车也做

不成一个轮子。如果没有表扬奖赏的勉励，没有刑罚的威慑，抛开权势，放弃法治，即使让尧、舜挨家挨户去劝说，一个人一个人地辨析事理，就连三户人家也管理不好。由此看来，权势足以治理天下的道理，也就再明白不过了。而说"一定要等待贤人"，则就不对了。

且夫百日不食以待粱肉[1]，饿者不活；今待尧、舜之贤乃治当世之民，是犹待粱肉而救饿之说也。夫曰"良马固车，臧获御之则为人笑[2]，王良御之则日取乎千里[3]"，吾不以为然。夫待越人之善海游者以救中国之溺人，越人善游矣，而溺者不济矣。夫待古之王良以驭今之马，亦犹越人救溺之说也，不可亦明矣。夫良马固车，五十里而一置[4]，使中手御之，追速致远，可以及也，而千里可日至也，何必待古之王良乎？且御，非使王良也，则必使臧获败之；治，非使尧、舜也，则必使桀、纣乱之。此味非饴蜜也[5]，必苦菜、亭历也[6]。此则积辩累辞、离理失术、两未之议也，奚可以难夫道理之言乎哉？客议未及此论也。

关键词：两未之议　非此即彼

注释

[1]粱肉:泛指精美的食物。　[2]臧获:奴婢。　[3]王良:春秋时晋国人,以善于驾车闻名。　[4]置:驿站。　[5]饴蜜:饴糖和蜂蜜。　[6]亭历：又写作“葶苈（tíng lì)”，草本植物，籽味苦，可入药，有利尿、定喘、消水肿等功效。

译文

假如让人一百天不吃东西去等着吃美味佳肴，那么这个挨饿的人就活不成了；现在要等待尧、舜那样的贤人来管理天下民众，这就跟等着吃美味佳肴来解救挨饿之人的说法是一回事。论客说“优良的马坚固的车，奴婢驾驭它就会被人讥笑，王良驾驭它就能日行千里”，我不认为这种说法是对的。假如要等待越国人中善于在海中游泳的人来拯救在中原被水淹没的人，越国人尽管善于游泳，而被水淹没的人却等不及了。如果要等待古时候的王良来驾驭今天的马车，也好比是让越国人来拯救中原的落水者的说法一样，显然是行不通的。有了优良的马坚固的车，每隔五十里就设立一个驿站，让一个资质中等的车夫驾驭，想要车马跑得很快，行得很远，也是可以做到的，千里之远一天就可到达，何必要等待古时候的王良呢？一提到驾驭，如果不用王良，那么就一定会让奴婢把车乱开；一谈到治理，如果不用尧、舜，那么就一定会让夏桀、商纣把天下扰乱。这就好比一提到味道，如果不是饴糖和蜂蜜，那么就一定是苦菜葶苈一样。这便是聚集辩辞、堆砌辞藻、违背事理、脱离道术，不是走这个极端就是走那个极端的议论，怎么能驳倒合乎道理的言论呢？论客的议论是比不上法度、权势并治的理论的。

文史链接

经义断事

《难势》的难，指的是辩难、问难、责难，势就是韩非子所推崇的势治，合在一起，这一篇讲的就是驳斥那些反对势治的言论。其中最有代表性的就是贤治，主张尚贤举能，韩非子则认为势治和贤治两者是势不两立、自相矛盾的关系。他认为贤君难求，大多数君主都是中人之资，与其千世乱而一治，不如千世治而一乱。“抱法处势”就是治国的良方。应该说，韩非子的观点符合实际。但势治和贤治并非是势同水火。法律不是一把万能钥匙，可以解决所有的事情；权势也并非灵丹妙药，能够征服和镇压民众，但不会让民众“中心悦而诚服”。在中国历史上，也出现过非常独特的文化现象——“经义断事”。

“经义断事”指的是用儒家的经典所蕴藏的义理来决断事宜。清代史学家赵翼在《廿二史札记》中记载了几则事例。汉朝初年，百业待兴，法制不完备，所以当大事发生之后，法律又没有办法给出解决的方案，群臣就只有援引经书里的文辞来讨论该如何处理。在此举两个例子来说明。第一个是大案子，牵扯到汉武帝的太子。汉武帝晚年的时候，发生过一起“巫蛊之乱”，这场祸乱使得汉武帝作出错误决定，令他钟爱的卫子夫自杀，太子刘据及其三子一女全都遇害，可谓十分惨痛。汉武帝后来派人在湖县修建了一座宫殿，叫做“思子宫”，又造了一座高台，叫做“归来望思之台”，借以寄托他对太子刘据和孙儿的思念。动乱之后过了多年，汉武帝也过世了，天子变成了汉昭帝。似乎一切都过去了。但是突然有一天，长安城出现了一名男子，此人乘一辆黄牛犊拉的车子，车上插着黄旗，旗上画有龟蛇图案，身穿黄衣，头戴黄帽，来到皇宫北阙，自称卫太子。老百姓顿时喧哗起来，难道当年的卫太子没死？这可是大事。如果他真是卫太子，那当今天子怎么办？谁才是正宗的继承人？得罪了他，万一他走上皇位，那追究起责任谁担当得起？几乎所有的朝廷官员都不敢去碰这个烫手山芋，谁都害怕那个“万一”变成了现实，自己的乌纱帽不保。关于这种事情，法律也没有明确规定和指引，那么应该如何是好？这时候京兆尹隽不疑却敢冒天下之大不韪，他走到那位“卫太子”的跟前，向左右差役大喝一声：“把这小子给我拿下！”隽不疑的派头和胆色把旁边的人吓坏了，都纷纷议论起来：“你真假都没弄清楚怎么就抓人？他要真是卫太子，你就是大逆不道啊！”就在大家狐疑担忧之际，隽不疑不慌不忙地讲出了一番道理：“当年蒯聩得罪了父王，被迫流亡海外，后来父王驾崩了，蒯聩之子就接替了王位。蒯聩这时候想回国主政，可他儿子拒不接纳。《春秋》上对蒯聩儿子是表示赞同的啊！如今的皇上就是卫太子的儿子，而卫太子当年确实被先帝判为罪人。这两件事完全是如出一辙。所以，即便这位真的是卫太子，按照《春秋》的义理，也该当即拿下！”隽不疑凭着《春秋公羊传》的评论将这件事办得在情在理，民众听了解释之后都觉得义正词严，并无不妥。经查，原来此人是夏阳人成方遂，来此诈骗。验明正身后，将其腰斩了。朝廷也非常高兴，隽不疑在这么短的时间里就平定了一场可以掀起轩然大波的事件，可谓才智过人。于是汉昭帝和大将军霍光对隽不疑青眼相加。霍光甚至激动地要把女儿嫁给他，隽不疑则婉言拒绝了。

第二件也是大事，而且是国际外交重大事件。西汉时，朝廷与匈奴交兵次数不少，但没占据过绝对优势。刘邦当年雄心勃勃，率兵攻打匈奴，反而陷入“白登之围”。要不是陈平用美人计，可能开国君主就要战死沙场了。汉武帝时期与匈奴交锋，虽略有成效，但也付出了极大的代价，汉武帝还因此写下“罪己诏”。所以，匈奴问题是汉朝非常头疼的问题。就在这个时候，突然传来消息：匈奴发生了重大内乱！这对汉朝来说，真是个好消息，大家都兴奋不已，觉得应该趁着匈奴内乱，来一个全军突击，杀个片甲不留。汉宣帝虽然也动了心，但还是想听听朝中重臣萧望之的意见。萧望之博览群书，学识渊博，是海内名儒，为京师诸儒所称道。这个时候面对军事问题，法律是无从参考的，权势也不会告诉答案，那么他怎么办呢？萧望之和隽不疑一样，都是熟读经书的人，所以这时候便以“经义断事”。他说：“根据《春秋》记载，晋国士匄（gài）带兵攻打齐国，半路上听说齐侯死了，士匄就收兵回国了。君子称赞士匄，说他不攻打正在办丧事的国家，合乎道义。士匄的这种做法，足以让齐国的新君感其恩，足以使天下诸国服其义。”萧望之引述的这个故事见于《春秋经·襄公十九年》，《公羊传》对这件事的评论是：“还者何？善辞也。何善尔？大其不伐丧也。此受命乎君而伐齐，则何大乎其不伐丧？大夫以君命出，进退在大夫也。”意思是说：为什么要用“还”这个字呢？因为是个好字。为什么是好字？因为是称道士匄不攻打正在办丧事的国家。但是士匄是奉了国君的命令去打齐国的呀，为什么还称道士匄不攻打正在办丧事的国家呢？那是因为当官的奉了国君之命外出办事，自己是有自主决定权的。明白了《春秋》的义理，相信大家都知道萧望之的意思了。他接着对汉宣帝说：“匈奴单于现在被叛臣所杀，国内大乱，咱们汉朝可是礼仪之邦，本着‘春秋大义’来看，哪能趁机去攻打人家呢！”萧望之还说：“我们应该派使者去匈奴吊唁，在人家弱小的时候提供辅助，在人家遇到困难的时候施以援手，这样一来，四方夷狄都会感戴汉朝的仁义。如果匈奴在我们汉朝的帮助下稳定下来，立了新君，新君一定会向汉朝

称臣。这是一件盛大的德政啊！”萧望之的这番话要是被韩非子看到，估计韩非子要笑话他是宋襄公再世，放着机会不把握，还去讲仁义道德，真是荒谬。但是这个世界并非是按照韩非子的理论构建的，出人意料的是，萧望之这个主意被汉宣帝采纳，后来汉朝调兵卫护呼韩邪单于，平定匈奴内乱。从此匈奴和西汉交好，这位呼韩邪单于后来就娶了四大美人之一的王昭君。

思考讨论

1. 韩非子认为，君主之位不在于贤能，而关乎权势，你认为他的观点合理之处在哪里？时至今日，你是选择做一个贤能的人，还是一个有权势的人？为什么？

2. 韩非子在此篇提出了著名的“自相矛盾”。这种矛盾是一种逻辑悖论，你可否再举出一个类似的例子？

第七节 定 法

问者曰："申不害、公孙鞅[1]，此二家之言孰急于国？"

应之曰："是不可程也[2]。人不食，十日则死；大寒之隆，不衣亦死。谓之衣食孰急于人，则是不可一无也，皆养生之具也。今申不害言术，而公孙鞅为法。术者，因任而授官[3]，循名而责实[4]，操杀生之柄，课群臣之能者也[5]。此人主之所执也。法者，宪令著于官府，刑罚必于民心，赏存乎慎法，而罚加乎奸令者也。此臣之所师也[6]。君无术则弊于上，臣无法则乱于下，此不可一无，皆帝主之具也。"

关键词：法术兼备　帝王之具

注释

[1] 申不害：战国时郑国人，法家代表人物，于韩昭侯时为相，实行变法改革，主张循名责实，用"术"来驾驭臣下，内修政教，外应诸侯，使得韩国一时国治兵强。公孙鞅：即商鞅，战国时卫国人，

法家代表人物，于秦孝公时执政，实行两次变法，因军功封于於、商十五邑，故称商君。秦孝公死后，被谗害而死。 [2]程：比较，估量。 [3]任：才能。 [4]循名而责实：根据官职名分来要求他们作出相应的功效。循，依据，依顺。名，这里指职位，官位。责，要求。实，实际功效。 [5]课：考察。 [6]师：师法，遵守，遵循。

译文

有人问："申不害、公孙鞅，这两家的学说哪个是国家最急需的？"

回答说："这是不可以比较的。人不吃东西，十天就饿死了；寒冷到极点，不穿衣也会冻死。如果要问穿衣吃饭哪样对人更急需，那么应当是两者缺一不可的，它们都是维持生命必须具备的条件。如今申不害主张术治，而公孙鞅主张法治。所谓术治，就是根据各人的能力来授予适合的官职，根据官职来要求官吏作出相应的实际功效，掌握住生杀大权，考核各级官吏的才能。这些是君主应该掌握的。所谓法治，就是法令明确记录在官府中，刑罚制度一定要贯彻到民众心里，对守法的人给予奖赏，对犯法的人加以惩罚。这些是官吏应该遵循的。君主没有术治，就会在上面被蒙蔽，官吏没有法治，就会在下面胡作非为，这两者缺一不可，都是成就帝业的必备条件。"

问者曰："徒术而无法，徒法而无术，其不可何哉？"

对曰："申不害，韩昭侯之佐也。韩者，晋之

别国也[1]。晋之故法未息，而韩之新法又生；先君之令未收[2]，而后君之令又下[3]。申不害不擅其法[4]，不一其宪令，则奸多。故利在故法前令则道之，利在新法后令则道之，利在故新相反，前后相勃[5]，则申不害虽十使昭侯用术，而奸臣犹有所谲其辞矣[6]。故托万乘之劲韩，七十年而不至于霸王者[7]，虽用术于上，法不勤饰于官之患也[8]。"

关键词：徒术无法

注释

[1]别国：因韩赵魏三家分晋，故称为别国。别就是分支的意思。[2]先君：前代君主，这里指晋君。[3]后君：韩国君主。[4]擅：专一。[5]勃：通"悖"，矛盾，抵牾。[6]谲：狡辩，诡辩。[7]七十年：一说为"十七年"，指申不害在韩国任相的时间，但《史记·韩世家》记载为十五年；一说此处并非指申不害的为相时间，而是指申不害任相直至韩非写作《定法》篇的时间（参看张觉《韩非子全译》）。[8]饰：通"饬"，修治。

译文

有人问："只用术治而不用法治，只用法治而不用术治，为什么不可以呢？"

回答说："申不害，是韩昭侯的辅佐大臣。韩国，是从晋国分出来的一个国家。晋国的旧法还没有完全废除，而韩国的新法又产生了；前代君主的政令还没有收回，而后代君主的政令又下达了。申不害不去专一推行新法，也不统一新旧政令，那么奸邪之事就多了。所以人们看到旧法前令对他们有利就按照旧法前令办事，认为新法后令对他们有利就按照新法后令办事。他们趁着新法和旧法相互矛盾、前令和后令相互抵牾而从中获利，那么申不害即使以十倍的努力让韩昭侯运用术治，奸臣也仍然有办法进行诡辩。所以韩国的君主依靠了有万乘兵车的强大韩国，经过七十年还没有成为霸主。这就是在上面君主运用了术治，而没有对官吏用法治时常整顿造成的祸患。”

“公孙鞅之治秦也，设告相坐而责其实[1]，连什伍而同其罪[2]，赏厚而信，刑重而必。是以其民用力劳而不休，逐敌危而不却，故其国富而兵强；然而无术以知奸，则以其富强也资人臣而已矣。及孝公、商君死[3]，惠王即位[4]，秦法未败也，而张仪以秦殉韩、魏[5]。惠王死，武王即位[6]，甘茂以秦殉周[7]。武王死，昭襄王即位[8]，穰侯越韩、魏而东攻齐[9]，五年而秦不益尺土之地，乃成其陶邑之封[10]。应侯攻韩八年[11]，成其汝南之封。自是以来，诸用秦者[12]，皆应、穰之类也。故战胜，则大臣尊；益地，则私封立：主无术以知奸也。商君虽十饰其法，人臣反用其资[13]。故乘强秦之资数十年而不至于帝

王者，法不勤饰于官，主无术于上之患也。”

关键词：徒法无术

注释

[1]坐：定罪。这里指商鞅制定的连坐法。 [2]连什伍：商鞅新法的户籍制度，是五家编为伍，十家编为什，使民众互相监督。什伍之中，一家有罪，其他人家必须告发，否则也连带有罪，称之为“连坐”。 [3]孝公：即秦孝公，公元前361年至前338年在位，登基时，秦国不为各国所重，他任用贤能，商鞅为之二度变法，终使秦国跻身强国之列。 [4]惠王：即秦惠文王，又称秦惠文君，公元前337年至前311年在位。为太子时犯法，商鞅掌刑法，曾黥（在面上刺字）其师以辱之。孝公死后，惠文王即位，因公子虔诬告商鞅谋反，惠文王将商鞅擒杀灭族。但他仍沿用商鞅之法，在位期间任用贤能，推行法制。不断拓展领土。

[5]张仪：战国时魏国人，纵横家中连横派的代表人物。以秦殉韩、魏：指的是张仪把秦国的力量牺牲在韩、魏的事件上以谋取私利。秦惠文王时，张仪用秦国的兵力迫使魏国献出土地，被任命为秦相；后又游说韩国依附秦国，被封为武信君。 [6]武王：即秦武王，公元前310至前307年在位。 [7]甘茂：战国时楚国人，曾为秦武王相。秦昭王时受谗逃离秦国到齐国，楚怀王时又出使至楚，最后死在魏国。 [8]昭襄王：即秦昭王，名则，一名稷，公元前306至前251在位，他重用范雎（jū）、白起等人，修筑长城，扩修咸阳，为秦国一统天下打下了良好的基础。 [9]穰（ráng）侯：即魏冉，他原是楚国人，秦昭襄王母宣太后的异父同母的长弟。从惠王时起，就任职用事。昭襄王立，他受任为将军，警卫咸阳，因食邑在穰（今河南邓州），故称穰侯。 [10]陶邑之封：指的

是公元前284年，燕、秦等五国联兵攻齐，秦占有定陶，魏冉把它占为自己的封地。也就是说，打了五年的杖，秦国没有得到一点好处，而魏冉却从中得利，增加了定陶这块封地。陶邑，即定陶，今山东定陶北，原为宋地，后为秦攻取。 [11]应侯：范雎的封号，他是战国时魏国人，秦昭襄王任他为相，封地在应城（今河南鲁山之东），故称之为“应侯”。 [12]用秦者：用于秦者，也就是被秦国任用的大臣。 [13]资：资本，这里指变法成果。

译文

“公孙鞅治理秦国，设立了告发和连坐制度，以求考察犯罪的真实情况，使居民五家编为伍，十家编为什，一家有罪，其他人家必须告发，否则也连带有罪。对有功的人奖赏丰厚，而且信守承诺，对犯法的人施以重刑，而且说到做到。因此秦国的民众努力劳作而不休息，追击敌人虽然危险却不退后，所以秦国变得国富兵强。然而他没有运用术治来识别奸邪，于是富强反而助长了臣下的私利。等到秦孝公、商鞅死后，秦惠王即位，秦国的法治还没有完全废止，而张仪已经把秦国的力量牺牲在对韩国、魏国的事件上了。秦惠王死后，秦武王即位，甘茂就把秦国的力量牺牲在与周国的战争上了。秦武王死后，秦昭襄王即位，穰侯魏冉越过韩国、魏国向东去攻打齐国，经过五年而秦国没有增加一尺土地，却成就了他的陶邑的封地。应侯范雎攻打韩国八年，也成就了他汝水南面的封地。从此以后，秦国任用的很多大臣，都是魏冉、范雎之类的人。所以打了胜仗，大臣的地位就尊贵起来；扩充了土地，臣子私人的封地就建立起来；这是因为君主没有运用术治识别奸邪的缘故。商鞅即使以十倍的努力来施行法治，臣子们却反过来利用他变法的结果帮助自己谋得利益。所以秦国的君主依靠强大的秦国，经过几十年还没有完成称帝的大业，这是因为没有对官吏用法治时常整顿，君主在上面没有运用术治造成的祸患。”

问者曰：“主用申子之术，而官行商君之法，可乎？”

对曰：“申子未尽于术，商君未尽于法也。申子言：‘治不逾官[1]，虽知弗言’。治不逾官，谓之守职也可；知而弗言，是不谓过也[2]。人主以一国目视，故视莫明焉；以一国耳听，故听莫聪焉。今知而弗言，则人主尚安假借矣？商君之法曰：‘斩一首者爵一级[3]，欲为官者为五十石之官[4]；斩二首者爵二级，欲为官者为百石之官。’官爵之迁与斩首之功相称也。今有法曰：‘斩首者令为医、匠。’则屋不成而病不已。夫匠者手巧也，而医者齐药也[5]，而以斩首之功为之，则不当其能。今治官者，智能也；今斩首者，勇力之所加也。以勇力之所加而治智能之官，是以斩首之功为医、匠也。故曰：二子之于法术，皆未尽善也。”

关键词：申子未尽于术　商君未尽于法

注释

[1]逾官：超越官职，职权。　[2]不谓过：不告发罪过。　[3]首：指甲首，披甲的小军官的头。　[4]石：十斗为一石，重一百二十斤。　[5]齐药：调配药物。齐，通“剂”。

译文

有人问：“君主运用申不害的术治，而对官吏实行商鞅的法治，这样可以吗？”

回答说：“申不害的术治不够完善，商鞅的法治也不够完美。申不害说：‘办事不要超越自己的职责范围，越权的事即使知道了也不要说出来。’办事不超越职责范围，可以说是谨守职责；知道了而不说，这是不告发罪过。君主用全国人的眼睛去看，所以没有谁比他看得更明白；君主用全国人的耳朵去听，所以没有谁比他听得更清楚。现在要是臣下知道了也不说出来，那么君主还能凭借什么去了解情况呢？商鞅的法令说：‘砍掉一个敌人小头目的首级，爵位就升一级，想当官的人就封个收入有五十石的官职；砍掉两个敌人小头目的首级，爵位就升两级，想当官的人就封个收入有一百石的官职。’官职爵位的升迁和砍掉敌人小头目首级的数量是相称的。现在如果有法令说：‘砍掉敌人小头目的首级就让他当医生或工匠。’那么房屋就会盖不成，而疾病也会治不好。因为工匠靠的是手艺精巧，而医生靠的是调配药剂，如果凭砍头的功劳来担任这些工作，那么就与他们的才能不相适应了。现在做官的人，要有智慧和才能；砍掉敌人首级的人，靠的是勇敢和力气。如果让靠勇敢和力气而立功的人来担任需要智慧和才能的官职，这就是让砍掉敌人首级而立功的人来做医生、工匠。所以说：申不害术治和商鞅的法治，都还没有达到很完善的地步。”

文史链接

公孙鞅

韩非子在这一篇里谈到了申不害的术和公孙鞅的法，他认为这两种统驭之术都很必要，缺一不可。如果独行一道，则必有后患。至于两者相互结合，韩非子也觉得申不害的术和公孙鞅的法还存在一些纰漏，需要进一步完善。在韩非子眼里，只要君主凭借势、法、术三者，并持之有道，用之有方，那么天下便可尽在掌握之中。其实，治理国家是非常复杂的系统工程，韩非子的这一套只是其中一小部分。而且从历史经验来看，这一套就连封建专制制度也不能完全适应。阴谋诡计、严刑峻法、专制集权并不是真正的治国之道。这篇中所谈到的公孙鞅就值得我们反思。

公孙鞅是卫国国君的后裔，但并非嫡传，而是姬妾所生。他年轻的时候就喜欢刑名法术之学，还曾向尸佼学习杂家学说，之后还侍奉过魏国国相公叔痤，担任中庶子一职。公叔痤非常欣赏他，但没有予以重任。《史记·商君列传》记载：公叔痤病倒了，魏惠王亲自去看望他，对公叔痤说："万一您的病有个三长两短，国家该怎么办啊？"公叔痤回答说："我的中庶子公孙鞅，年纪虽然不大，但是有奇才，希望大王把国家大事交给他。"魏王沉默不语。等到魏王快要离开的时候，公叔痤令左右退下，又说："如果大王不能用公孙鞅，就一定要杀掉他，不能让他脱离国境。"魏王答应后便走了。公叔痤又把公孙鞅找来，对他说："大王问我谁可以担任相国，我推荐了你。但是看大王的神色并不答应。我要先忠于君主，然后照顾臣下。所以我对他大王说，如果不用你，就杀了你。大王答应了我。你现在赶紧逃走吧，不然就要被抓了。"公孙鞅说："大王既然不能听你的话任用我，又怎么能听你的话而杀了我呢？"

于是就没离开魏国。而魏惠王则对随从说："公叔痤真是病糊涂了，可悲啊，居然要我把国事交给公孙鞅，这不是太荒唐了吗？"公叔痤死后，公孙鞅就去求见秦孝公。他先以帝道、王道劝谏，秦孝公不以为然，然后他便抛出霸道，秦孝公听得是津津有味，眉开眼笑。于是便将重任交给公孙鞅。

公孙鞅担任左庶长之后，便下达了变法的命令。他颁布了连坐告发制度，就是五家为伍，十家为什，互相告发，同罪连坐，告发"奸人"的与斩敌同赏，不告发的腰斩。一家藏"奸"，什、伍同罪连坐。他还规定，客舍收留无官府凭证的旅客住宿，主人与"奸人"同罪。此外还有明令军法，奖励军功、废除世卿世禄制度、严惩私斗、奖励耕织、重农抑商、推行小家庭制等等。公孙鞅为了取信于民，派人在国都后边市场的南门竖起一根三丈长的木头，招募百姓中能把木头搬到北门的人立即获得赏金十两。老百姓都感到很诧异，没有人去搬。他便将赏金追加至五十两，终于有个人将木头搬到北门，果然获得赏金五十两。公孙鞅借此表明令出必行，绝不欺骗，新法推行之后，全国上下抱怨新法不方便的人数以千计。公孙鞅根本不理会民众的看法，认定有异议的百姓都是"乱化之民"，将他们全部发配边疆。这样一来，所有百姓便敢怒不敢言。这就为之后商鞅失势埋下了伏笔。当时太子也犯了过失，按律要处罚，但因为太子要继承王位，于是便将太子的老师公孙贾施行黥刑。这虽然给老百姓留下了法纪严明的印象，使得秦国境内路不拾遗，山无盗贼，但也让人觉得公孙鞅刻薄寡恩、不近人情，更重要的是拂逆了即将登上王位的太子的心意，这口气太子又如何咽得下去呢？

公孙鞅推行变法的时候，严格按照法律办事，言必信，行必果，等到自己求取功名的时候，却是卖友求荣，背信弃义了。公元前

341年，秦国联合齐、赵两国攻打魏国。同年九月，秦孝公派商鞅进攻魏河东，魏惠王则派公子卬（áng）迎战。公子卬是魏国名将，用兵有术，世称有古君子之风，若论军事才能，公孙鞅绝对不是公子卬的对手。于是在两军对峙之时，公孙鞅便派使者送信给公子卬，说："我当初与公子相处的很快乐，如今你我成了敌对两国的将领，不忍心相互攻击；我可以与公子当面相见，订立盟约，痛痛快快地喝几杯然后各自撤兵，让秦魏两国相安无事。"当时有副将劝谏说："秦国都是不开化的夷狄，他们没有信义可言，您不要去。"而公子卬则说："以前，我跟公孙鞅一同侍奉公叔痤，公孙鞅是一个胸怀远大的人，魏王不能重用他，我非常惋惜。公孙鞅离开魏国的时候，我还赠予他百金作为盘缠，帮他打点秦臣景监，这样他才能够见到秦孝公。公孙鞅承受了我的大恩，怎么可能欺骗我呢？"于是凭着这份恩情，公子卬毫不防备地欣然赴会，以为可以不损兵折将换来两国和平。没想到的是，公子卬刚到会场就被商鞅事先埋伏的甲士俘虏。魏军没有了主帅，公孙鞅于是趁机出击，魏军大败。魏惠王被迫割让河西部分土地求和，到了这个时候，魏惠王说："寡人真后悔没有听公叔痤的话。"公孙鞅因为战功获封于商十五邑，所以被称之为商君、商鞅。公孙鞅虽然赢得了战争的胜利，但是这种恩将仇报的行径则为人所不齿，这样的人，自然在他日后遭受迫害时，少人同情了。

商鞅还给后世留下了《商君书》，虽然今人考证《商君书》中许多内容并非商鞅所作，但不可否认的是这本书的确反映了商鞅的法家思想。当代学者鲍鹏山在《风流去》一书中，对商鞅剖析得较为精彩。他认为《商君书》内容主要包括两个方面：一、壹民，也就是使民众统一，使民众去除多样性，成为最符合君主需要的一种人。如果不能变成这种人，要么将之投入监狱，要么杀掉。这种人就是耕战之民。民众只能做两件事，对内耕种，对外打仗，一切活动都服从国家需要，成为典型的毫无个性、毫无自主性的螺丝钉。这样的壹民说得好听一点就是军事化管理，说得难听一点整个国家就是扼杀人性的监狱。二、胜民，也就是国家和统治者一定要处在民众之上，一定要压服人民。《商君书》中的一篇《弱民》厚颜无耻地谈到："民弱国强，国强民弱，故有道之国，务在弱民。"如此露骨的治国纲领，如此直白地捍卫统治者的利益，真是符合商鞅卖友求荣的性格。要胜民，商鞅也开出了方子：以弱去强，以奸驭良，实行流氓政治，小人政治；壹教——实行思想统治；剥夺个人资产，造成一个无恒产无恒心的社会；辱民，贫民，弱民以利于统治；杀力——发动战争，外杀强敌，内杀强民。通过这些方法，统治者就可以凌驾于人民之上，安享所谓的长治久安。试问，天下除了残暴的君主，有谁会心甘情愿地接受这些理论呢？秦孝公死后，商鞅便失去了靠山，当他想要投靠朋友的时候，没人敢接受，因为他制定的法律很清楚：窝藏罪犯要腰斩；当他想去旅店投宿的时候，他没有官府凭证，旅店老板也不敢收留他，因为他制定的法律很清楚：客舍收留无官府凭证的旅客住宿主人与"奸人"同罪；当他想逃出秦国，投靠魏国的时候，魏国也不接纳他，因为他忘恩负义、出卖朋友。最后，商鞅被杀，死后秦惠王还不解恨，将他的尸体又处以"车裂之刑"，并灭商君之族。可谓"多行不义必自毙"！

思考讨论

1. 你如何看待商鞅的连坐制度？你觉得严刑酷法能够维持社会稳定吗？

2. 今天我们主张的"法治"和韩非子所说的"法治"相同吗？请谈谈你的理解。

第八节　五　蠹

上古之世，人民少而禽兽众，人民不胜禽兽虫蛇。有圣人作[1]，构木为巢以避群害，而民悦之，使王天下[2]，号之曰有巢氏。民食果蓏蚌蛤[3]，腥臊恶臭而伤害腹胃，民多疾病。有圣人作，钻燧取火以化腥臊[4]，而民说之，使王天下，号之曰燧人氏。中古之世，天下大水，而鲧、禹决渎[5]。近古之世，桀、纣暴乱，而汤、武征伐。今有构木钻燧于夏后氏之世者[6]，必为鲧、禹笑矣；有决渎于殷、周之世者，必为汤、武笑矣。然则今有美尧、舜、汤、武、禹之道于当今之世者，必为新圣笑矣。

关键词：先圣　新圣　不法常可

注释

[1]作：兴起，出现。　[2]王：称王，引申为统治。[3]果：木本植物的果实。蓏（luǒ）：草本植物的果实。蛤（gé）：蛤蜊，一种软体有壳的动物，与蚌相似，外形更圆。　[4]燧（suì）：古代取火的工具。　[5]鲧（gǔn）：传说是禹的父亲，曾奉尧的

命令治水。九年未成功，他的事业后来由禹继承。禹：远古夏部落领袖，姒姓，名文命，鲧之子。领导人民疏通江河，兴修沟渠，发展农业。治水十三年，曾三过家门而不入，终于将洪水制服。因治水有功，被舜选为继承人，舜死后担任部落联盟领袖。建都在安邑，后东巡至会稽而死。其儿子启建立了中国历史上第一个奴隶制国家，即夏代。渎（dú）：入海的河流。 [6]夏后氏：夏朝。禹建立夏朝，称夏后氏。“后”原为上古君主的称号。先秦时代姓、氏含义不同，夏后氏为姒姓。中华民族最早的称呼——华夏，也是起源于夏后。

译文

在上古时代，人口稀少而禽兽众多，人们敌不过禽兽蛇虫。这时圣人出现了，他教人们用木头搭成像鸟巢一样的住处来避免各种禽兽的伤害，人们因此很爱戴他，让他统治天下，称他为有巢氏。当时人们吃野生的瓜果、河蚌、蛤蜊等动植物，腥臭难闻而且伤害肠胃，因此经常生病。这时圣人出现了，他教人们用钻擦木燧的方法来生火，以此烧熟食物除去腥臭臊气，人们因此很爱戴他，让他统治天下，称他为燧人氏。到了中古时代，天下洪水泛滥，而鲧、禹疏通河道。在近古时代，夏桀、商纣残暴昏乱，而商汤、周武王征伐了他们。如果在夏朝的时代，还有人用木头搭建鸟巢似的住处，或者用钻擦木燧的方法来生火，那么他一定会被鲧、禹耻笑；如果在殷商的时代，还有人整天疏通河道，那么他一定会被商汤、周武王耻笑。那么，如果当今还有人赞美尧、舜、商汤、周武、夏禹的那一套治国之道，那么他也一定会被新时代的圣人耻笑。

是以圣人不期修古[1]，不法常可[2]，论世之事，因为之备[3]。宋人有耕田者，田中有株，兔走触株，折颈而死，因释其耒而守株[4]，冀复得兔。兔不可复得，而身为宋国笑。今欲以先王之政，治当世之民，皆守株之类也。

关键词：守株待兔

注释

[1] 期：期望，向往。修：久远之意，一说为治。 [2] 常可：永久适用的规则。 [3] 因：依据。为：制定。备：应备措施。 [4] 耒（lěi）：翻土的农具。

译文

因此圣人不向往久远的时代，不效法恒久不变的常规，而是研究当代的社会情况，并据此而制定相应的措施。宋国有个耕地的人，田里有一个树桩子，有一只兔子奔跑时撞到树桩子上，脖子撞断死了，于是他放下农具守在树桩子旁，希望再捡到死兔，兔子当然不可能再得到了，而他自己却被宋国人取笑。现在如果有人想要用先王的政治措施，来治理当今的民众，那么就跟守株待兔一样可笑。

古者丈夫不耕[1]，草木之实足食也；妇人不织，禽兽之皮足衣也。不事力而养足[2]，人民少而财有余，故民不争。是以厚赏不行，重罚不用，而民自治。今人有五子不为多，子又有五子，大父未死而有二十五孙[3]。是以人民众而货财寡，事力劳而供养薄，故民争，虽倍赏累罚而不免于乱。

关键词：人口　财货　斗争

注释

[1] 丈夫：泛指成年男子。　[2] 事力：从事体力劳动。养：供养，这里指生活资料。　[3] 大父：祖父。

译文

古时候成年男子不耕种庄稼，野草树木的果实足够吃了；妇女不纺织，禽兽的皮也足够穿了。不从事体力劳动而给养充足，人口稀少而财物有余，所以人们不互相争夺。因此优厚的奖赏不必实行，严厉的惩罚不必使用，人民自治。但现在的人有五个儿子不算多，每个儿子又有五个儿子，祖父还没有死就有了二十五个孙子。因此人口众多而财物缺少，从事劳动很辛苦，给养却很微薄，所以人们就互相争夺，即使加倍奖赏、屡次处罚，也不能避免祸乱发生。

尧之王天下也，茅茨不翦[1]，采椽不斫[2]；粝粢之食[3]，藜藿之羹[4]；冬日麑裘[5]，夏日葛衣[6]；虽监门之服养[7]，不亏于此矣。禹之王天下也，身

执耒臿以为民先[8]，股无胈[9]，胫不生毛[10]，虽臣虏之劳[11]，不苦于此矣。以是言之，夫古之让天子者，是去监门之养，而离臣虏之劳也，古传天下而不足多也。今之县令，一日身死，子孙累世絜驾[12]，故人重之。是以人之于让也，轻辞古之天子，难去今之县令者，薄厚之实异也。

关键词：禅让　县令　薄厚

注释

[1] 茅茨（cí）：茅草盖的屋顶。　[2] 采椽（chuán）：即以柞木作屋椽。相传上古帝王宫室以此构建，后作为俭约的典范。采，通“棌”，即柞木。椽，装于屋顶以支持屋顶盖材料的木杆。[3] 粝粢（lì zī）：泛指粗糙的粮食。　[4] 藜藿（lí huò）：泛指野菜。[5] 麑（ní）裘：泛指质量差的兽皮衣服。麑，小鹿。　[6] 葛衣：泛指粗布衣。葛，一种蔓草，纤维可织布，根可食用。　[7] 监门：看门人。服养：即穿的和吃的。　[8] 臿（chā）：锹，掘土的工具。　[9] 胈（bá）：肌肉。　[10] 胫（jìng）：小腿。[11] 臣虏：奴隶。　[12] 絜驾：套车驾马，这里指有马车坐，不失富贵。

译文

尧统治天下的时候，茅草盖的屋顶也不加修剪，柞木做的椽也不砍削；吃的是粗糙的饭食，喝的野菜豆叶汤；冬天披着小鹿皮衣，夏天穿着葛布粗衣，即使现在看门人吃的喝的，也不会更差了。大禹统治天下的时候，亲自拿着锹铲带领民众干活，累得大腿的肉减少了，小腿上汗毛都磨光了，即使现在奴隶们的劳役，也不至于这么辛苦。如此说来，古代禅让天子之位的事，不过是辞去看门人的苦差，摆脱奴隶般的劳役罢了，所以把天子之位传给别人并不值得称赞。现在的县令，一旦自己死了，他的子孙可以世世代代都套马乘车，不失富贵，所以人们才看重县令的官职。因此人们对于让位这件事，能够轻易地辞掉古代的天子之位，却难以舍弃今天的县令之职，这是因为利益大小的实际情况不同啊。

夫山居而谷汲者，膢腊而相遗以水[1]；泽居苦水者，买庸而决窦[2]。故饥岁之春，幼弟不饷；穰岁之秋[3]，疏客必食。非疏骨肉爱过客也，多少之实异也。是以古之易财，非仁也，财多也；今之争夺，非鄙也，财寡也。轻辞天子，非高也，势薄也；争士橐[4]，非下也，权重也。故圣人议多少、论薄厚为之政。故罚薄不为慈，诛严不为戾，称俗而行也。故事因于世，而备适于事。

关键词：事过境迁　与时俱进

注释

[1]膢（lóu）：楚国人二月祭祀饮食神的节日。腊：夏历冬十月祭祀百神的节日。遗（wèi）：赠送。　　[2]庸：雇工。窦：孔洞，

这里指沟渠。 [3]穰：庄稼丰收。 [4]士：通“仕”，做官。橐：通“托”，请托，指依附权贵。

译文

那些住在山上到山谷中取水的人们，节日里就把水作为礼物互相馈赠；在洼地居住苦于水涝的人们，却要雇佣劳力来挖渠排水。所以在荒年的春天，对自己的幼弟也不给饭吃；在丰年的秋天，即使是关系疏远的过客也要招待吃喝。这并不是疏远自己的骨肉之亲而偏爱过路的客人，而是因为收获的粮食多少不一样。因此古代人看轻钱财，并不是心地仁慈，而是财物多；如今的人争夺财物，并不是因为卑鄙无耻，而是因为财物少。轻易地辞去天子，并不是因为品德高尚，而是因为天子的权势太小；如今争着当官或依附权势，并不是因为品德低下，而是因为当今权势太重。所以圣人研究社会财富的多少、考查权势的轻重，来制定他的政令。所以处罚轻并不是因为仁慈，惩办严也不是因为残暴，而是适应社会情况行事而已。所以社会情况总是随着时代的变化而变化，而政治措施就应该适应变化的社会情况。

故明主之国，无书简之文[1]，以法为教；无先王之语，以吏为师；无私剑之捍[2]，以斩首为勇。是境内之民，其言谈者必轨于法[3]，动作者归之于功[4]，为勇者尽之于军。是故无事则国富，有事则兵强，此之谓王资[5]。既畜王资而承敌国之亹[6]，超五帝侔三王者[7]，必此法也。

关键词：明主　王资

注释

[1] 书简：即书籍。上古没有纸，古人便将文字刻在竹简上，故称之为书简。 [2] 私剑：私人蓄养的剑客。捍：通"悍"，彪悍，强悍之意。 [3] 轨：符合，遵循。 [4] 动作者：指从事劳动的人。功：指农耕。 [5] 王资：称王的资本。 [6] 亹（xìn）："衅"的另一种写法，意为缝隙，这里引申为破绽，弱点。 [7] 五帝：传说中的上古五位帝王。有四种说法：一指黄帝、颛顼（zhuān xū）、帝喾（kù）、唐尧、虞舜。见《史记·五帝本纪》。一指太昊（伏羲）、炎帝（神农）、黄帝、少昊（挚）、颛顼。见《礼记·月令》。一指少昊、颛顼、高辛、唐尧、虞舜。见《书序》。一指伏羲、神农、黄帝、唐尧、虞舜。见《易·系辞下》。侔（móu）：相等，齐等。三王：指夏、商、周三代之君。

译文

所以在英明君主统治的国家，摒弃古代的典籍文章，而以法律来教育民众；禁绝先王的言论，而以官吏为教师；制止私人供养的剑客的凶悍活动，而把杀敌立功视为勇敢。因此国境内的民众，那些擅长言谈的人一定要遵循法令讲话，从事劳动的人都回到农业生产中去，好勇的人全部都从军上阵。因此没有战事的时候，国家十分富裕，有了战事的时候，兵力也很强盛，这就是称王天下的资本。已经积蓄称王天下的资本，再利用敌国的弱点，那么超过五帝赶上三皇，一定得采用这种方法。

民之政计[1]，皆就安利如辟危穷[2]。今为之攻战，进则死于敌，退则死于诛，则危矣。弃私家之事而

必汗马之劳[3]，家困而上弗论[4]，则穷矣。穷危之所在也，民安得勿避？故事私门而完解舍[5]，解舍完则远战，远战则安。行货赂而袭当涂者则求得[6]，求得则私安，私安则利之所在，安得勿就？是以公民少而私人众矣[7]。

关键词：趋吉避凶　公民　私人

注释

[1]政计：通常的打算。政，通“正”。　[2]如：而。辟：躲避。[3]汗马之劳：战争的劳苦。汗马，使马奔驰出汗，形容苦战。[4]弗论：不过问。　[5]完解舍：指具备了免除兵役的条件。一说为修缮房屋，“解舍”为“廨舍”之误。　[6]袭：依附。当涂者：当道之人，当权者。涂，通“途”，道路。　[7]公民：这里指为君主服务的人。私人：这里指为权臣服务的人。

译文

人们通常的打算，都是追求安全和利益，而避开危险和困苦。现在让他们去打仗，前进就死在敌人手中，后退就死于刑罚之下，这样的确很危险。抛弃自己的家业去承受作战的劳苦，家中贫困而为上者又不过问，那么他的处境就很窘迫了。危险窘迫的处境，民众怎能不逃避呢？所以他们侍奉权贵大臣，这样就具备了免除兵役的条件。免除兵役的条件具备了就可以远离战争，远离战争就可以保证安全。用金钱进行贿赂并去投靠当权者，就能得到自己想要的；得到自己想要的，那么个人就安逸了；个人的安逸是有利的事情，民众怎能不追求呢？因此为君主效力的民众就少了，而为权臣服务的民众就多了。

夫明王治国之政，使其商工游食之民少而名卑，以寡趣本务而趋末作[1]。今世近习之请行[2]，则官爵可买；官爵可买，则商工不卑也矣。奸财货贾得用于市，则商人不少矣。聚敛倍农而致尊过耕战之士，则耿介之士寡而高价之民多矣[3]。

关键词：本末倒置

注释

[1]本务：这里指农业。末作：下贱的行业，指工商。[2]近习之请行：指的是向君主身边的亲信请求拜托，疏通关系。近习，君主身边的亲信。请，请求拜托。行，盛行。[3]耿介之士：光明正大的人。高价之民：商人喜欢虚标高价以牟暴利，故被称为高价之民。一说为“商贾之民”，因“高价”与“商贾”形近而似，在传抄过程中错记。

译文

英明君王治理国家的政策，是使国内的商人、工匠和游手好闲的人尽量减少，而且使他们的名位卑贱，这是因为从事农耕的人太少，而经营工商业的人太多了。如今在社会上向君主身边的亲信请托的风气很盛行，这样一来官爵就可以花钱买到；官爵既然可以花钱买到，那么从事工商业的人就不卑贱了。谋取不义之

财的投机买卖能在市场上通行，那么经商的人就不会少了。奸商聚敛的钱财是农民收入的数倍，买来的官爵又超过种地打仗的人，这样一来，光明正大的人就会变少，而非法牟利的人就会增多了。

是故乱国之俗：其学者，则称先王之道以籍仁义，盛容服而饰辩说，以疑当世之法，而贰人主之心[1]。其言古者[2]，为设诈称[3]，借于外力，以成其私，而遗社稷之利。其带剑者，聚徒属，立节操，以显其名，而犯五官之禁[4]。其患御者[5]，积于私门，尽货赂，而用重人之谒[6]，退汗马之劳。其商工之民，修治苦窳之器[7]，聚弗靡之财[8]，蓄积待时，而侔农夫之利[9]。此五者，邦之蠹也[10]。人主不除此五蠹之民，不养耿介之士，则海内虽有破亡之国，削灭之朝，亦勿怪矣。

关键词：五蠹之民

注释

[1] 贰：使……不专一，动摇。 [2] 言古者：这里指纵横家。 [3] 为设：虚构，弄虚作假，捏造事实。为，通“伪”。诈称：编造谎言。 [4] 五官：司徒、司马、司空、司寇、司土。 [5] 患御者：逃避兵役的人。 [6] 重人：位高权重的人。谒（yè）：请托。 [7] 苦窳：粗劣。 [8] 弗靡：奢侈。 [9] 侔：通“牟”，谋取。 [10] 蠹（dù）：蛀虫。

译文

所以造成国家混乱的社会风气是：那些学者，称颂先王之道，借重仁义进行说教，讲究仪表服饰并修饰言词，用来质疑当今的法制，惑乱君主的思想。那些纵横家虚构事实编造谎言，借助外部势力谋求私利，而把国家利益丢在一旁。那些游侠刺客，聚集徒众，标榜气节，以此显扬自己的名声，而触犯国家的禁令。那些逃兵役的人，聚集在权贵门下，用尽财货进行贿赂，利用大臣的请托来逃避作战的劳苦。那些从事工商业的人，制造粗劣的器具，聚集奢侈财物，囤积居奇，牟取农民的利益。这五种人，是国家的蛀虫。君主如果不去除这五种蛀虫似的民众，不培养光明正大的人，那么天下即使出现残破覆灭的国家，有地削国灭的朝廷，也是不足为怪的了。

文史链接

真假禅让

韩非子对儒家推崇备至的尧舜禅让之事做了一个嗤之以鼻的解读。按照他的观点，尧舜根本就不是什么圣人，只不过被推为天子之后，享受的待遇太差，而做的事情太多。所以，禅让非但不是高风亮节之举，简直就是将一个烫手的山芋丢给别人，这有什么值得吹捧的呢？不过这也只是韩非子的推测，历史的真相究竟如何，还有待考证。西晋咸宁五年（279），河南汲县一座战国时期的魏国大墓被盗，墓中出土了一本战国时的魏国史书，即《竹书纪年》。这本书上明确记载："尧德衰，为舜所囚。""舜囚尧，复偃塞丹朱，使不与父相见也。"还告诉我们，舜和禹并非是禅让得位，而是杀害了尧和舜，靠武力夺取天下。不管历史真相如何，

有一点可以肯定，禅让经过儒家、墨家的美化和宣传，已经被高度理想化，而实施禅让和接受禅让的人往往被看做是谦卑贤能的圣王。所以后世王朝更替，当要夺权逼宫之时，为了让自己的统治显得顺理成章，具有合法性，许多君王就上演“禅让”的好戏，以遮掩背后的血雨腥风。据史家统计，从秦始皇称帝到清帝逊位一共 2133 年，其中有 1031 年是靠“禅让”得来的天下。其中大家耳熟能详的有东汉禅让给曹魏，曹魏禅让给西晋，东晋禅让给刘宋，等等。

禅让这出戏演得最认真的是西汉末年的王莽，所以他日后也成为其他人依样画葫芦的范本。王莽，字巨君，是汉元帝的皇后王政君的侄子。虽然是外戚出身，但父亲在他幼年时便死去，王莽并没有得到什么荫庇。因此想要走上政治舞台，如果像其他人一样，靠父辈的举荐和人际关系，王莽没有优势可言。于是，王莽就只能走一条不寻常的路。这条路就是采取各种手段为自己捞取清廉的美名。之所以如此，跟汉代的用人之道相关。我们比较熟悉的科举制度是在隋唐之后才逐步确定和发展起来。汉朝遴选人才，主要是靠察举制。察举制是汉武帝时期董仲舒的建议，内容主要是各郡、国每年察举孝者、廉者各一人。所以，这种察举制也被称为“举孝廉”。孝廉是孝顺亲长，廉能正直的意思。明白了这一点，就能很好地理解王莽的举动了。王莽为了获取名声，在家里十分恭敬地侍奉早寡的母亲和嫂嫂，并耐心教导亡兄留下的子女。生活上极为俭朴，对自己要求几近苛刻。学问上刻苦攻读儒家经典，手不释卷，在京师儒生中备受称道。当然，更重要的是，他对身居大司马之位的伯父王凤极为恭顺。王凤生病时，王莽紧随他身边，不离左右，亲自尝汤喂药。为了照顾好王凤，王莽连续几个月都不宽衣睡觉，弄得双目无神，十分憔悴。王凤见状十分感动，死前便拜托皇后王政君照顾王莽，还向朝廷举荐他做官。当时王氏四兄弟王凤、王音、王商、王根分别位居要津，掌握朝政，被称为“王凤专权，五侯当朝”。有了王凤的临终举荐，其他人或是见风使舵，锦上添花，或是对王莽的美誉早有耳闻，王莽终于获得了东门郎一职。后升为射声校尉。王莽进入官场之后，野心更大。于是他继续沽名钓誉，做出一副礼贤下士、清廉正直的样子来。为了收买人心，还把自己的俸禄分给门客和穷人，甚至将马车卖掉接济穷人。如此一来，王莽在朝野的名气可谓首屈一指。到了公元前 16 年，王莽升任为新都侯、骑都尉及光禄大夫侍中。公元前 8 年，出任大司马，成为百官之首，离皇帝的宝座只剩下一步之遥。

不巧的是，汉成帝不久之后就病逝。继任者刘欣是为汉哀帝。因为刘欣并非汉成帝之子，所以另一班外戚便趁机涌入朝廷，与原来的王氏集团争权夺利。这时候，王莽见风头不对，便听从太后王政君的意见，回到南阳蛰居起来。这一等就过了六年。在这六年里，王莽在民间广交各方人士，收买人心，为自己制造声势。期间他的儿子杀死家奴，王莽便逼儿子自杀，一时之间他的清正之名传遍天下。王莽的名望越来越大，朝廷上为他申冤辩难的人越来越多，昏庸无能的汉哀帝见得大势如此，只好又将王莽召回朝廷。召回之后，汉哀帝没过多久便驾崩了。王莽为了把握朝政大权，特意扶持了一个九岁的刘衎（kàn）当傀儡皇帝，是为汉平帝。这时候王莽的权力早已超过了大司马，他要辅助幼主，极想得到一个所谓的名正言顺的大头衔，但他又假惺惺地在台前故作谦虚，在台后又授意给党羽。党羽上奏朝廷之后，他又惺惺作态地再三推辞，以示自己的谦卑淡泊。这可以说是王莽的惯用招数。等到与党羽来来去去演了数回，演到皇帝都不好意思的时候，王莽便

装出一副迫不得已的样子接受了“安汉公”的爵位。随后，又将俸禄转封给两万多人，进一步为自己造势。

王莽是外戚出身，非常懂得外戚的重要性。于是就打算将女儿嫁给年仅十一岁的汉平帝。这一次嫁女也是继续用他的老套路，先是严词拒绝自己的女儿入选，然后又授意党羽上书强烈要求安汉公之女入选。等到女儿入选之后，王莽故伎重施，如法炮制，终于“不得已”让女儿当成了皇后。到了这一步，王莽已经是位极人臣，风光无限了。但他还不知足，看到汉平帝一天比一天大，他便着急起来。于是等到汉平帝生病之时，王莽又拿出当年侍奉王凤的那个劲头来拼命照顾，实际上则是等待时机准备下手。公元6年，汉平帝病发身亡，是年十四岁。王莽之女才做了两年皇后，便成了寡妇。王莽为了进一步专权，又挑选了两岁的孺子婴来当皇帝。这样就开始了他夺取皇权的最后一步。

怎么夺？还是老套路。继续收买人心，沽名钓誉，令天下人都认为王莽是圣人降世。唐朝诗人白居易都曾写诗说：“周公恐惧流言日，王莽谦恭未篡时。向使当初身便死，一生真伪复谁知。”（《放言五首》其三）除此之外，王莽还假借天命编造了一个王氏的世系表，上面说王氏是舜的后裔，而刘氏是尧的后裔。尧当年把天子之位禅让给舜，如今孺子婴年纪幼小，王莽又是天纵圣贤，况且有尧禅让舜的前例在先，所以今日王莽取而代之也是顺理成章之事。在理论上站住脚之后，还要拿出神迹来欺骗愚夫愚妇。于是王莽授意党羽在全国上下搜集“祥瑞”。一年之后，祥瑞一个接一个摆在世人面前，令人惊叹不已。但祥瑞毕竟还有解释的空间，党羽便着手炮制内容直白甚至露骨的符文。于是，有人凿井时，发现了一块时日久远的白石，上有丹书“告安汉公莽为皇帝”八个大字，诸如此类，不胜枚举。到了这个时候，王莽要当皇帝就不是简单的谋朝篡位，而是天意使然，不得已而为之，谁敢违背天意呢？于是公元9年元旦，王莽宣布去除汉号以及孺子婴的皇帝称号，改封其为定安公，是为新朝之宾客。王莽还假惺惺地拉着孺子婴的手，泪流满面、泣不成声地说："从前周公摄位，最后把君位交还给了成王。而现在我是迫于天命，不能归还君位给你啊。"就这样，王莽终于登上了帝王的宝座。

思考讨论

1. 韩非子所指的"五蠹"，你认为国家的存在和他们是否势不两立？选择"五蠹"之一，谈一谈其存在的合理性。

2. 韩非子的思想在后世取得了很大的成功，成为与孔子的地位影响几乎相当的一位思想家。但人们都称扬孔子，而甚少谈及韩非，是否韩非就一无是处？是否孔子就尽善尽美？如果不是，请你谈谈韩非的可取之处和孔子的不当之处。

后 记

有一次，偶然看到某市小学一年级的语文课本中有贺知章的《回乡偶书》一诗："少小离家老大回，乡音无改鬓毛衰。儿童相见不相识，笑问客从何处来。""衰"字加了注音 shuāi。

衰，在此处应该读 cuī，在古义中有"等级次第的差别或依次递减"的意思，如《左传·桓公二年》："故天子建国，诸侯立家，卿置侧室，大夫有贰宗，士有隶子弟，庶人工商各有分亲，皆有等衰。"引申为减少、稀疏。结合贺知章的《回乡偶书》，这里"衰"的意思当指鬓毛减少、疏落，而不是衰老的意思。再从整首绝句的韵脚来看，"衰"字与首句"少小离家老大回"中的"回"和末句"笑问客从何处来"中的"来"，这三字在"诗韵"即"平水韵"中同属灰韵。

这些属于古代文化常识性的内容，过去龆龀蒙童均能脱口成韵，如今在专业教育出版社的小学语文教材中出现这样的差错，管窥一斑，不由得让人担忧。

读错一个字音尚是小事，倘若几代人不读"四书"、"五经"、唐诗、宋词……那中华民族真的就没有了灵魂。民族没有了精神内核，没有了灵魂，如何奢谈中华民族的伟大复兴？

我们承认现代教育将中国教育的视野引向更为广阔的国际空间，带来了许多新理念，给中国教育带来了活力。但是，如何在引入国际现代教育理念和现代教育方式的同时，坚守中国具有传承价值的优秀传统文化？如何在全面实施素质教育的同时，弘扬中国文化特色以保持中国文化特有的气质？这是当前中国教育值得深入研究的问题之一。

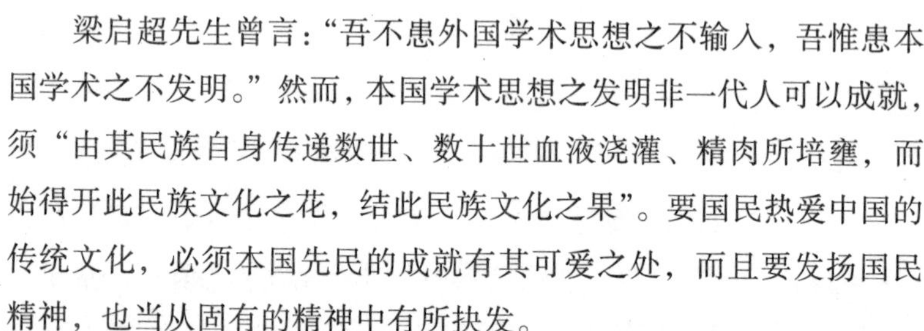

梁启超先生曾言：“吾不患外国学术思想之不输入，吾惟患本国学术之不发明。”然而，本国学术思想之发明非一代人可以成就，须“由其民族自身传递数世、数十世血液浇灌、精肉所培壅，而始得开此民族文化之花，结此民族文化之果”。要国民热爱中国的传统文化，必须本国先民的成就有其可爱之处，而且要发扬国民精神，也当从固有的精神中有所抉发。

秋霞圃书院自2010年开始筹划编撰一套适合大众普及尤其是中小学生使用的“国学基本教材”，自小学至高中每学期能有一册在手，通过以长期渐进、系统地熏陶、滋养，使中小学生在潜移默化中亲近中国的历史与文化，并使中华传统文化在当下的社会生活中“活化”。当然这种“活化”不是简单的复古，而是在当代的语境中重新梳理中华文明的脉络，从中汲取适应时代需要、社会需要，乃至适应工业文明与后工业文明需要的养料，提炼出中华传统文化的核心价值，以此来滋养一代又一代学子，为中华民族的伟大复兴奠定基础。当然，这些愿景断非一己之力能及，而是需要几代人的不懈努力，我们所起的作用仅仅是抛砖而已。国内儒学研究领军学者之一、武汉大学国学院院长郭齐勇教授听闻我们有此愿望后鼎力支持，欣然担任本套教材的总顾问，协调资源，并为之作序；武汉大学国学院院长助理孙劲松先生、向珂博士在筹组编者队伍时提供了真诚无私的帮助。此后又蒙秋霞圃书院院长、历史学家沈渭滨，语言学家李佐丰，古典文献学者骆玉明、汪涌豪、傅杰、徐志啸等教授在谋篇布局上的悉心指点，形成了本套“国学基本教材”的框架。确定框架之后，我们邀请了武汉大学、复旦大学、华东师范大学、南开大学、中国传媒大学、中山大学、

内蒙古师范大学、陕西师范大学、南通大学等高校人文学科中青年学人和江浙沪地区几位优秀的中小学语文教师参与编写。

全书成稿后，沈渭滨、王家范、骆玉明、傅杰、汪涌豪、杨国强、张觉、张新科、徐志啸、鲍鹏山等教授审读了书稿，并提出了宝贵的修改意见；86岁高龄的书法名家章汝奭先生为“国学基本教材”题写书名；《儒藏》总编撰、德高望重的北京大学教授汤一介先生为我们赠书“圣贤之道”；丰子恺先生后人为我们提供了精美而颇有意蕴的24幅漫画用作丛书封面；朱青生教授为我们提供了汉画文献用于插图；画家李永源先生逾古稀之年，为这套丛书手绘了上百幅插画；浙江古籍出版社社长杨林海先生是我故交乡党，听闻我有意筹划一套面向中小学生的“国学基本教材”丛书之后，青睐有加，多方努力协调资源，亲自落实该套教材出版的相关事宜……所有殊胜因缘，都在襄助秋霞圃书院矢志传播中华传统文化的大愿，唯有在此深揖致谢。

由于主持者与编者的学识有限，尽管悉心编校，但不足之处难免，敬请方家、读者指正，以便来年修订时，相应校正。

意见和建议可致电：021-66366439，13816808263。通信地址：上海市嘉定区南大街嘉定孔庙秋霞圃书院，邮政编码：201800，电子邮件 :qiuxiapu@163.com。

李耐儒

癸巳春于嘉定孔庙

國學基本教材

大学　中庸

张志强◎编注

浙江古籍出版社

统　　筹：

孙劲松　向　珂　蒋蔚芳　周金芝

主　　编：李耐儒

编　　委：

李南晖　陆有富　刘乃溪　徐　骆　须　强

可延涛　李　凯　刘　舫　毛文琦　房春草

李宏哲　张　华　黄晓芳　赵立学　介江岭

张志强　姜李勤　白　坤　晏子然　施仲贞

张　琰　汪佳敏　姚之均　余雅汝　干璐娜

本册编注：张志强

总　序

秋霞圃书院创办有年，在民间推动国学普及工作，志在以独立之精神、自由之思想为宗旨，促进古今中外文化思想与学术的交流，为中华民族文化的复兴而尽心尽力。其志可嘉，其行可感！

近年，秋霞圃书院耐儒兄主持编撰“国学基本教材”。本套国学教材集复旦大学、武汉大学、南开大学、中山大学、华东师范大学、上海师范大学等名牌院校的二十多名青年学人，采各种版本的国学读本之长，广泛吸取中小学一线语文教师的教学经验，精心编撰，是中小学生比较理想的国学读本，也是便于教师们使用的、较为系统的国学教材。

读本的篇目有:《弟子规》、《三字经》、《千字文》、《千家诗选读》、《幼学琼林》、《诗词格律》、《唐诗选读》、《宋词选读》、《论语》(上、下)、《史记选读》(上、下)、《大学　中庸》、《诗经选读》、《孟子》(上、下)、《左传选读》、《颜氏家训》、《诸子文选》(上、下)、《汉魏六朝文选》、《唐宋文选》、《礼记选读》、《楚辞选读》。每册有指导性概述，有经典原文，有对原文的注释与新译(赏析)，并配上文史链接(延伸阅读)、思考讨论等，图文并茂，准确生动，具有可读性与系统性。

梁启超先生说过，《论语》、《孟子》等经典“是两千年国人思想的总源泉，支配着中国人的内外生活，其中有益身心的圣哲格言，一部分久已在我们全社会形成共同意识，我们既做这社会的一分子，总要彻底了解它，才不致和共同意识生隔阂”。这就是说，“四

书”等经典表达了以“仁爱”为中心的“仁义礼智信”等中华民族的核心价值观念，这是中国古代老百姓的日用常行之道，人们就是按此信念而生活的。

中国文化的大传统与小传统是打通了的。国学具有平民化与草根性的特点。中国民间流传着的谚语是：“勿以善小而不为，勿以恶小而为之”；“老吾老以及人之老，幼吾幼以及人之幼”；“积善之家必有余庆，积不善之家必有余殃”。这些来自中国经典的精神，透过《弟子规》、《三字经》、《百家姓》、《千字文》、《千家诗》等蒙学读物及家训、族规、乡约、谱牒、善书，通过大众口耳相传的韵语故事、俚曲戏文、常言俗话，成为“百姓日用而不知”的言行规范。

南宋以后在我国与东亚的民间社会流传甚广、深入人心的朱熹《家训》说:“事师长贵乎礼也,交朋友贵乎信也。见老者,敬之;见幼者，爱之。有德者，年虽下于我，我必尊之；不肖者，年虽高于我，我必远之。”“人有小过，含容而忍之；人有大过，以理而谕之。勿以善小而不为，勿以恶小而为之。”又说，“勿损人而利己，勿妒贤而嫉能。勿称忿而报横逆，勿非礼而害物命。见不义之财勿取，遇合理之事则从……子孙不可不教，童仆不可不恤。斯文不可不敬，患难不可不扶。”朱子说此乃日用常行之道，人不可一日无也。应当说，这些内容来源于诗书礼乐之教、孔孟之道，又十分贴近大众。它内蕴着个人与社会的道德，长期以来成为老百姓的生活哲学。

王应麟的《三字经》开宗明义：“人之初，性本善。性相近，习相远。苟不教，性乃迁。教之道，贵以专。”这就把孔子、孟子、荀子关于人性的看法以简化的方式表达了出来。儒家强调性善，又强调人性的养育与训练。

清代李毓秀《弟子规》的总序说："弟子规，圣人训。首孝弟，次谨信。泛爱众，而亲仁，有余力，则学文。"以下分成"入则孝"、"出则悌"、"谨而信"、"泛爱众而亲仁"等几部分。这些纲目都来自《论语》。《弟子规》中对孩童举止方面的一些要求，如站立时昂首挺胸、双腿站直，见到长辈主动行礼问好，开门关门轻手轻脚，不用力甩门等，这些规范都是文明人起码应有的，是尊重他人而又自尊的体现。又如："晨必盥，兼漱口，便溺回，辄净手。冠必正，纽必结，袜与履，俱紧切。""斗闹场，绝勿近，邪僻事，绝勿问。将入门，问孰存，将上堂，声必扬。""用人物，须明求，倘不问，即为偷。借人物，及时还，后有急，借不难。"这都是有助于文明社会的建构的，是文明人的生活习惯，也是今天社会公德的基础。

朱柏庐在《朱子治家格言》起首的一段说："黎明即起，洒扫庭除，要内外整洁；既昏便息，关锁门户，必亲自检点。一粥一饭，当思来处不易；半丝半缕，恒念物力维艰。"这些都是平实不过的道理，体现到一个人身上就是他的家教。旧时骂人，说某某没有家教，那是很重的话，让其全家蒙羞。我们不是要让青少年一定要做多少家务，而是要他们从小学就动手打理好自己与家庭的事情，不要过分依赖父母，依赖他人，能够自己挺立起来，培养责任意识。同时，知道一粥一饭、半丝半缕都是辛劳所得，我们能够懂得去尊重家长与别人的劳动。如果我们真的有敬畏之心，就知道珍惜，不应该浪费。

南开中学的前身天津私立中学堂成立于1904年10月，老校长严范孙亲笔写下"容止格言"："面必净，发必理，衣必整，纽必结。头容正，肩容平，胸容宽，背容直。气象：勿傲，勿暴，勿怠。颜色：宜和，宜静，宜庄。"这四十字箴言来自蒙学，又是该校对学生容貌、行止的基本要求。校内设整容镜，师生进校时都要照镜正容色。

后来张伯苓先生治校，坚持了这些做法。

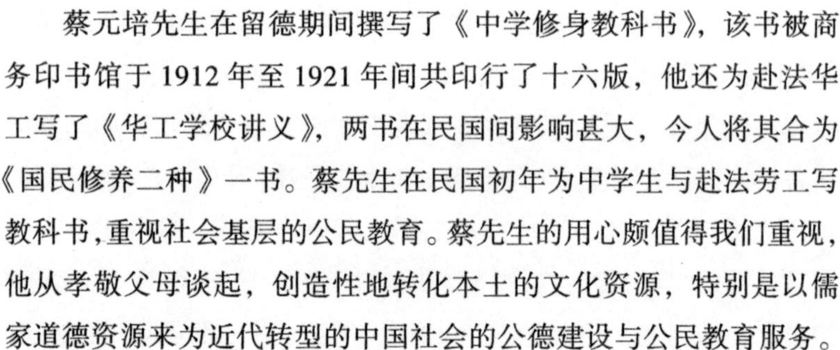

蔡元培先生在留德期间撰写了《中学修身教科书》，该书被商务印书馆于1912年至1921年间共印行了十六版，他还为赴法华工写了《华工学校讲义》，两书在民国间影响甚大，今人将其合为《国民修养二种》一书。蔡先生在民国初年为中学生与赴法劳工写教科书,重视社会基层的公民教育。蔡先生的用心颇值得我们重视，他从孝敬父母谈起，创造性地转化本土的文化资源，特别是以儒家道德资源来为近代转型的中国社会的公德建设与公民教育服务。

现今南京夫子庙小学的校训是“亲仁、尚礼、志学、善艺”。我认为这是非常好的。对孩童、少年的教育，首先是培养健康的心性才情，从日常生活习惯，从待人接物开始，学会自重与尊重别人。

我们今天强调成人教育，因为仅有成才教育是不够的，成才教育忽略了我们作为完整的人、健康的人所必需的一些素养，它在人格养成方面几乎是空白。这不是大学教育才有的问题，而是幼儿园、中小学教育就该关注的。养育青少年的性情，需要家庭、学校、社会的配合。

国学当中有很多修身成德、培养君子人格的内容。中国古典的教育，其实就是博雅教育。传统的教育并不是道德说教，也不是填鸭式满堂灌的教育，而是春风化雨似的，让学生在点滴中有所收获并自己体验，如诗教、礼教、乐教等。

我觉得应该让孩子们处在良好的文化氛围中。家长、老师们要以身作则、言传身教，这对孩子们影响很大。家长、老师有义务端正自己的言行，尤其在孩子们面前。要培养孩子分辨是非的能力，多在性情教育上下工夫，关注孩子的心理健康，多与孩子交流，洞察他们的情感，并做正确的引导。现在一些家长做不到以身作则，他们撒谎骗人，打骂斗狠，不尊重老人，这些都会给孩子的成长烙下负面的印记。

我们也希望同学们能趁着年轻记性好，多读些经典，最好能背诵一些，其中的意思以后可以慢慢领悟。南宋思想家陈亮说过："童子以记诵为能，少壮以学识为本，老成以德业为重……故君子之道不以其所已能者为足，而尝以其未能者为歉，一日课一日之功，月异而岁不同，孜孜矻矻，死而后已。"

本丛书所收经典与蒙学读物中有很多圣哲格言，都足以让我们受用终身。我们一直希望能有多一些的国学经典进入中小学课堂，至少让"四书"进入教材。我们希望能多一些国文课，让中小学生能接受到系统的传统语言与文化教育。中华民族有很多优根性，更需大大弘扬。

是为序。

郭齐勇

癸巳春于珞珈山

目　录

概　述 ……………………………………………………1

第一章　大　学 ……………………………………………6

大学之道 ……………………………………………6

克明峻德 …………………………………………… 11

苟日新 …………………………………………… 15

如切如磋 …………………………………………… 17

无情者不得尽其辞 …………………………………… 21

致知格物 …………………………………………… 24

诚意在慎其独 ……………………………………… 27

修身在正其心 ……………………………………… 30

齐家在修其身 ……………………………………… 33

治国在齐其家 ……………………………………… 38

平天下在治其国 …………………………………… 42

附录　朱熹《大学章句序》 ………………………… 53

第二章　中　庸 …………………………………… 55

致中和 …………………………………………… 55

君子之中庸 ………………………………………… 59

执其两端 …………………………………………… 64

子路问强 …………………………………………… 67

君子之道费而隐 …………………………………… 70

道不远人 …………………………………………… 73

居易以俟命…… 78
齐明盛服…… 81
大德者必受命…… 86
父母之丧无贵贱…… 90
善继人之志…… 96
五达道三达德…… 99
唯天下至诚……109
致曲有诚……113
诚者自成……116
至诚无息……119
尊德性而道问学……125
吾从周……128
知天知人……132
万物并育而不相害……136
唯天下至圣……138
附录　朱熹《中庸章句序》……144
后　记……147

概　述

《大学》和《中庸》是我国古代重要的典籍。我国向来有“四书五经”之说,《大学》和《中庸》便是“四书”中的两种。

《大学》原为《礼记》(即《小戴礼记》,相传为西汉经学家戴圣编撰)中的第四十二篇。北宋著名理学家程颢、程颐兄弟把它从《礼记》中抽离出来,编成章句,单独成书。到了南宋,理学集大成者朱熹将《大学》、《中庸》、《论语》、《孟子》合编在一起,并作注解,称为“四书”。从此,《大学》渐渐成为儒家经典。自宋以后,我国古代知识分子,要想考取功名,首先要熟读“四书”。因为“四书”是国家选拔人才考试的指定教科书。

《大学》对我国古代知识分子的思想素养、人生抱负、精神性格起了非常大的塑造作用,同时也促进了我国古代文化以儒学思想为主的基本特征的形成。可以说,这种影响至今仍存在于中华文化的基本格局中。例如,《大学》中的“三纲领”和“八条目”,至今仍然是我国每一位有良知的知识分子、有志向抱负的官员的修养准则。

关于《大学》的作者,程颢、程颐认为是“孔氏之遗言也”。朱熹把《大学》重新编排整理,分为“经”一章和“传”十章,并说:“经一章盖孔子之言,而曾子述之;其传十章,则曾子之意而门人记之也。”朱熹认为,“经”是孔子的原话,孔子的学生曾子记录下来;而“传”是曾子解释“经”的话,由曾子的学生记录下来。“经”一章阐述了“明明德”、“亲民”、“止于至善”三条纲领,提出了“格

物”、“致知”、“诚意”、“正心”、“修身”、“齐家”、“治国”、“平天下”八个条目。八个条目是实现三条纲领的途径。“传”十章分别解释“明明德”、“亲民”、“止于至善”、“本末”、“格物”、“致知”、“诚意”、“正心”、“修身”、“齐家”、“治国”、“平天下”。

《大学》为“初学入德之门也”，被宋代的知识分子推为儒学系统的纲领性作品。它阐述了提高个人道德修养和齐家治国平天下的关系，体现了儒家内圣外王的基本思想内涵和思维框架。《大学》所阐发的根本主旨，是要构建一个良好的国家政治与文化环境，由个人开始，推而扩之整个国家；由内到外，推而扩之整个族群，最终达到“至善”的境界。《大学》提出了“八条目”这样一个序列：修身、正心、诚意、致知、格物、齐家、治国、平天下。其中，“修身”最为关键。“八条目”的意义在于：我们每一个人应该从个人的修身养性开始，不断提高自己的修养，砥砺自己的人格，培养自己的浩然正气，扩充自己的善良德性，进而推及他人，为自己和他人创造一个积极向上、和谐有序的环境和氛围。可以说，《大学》寄托了古人内圣外王的理想，至今仍有一定的启迪作用。

《中庸》原为《礼记》一书中的第三十一篇，作者为孔子之孙孔伋，即子思。后虽经汉代学者整理，但影响不大，并未得到足够的重视。到了北宋，由于佛、道盛行，一批儒家知识分子有感于儒学衰落，他们有着强烈的重振儒学的愿望。在这种情况下，儒家知识分子开始重新挖掘古代经典的丰富内涵，以便重振儒纲。《中庸》在个人修养以及天道信仰等方面，有着极其丰富的思想内涵，于是理所当然被宋代学人提升到重要地位。《中庸》还被认为是孔门所传授的“心法”，以便与当时的佛、道抗衡。北宋程颢、程颐等理学家极力尊崇《中庸》。南宋朱熹又为之作《中庸章句》，将《中庸》列为“四书”之一，次于《大学》之后。宋、元以后，

《中庸》也同样成为学校官定的教科书和科举考试的必读书，对古代教育产生了重要影响。

从朱熹指定的“四书”阅读顺序上来看，“某要人先读《大学》，以定其规模；次读《论语》，以立其根本；次读《孟子》，以观其发越；次读《中庸》，以求古人之微妙处”。（宋代黎靖德编《朱子语类》卷第十四，中华书局 1986 年版）按照朱熹的思路，既然《大学》作为“初学入德之门”，自然也就位于第一篇了，而《中庸》则是学习《大学》之后，循序渐进而达到的最高层次的学习，因而位于最后一篇。这是由《中庸》的思想内涵决定的。《中庸》的思想主题主要在天道、人性、中庸三个层面，可以说是一部古代的哲学著作。用今天的话来说，《中庸》主要讲述了古人的“世界观、人生观、方法论”。

《中庸》讲天道，首先从“天命之谓性”的“世界观”开始，强调人的天性是上天赋予的，人的天性的本质便在于“诚”。“诚”，是每个人内在的德性、上天本然的道理，它在我国古代哲学史上属于本体论的概念。“天命之谓性”确立后，然后就过渡到“率性之谓道”的“人生观”，认为人应该使自己的天性得到彰显，即要由“诚”进展到“诚之”，意思是要告诉人们，人们应该把上天赋予自己内在的美好善良品德，扩充出来、表现出来。那么如何才能做到这一点呢？这就需要教育和感化。因此便自然而然引申出“修道之谓教”的“方法论”，它主要阐述了学习“中庸之道”的重要性，尤其要重视“中和”和“诚之”的思想。中和，其实就是中庸。学习和践行这些道理，都要通过教育来实行，这里面包括学习的方式（博学之，审问之，慎思之，明辨之，笃行之），以及做人的规范（“五达道”和“三达德”），它们的最终目的都是要达到修养的最高境界：至诚。教育和感化的目的，除了要提高自

我修养之外，更多的是要向圣人和君子学习。圣人和君子是一种理性化的人格和道德楷模，根本目的是为了让人们以圣人和君子为榜样，积极向上，扩充自己的善德，尊重他人，敬重万物，树立起“天地化育万物”的和谐观。这样,普通的人在凡俗的生活中，也能够通过学习、教育、修养而达到这一境界。

本书编撰《大学》和《中庸》，采用的底本为朱熹的《四书章句集注》本。原因有三：第一，朱熹的《四书章句集注》在我国古代历史上影响巨大，它对我国古代知识分子乃至国民性格的塑造起了根源性的作用。无论今天的人们如何对它褒贬不一，但始终不能绕过它。第二，我国古代对《大学》、《中庸》的注释版本不乏其数，但对其理解和领悟得比较透彻和到位的，恐怕还得回归于宋代理学家的注本，朱熹的注解就是其中最具代表性的版本。第三，朱熹本人几十年如一日，孜孜不倦地为“四书”作注解和解释，并为《大学》和《中庸》的内容作了系统化的整理。除此之外,朱熹还为《大学》作了“致知格物”的补传,调整了《大学》各章的次序，使其在内容上更加合理化。事实上,《大学》和《中庸》正是通过朱熹的重新解释和发挥,而获得了长久不衰的生命力。因此,本书经过综合考虑,慎重选定朱熹本作为底本,并且在章次、排列和部分注释上，均遵照朱熹的做法。

但这并不意味着，本书对《大学》、《中庸》的注释、理解全部照抄朱熹。这是因为朱熹本人的注释和理解仍有不尽如人意之处，其部分解释也不符合当今的时代精神。这不但是目前学术界的共识，也是现代公民理解古代典籍应具备的基本常识。故本书对这两篇典籍的注释和翻译,参考了多种权威注释版本,力求达意、准确、平易，做到既能够使大众容易接受，又不损失对其深刻内涵的领悟，力求在这二者之间达一平衡。

最后，要告诉读者朋友们：古代知识分子对典籍进行注解的活动，大都为集解、注释、疏解、正义、纂疏等，并非今天的全文翻译。汉语发展到今天，由于种种原因，双音节词增多，单音节词逐渐减少，这为我们阅读古代书籍带来了一定的困难。其实，古人的原文原句，最富有原汁原味，用很少的字句，就能表达出丰富的意涵，可谓“字字传神”。这种运用很少字词表达意涵的神妙之处，并非今天的翻译能够准确再现出来。一旦翻译，便会失去原味；可是不翻译，又难以进入其门径。这真是所有试图“翻译”古代典籍活动的“吊诡”。因此，我们衷心希望青少年朋友们以及指导孩子阅读经典的家长们，对这两篇文章，一定要多读几遍，不厌其烦地读，认真体会，深入涵泳，不断坚持，一定会有所收获。正所谓“书读百遍，其义自见”。

本书根据课时来安排，一般根据朱熹的划分每一章作为一节，但由于朱熹的部分章节划分内容长短不一，因此，我们把比较短小的若干章合并为一节，把较长的章析为两节来安排，并提炼出该节内容中的关键词作为标题。请读者朋友们循序渐进地去学习领悟。

第一章 大 学

大学之道

大学之道[1]，在明明德[2]，在亲民[3]，在止于至善。知止而后有定[4]，定而后能静[5]，静而后能安[6]，安而后能虑，虑而后能得。物有本末[7]，事有终始。知所先后，则近道矣。

古之欲明明德于天下者，先治其国；欲治其国者，先齐其家；欲齐其家者，先修其身；欲修其身者，先正其心；欲正其心者，先诚其意[8]；欲诚其意者，先致其知；致知在格物[9]。

物格而后知至，知至而后意诚，意诚而后心正，心正而后身修，身修而后家齐，家齐而后国治，国治而后天下平。

自天子以至于庶人[10]，壹是皆以修身为本[11]。其本乱而末治者，否矣。其所厚者薄，而其所薄者厚[12]，未之有也[13]！

（《经》一章）

注释

[1]大学：古代最高学府，以培养经国治世的人才为主，其教育内容为“大学”。东汉经学家郑玄注释为“大人之学”。南宋朱熹进而诠释为与“小学”相对的大学。古代，自王公贵族子弟以下，至一般平民百姓子弟，八岁入“小学”，学习“洒扫、进退、应对之节，礼乐、射御、书数之文”。十五岁后，自皇亲贵族子弟以及平民百姓之中的聪明灵秀者，则被选入“大学”，学习“穷理、正心、修己、治人之道”。 [2]明明德：意为一个人要不断地彰明自己内在原本清明的德性，提高自己的修养，培养自己高尚的道德。前一个“明”用作动词，意为彰明。后一个“明”字用作形容词，形容内在的德性原本清明。 [3]亲民：“亲”作“新”解。程子、朱熹认为“亲”应该理解为“新”，“新民”意为开化民众，除旧布新。 [4]知止：知道要止于至善。止，朱熹注为“止者，所当止之地，即至善之所在之地而不迁”。 [5]静：心灵不妄动，没有妄念。 [6]安：安定祥和。 [7]本末：根本和末端。中国古代重要的哲学概念，意为事物的本源、本质和事物的外在表现和形式。 [8]诚其意：使自己的意念真诚无妄，合乎德性的要求。 [9]致知：意谓将一个人的觉识推向极致。致，推向极致。知，知识，觉识。格物：即物穷理，探究事物的本源。 [10]庶人：平民百姓。 [11]壹是：一律。

[12]“其所”句：“所厚”即指上文的“修身”。“所薄”则是指“治国平天下”。“厚”、“薄”分别为重要的与次要的之意。

[13]未之有也：从来没有过。

译文

高层次学习的宗旨，在于彰明高尚的道德，在于除旧布新、教化民众，在于体认并追求最高的善，以达到至善的道德境界。知道应该达到的境界,才能志向坚定。有了坚定志向便能心灵沉静，心性拥有了“静”的品质之后，便能够时常处于安时处顺的状态，不容易受到外界纷扰。心灵时常处于安定，便能够精思熟虑，精思熟虑便能够有所收获。万物都有自己的根本和枝末，每件事情都有它的开端和结束。知道了“本”、“末”、“始”、“终”的先后顺序，就离“道”的境界不远了。

古时候凡是想让天下之人都能够扩充彰显自己美好德性的人，首先要治理好国家。要想治理好国家，首先要管好每一个家庭，使之均齐。要想使每一个家庭都均齐，首先从自身做起，修身养性，提高自己的道德修养。要想提高自己的德性，首先要端正自己的心态。要端正自己的心态，首先要使自己的意念真诚无妄。意念真诚无妄，首先要获得知识。获得知识，首先要探究万事万物的本源。

探究事物的本源后，便能获得知识。获得知识之后，便能使意念诚实无妄。意念诚实无妄，便能够端正心态。端正心态，便能够提高德性。提高德性之后，便能够管好家庭。家庭管理好，从而也就能够治理好国家，国家治理好，天下就能太平。

从天子到平民百姓，都要把修身养性当做根本。如果这个根本被扰乱了，即使其他环节治理好了，也难以行之有效。把应当重视的地方忽略了，而重视应该忽略的地方，这是从来没有过的道理。

文史链接

三纲八条目

《大学》开宗明义就提出了三大纲领:“明明德”、“亲民”、“止

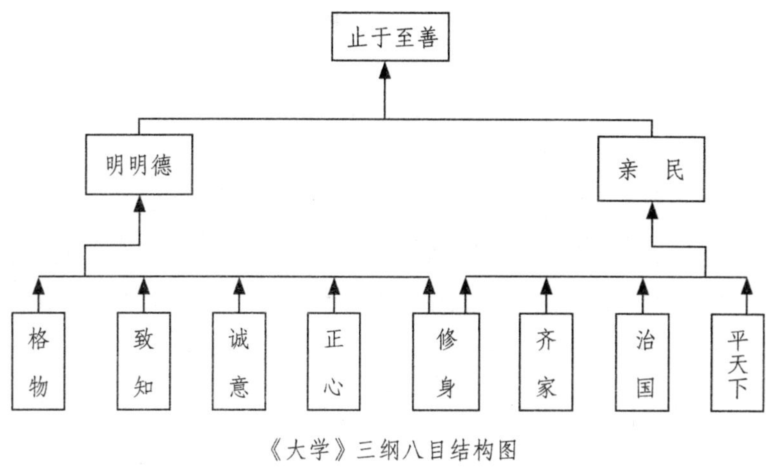

《大学》三纲八目结构图

于至善”。这三个纲领分别是什么意思呢？它们之间又有着什么样的关系呢？其实，“明明德”、“亲民”、“止于至善”，分别是对个人修养、社会理想、人们所追求的精神境界的说明。

“明明德”，就是要培养高尚的道德，提高个人修养；“亲民”中的“亲”作“新”讲，意思就是布新民众，让人们在精神面貌上焕然一新，这是我们所追求的社会理想；“止于至善”，就是要追求最高的道德境界，让我们做一个有善良美德的人。因此，按照《大学》的要求，应该首先要培养高尚的道德，提高修养，然后进一步追求社会理想，在实现社会理想之后，进而要以追求最高的美德、至善的境界为终极目标。可见，这三个纲领之间存在着层次递进的关系。

那么，“三纲”的具体内容和实现方式是什么呢？这就是《大学》通篇要阐述和说明“三纲”内涵、精神、要求的“八条目”。“八条目”其实就是古代知识分子所追求的“内圣外王”目标的具体化，即格物、致知、诚意、正心、修身、齐家、治国、平天下。仔细

体会，就会觉察出，“八条目”的指向对象和实现途径其实都有先后顺序。从指向对象来看，依次为身、家、国、天下；从实现方式来看，则是修、齐、治、平的不同要求。

“八条目”中“修身”是最关键的一环，它起着承上启下的作用，因此《大学》中说：“自天子以至于庶人，壹是皆以修身为本。其本乱而末治者，否矣。”可见，“修身”是“八条目”的根本。至于“格物、致知、诚意、正心”，则是“修身”的前期准备和基本要求。对于“修身”来说，“格物”又是第一步骤，也是“修身”之“本”。这是有道理的，因为如果不“格物”，便不会“致知”。“致知”的意思是明白做人的道理以及社会礼仪规范。如果物不能格、知不能致、意不能诚、心不能正，那么也就无法做到身修了，这也就是为什么朱熹认为格物是本。

可见，三纲八条目作为“大人之学”的系统化纲领，内容完备而清晰。必须指出，“三纲八条目”虽然条目之间存在着依次递进的序列，但贯穿“三纲八条目”最根本的指向，仍是“德”，即“仁德”。从《大学》文中关于如何修德的种种描述来看，这是有依据的。也就是说，无论是修身，还是治国平天下，都必须以仁德为主线，贯穿于提升个人修养和实现社会理想的整个过程中，这种号召和主张具有鲜明的伦理教化作用和人文色彩，突出反映了儒家传统文化的精髓。同时，“三纲八条目”本身的系统性、逻辑性以及可行性，对我国汉代以后的官学和私学产生了深远影响，也成了古代高等教育的基本规制，以及知识分子修身、治学的指南，更对中华民族的文化身份的塑造起了巨大作用。

思考讨论

1. 三纲八条目中以“修身”最为关键，它是起点也是落脚点。

你认为《大学》里关于修身的内容和要求，对今天人们修身养性有哪些启示和帮助？

2. 如果你穿越到古代，成了一名考取科举功名的读书人，被委任为某地的“父母官”，你会怎么施政？

克明峻德

《康诰》曰[1]：“克明德[2]。”《大甲》曰[3]：“顾諟天之明命[4]。”《帝典》曰[5]：“克明峻德。”皆自明也。

（《传》之首章）

注释

[1]《康诰》：我国古代第一部史书《尚书》中的一篇。内容为周公对康叔的训示，主题为明德慎罚。 [2]克：能。 [3]《大甲》：即《太甲》。《尚书·商书》中的一篇。 [4]顾：顾念。諟：一为“是”、“此”之义，一为“审查”之义。 [5]《帝典》：即《尧典》。《尚书·虞书》中的一篇。

译文

《尚书·康诰》中说：“（要）能够彰明品德。”《尚书·太甲》中说：“（要）顾念上天赋予的光明德性。”《尚书·帝典》中说：“（要）能够弘扬崇高的品德。”这些话语都是在训示每个人都要彰明自己内在的光明德性。

文史链接

朱自清讲《尚书》

《尚书》是中国最古的记言的历史。所谓记言，其实也是记事，不过是一种特别的方式罢了。记事比较的是间接的，记言比较的是直接的。记言大部分照说的话写下来；虽然也需略加剪裁，但是尽可以不必多费心思。记事需要化自称为他称，剪裁也难，费的心思自然要多得多。

中国的记言文是在记事文之先发展的。商代甲骨卜辞大部分是些问句，记事的话不多见。两周金文也还多以记言为主。直到战国时代，记事文才有了长足的进展。古代言文大概是合一的，说出的写下的都可以叫做“辞”。卜辞我们称为“辞”，《尚书》的大部分其实也是“辞”。我们相信这些辞都是当时的“雅言”，就是当时的官话或普通话。但传到后世，这种官话或普通话却变成佶屈聱牙的古语了。

《尚书》包括虞夏商周四代，大部分是号令，就是向大众宣布的话，小部分是君臣相告的话。也有记事的，可是照近人的说法，那记事的几篇，大都是战国末年人的制作，应该分别地看。那些号令多称为“誓”或“诰”，后人便用“誓”、“诰”的名字来代表这一类。平时的号令叫“诰”，有关军事的叫“誓”。君告臣的话多称为“命”；臣告君的话却似乎并无定名，偶然有称为“谟”的。这些辞有的是当代史官所记，有的是后代史官追记。当代史官也许根据亲闻，后代史官便只能根据传闻了。这些辞原来似乎只是说的话，并非写出的文告；史官记录，意在存作档案，备后来查考之用。这种古代的档案，想来很多，留下来的却很少。汉代传有《书序》，来历不详，也许是周秦间人所作。有人说，孔子删《书》

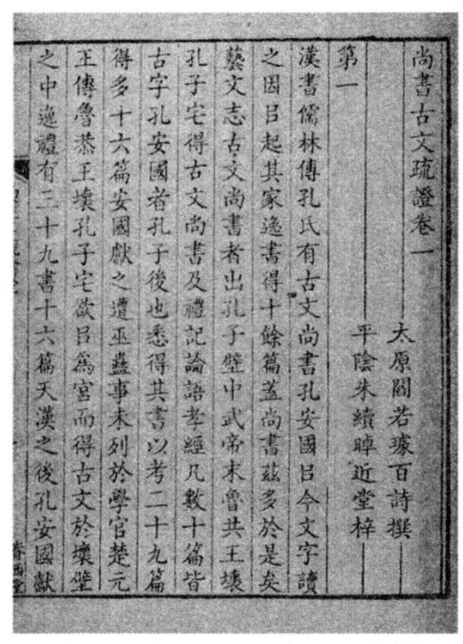

尚書古文疏證卷一

大原閻若璩百詩撰
平陰朱續晫近堂梓

第一

漢書儒林傳孔氏有古文尚書孔安國㠯今文字讀之因㠯起其家逸書得十餘篇葢尚書玆多於是矣藝文志古文尚書者出孔子壁中武帝末魯共王壞孔子宅得古文尚書及禮記論語孝經凡數十篇皆古字孔安國者孔子後也悉得其書以考二十九篇得多十六篇安國獻之遭巫蠱事未列於學官楚元王傳魯恭王壞孔子宅欲㠯爲宮而得古文於壞壁之中逸禮有三十九書十六篇天漢之後孔安國獻

《尚书》书影

为百篇，每篇有序，说明作意。这却缺乏可信的证据。孔子教学生的典籍里有《书》，倒是真的。那时代的《书》是个什么样子，已经无从知道。“书”原是记录的意思；大约那所谓“书”只是指当时留存着的一些古代的档案而言；那些档案恐怕还是一件件的，并未结集成书。成书也许是在汉人手里。那时候这些档案留存着的更少了，也更古了，更稀罕了；汉人便将它们编辑起来，改称《尚书》。“尚”，上也；《尚书》据说就是“上古帝王的书”。“书”上加一“尚”字，无疑的是表示着尊信的意味。至于《书》称为“经”，始于《荀子》；不过也是到汉代才普遍罢了。

儒家所传的“五经”中，《尚书》残缺最多，因而问题也最多，秦始皇烧天下《诗》、《书》及诸侯史记，并禁止民间私藏一切书。到汉惠帝时，才开了书禁，文帝接着更鼓励人民献书，书才渐渐

见得着了。那时传《尚书》的只有一个济南伏生。伏生本是秦博士。始皇下诏烧《诗》、《书》的时候，他将《书》藏在墙壁里。后来兵乱，他流亡在外。汉定天下，才回家；检查所藏的《书》，已失去数十篇，剩下的只二十九篇了。他就守着这一些，私自教授于齐鲁之间。文帝知道了他的名字，想召他入朝。那时他已九十多岁，不能远行到京师去。文帝便派掌故官晁错来从他学。伏生私人的教授，加上朝廷的提倡，使《尚书》流传开去。伏生所藏的本子是用“古文”写的，还是用秦篆写的，不得而知；他的学生却只用当时的隶书抄录流布。这就是东汉以来所谓《今尚书》或《今文尚书》。汉武帝提倡儒学，立“五经”博士；宣帝时每经又都分家数立官，共立了十四博士。每一博士各有弟子员若干人。每家有所谓“师法”或“家法”，从学者必须严守。这时候经学已成为利禄的途径，治经学的自然就多起来了。《尚书》也立下欧阳（和伯）、大小夏侯（夏侯胜、夏侯健）三博士，却都是伏生一派分出来的。当时去伏生已久，传经的儒者为使人尊信的缘故，竟有硬说《尚书》完整无缺的。他们说，二十九篇是取法天象的，一座北斗星加上二十八宿，不正是二十九吗！这二十九篇，东汉经学大师马融、郑玄都给作过注，可是那些注现在差不多都亡失干净了。

［注］本文节选自朱自清：《经典常读》，陕西师范大学出版社2011年版。

思考讨论

本节中所提到的“康诰”，是一种“诰”的文体体裁。《尚书》还有哪些体裁的文体呢？

苟日新

汤之《盘铭》曰[1]：“苟日新，日日新，又日新[2]。”《康诰》曰：“作新民。”《诗》曰[3]：“周虽旧邦，其命惟新[4]。”是故君子无所不用其极。 （《传》之二章）

注释

[1]汤：商汤。盘：商汤沐浴用的大盆。铭：刻在器皿上的铭文。 [2]苟日新，日日新，又日新：意为不断提高自己的道德修养，天天都有所精进、更新。苟，诚。 [3]《诗》：即《诗经》，我国第一部诗歌总集。 [4]“周虽”句：引自《诗经·大雅·文王》。旧邦，旧的国家。

译文

商汤刻在澡盆上的铭文说：“要天天心诚无妄，不断提高自己的道德修养，天天都有所精进、更新。”《尚书·康诰》中又说：“要教化民众，使他们除旧布新。”《诗经·大雅·文王》中说：“周朝虽然是旧国家，但是却代替商朝秉受了上天赐予的新的天命。”因此，有德性的人时刻都在追求光明的品德。

文史链接

《康诰》与周公

征服殷商王朝的周武王死了以后，他的儿子周成王继承王位。由于成王年幼，无法处理朝政，因此成王的叔父、武王的弟弟周公，

辅佐幼小的成王统理朝政，历史上称为“周公摄政”。同时为了巩固成王的统治，周公把武王另外几个弟弟，即成王的叔父管叔、蔡叔、霍叔派到远方监视居住在商朝故土的商代遗民。但是，成王的这几个叔父，在周公摄政的后期发动了叛乱，与周公以及成王成为敌人，史称“武庚叛乱”。于是，周公使用武力平定了叛乱，并杀死了武庚禄父、管叔，流放了蔡叔，又封武王的幼弟康叔为卫国的君主，让他居住在河、淇间的商代故土。正是在这样的局势下，周公为了稳定全国局势，对即将赴卫的康叔作了训话，训话的内容就是《康诰》。《康诰》的内容主要是周公告诫康叔应该如何治理卫国。

汤之《盘铭》

《康诰》是周公摄政后发布的一篇很重要的文献。在这篇诰辞中周公提出了“明德慎罚”的思想。周公认为文王有“克明德慎罚”的功德，其大意是说，周文王拥有高尚的道德，上天都知晓，于是上天授命于文王，代替商朝，统治全国，既要彰明高尚品德，也要谨慎地使用惩罚。可见，周公在这篇文献中，把文王的“明德慎罚”作为配享天命、确立正统的依据。

《康诰》中说：“用康保民，弘于天，若德裕有身，不废在王命。”这句话的意思是说，周公告诫康叔要“用康保民”，也就是要保护人民的安定康宁。天意往往都是通过人民的愿望表现出来的，要做到认真恭谨地做好每一件事。周公又说“若保赤子，惟民其康”，周公认为君王要像保护孩子一样保护人民，统治才能安定巩固。

《康诰》中还提出了“惟命不于常”的居安思危意识，意思是说上天的意志是会改变的，上天不会把人世间的统治权力总是赋予同一个王朝。“惟命不于常”强烈表现了周人在打败殷商之后的忧患意识。因此，周公特别重视对政权的治理和对人民的保护。

《康诰》中还强调“慎罚”的思想。“慎罚”的思想包括几个方面：首先，判案要十分谨慎，判理案件时要尽量做好全面的考虑，才能作决定。其次，“不可杀”与“不可不杀”的区别不在于罪行的大小和是否故意犯罪，而在于悔过认错的态度如何。再次，强调法律的威严和意志，例如《康诰》有“行天之罚”之语，意思是用刑法治理臣民，目的是为了使人民认识到一切罪罚都是上天的意志，强调法律不可逆改的意志。《康诰》还规定了几种不可恕的罪行：一是“寇攘奸宄，杀越人于货”；二是“不孝不友”；三是“不率大嘎”；四是违背王命，作威作福。对这些罪行都要严惩不贷。

思考讨论

1. 本节中的名言“苟日新，日日新，又日新”出自《尚书》，用今天的话来讲，就是天天向上，每天都学一点新知识，不断地提高自己，丰富自己。你有没有自己的座右铭？它的含义是什么？

2. 本节提到了周文王、周武王、周公、康叔等人，请课外阅读《史记》等史书，了解这些人的事迹。

如切如磋

《诗》云：“邦畿千里，惟民所止[1]。”《诗》云：

“缗蛮黄鸟，止于丘隅[2]。”子曰：“于止，知其所止，可以人而不如鸟乎！”《诗》云：“穆穆文王，于缉熙敬止！”为人君，止于仁；为人臣，止于敬；为人子，止于孝；为人父，止于慈；与国人交，止于信。《诗》云：“瞻彼淇澳，菉竹猗猗。有斐君子，如切如磋，如琢如磨。瑟兮僩兮，赫兮喧兮。有斐君子，终不可諠兮[3]！”“如切如磋”者，道学也；“如琢如磨”者，自修也；“瑟兮僩兮”者，恂栗也；“赫兮喧兮”者，威仪也；“有斐君子，终不可諠兮”者，道盛德至善，民之不能忘也。《诗》云：“於戏，前王不忘[4]！”君子贤其贤而亲其亲，小人乐其乐而利其利，此以没世不忘也。（《传》之三章）

注释

[1]“邦畿（jī）”句：引自《诗经·商颂·玄鸟》。畿，意为古代国都附近郊区。 [2]“缗（mián）蛮”句：引自《诗经·小雅·绵蛮》。缗蛮，意为鸟鸣叫的声音，拟声词。丘隅，山陵。[3]“瞻彼”句：引自《诗经·卫风·淇澳》。淇，淇水，位于今河南北部。澳（yù），弯曲的河岸。菉竹，绿竹。猗（yī）猗，美艳茂盛的样子。斐（fěi），文采斐然。切、磋、琢、磨，原指古代雕琢玉器、骨器的技术。这里比喻研究学问，把玩体会学问之得。瑟，严谨、庄重。僩（xiàn），威武。指庄重威武之貌。赫，光明。喧，

盛大。指光明盛大之貌。　　[4]“於戏”句：引自《诗经·周颂·烈文》。於戏，读作“呜呼”，感叹词。前王，指周文王、周武王。

译文

《诗经·商颂·玄鸟》中说：“历朝的都城方圆千里，都是老百姓居住的地方。”《诗经·小雅·绵蛮》中说：“叫着‘绵绵蛮蛮’声音的黄鸟，停在小丘上。”孔子说：“黄鸟都知道自己应该停止在什么地方，人却不如鸟儿。”《诗经》中说：“威严庄穆的文王，彰明自己的高尚德性，始终保持庄重谨慎之心。”君主要以仁爱为宗旨。臣子要以恭敬为本职。儿子要以孝敬为本分。父亲要以慈爱为根本。与国民交往，要以诚信为原则。《诗经·卫风·淇澳》中说：“眺望那弯弯曲曲的河岸，绿绿的嫩竹美丽而茂盛。但凡有文采的君子，都以仔细加工、不断切磋骨器的宗旨，来研究学问，都以认真体会、不断琢磨玉器的精神，来修炼内心。他们的样子庄严而威武，严谨而宽大。这些拥有美好品质的君子，他们的风貌真是令人难以忘怀。”这里的“如切如磋”，指做学问的宗旨；这里的“如琢如磨”，指修炼自己的精神；这里的“瑟兮僩兮”，指庄严威武的同时还要保持谨慎的态度；这里的“赫兮喧兮”，指宽大严谨的同时还要保持威严的仪貌；这里的“有斐君子，终不可谊兮”，是指君子达到最高境界的高尚品德，使老百姓难以忘怀。《诗经·周颂·烈文》感叹：“呜呼！前代的君王文王、武王，真是令人难以忘怀啊！”这是因为君子们能够以前代的君王为榜样，尊重贤人，亲近亲人，普通百姓也都蒙受恩泽，享受安乐，获得利益。所以，虽然前代君王已经去世，但人们永远不会忘记他们。

文史链接

《大学》引用《诗经》用意何在

《大学》多次引用《诗经》的诗句来解释和阐述其中的部分概念。《大学》在引用《诗经》阐述其主旨的同时，其实也传承了《诗经》中的政治哲学、道德理念等观念。因此，这里有必要先谈谈《诗经》的主要内容和意义。

《诗经》是我国古代最早的一部诗歌总集，现存305篇，主要是周诗（西周及东周前期的诗歌）及少量商代的诗歌。《诗经》内容包罗万象，主要反映了公元前12世纪到公元前6世纪我国古代先民的生活世界，以及他们对国家、社会、政治、人民、天文、地理、自然、历史等领域的认识和理解，特别是对圣贤楷模的歌颂。《诗经》特别善于撷取自然界中一些美好的典型意象来比喻文王、君子等圣贤的美德，善于以通俗自然的诗句以及朴实的感情打动人心。

本节引用《诗经》正是用来形象地解释《大学》三纲领中的“止于至善”。例如，通过对自然界中的“黄鸟”形象的描述，来说明如何做到“止于至善”；又如，通过“如琢如磨、如切如磋”等加工玉器和骨器的动作的形象描述，来比喻个人道德修养的不断精进；又如“瑟兮僩兮”、“赫兮喧兮”等语句，非常鲜明、形象地描述了君子的人格、气质特征。因此，《大学》引用《诗经》文句，二者相得益彰。一方面，《大学》通过引用《诗经》，解释和阐述了不为人易懂的抽象概念和内涵；另一方面，《诗经》中的一些重要的、反映周代政治哲学、社会教化、道德修养等观念，也通过《大学》得到了内涵的提升和深化，成为后世儒家思想的非常典型的意象化表达。

思考讨论

1.《诗经》是我国古代诗歌的源头，里面的内容朴实而自然。你最喜欢《诗经》中哪一首诗？与大家分享一下，并说说你喜欢它的理由。

2.《大学》经常引用《诗经》来阐述其政治理念和道德观念。你还知道同样也喜欢引用《诗经》的其他古代经典吗？请举一例。

无情者不得尽其辞

子曰："听讼[1]，吾犹人也，必也使无讼乎！"无情者不得尽其辞[2]。大畏民志，此谓知本。

（《传》之四章）

孔子像

注释

[1] 讼：官司。这里指旁听官司之判争。 [2] 辞：诉讼。《说文解字》云："辞，讼也。"

译文

孔子说："旁听诉讼时，我和别人的想法一样，一定都想让这些诉讼永远消失。"不从真情实感出发的人，不能任凭他们把全部口供都说出来，使他们对人民的意志有所畏惧，这就是知晓根本。

文史链接

无情者不得尽其辞

“无情者不得尽其辞”是儒家经典中经常出现的一句话，它反映了古代社会在面对刑罚、诉讼时的人文关怀。那么，如何理解这一句话的含义呢？首先应该抓住“情”与“辞”这两个词的含义。

“情”在我国先秦思想文化语境中，一般都理解为“情实”，意为实际情况或情形，但“情”还有作为“情感”、“人情”（不是今天所讲的“情面”、“人情面子”）讲的另一层含义。新近在湖北荆门郭店出土、成文于战国中期的郭店楚简《性自命出》中有一段话说明了“情”作为“情感”讲的情形：“凡人情为可悦也。苟以其情，虽过不恶；不以其情，虽难不贵。苟有其情，虽未之为，斯人信之矣。未言而信，有美情者也。”（荆门博物馆编《郭店楚墓竹简·性自命出》，文物出版社 1998 年版）这里的“情”其实就作“情感”、“真实情感”讲。这段话的大意是说，凡是出于人的真情实感的行为和举措，都是令人愉悦的。因此，如果是出于真情，即使犯了过错，也不能说成是故意为“恶”的表现，过错和罪恶是有区别的，但如果不是出于真情实感，而是刻意为善的矫饰之情，即使做到，也并不可贵。如果有真情实感，虽然有些事情没有去做，但这样的人仍然是值得信任的。没有用语言说话便能够得到别人信任的人，是怀有“美情”的人。可见，《性自命出》这篇古代文献，指明了“情感”，尤其是真情实感的重要性，它强调个人内在道德的高尚。对此，古代思想家孟子更进一步说明了这一点，“人之所以异于禽兽者几希，庶民去之，君子存之”（《孟子·离娄下》）。孟子认为人和动物的区别其实非常小，就那么一点点，一般的人容易丢掉，而君子则能够保存好。“异于禽兽者几希”

其实就是这里所讲的人的“情感”,尤其是作为道德良知自发的“真实感情”，它是人之所以为人的本质所在。

下面说“辞”。《说文解字》中云：辞，讼也。意思是诉讼之辞，是指人们在面对刑罚、罪责时的讼辞、口供。例如《尚书·吕刑》中云:“两造具备，师听五辞。”《周礼·秋官·乡士》中云:“听其狱讼，察其辞。”这里的“辞”都是讼辞、口供之意。“辞”虽然还有其他意涵，但作为“讼”讲，多见于先秦的典籍。

因此，本节中的“无情者不得尽其辞”，综合起来理解就是：不从真情实感出发的人，不讲人的感情的人，是不能任凭他们把讼辞全部表述出来。因为这样做，有可能会伤害人与人之间的真情实感（比如家庭成员之间的血缘亲情），以及人与人之间的真诚和信任。这里牵涉到一个问题，就是法和情的关系。我国古代主张以“法”作为震慑手段，以维护社会稳定，但同时又特别注意人们所处的真实处境，以及天生的血缘情感，以避免族群的撕裂、人性的泯灭。《盐铁论·刑德》说“法者，缘人情而制，非设罪以陷人也”，充分说明了“情”是“法”的依据，同时也非常重视对“法”的慎用，以维护法律的尊严和公正，反映了古代社会的人文主义关怀。

思考讨论

1.在生活当中，人们遇到普通的纠纷事件，一般会首先选择调解、协商的办法解决矛盾，不到万不得已是不会走进法庭的。你认为人们这样做的原因是什么？

2.“法”和“情”的关系是什么？你如何看待历史上“大义灭亲”的做法？

致知格物

〔此谓知本[1]。〕〔所谓致知在格物者，言欲致吾之知，在即物而穷其理也。盖人心之灵莫不有知，而天下之物莫不有理，惟于理有未穷。故其知有不尽也。是以《大学》始教，必使学者即凡天下之物，莫不因其已知之理而益穷之，以至求乎其极。至于用力之久，而一旦豁然贯通焉，则众物之表里精粗无不到，而吾心之全体大用无不明矣。此谓物格。〕此谓知之至也[2]。

（《传》之五章）

注释

[1]此谓知本：北宋理学家程颐认为此句是衍文，应该删掉。程颐（1033—1107），字正叔，北宋洛阳伊川人，人称伊川先生，理学家。　[2]“此谓”句：朱熹认为“此谓知之至也”句是结语，与首句“此谓知本”中间有缺文，并推测“盖释格物、致知之义，而今亡矣”，于是根据程颐之意作补传。

译文

上文中所说的“致知在格物”，意思就是说，要想获得真正属于自己的知识，就必须广泛接触事物，探究事物背后存在的真理。人的心灵都有获得知识的能力，天下的事物也都有各自的真理，只是对于真理的追求、认识并不彻底、完全，所以，人们获得的知识都有一定的局限，知识的认知活动是一个无穷无尽的进程。因此，《大学》从一开始，就教育人们，要广泛认识天下所有的事物，在已有认识的基础上，继续努力扩展对事物的认知活动范围、层次，以至最终获得事物背后的终极真理。当这种认知活动长时间进行、积累到一定程度时，一旦豁然贯通，便会对事物的方方面面产生了全面、本质的认识，自己心灵中得到的体会、道理便会得到全方位的清晰展现。这就是所说的“探究事物的认知活动”。这也是所谓知识的最高顶点。

文史链接

朱熹为什么要补“致知格物”传

本节是朱熹作的“致知格物”补传，《大学》原本没有这段话。那么，朱熹为什么要作“致知格物”的补传呢？

我们知道，《大学》首章完整地表述了三纲八条目，其中的八条目就是对三纲领的说明和阐述，它们分别是：格物、致知、诚意、正心、修身、齐家、治国、平天下。《大学》首章之后的其余部分，均是对这八个条目的进一步解释和阐述。但是，宋代以前的《大学》古本中，并不是从“格物”开始阐述的，而是从“诚意”开始解释的。《大学》原本内容只有“诚意、正心、修身、齐家、治国、平天下”这六个条目的解释，唯独缺少对“格物致知”的进一步说明。更重要的是，根据《大学》首章的内容，“八条目”最终是要落实在“格物”上，可见“格物”条目的重要性。因此，“大学”如果缺少了“格物致知”的内容，在内容结构上显得不完整。

北宋时，理学家程颐就注意到这种情形了，到了南宋，理学家朱熹依照程颐之意，认为此处应为阙文，即遗漏之文，应该作“致知格物”的补传。朱熹说：“右传之五章，盖释格物、致知之义，而今亡矣。闲尝窃取程子之意以补之。”（朱熹《四书章句集注》，中华书局 1983 年版）

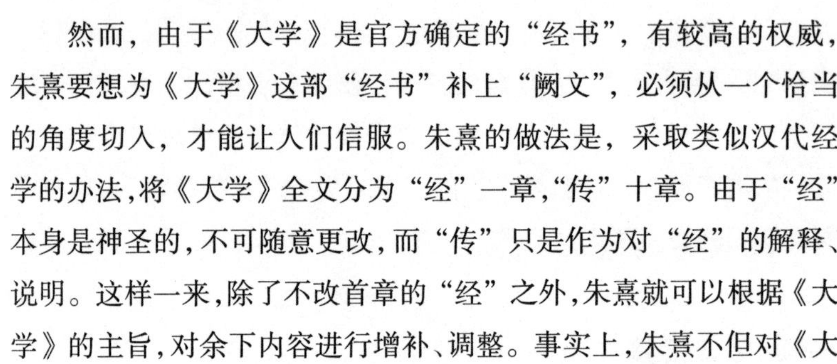

然而，由于《大学》是官方确定的“经书”，有较高的权威，朱熹要想为《大学》这部“经书”补上“阙文”，必须从一个恰当的角度切入，才能让人们信服。朱熹的做法是，采取类似汉代经学的办法，将《大学》全文分为“经”一章，“传”十章。由于“经”本身是神圣的，不可随意更改，而“传”只是作为对“经”的解释、说明。这样一来，除了不改首章的“经”之外，朱熹就可以根据《大学》的主旨，对余下内容进行增补、调整。事实上，朱熹不但对《大学》作了补传，而且也调整了《大学》的部分原文次序。

必须指出，朱熹的补传并非盲目的举动，而是在深刻把握《大学》主旨内涵的基础上，做了合理化的调整和补传工作。朱熹之后，其所修改的《大学》长时间成为官方指定的教科书的事实，正说明了朱熹的补传工作经受住了检验。更重要的是，《大学》经过朱熹调整、补传之后，在阅读和理解上，变得更为合理和连贯。从这个角度看，《大学》也通过朱熹的补传、调整工作，获得了更丰富的内涵。朱熹此举，大大推进了《大学》经典化的进程，在历史上产生了深远影响。

思考讨论

1. 中国号称“礼仪之邦”，古代人的日常生活起居、祭祀等公共活动，都遵守一定的礼仪准则，直至今天有些礼仪规范仍然保留着，你能举出一例吗？请找一位长辈，询问他们有哪些关于礼仪方面的生活经验。然后再查看古代相关礼仪书籍，了解一些基本的古代礼仪规范常识。

2. 你有没有读过《三字经》、《弟子规》、《千字文》等启蒙读物？你觉得它们对你的生活、学习等方面有哪些帮助呢？

诚意在慎其独

所谓诚其意者：毋自欺也[1]，如恶恶臭[2]，如好好色[3]，此之谓自谦[4]，故君子必慎其独也！小人闲居为不善[5]，无所不至，见君子而后厌然[6]，掩其不善[7]，而著其善[8]。人之视己，如见其肺肝然，则何益矣。此谓诚于中[9]，形于外，故君子必慎其独也。曾子曰[10]："十目所视，十手所指，其严乎！"富润屋[11]，德润身，心广体胖[12]，故君子必诚其意。

（《传》之六章）

注释

[1] 毋：不要。　[2] 恶（wù）恶（è）臭（xiù）：意为厌恶腐臭的气味。第一个"恶"，作动词"厌恶"讲。第二个"恶"，作形容词"厌恶的"讲。臭，气味。　[3] 好（hào）好（hǎo）色：喜欢漂亮的女人。第一个"好"，作动词"喜欢"讲。第二个"好"，作形容词"美丽的，漂亮的"讲。　[4] 谦：通"慊（qiè）"，满足，快意。　[5] 闲居：独处。　[6] 厌然：朱熹注为"消沮闭藏之

貌”，意为躲闪、隐藏的样子。　　[7]掩：掩藏，掩盖。　　[8]著：表明，彰显。　　[9]诚于中：内心真诚无妄。中，内心。[10]曾子：名参，字子舆，春秋末年鲁国人，孔子的学生之一。[11]润：润色，修饰，装饰。　　[12]胖（pán）：朱熹注为“安舒”，意为安泰舒适。

译文

上文中所说的“诚其意”，意思就是不要背离自己的真实本心，使它真诚无妄，就好比见了腐臭的东西就会讨厌，见了美丽的女子就会由衷喜欢一样，它是自然而然的。这就是快乐应满足于自身。因此，君子在一人独处时，会保持谨慎、戒惧之心，小人在独处时却难以克制自己，为恶不善，做尽坏事，见到君子便会遮遮掩掩，隐藏自己邪恶的所作所为，而刻意表露自己如何善良。但是，人们看见小人，便如同看见他们的心肝的丑恶面目，隐藏是没有任何用的。这就是说，一个人内心中的喜怒哀乐、善良邪恶，无论如何隐藏，总是会真实地反映在外在的。所以，君子在独处的时候，一定要保持谨慎、戒惧之心。曾子说：“为人做事的时候，十双眼睛会看着你，十根手指会指着你，这是多么可怕的事情啊！”财富能够装饰房屋，道德却能滋养自己的身心，心胸宽广，身体自然安泰舒适。因此君子一定会经常保持心灵真诚无妄。

文史链接

慎　独

什么是“慎独”呢？学界一般认为，“慎独”是持守或牢固地保持自我的道德本性和本心。通俗地讲，就是在做人做事时，都要保持自己内心的谨慎。比如说，人们在外部世界中经常会遇到诱惑，难以控制自己的好恶以及欲望，这时如何做到不为外物所动，保持自己内心的道德自觉，就是“慎独”的表现之一。从消极的方面说，“慎独”其实就是防止和约束内心当中不道德的因素萌生和出现的过程；从积极的方面说，“慎独”其实就是一个护持和守住每个人都有的纯洁、至上的道德本心的过程。古人常说的“修身养性”，几乎都是在这些意义上讲的。

《大学》讲“慎独”时，是和“正心”、“诚意”放在一起讲的：“所谓诚其意者：毋自欺也，如恶恶臭，如好好色，此之谓自谦，故君子必慎其独也。小人闲居为不善，无所不至，见君子而后厌然，掩其不善，而著其善。人之视己，如见其肺肝然，则何益矣。此谓诚于中，形于外，故君子必慎其独也。”可见，《大学》认为，所谓“诚意”，其实就是不要自己欺骗自己，要忠实于自己的内心感受，诚朴如一。人的好恶之情，就如同讨厌腐臭的气味一样，以及喜欢美丽的女子一样，都是发自内心，是符合自己的道德本心的。《大学》讲“慎独”特别强调，在个人独处的时候，“慎独”的作用更为重要。它要求每个人在独处的时候，也要像在大庭广众之下那样严格要求自己。人们常说的“耐不住寂寞”之语，也可以从“慎独”的角度去理解。

无独有偶，《中庸》中同样提到了“慎独”：“是故君子戒慎乎其所不睹，恐惧乎其所不闻。莫见乎隐，莫显乎微，故君子慎其独也。”《中庸》和《大学》中讲“慎独”有所不同。《大学》是从怎么样才能做到“慎独”的角度去讲，而《中庸》则是从“慎独”的必要性角度去讲，“慎独”之所以必要，正是因为“道”无处不在，这种“无处不在”涵盖了一切情形，当然也包括个人独处的时候。实际上，正是因为人自身都存在认知的局限性，所以有必

要对自己看不见的、没有听说过的保持谨慎。最隐秘的事情往往是最暴露的，最细微的事情往往也是最明显的。说它暴露和明显，是因为看似隐秘微小的事情，也会纤毫毕现地呈现在一个人的心中，这种情况在人们独处的时候尤为明显。因此，《中庸》中的“慎独”，其实是让人们注意查检、反省自己内心当中不容易被察觉、不容易被发现的细微的、恶的举动，做到时刻反省自己内心，做到“自诚诚之”，内心真诚、外在的举动和行为也要真诚，做到内外如一，表里如一。

思考讨论

“慎独”，意思是说，当一个人独处的时候要专心致志，不受外界诱惑。比如，你正在家里写作业时，伙伴们叫你出去玩，你能做到先完成作业，再出去玩吗？请有意识地培养自己专心致志的精神和独立品格。

修身在正其心

所谓修身在正其心者[1]，身有所忿懥[2]，则不得其正；有所恐惧，则不得其正；有所好乐，则不得其正；有所忧患，则不得其正。心不在焉[3]，视而不见，听而不闻，食而不知其味。此谓修身在正其心。

（《传》之七章）

注释

[1]身：心。　[2]忿懥（zhì）：意为愤怒。懥，怒。[3]心不在焉：心不存于此。指心失去了主宰的地位，没有检视其身的行为，而见理不明。在，存察。

译文

上文中所说的“修身在正其心者”，意思是说，心灵如有愤怒等表现，那么心态就会不端正；心灵如有恐惧等表现，那么心态就会不端正；心灵如有偏好等表现，那么心态就会不端正；心灵如有忧虑等表现，那么心态就会不端正。心灵因为易受外界影响，就会心不在焉，对能看得见的东西，却没有看见；对能听得清的声音，却没有听见；吃进去食物也不知道滋味。所以，要想修炼自身，首先必须端正心态。

文史链接

儒家典籍中的“修身”

《大学》认为“修身”的关键在于“正心”，“正心”要求做到没有“忿懥”、“恐惧”、“好乐”、“忧患”。心不能“正”的表现则是：视而不见，听而不闻，食之无味。可见，《大学》的“修身”主要是讲人应砥砺自己的心性、品性，合理克制情绪，从而使所作所为不受外界和情绪的影响。因此，《大学》首章结尾借“自天子以至于庶人，壹是皆以修身为本”之语，强调了“修身”的普遍性和重要性。

“修身”这个概念，不但在《大学》中有所讲述，其他先秦儒家典籍均有论述，由此可见“修身”在儒家思想中的重要性。《论

语》是儒家的重要经典,虽然直接出现“修身”字眼的次数并不多,但其中直接和间接涉及“修身”的内容和表述在全书中随处可见。《论语》中说:“弟子入则孝,出则弟,谨而信,泛爱众,而亲仁。”又说:“恭、宽、信、敏、惠。恭则不侮,宽则得众,信则人任焉,敏则有功,惠则足以使人。”可见,与《大学》相比,《论语》中的“修身”更侧重于从日常生活中的待人接物展开,“修身”和生活息息相关,它告诉人们,在面对父母、家庭、朋友、社会时,应该如何做人做事、履行自己的责任。它强调个人的道德修养,学会如何正确处理个人与家庭、个人与社会、个人与国家的关系。

《孟子》则进一步从政治的角度讲“修身”。《孟子》中说:“君子之守,修其身而天下平。”又说:“人有恒言,皆曰:‘天下国家。’天下之本在国,国之本在家,家之本在身。”可见,“修身”对于治理国家的重要性。这与《孟子》一书的主题密切相关。《孟子》非常重视“民”,即人民群众,主张“民贵君轻”;同时强调个人生命的平等,即“杀一不辜而得天下,不为也”。在孟子看来,要想让一个国家国富民强,必须施行“仁政”,树立“民为贵”的意思。但如何才能做到这些呢?孟子认为,每一个人首先要从“修身”做起,尤其是国家领导,其自身修养更为重要。因为领导人的道德品性,直接关系到对国家和人民关系的正确认识,它是能否施行“仁政”的关键。

之后集儒家大成的《荀子》一书,其中有一篇更是专门讲述“修身”的,篇目就叫做“修身”。《荀子·修身》开篇就提出:“见善,修然必以自存也;见不善,愀然必以自省也。善在身,介然必以自好也;不善在身,菑然必以自恶也。”意思是说,见到好的行为和好的道德,要学习和保存;见到恶的行为和不好的道德,要反省自己。修身的目的是要达到“善在身”,是自己拥有善良的品德;

修身的功效是“自好”，是自己自尊、自爱。

《荀子·修身》又说：“以治气养生，则后彭祖；以修身自名，则配尧禹。宜于时通，利以处穷，礼信是也。凡用血气、志意、知虑，由礼则治通，不由礼则勃乱提僈；食饮、衣服、居处、动静，由礼则和节，不由礼则触陷生疾；容貌、态度、进退、趋行，由礼则雅，不由礼则夷固、僻违、庸众而野。”这段话强调“修身”必须在“礼”的指导下完成。这样的“修身”才是高雅而可行的，才会避免固执、乖僻、庸俗的情形发生。可见，《荀子》中的“修身”更注重礼仪的规范性，将礼仪规范、作为修身的指导原则，使道德修养变得有章可循，便于学习。

综上所述，“修身”在《大学》、《中庸》、《论语》、《孟子》、《荀子》中的含义既一脉相承，又各有侧重。事实上，儒家对“修身”的重视已经融入到我们民族文化的基因中，是我们民族文化重视个人道德修养的体现。

思考讨论

1.《大学》中“修身”的含义是什么？今天，我们又应该如何“修身”呢？

2.《大学》中说“修身”的关键在于“正其心”，那么“正心”的含义又是什么呢？

齐家在修其身

所谓齐其家在修其身者[1]：人之其所亲爱而辟

焉[2]，之其所贱恶而辟焉，之其所畏敬而辟焉，之其所哀矜而辟焉[3]，之其所敖惰而辟焉。故好而知其恶，恶而知其美者，天下鲜矣！故谚有之曰："人莫知其子之恶，莫知其苗之硕[4]。"此谓身不修不可以齐其家。

（《传》之八章）

注释

[1]齐：整治。 [2]之：于、对于、就……而言的意思。下文中连续四个"之"字都有此意。辟（pì）：偏差，引申为偏见、偏离、过分之义。 [3]矜（jīn）：意为怜悯。 [4]"人莫"句：意思是人们往往看不到自己孩子的过失，感觉不到自己禾苗的丰硕。

译文

上文中所说的"齐其家在修其身者"，意思是说，人们往往会对自己亲爱的人过分亲爱，对自己所厌恶的人过分厌恶，对自己所敬畏的人过分敬畏，对自己所怜悯的人过分怜悯，对自己所怠慢的人过分怠慢。所以说，能够喜爱一个人的同时也知道他的缺点，厌恶一个人的同时也知道他的善良，这样的人非常少。因此，有谚语说："由于偏见，人们看不到自己的儿子的过错缺失，看不到自己庄稼的茁壮茂盛。"这就是为什么要想管理好家庭，首先就必须修炼自身品行的道理所在。

文史链接

朱自清讲“四书”

“四书五经”到现在还是我们口头上一句熟语。“五经”是《易》、《书》、《诗》、《礼》、《春秋》,“四书”按照普通的顺序是《大学》、《中庸》、《论语》、《孟子》。前二者又简称《学》、《庸》,后二者又简称《论》、《孟》；有了简称，可见这些书是用得很熟的。本来呢，从前私塾里,学生入学,是从“四书”读起的。这是那些时代的小学教科书；而且是统一标准的小学教科书,因此没有不用的。那时先生不讲解，只让学生背诵，不但得背正文，而且得背朱熹的小注。只要囫囵吞枣地念，囫囵吞枣地背；不懂不要紧，将来用得着，自然会懂的。怎么说将来用得着？那些时候举行科举制度。科举是一种竞争的考试制度,考试的主要科目是八股文,题目都出在“四书”里，而且是朱注的“四书”里。科举分几级，考中的得着种种出身或资格，凭着这种资格可以建功立业，也可以升官发财；作好作歹，都得先弄个资格到手。科举几乎是当时读书人唯一的出路。每个学生都先读“四书”，而且读的是朱注，便是这个缘故。

将朱注“四书”定为科举用书，是从元仁宗皇庆二年（1313）起的。规定这四种书，自然因为这些书本身重要，有人人必读的价值；规定朱注，也因为朱注发明书义比旧注好些，切用些。这四种书原来并不在一起,《学》、《庸》都在《礼记》里,《论》、《孟》是单行的。这些原来只算是诸子书，朱子原来也只称为“四子”；但《礼记》、《论》、《孟》在汉代立过博士，已经都升到经里去了。后来唐代的“九经”里虽然只有《礼记》，宋代的“十三经”却又将《论》、《孟》收了进去。《中庸》很早就被人单独注意，汉代已有关于《中庸》的著作，六朝时也有，可惜都不传了。关于《大

学》的著作却直到司马光的《大学通义》才开始,这部书也不传了。这些著作并不曾教《学》、《庸》普及，教《学》、《庸》和《论》、《孟》同样普及的是朱子的注，“四书”也是他编在一起的，“四书”的名字也因他而有。

但最初用力提倡这几种书的是程颢、程颐兄弟。他们说:“《大学》是孔门的遗书，是初学者入德的门径。只有从这部书里，还可以知道古人做学问的程序。从《论》、《孟》里虽也看出一些，但不如这部书的分明易晓。学者必须从这部书入手，才不会走错了路。”这里没提到《中庸》。可是他们是很推尊《中庸》的。他们在另一处说:“‘不偏’叫做‘中’，‘不易’叫做‘庸’；‘中’是天下的正道，‘庸’是天下的定理。《中庸》是孔门传授心法的书，是子思记下来传给孟子的。书中所述的人生哲理，意味深长；会读书的细加玩赏，自然能心领神悟，终身受用不尽。”这四部书到了朱子手里才打成一片。他接受二程的见解，加以系统的说明，四种书便贯串起来了。

他说,古来有小学、大学。小学里教洒扫进退的规矩,和礼、乐、射、御、书、数，所谓“六艺”的。大学里教穷理、正心、修己、治人的道理。所教的都切于民生日用，都是实学。《大学》这部书便是古来大学里教学生的方法，规模大，节目详；而所谓“格物、致知、诚意、正心、修身、齐家、治国、平天下”，是循序渐进的。程子说是“初学者入德的门径”，就是如此。这部书里的道理，并不是为一时一事说的,是为天下后世说的。这是“垂世立教的大典”，所以程子举为初学者的第一部书。《论》、《孟》虽然也切实,却是“应机接物的微言”，问的不是一个人，记的也不是一个人。浅深先后，次序既不分明，抑扬可否，用意也不一样，初学者领会较难。所以程子放在第二步。至于《中庸》,是孔门的心法,初学者更难领会,程子所以另论。

但朱子的意思，有了《大学》的提纲挈领，便能领会《论》、《孟》里精微的分别去处；融贯了《论》、《孟》的旨趣，也便能领会《中庸》里的心法。人有人心和道心；人心是私欲，道心便是天理。人该修养道心，克制人心，这是心法。朱子的意思，不领会《中庸》里的心法，是不能从大处着眼，读天下的书，论天下的事的。他所以将《中庸》放在第三步，和《大学》、《论》、《孟》合为“四书”，作为初学者的基础教本。后来规定“四书”为科举用书。原也根据这番意思。不过朱子教人读“四书”，为的成人，后来人读“四书”，却重在猎取功名；这是不合于他提倡的本心的。至于顺序变为《学》、《庸》、《论》、《孟》，那是书贾因为《学》、《庸》篇页不多，合为一本的缘故；通行既久，居然约定俗成了。

［注］本文节选自朱自清：《经典常谈》，陕西师范大学出版社 2011 年版。

思考讨论

1. 本节中引用了古代的谚语“人莫知其子之恶，莫知其苗之硕”。请问，人们为什么难以看到自己的弱点呢？又为什么难以满足自己的欲望呢？

2. “四书”是哪四书？读“四书”的先后顺序是什么？“四书”在我国教育史上有哪些历史意义？

治国在齐其家

所谓治国必先齐其家者，其家不可教而能教人者，无之。故君子不出家而成教于国。孝者，所以事君也；弟者[1]，所以事长也；慈者，所以使众也。《康诰》曰："如保赤子[2]。"心诚求之，虽不中[3]，不远矣。未有学养子而后嫁者也！一家仁，一国兴仁；一家让，一国兴让；一人贪戾[4]，一国作乱，其机如此[5]。此谓一言偾事[6]，一人定国。尧舜帅天下以仁，而民从之；桀纣帅天下以暴，而民从之；其所令反其所好，而民不从。是故君子有诸己而后求诸人[7]，无诸己而后非诸人。所藏乎身不恕[8]，而能喻诸人者[9]，未之有也。故治国在齐其家。《诗》云："桃之夭夭，其叶蓁蓁；之子于归，宜其家人[10]。"宜其家人，而后可以教国人。《诗》云："宜兄宜弟[11]。"宜兄宜弟，而后可以教国人。《诗》云："其仪不忒，正是四国[12]。"其为父子兄弟足法，而后民法之也。此谓治国在齐其家。

（《传》之九章）

注释

[1] 弟（tì）：通"悌"，意为尊敬兄长。　[2] 赤子：婴儿。

[3]中（zhòng）：符合。 [4]贪戾（lì）：贪婪暴戾。 [5]机：弩箭的扳机，这里指发动之所由。 [6]偾（fèn）：败坏。朱熹注“偾，覆败也”。 [7]有诸己：有之于己，意为自己本身拥有的东西。 [8]恕：朱熹注释为“推己及人”。 [9]喻：动词，使晓谕、懂得。 [10]“桃之”句：引自《诗经·周南·桃夭》。该句描述女子出嫁的美好气氛和景象。蓁（zhēn）蓁，美好的样子。归，出嫁。 [11]宜兄宜弟：引自《诗经·小雅·蓼萧》。[12]“其仪”句：引自《诗经·曹风·鸤鸠》。忒（tè），差错。

译文

上文所说的“治国必先齐其家者”，意思是一个人如果连自己的家庭都不能教化，而能够教育好别人，这样的事情是从来都没有的。因此，君子不用出家门就能够管理教化好整个国家。孝亲之道是事奉国君的基础；悌道是事奉长辈的基础；慈爱是使令众人的基础。《尚书·康诰》中说：“爱人民就要和爱护婴儿一样。”如果能够诚心地这样去推求，那么即使不能完全符合治国之道，但也相去不远了。从来就没有先学会如何将孩子养育长大，就能够嫁出去的姑娘。如果每一个家庭都有仁爱之心，那么整个国家就会大力弘扬仁爱；如果每一个家庭都有礼让之心，那么整个国家就会大力弘扬礼让；如果每一个人都贪得无厌、暴戾邪恶，那么整个国家就会发生动乱。其关键就像这样。这也叫做一句话就可以败坏大事，同样，一个人就可以安定国家。尧、舜以仁政治国，老百姓就争相效仿学习仁爱；桀、纣以暴乱荒淫治国，老百姓就会受其恶习影响变得凶暴。如果一国之君的命令和实际的所作所为截然相反，老百姓是不会服从的。因此，德性高尚的君子，如果想要求别人做到行善，自己首先要有善行；如果想责备别人的

过错，自己首先要做到没有过错。如果没有这种推己及人的“恕道”精神，反而却强迫别人按照自己的意思去做，这是从来没有过的。所以说，一国之君要想治理好国家，首先就必须管理好自己的家庭。《诗经·周南·桃夭》中说：“桃花是那样的美艳动人啊，它的叶子是那样的绿色怡人啊！美丽的女子出嫁了，将会使这个家庭和睦安乐！”一个家庭和睦了，才能使整个国家都和睦。《诗经·小雅·蓼萧》中说：“兄弟和睦。”兄弟和睦了，才能使整个国家都和睦。《诗经·曹风·鸤鸠》中说：“仪容端正无误，才能成为天下的模范。”一个人只有无论是作为父亲、儿子，还是作为兄长、弟弟时，都能够做好自己的本分，履行好自己的职责，足以成为别人效法的对象，然后人民才会效法他。这就是要想治理好国家必须首先治理好家庭的道理所在。

文史链接

王阳明讲《大学》二则

论“诚意”

《大学》之要，诚意而已矣。诚意之功，格物而已矣。诚意之极，止至善而已矣。止至善之则，致知而已矣。正心，复其体也；修身，著其用也。以言乎己，谓之明德；以言乎人，谓之亲民；以言乎天地之间，则备矣。是故至善也者，心之本体也。动而后有不善，而本体之知，未尝不知也。意者，其动也。物者，其事也。至其本体之知，而动无不善。然非即其事而格之，则亦无以致其知。故致知者，诚意之本也。格物者，致知之实也。物格则知致意诚，而有以复其本体，是之谓止至善。圣人惧人之求之于外也，而反复其辞。旧本析而圣人之意亡矣。是故不务于诚意而徒以格物者，谓之支；不事于格物而徒以诚意者，谓之虚；不本于致知而徒以格物诚意者，谓之妄。支与虚与妄，其于至善也远矣。合之以敬而益缀，补之以传而益离。吾惧学之日远于至善也，去分章而复旧本，傍为之什，以引其义。庶几复见圣人之心，而求之者有其要。噫！乃若致知，则存乎心；悟致知焉，尽矣。

论“厚薄”

问：“大人与物同体，如何《大学》又说个厚薄？”先生曰：“惟是道理，自有厚薄。比如身是一体，把手足捍头目，岂是偏要薄手足，其道理合如此。禽兽与草木同是爱的，把草木去养禽兽，又忍得。人与禽兽同是爱的，宰禽兽以养亲，与供祭祀，燕宾客，心又忍得。至亲与路人同是爱的，如箪食豆羹，得则生，不得则死，不能两全，宁救至亲，不救路人，心又忍得。这是道理合该如此。及至吾身与至亲，更不得分别彼此厚薄。盖以仁民爱物，皆从此出，此处可忍，更无所不忍矣。《大学》所谓厚薄，是良知上自然的条理，不可逾越，此便谓之义；顺这个条理，便谓之礼；知此条理，便谓之智；终始是这条理，便谓之信。”

本文选自《王阳明全集》（明代王守仁撰，吴光、钱明、董平、姚延福编校，上海古籍出版社2011年版）。王守仁（1472—1529），幼名云，字伯安，号阳明，谥文成，浙江承宣布政使司绍兴府余姚县（今浙江余姚）人。明代著名的思想家、教育家、文学家、书法家、哲学家和军事家。王守仁是陆王心学之集大成者，与著名思想家朱熹双峰并峙，他精通儒、释、道三教，被誉为中国历史上罕见的、唯一一位做到立德、立言、立功的全能大儒。他所创立的“心学”，与朱熹的“理学”分庭抗礼。

王守仁年轻的时候，曾经学习朱熹的“格物”方法，以求悟道。他曾经对着竹子进行“格物”的训练，延续了七天七夜，都没有结果，自己反而累倒了。于是他对朱熹的“理学”产生了怀疑，认为人的内心中自然就包含世界运行的规则，没有必要非得从外在的一事一物上去“格物”，而是要从内心出发，即他所说的“心即理”，于是就创立了著名的“心学”，建立了自己的哲学思想体系。通俗地讲，王守仁“心学”的积极意义在于，让人们在生活中重视自己的主观能动性，积极思考，从而改变世界。

本文就是王守仁不同意朱熹做法的一个体现。他认为朱熹的《大学章句》，肆意“乱改”，使圣人的原本意涵没有得到正确理解，故要恢复《大学》的古本，于是他为《大学》古本作了序言，旨在号召人们从古本中正确把握圣人的思想。他认为《大学》的主要关键在于“诚其意”，这与他“心学”的宗旨是一致的。

大家不必拘泥于王阳明和朱熹的分歧，而是要通过王阳明的解读，从中获得古人读《大学》的不同理解和看法，扩大视野。

思考讨论

1. 你觉得个人与家庭、家庭与国家之间的关系是什么？《大学》中关于个人、家庭、国家的相关论说对你有哪些启示呢？

2. 查阅相关资料，了解明代思想家王阳明的其他事迹。

平天下在治其国

所谓平天下在治其国者，上老老而民兴孝[1]，上长长而民兴弟[2]，上恤孤而民不倍[3]，是以君子有絜矩之道也[4]。所恶于上，毋以使下；所恶于下，毋以事上；所恶于前，毋以先后；所恶于后，毋以从前；所恶于右，毋以交于左；所恶于左，毋以交于右：此之谓絜矩之道。

《诗》云："乐只君子，民之父母[5]。"民之所好好之，民之所恶恶之，此之谓民之父母。《诗》云："节彼南山，维石岩岩，赫赫师尹，民具尔瞻[6]。"有国者不可以不慎，辟则为天下僇矣[7]。《诗》云："殷之未丧师，克配上帝；仪监于殷，峻命不易[8]。"道得众则得国，失众则失国。是故君子先慎乎德。有德此有人，有人此有土，有土此有财，有财此有用。德者本也，财者末也，外本内末，争民施夺[9]。是故财聚则民散，财散则民聚。是故言悖而出者，亦悖而入；货悖而入者，亦悖而出。

《康诰》曰："惟命不于常[10]！"道善则得之，不善则失之矣。《楚书》曰[11]："楚国无以为宝，惟善以为宝。"舅犯曰[12]："亡人无以为宝，仁亲以为宝。"《秦誓》曰[13]："若有一个臣，断断兮无他技[14]，其心休休焉[15]，其如有容焉[16]。人之有技，若己有之，人之彦圣[17]，其心好之，不啻若自其口出[18]，实能容之[19]，以能保我子孙黎民，尚亦有利哉！人之有

技，媢疾以恶之[20]，人之彦圣，而违之俾不通[21]，实不能容，以不能保我子孙黎民，亦曰殆哉。”唯仁人放流之[22]，迸诸四夷[23]，不与同中国[24]。此谓唯仁人为能爱人，能恶人。见贤而不能举，举而不能先，命也[25]；见不善而不能退，退而不能远，过也。好人之所恶，恶人之所好，是谓拂人之性[26]，灾必逮夫身[27]。

是故君子有大道，必忠信以得之，骄泰以失之[28]。生财有大道，生之者众，食之者寡，为之者疾[29]，用之者舒[30]，则财恒足矣。仁者以财发身，不仁者以身发财。未有上好仁而下不好义者也，未有好义其事不终者也，未有府库财非其财者也。孟献子曰[31]：“畜马乘不察于鸡豚[32]，伐冰之家[33]，不畜牛羊，百乘之家[34]，不畜聚敛之臣。与其有聚敛之臣，宁有盗臣[35]。”此谓国不以利为利，以义为利也。长国家而务财用者，必自小人矣。彼为善之，小人之使为国家，灾害并至。虽有善者，亦无如之何矣！此谓国不以利为利，以义为利也。（《传》之十章）

注释

[1] 老老：意为尊敬老人。前一个“老”为动词，后一个“老”为名词。 [2] 长长：尊敬长辈。用法同“老老”。 [3] 倍：通“背”，背弃，背离。 [4] 絜（xié）矩：絜，衡量，推度。矩，一种测量方正意的工具，引申为规矩。 [5]“乐只”句：引自《诗经·小雅·南山有台》。只，语助词。 [6]“节彼”句：引自《诗经·小雅·节南山》。节，高大。岩岩，摹状词，险峻之貌。师尹，周朝太师尹氏。瞻，瞻仰、崇敬。 [7] 辟：邪僻。僇（lù）：同“戮”，刑杀。 [8]“殷之”句：引自《诗经·大雅·文王》。丧师，失去民众。克配，能够配享。上帝，主宰万物命运、朝代更替的天帝，与君王相对。仪，宜。监，借鉴。峻，大。命，天命。[9] 争民施夺：指上行下效，君王与人民争财物，而施行劫夺之政。 [10] 常：长久。 [11]《楚书》：楚国史书，已经亡佚。朱熹注释为《国语·楚语》。 [12] 舅犯：春秋时期晋文公重耳的舅舅狐偃，字子犯。 [13]《秦誓》：《尚书·周书》中的一篇。[14] 断断：真诚专一的样子。 [15] 休休：乐善宽宏的样子。[16] 有容：有包容之心。 [17] 彦圣：指德才兼备。朱熹注“彦，美士也。圣，通明也”。 [18] 不啻（chì）：不只，不仅。[19] 实：确实。 [20] 媢（mào）疾：嫉妒而厌恶。 [21] 俾：使。[22] 放流：流放。 [23] 迸：驱逐。 [24] 中国：中原一带。[25] 命：郑玄认为是“慢”字之误。慢，怠慢。 [26] 拂人之性：违背人的天性。 [27] 逮：及。 [28] 骄泰：骄横放纵。[29] 疾：迅速，勤奋。 [30] 舒：舒泰。 [31] 孟献子：即仲孙蔑，春秋时期鲁国大夫。 [32] 畜马乘（shèng）：士人刚开始做大夫的官位待遇。朱熹注为“士初试为大夫者也”。乘，配备四匹马的车。不察于鸡豚：不以养鸡与猪牟取利益。 [33] 伐

冰之家：春秋时期官位等级待遇，指祭祀时有资格使用冰块的卿大夫家。 [34] 百乘之家：拥有一百辆车的家庭，指有封地的诸侯。 [35] 盗臣：盗窃府库钱财的臣属。

译文

上文中之所以说“平天下在治其国者”，意思是说，在上位者，能够孝敬老人，那么人民就会受感召，兴起孝顺父母之风；在上位者，能够尊敬长辈，那么老百姓就会以他为榜样，兴起尊敬长辈之风；在上位者，能够关爱弱势群体，怜悯孤幼之人，那么老百姓也不会背弃孤幼。因此，君子总是要以身作则，践行“己所不欲，勿施于人”、推己及人的“絜矩之道”。我讨厌上面的人这么对待我，那么我就不要这么对待下面的人；我讨厌下面的人某些行为，那么我就不要在上面的人面前做出这些行为；我讨厌前面的人这么对待我，那么我就不要这么对待我后面的人；我讨厌我后面的人的做法，那么就不要用这种做法对待我前面的人；我讨厌我右边的人这么对待我，那么我就不要这么对待左边的人。这就是所谓的“絜矩之道”。

《诗经 · 小雅 · 南山有台》中说：“和乐的君主，像是人民的父母啊！”凡是人民喜好的，他也喜好；凡是人民厌恶的，他也厌恶，这就是所谓人民的父母。《诗经 · 小雅 · 节南山》中说：“高大巍峨的南山啊，岩石险峻耸立。威严显赫的太师，人民都在瞻仰他。”凡是拥有国家的君王，不可以不谨慎，一旦偏错失去道义，就会被天下人诛杀。《诗经 · 大雅 · 文王》中说：“殷商之所以能够没有丧失民众，是因为它还能够配享天命。所以我们应该以殷商为鉴戒，这是因为守住天命并非一件容易的事情。”得到民心就能得到国家，失去民心就会失去国家。因此，君心首先注重修养德行。有正义之道才能得到民众拥护，有民众拥护才能得到土地，有土地物产才会得到财富，有了财富才能够有所作为。道德是根本，财富是枝节。如果轻根本重枝节，那么老百姓就会上行下效，争抢劫夺利益。所以，君主如果聚敛财富，民心就会涣为散沙；如果散财于民，民心就会团结在一起。这就好比说话一样，如果违逆正道说出去，就会有同样违逆正道的话语报回来；如果有违逆正道得来的财富，就会同样违逆正道地失去。

《尚书·康诰》中说："只有天命是不会长久保持的。"这就是说，推行善德便能够配享天命，不推行善德便会失去天命。《楚书》中说："楚国没有什么宝物，只是把拥有善德的人当做宝物。"舅犯说："在外流亡的人没有什么宝物，只是把对亲人的仁爱当做宝物。"《尚书·秦誓》中说："如果有这样一位臣子，忠心老实，也没有什么过人的本领，但却心胸宽广，能够包容别人。别人有木领，就好比他自己也有一样；别人德才兼备，他心悦诚服，不但如同他口中所说，而且也真的能够包容和容纳。起用这样的人，除了可以保护好我的子孙黎民百姓，而且还能够得到很多好处的啊！如果别人有过人之处，就嫉妒人家；别人德才兼备，就故意图谋阻挠、妨碍，使君上不能了解人家的品德和本领，这就是真正的不能容纳和包容。起用这种人，不但不能保护好我的子孙黎民百姓，反而能够招致祸害！"因此，仁德之人会把这种心胸狭窄、品德败坏的人流放，并驱逐到四周偏远的地方，不让这些人和自己一同居住在中原地带。这说明，只有仁德的人既能爱护好人，也能够惩罚坏人。发现贤士不能选拔，选拔了不能任用，这叫做轻慢。发现坏人不能罢免，罢免了不能驱逐出境，这叫做过错。喜欢众人所厌恶的，厌恶众人所喜欢的，这是违背了人的天性，会招致灾难降临到自己身上。

因此，一国之君倘若坚守正道，必定能够遵循忠诚信义，来获得天下；倘若骄奢纵欲，便会失去天下。生产财物要有正道：要让生产财物的人多，消费财物的人少；要让生产财物的人勤劳，消费财物的人节约。这样，国家的财富便会经常保持充盈。有仁爱的人散去财物，来提高自己的道德品行，得到民众；不仁爱的人，不惜以生命为代价去聚敛财物。没有位高权重的人爱好仁德，而在下面的臣属民众却不喜好忠义的；没有喜爱忠义，而做事不能够善终的；没有国库里有了财物，却不属于国君的。孟献子说："具备马匹车辆的士大夫之家，就不应该再用心计较养鸡、养猪的小利；祭祀能够有资格用冰水的卿大夫之家，就不要再养牛养羊去牟利；有封地采邑、拥有百辆兵车的诸侯之家，就不要再任用专门搜刮人民财富的臣子。与其任用搜刮民财的臣子，宁可有偷盗公家财物的臣子。"意思是说，一个国家不应该以获得物质钱财之利为利益，而应该以获取道义为真正的利益。成为国君，却还迷恋于暴敛钱财，这一定是有小人在诱导教唆，国君却还以为这些小人是好人，并任命他们处理国家事务，这样做的结果必然会招致灾难。这时候虽然有贤人，但也没有办法挽救了。所以，一个国家不应该以财物为利益，而应该以获取道义为真正的利益。

文史链接

儒家人文精神的特点

孔子和儒家极大地张扬了人的自强不息、积极有为的创造精神，特别是人在物质文化、制度文化、精神文化诸层面的积极建构，促进文化的发展与繁荣，肯定道德、知识、智慧、文采、典章制度、礼乐教化等等。但孔子和儒家在极大地肯定人的文化创造的同时，并没有陷于人类中心主义和人文至上主义的立场，反而谨慎地处理了人文与自然、人文与宗教、人文与科学的关系。

特点之一：儒家人文精神不与宗教性相对立。

孔子“不语怪、力、乱、神”（《论语·述而》），“敬鬼神而远之”（《论语·雍也》），即对民间小传统的信仰，对鬼神迷信不轻易表态，或采取存而不论的态度。但这并不表示他对当时精英文化大传统的信仰有丝毫的动摇。孔子也运用占卜，强调祭祀的重要和态度的虔诚。孔子特别反复申言对“天”的信仰和对“天命”的敬畏。孔子说：“获罪于天，无所祷也”（《论语·八佾》）；“君子有三畏，畏天命，畏大人，畏圣人之言”（《论语·季氏》）；“唯天为大”（《论语·泰伯》）。孔子保留了对“天”、“天命”的信仰与敬畏，肯定了“天”的超越性、神秘性。据孟子说，孔子赞美《诗经·大雅·烝民》篇的“天生烝民，有物有则，民之秉彝，好是懿德”为“知道”之诗（《孟子·告子上》），肯定天生育了众民，是人的源泉，认为人所秉执的常道是趋向美好的道德，即天赋予了人以善良的天性。孔子肯定个人所具有的宗教性的要求，又进一步把宗教与道德结合起来。孔子和儒家的积极有为的弘道精神、担当意识，超越生死的洒脱态度，朝闻夕死，救民于水火，杀身成仁，舍生取义的品德，均源于这种信仰、信念。或者我们可以说，儒家人文的背后，恰恰是宗教精神信念在支撑着！孔子说：“天生德于予”（《论语·述而》）；“天之将丧斯文也，后死不得与于斯文也”（《论语·子罕》）；“道之将行也与，命也；道之将废也与，命也”（《论语·宪问》）。儒者的理想能否实现，听之于命运，因为这里有历史条件、客观环境的限制，不必强求，但也不必逃避，主体生命仍然要自觉承担。儒家把这种宗教精神转化为道德精神，儒学即是一种道德的宗教。儒家的“天”，是形而上的“天”，是道德法则的“天”，这个“天”

和“天命”转化为人的内在本质,在人的生命内部发出命令。如此,才有千百年来刚健自强的志士仁人们“以天下为己任”的行为和“三军可夺帅也，匹夫不可夺志也”的气概，乃至社会文化各层面的创造。足见儒家人文精神不仅不排斥宗教，反而涵盖了宗教，可以与宗教想融通。这也是我国历史上很少有像西方那样的惨烈的宗教战争的原因。

特点之二：儒家人文精神不与自然相对立。

儒家的确把人作为天下最贵者。荀子说：“水火有气而无生，草木有生而无知，禽兽有知而无义，人有气有生有知亦且有义，故最为天下贵也。”(《荀子·王制》)周秦之际的儒家认为：“人者，天地之心也……”;“人者，其天地之德，阴阳之交，鬼神之会，五行之秀气也”(《礼记·礼运》)。但人并不与自然天地、草木鸟兽相对立。人在天地宇宙间的地位十分重要，但人只是和谐的宇宙的一部分。“唯天下至诚,为能尽其性。能尽其性,则能尽人之性。能尽人之性，则能尽物之性。能尽物之性，则可以赞天地之化育。可以赞天地之化育，则可以与天地参矣。”(《礼记·中庸》)这是讲至诚的圣人，能够极尽天赋的本性，继而通过他的影响与教化，启发众人也发挥自己的本性，并且进一步让天地万物都能够尽量发挥自己的本性，各安其位，各遂其性，这也就可以赞助天地生成万物了。既然如此,至诚的圣人及其功用,则可以与天地相媲美，与天地并立为三，人与天地并立为三的思想，是在这种语境中表达出来的。儒家人文精神强调天地人“三才之道”并行不悖，并育而不相害，且成就了一个人与宇宙的大系统。

特点之三：儒家人文精神不与科学相对立。

儒家人文精神与价值理念非但不排斥科学，反而包容、促进了科学技术的发展。近百年来，对于中国传统文化，人们普遍有两种误解。第一种误解，即是认为中国传统文化是泯灭人的创造性的，是束缚人的自主性和创新精神的。第二种误解，就是认为中国传统文化是反科学的，至少是阻碍科学技术之发展的。这两种误解都需要予以澄清。当然，具体地辨析中国文化在不同时空的发展过程中的正负面的价值，不是本章的任务，这也不是三言两语就可以说清楚的。

有人说儒家或中国文化轻自然、斥技艺，这完全没有根据。儒家人文精神并不轻视自然，亦不排斥技艺。对于中国古代科技的发展及其独特的范式的研究，我们应当有独特的视域，而不宜以西方近代科学作为唯一的参照。李约瑟的研究尽管还有不少可以商榷之处，但他的慧识是摆脱了“西方中心论”，正确估价了中国古代的宇宙观念、思维方式的特异之处，以及中国古代科学技术实际上作出的绝不亚于西方的贡献。中国人取得了那么多令世人瞩目的发明创造，闪烁着惊人的智慧。

有一种看法，以为重人生、重道德的儒家人文精神就一定会轻视自然、排斥科学，这也是需要辨析的。以中国宋代最著名的人文学者，也是最遭今人误会与咒骂的朱熹为例。朱子的“格物致知”中的“物”，既包含了伦常之事，又包含了自然之物。其“理一分殊”的命题，既重视宇宙统一的“理”，又重视部分的“理”和各种具体的“理”及其相互间的关联。其前提是在“物物上穷其至理”。“上而无极太极，下而至于一草一木一昆虫之微，亦各有理。一书不读，则阙了一书道理；一事不穷，则阙了一事道理；一物不格，则阙了一物道理。须着逐一件与他理会过。”（《朱子语类》卷十五）朱子的理学既重人伦，又重天道，肯定自然，肯定科技的价值，他自己在天文、地质、农学上都有贡献，甚至对浑天仪、水力驱动装置等有浓厚的兴趣。

［注］本文节选自郭齐勇：《中国儒学之精神》，复旦大学出版社 2008 年版。有删减。

思考讨论

1.《大学》中有一个内涵丰富的概念“慎独”。你觉得在经济迅速发展、人际关系多样化的今天，应如何理解“慎独”呢？怎样才能做到“慎独”？

2.《大学》有这么一段话：“所恶于上，毋以使下；所恶于下，毋以事上；所恶于前，毋以先后；所恶于后，毋以从前；所恶于右，毋以交于左；所恶于左，毋以交于右：此之谓絜矩之道。”什么是“絜矩之道”？人与人之间的和谐关系，应该从什么地方起步？这段话与《论语》中的一句名言非常相似，你知道是哪一句吗？

附 录

大学章句序

朱 熹

《大学》之书，古之大学所以教人之法也。盖自天降生民，则既莫不与之以仁义礼智之性矣。然其气质之禀或不能齐，是以不能皆有以知其性之所有而全之也。一有聪明睿智能尽其性者出于其间，则天必命之以为亿兆之君师，使之治而教之，以复其性。此伏羲、神农、黄帝、尧舜所以继天立极，而司徒之职、典乐之官所由设也。

三代之隆，其法浸备，然后王宫、国都以及闾巷，莫不有学。人生八岁，则自王公以下，至于庶人之子弟，皆入小学，而教之以洒扫、应对、进退之节，礼乐、射御、书数之文；及其十有五年，则自天子之元子、众子，以至公、卿、大夫、元士之嫡子，与凡民之俊秀，皆入大学，而教之以穷理、正心、修己、治人之道。此又学校之教、大小之节所以分也。

夫以学校之设，其广如此，教之以术，其次第节目之详又如此，而其所以为教，则又皆本之人君躬行心得之余，不待求之民生日用彝伦之外，是以当世之人无不学。其学焉者，无不有以知其性分之所固有，职分之所当为，而各俛焉以尽其力。此古昔盛时所以治隆于上，俗美于下，而非后世之所能及也！

及周之衰，圣贤之君不作，学校之政不修，教化陵夷，风俗颓败，时则有若孔子之圣，而不得君师之位以行其政教，于是独取先王之法，诵而传之以诏后世。若《曲礼》、《少仪》、《内则》、《弟子

职》诸篇，固小学之支流余裔，而此篇者，则因小学之成功，以著大学之明法，外有以极其规模之大，而内有以尽其节目之详者也。三千之徒，盖莫不闻其说，而曾氏之传独得其宗，于是作为传义以发其意。及孟子没而其传泯焉，则其书虽存，而知者鲜矣！

自是以来，俗儒记诵词章之习，其功倍于小学而无用；异端虚无寂灭之教，其高过于大学而无实。其他权谋术数，一切以就功名之说，与夫百家众技之流，所以惑世诬民、充塞仁义者，又纷然杂出乎其间。使其君子不幸而不得闻大道之要，其小人不幸而不得蒙至治之泽，晦盲否塞，反覆沉痼，以及五季之衰，而坏乱极矣！

天运循环，无往不复。宋德隆盛，治教休明。于是河南程氏两夫子出，而有以接乎孟氏之传。实始尊信此篇而表彰之，既又为之次其简编，发其归趣，然后古者大学教人之法、圣经贤传之指，粲然复明于世。虽以熹之不敏，亦幸私淑而与有闻焉。顾其为书犹颇放失，是以忘其固陋，采而辑之，间亦窃附己意，补其阙略，以俟后之君子。极知僭逾，无所逃罪，然于国家化民成俗之意、学者修己治人之方，则未必无小补云。

淳熙己酉二月甲子，新安朱熹序

第二章　中　庸

致中和

天命之谓性[1]，率性之谓道[2]，修道之谓教[3]。道也者，不可须臾离也，可离非道也。是故君子戒慎乎其所不睹，恐惧乎其所不闻。莫见乎隐[4]，莫显乎微，故君子慎其独也[5]。喜怒哀乐之未发，谓之中[6]，发而皆中节[7]，谓之和[8]。中也者，天下之大本也[9]；和也者，天下之达道也。致中和，天地位焉[10]，万物育焉。（一章）

注释

[1]天命：意思是自然造化万物，赋予万物天性。朱熹注为“天以阴阳五行化生万物，气以成形，而理亦赋焉，犹命令也”。天，指造化万物的自然。命，赋予。　[2]率：遵循，顺从。性：自然赋予人的本性。道：路，引申为自然规律。　[3]教：教化。　[4]莫：没有。见：同“现”，显现。　[5]独：一人独处之时，或者指别人不知而自己独有的心思。　[6]中：不偏不倚，符合自然的状态。　[7]中节：符合自然的道理、标准。

[8] 和：和谐，矛盾与差异的综合平衡。 [9] 大本：同出的根源，指道的本体。 [10] 位：处在正确的位置上。

译文

天道自然赋予人的禀赋叫做“性”，遵循天性而运作叫做“道”，顺从大道的法度叫做“教”。大道是不可以离开片刻的，如果可以离开，那就不是“道”了。所以，君子对别人看不到的地方会小心谨慎，对别人听不到的地方会有所戒惧。没有比隐暗之处更明显的，没有比细微之事更明显的。因此，君子在一个人独处的时候，一定要特别戒慎恐惧。喜怒哀乐等各种情感没有表现出来的时候，叫做“中”；表现出来以后，符合自然的节度，就叫做“和”。“中”是天下的根本，“和”是天下万事万物矛盾与差异的综合平衡。达到“中和”的境界，天地万物便会各安其位，万物生发便会各遂其生。

文史链接

冯友兰：“中”与“和”

《中庸》对于“中”的意义作了充分发挥。“中”和古希腊亚里士多德所主张的“中道为贵”（the golden mean）颇为相近。有的人错以为，主张中道就是凡事只应求其半，行其半。其实，“中”的真正含义是“恰如其分”、“恰到好处”。如果一个人要从华盛顿到纽约，结果穿越纽约而到了波士顿，那就是过分；如果只到费城，那就是不及。公元前三世纪中国诗人宋玉曾经在《登徒子好色赋》中描绘一位美人说：“增之一分则太长，减之一分则太短；著粉则太白，施朱则太赤。”（《文选》卷十九）这里描绘的一位美女，身体和容貌都恰到好处。这就是儒家所谓的“中”。

中庸章句序

中庸何爲而作也子思子憂道學之失其傳而作也蓋自上古聖神繼天立極而道統之傳有自來矣其見於經則允執厥中者堯之所以授舜也人心惟危道心惟微惟精惟一允執厥中者舜之所以授禹也堯之一言至矣盡矣而舜復益之以三言者則所以明夫堯之一言必如是而後可庶幾也蓋嘗論之心之虛靈知覺一而已

《中庸》书影

在“中”这个概念里，时间是个重要的组成部分。冬天穿皮大衣是“正好”，但如果在夏天，就成为可笑了。因此，儒家往往把“时”与“中”联系起来，如“时中”，含义是懂得“适当其时”又“恰如其分”地行事。孟子称孔子：“可以仕则仕，可以止则止，可以久则久，可以速则速”（《孟子·公孙丑章句上》）。正是因此，所以孟子称颂说：“孔子，圣之时者也。”（《孟子·万章章句下》）

《中庸》第一章上写道：“喜怒哀乐之未发，谓之中；发而皆中节，谓之和。中也者，天下之大本也；和也者，天下之达道也。致中和，天地位焉，万物育焉。”人的感情还未迸发出来时，内心里无所谓“过分”或“不及”，这时称为“中”。当人的感情倾泻出来时，而保持恰如其分，这时也仍然是“中”。“和”来自“中”，“中”又是调和各种心情所必需。

这个思想适用于人的感情，也同样适用于人的欲望。个人的

行为或人的社会关系中，都有一个中点，使人在表达感情和满足欲望时，知乎所止。当人的感情和欲望都表现得合乎分寸，他内心便达到一种平衡，这是精神健康所必需的。对整个社会来说，也是如此，如果在一个社会里，各种人都懂得对自己的欲望和感情适度地满足，这时，社会便达到和谐、安定、秩序井然。

"和"便是协调分歧，达成和睦一致。《左传》中曾经记载，昭公二十年（前 522），齐国大夫晏婴（？—前 500）于公元前 493 年有一段话，分析"和"与"同"的区别说："和如羹焉，水、火、醯（音希，醋）、醢（音海，肉和鱼制成的酱）、盐、梅以烹鱼肉"，这些调料合在一起，产生一种新的味道，既不是醋又不是酱的味道。"同"则如同以开水作调料，或一个乐曲只准用一个声音，并不引进任何新的味道。在中文里，"同"意味着单调一律，不容许有任何不同；"和"则意味着和谐，它承认不同，而把不同联合起来成为和谐一致。这种和谐需要一个条件，就是：各种不同成分之间，要有适当的比例，这就是"中"，"中"的作用则是达成"和"。

一个有组织的社会里，有各种不同才能、不同行业的人，各有自己的地位，完成不同的作用，各得其所，彼此没有冲突。一个理想的社会，也是这样和谐的一体。如《中庸》第三十章所说："万物并育而不相害，道并行而不相悖……此天地之所以为大也。"

这种和谐，不仅是指人类社会，它也渗透全宇宙，构成所谓"太和"。《易·乾卦》的《彖辞》说："大哉乾元……保合太和，乃利贞。"这是说，乾的生发能力多么浩瀚……联成一气，保有至高的和谐，这就是大吉大利。

［注］本文节选自冯友兰著，赵复三译：《中国哲学简史》（英汉对照），天津社会科学出版社 2007 年版。

思考讨论

1. “和”的意思是什么？“中和”的意思又是什么？《中庸》为什么说“中也者，天下之大本也；和也者，天下之达道也”呢？

2.《周易》中有一句名言：“天行健，君子以自强不息；地势坤，君子以厚德载物。”你知道这句名言的含义吗？

君子之中庸

仲尼曰[1]：“君子中庸[2]，小人反中庸。君子之中庸也，君子而时中[3]；小人之中庸也，小人而无忌惮也[4]。”（二章）

子思像

子曰：“中庸其至矣乎！民鲜能久矣[5]！”（三章）

子曰：“道之不行也[6]，我知之矣，知者过之[7]，愚者不及也；道之不明也，我知之矣，贤者过之，不肖者不及也[8]。人莫不饮食也，鲜能知味也。”（四章）

注释

[1] 仲尼：孔子。 [2] 中庸：儒家的最高道德标准。朱熹

注为“中庸者，不偏不倚、无过不及”。 [3]时中：时时处于中庸之道。 [4]忌惮：顾忌和畏惧。 [5]鲜：很少。 [6]道：中庸之道。行：推行。 [7]知：同“智”。过：超过。 [8]不肖：不贤。

译文

孔子说：“君子能够遵循中庸之道，小人违背中庸之道。君子之所以能够遵循中庸之道，是因为君子时时刻刻都要做到适中，符合自然之道；小人之所违背中庸之道，是因为小人无所顾忌，没有戒惧之心。

孔子说：“中庸大概是最高的德行了吧！但民众很少能够做到，这种状况已经很久了吧！”

孔子说：“中庸之道之所以不能推行，我知道是什么原因了：聪明的人过分要弄自己的小聪明，自以为是；愚笨的人智力不及，没有办法领悟它。中庸之道之所以不够明显，我知道是什么原因了：贤能的人过分表现自己的才能，不贤的人因没有足够才能，没有办法做到。这种情况就好比人们每天都要进食吃饭，但却很少有人能够真正品尝到食物的滋味。”

文史链接

什么是“中庸”

“中庸”是我国古代儒家哲学中的基本观念，又称“中”。《论语·雍也》中也谈到了“中庸”，孔子说：“中庸之为德也，其至矣乎！民鲜久矣。”孔子又说：“不得中行而与之，必也狂狷乎！狂者进取，狷者有所不为也。”（《论语·子路》）之后，到了孔子的孙子子思，相传他作《中庸》，进一步论述了孔子的思想，发展了“中”的观念。子思把孔子的话记录在《中庸》中：“君子中庸，小人反中庸。君子之中庸也，君子而时中；小人之中庸也，小人而无忌惮也。”又说：“舜其大知也与！舜好问而好察迩言，隐恶而扬善，执其两端，用其中于民，其斯以为舜乎！”从孔子和子思的言语中，我们可以看出，“中庸”、“中行”、“时中”、“执其两端，用其中于民”，就是“中庸”最主要的内涵。后世又有人对“中庸”作了新的解释，主要是在汉代、宋代，以及明代。

汉代儒者进一步对“中庸”加以解释。一是把“庸”解释为“用”，《礼记》孔颖达《疏》云：“案郑《目录》云：名曰《中庸》者，以其记中和之为用也。庸，用也。”“中庸”的意思，就是“中和之为用”。二是把“庸”解释为“常”，《礼记》郑玄《注》释“君子中庸”云：“庸，常也，用中为常道也。”又释“执其两端，用其中于民”云：“两端，过与不及也。用其中于民，贤与不肖皆能行之也。”“中庸”的意思就是，无过无不及、不偏不倚的常道。

宋代著名理学家程颐也对“中庸”作了解释，他说：“不偏之谓中，不易之谓庸。中者天下之正道，庸者天下之定理。”此外，理学集大成者朱熹说：“中者，无过无不及之名也。庸，平常也。”又说：“中庸者，不偏不倚、无过无不及，而平常之理，乃天命所当然、精身之极致也。”可见，程颐、朱熹对“中庸”的解释，与汉代学者不同之处在于，他们从哲学的角度理解“中庸”，认为“中庸”是“天命所当然”、“天下之正道”、“天下之定理”，这就赋予了“中庸”本体论的含义。通俗地讲，“中庸”是万事万物运行的根本法则和最终依据。宋代以后，“不偏之谓中，不易之谓庸”成为了后世理解“中庸”的标准注释，同时也渗透到一般人的社会心理之中。

明清之际，有一位非常著名的思想家、哲学家王夫之也对“中庸”作了新的解释，令人耳目一新。王夫之解释说：“若夫庸之为义，在《说文》则云：‘庸，用也。’《尚书》之言‘庸’者，无不与‘用’义同。自朱子以前，无有将此字作平常解者……故知曰‘中庸’者，言中之‘用’也。”（《读四书大全说》卷二）又说：“中庸二字，必不可与过、不及相参立而言。先儒于此，似有所未悉，说似一川字相似，开手一笔是不及，落尾一笔是过，中一竖是中庸，则岂不大悖？”又说：“狂狷总是不及，何所得过？圣道为皇极，为至善，为巍巍而则天，何从得过？……要以中为极至，参天地，赞化育，而无有可过，不欲使人谓道有止境，而偷安于苟得之域。”（《读四书大全说》卷六）可见，王夫之在继承朱子把中庸理解为“中之用”的同时，认为把“中庸”理解为与“过”“不及”相并立的概念，是错误的。他认为应该把“中庸”理解为比“过”“不及”更高一层的概念，要“以中为极至”，意思就是“中庸”应该理解为个人修养达到的“最高境界”。应孜孜不倦地去追求。因此从这个角度讲，“中庸”只能是“不及”，而无所谓“过之”。

今天，我们理解“中庸”时，应避免庸俗化的理解，同时还应注意到：万事万物都存在一定的标准和限度，超过这个限度和达不到这个限度，本质上并没有什么不同。“过”和“不及”，包含着对立而相互转化的观点。

《论语》论“中”

在一般方法论上，孔子主张“中庸”。孔子说：“中庸之为德也，其至矣乎！民鲜久矣。”（《雍也》）“中庸”是道德修养的最高境界，一般人很难达到。“中庸”又是普遍的方法学。“庸”有三义，一是“平常”，一是“不易”，一是“用”。“中”指适中，中和，不偏不倚、无过无不及的标准。“子贡问：‘师与商也孰贤？’子曰：‘师也过，商也不及。’曰‘然则师愈与？’子曰：‘过犹不及。’”（《先进》）师是颛孙师，即子张。商是卜商，即子夏。子张处事有点过分，子夏处事有些赶不上，过分和赶不上同样不好。在文质关系上，孔子主张：“质胜文则野，文胜质则史，文质彬彬，然后君子。”（《雍也》）这是文质关系的中道。孔子评论《关雎》“乐而不淫，哀而不伤”。（《八佾》）这是哀乐情感表达的中道。孔子的弟子说孔子“温而厉，威而不猛，恭而安”，这是性情、仪表上的中道。中庸之道不是不要原则，不是迎合所有的人，那是滑头主义的“乡愿”。孔子说：“乡愿，德之贼也。”（《阳货》）

《礼记·中庸》引孔子的话说：“君子中庸，小人反中庸。君子之中庸也，君子而时中。”随时符合标准，那标准其实也是与时迁移的。如果一定时空条件下的“礼”是标准与原则的话，“时中”的要求是指与时偕行，与时代的要求相符合。“立于礼”，符合礼，不是机械地拘执僵死的教条、规范。孔子提出了“权”，即通达权变的思想，强调动态的平衡统一，原则性与灵活性的统一。

孔子的弟子有子说：“礼之用，和为贵。先王之道，斯为美；小大由之。有所不行，知和而和，不以礼节之，亦不可行也。”（《学而》）以一定的规矩制度来节制人们的行为，调和各种冲突，协调人际关系，使人事处理恰到好处，这是礼乐制度的正面价值。礼使社会秩序化，乐使社会和谐化。礼乐教化的人文精神是人与人、族与族、文与文相接相处的精神，或“以人文化成天下”的精神，“天下一家”的精神。“礼之用，和为贵”是协和万邦、民族共存、文化交流融合并形成统一的中华民族、中华文化的基础。

孔子有“叩其两端而竭焉”（《子罕》）的方法，即不断地从两个不同的方面去启发问题，又提倡“执其两端，用其中于民”，在两个极端之间找到动态统一平衡的契机，具体分析，灵活处理，辩证综合。

［注］本文节选自郭齐勇编著：《中国哲学史》，高等教育出版社 2006 年版。题目为编者所加。

思考讨论

1.“中庸”的含义是什么？你如何理解“执其两端,用其中于民”这句话的含义？

2.“和而不同”，是我们民族文化的核心理念之一。“和”，简而言之，就是不同类型的事物组合在一起，形成一个和谐的整体。譬如五个不同音符搭配起来，就能组成一首和谐的乐曲。你能够举出生活当中“和而不同”的例子么？

执其两端

子曰：“道其不行矣夫！”（五章）

子曰：“舜其大知也与！舜好问而好察迩言[1]，隐恶而扬善，执其两端[2]，用其中于民，其斯以为舜乎！”（六章）

子曰：“人皆曰‘予知’，驱而纳诸罟擭陷阱之中[3]，而莫之知辟也。人皆曰‘予知’，择乎中庸，而不能期月守也[4]。”（七章）

子曰："回之为人也[5]，择乎中庸，得一善[6]，则拳拳服膺而弗失之矣[7]。" （八章）

注释

[1]迩言：浅显的话。 [2]执其两端：注意协调矛盾双方极端对立的意见。 [3]纳诸罟擭（gǔ huó）：纳之于罟擭。纳，纳入，这里指落入。罟擭，捕兽的器具。罟，网的总称。擭，装有机关的捕兽木笼。 [4]期（jī）月：满一月。 [5]回：即颜回，又叫颜渊，春秋末鲁国人，字子渊。孔子的得意弟子之一，以德行见称。颜回贫而好学，笃于存仁，虽箪食瓢饮，不改其乐。三十二岁去世，后人尊称为"复圣"。 [6]善：善道。
[7]拳拳服膺：双手捧持牢记在心中。拳拳，双手捧持之貌。服膺，放在胸口上，指记在心中。

译文

孔子说："中庸之道，大概无法推行了吧！"

孔子说："伟大的舜可以说是具有大智慧的人了吧！他喜欢向人民请教问题，善于从老百姓浅显平易的谈话中观察总结其道理和含义，他不向人们宣扬邪恶的行为和事情，而是大力宣传善良的举动和行为，时常注意协调矛盾双方对立的意见，采纳中庸的办法来管理人民，这就是舜之所以成为舜的原因吧！"

孔子说："人人都说自己有智慧，可是一旦被驱赶、落入到罟网陷阱之中，都变得不知所措，不知道该如何逃离躲避了。人人都说自己聪明，可是一旦要践行中庸之道，却连一个月都无法坚持下来。"

孔子说："颜回的为人是这样的：他努力践行中庸之道，得到一种善德和善行，便牢牢记在心里，不让它丢掉。"

文史链接

颜回与孔子

孔子穷乎陈、蔡之间，藜羹（lí gēng）不斟，七日不尝粒，昼寝。颜回索米，得而爨（cuàn）之，几熟。孔子望见颜回攫取其甑（zèng）中而食之。选间（旋间，一会儿），食熟，谒孔子而进食。孔子佯为不见之。孔子起曰："今者梦见先君，食洁而后馈。"颜回对曰："不可。向者煤炱入甑中，弃食不祥，回攫而饭之。"孔子叹曰："所信者目也，而目犹不可信；所恃者心也，而心犹不足恃。弟子记之，知人固不易矣。"（《吕氏春秋·审分览·任数》）

孔子受困于一个在陈国和蔡国之间的地方，缺少食物，已经七天没有吃饭了，白天只好睡觉。于是，孔子的学生颜回就去外讨要米，讨回来就煮，就快要熟了。这时，孔子看见颜回用手抓锅里的米吃。过了一会，米饭彻底熟了，颜回请老师孔子进食，孔子假装没看见颜回用手抓米的事情。孔子起来说："今天梦见我的先人，我自己先把食物弄干净后，才献给他们吃。"颜回回答说："不能那样做，刚刚有一些炭灰掉进了锅里，弄脏了米饭，丢掉已经煮熟的米饭又不好，于是我就自己抓来吃了。"孔子听了以后，叹息道："一般来说，眼睛看见的应该可信，可是有时候却并非全部可信；按道理说，自己的判断应该可信，可是有时候自己的判断也不一定可信。你们一定要记住，要真正了解一个人不容易啊！"

这个故事又叫做"孔子困于陈蔡之间"，是一个脍炙人口的故事。故事当中的颜回面对老师的误会，并不计较，体现了颜回的性格与胸怀。作为老师的孔子有高尚的修养，即使“七日不尝粒”也不怨天尤人，看见学生颜回“偷吃”，能采取巧妙的方式点醒教育学生。最可贵的是，孔子在得知真相后，还能够做到自责自省。师徒二人分别以自己的行为举动，彰显了高尚的人格修养。

思考讨论

1. 孔子为什么说颜回懂得“中庸之道”？

2. 伟大的教育家孔子培养了很多学生，其中最有出息的学生有七十二位，你能否列举出其中几位学生的名字？他们都有哪些优点和光辉事迹呢？

子路问强

子曰：“天下国家可均也[1]，爵禄可辞也，白刃可蹈也[2]，中庸不可能也。” （九章）

子路问强[3]。子曰：“南方之强与？北方之强与？抑而强与[4]？宽柔以教，不报无道[5]，南方之强也，君子居之。衽金革[6]，死而不厌[7]，北方之强也，而强者居之。故君子和而不流[8]，强哉矫[9]！中立而不倚，强哉矫！国有道，不变塞焉[10]，强哉矫！国无道，至死不变，强哉矫！” （十章）

注释

[1]均：平定治理。朱熹注“均，平治也”。　[2]白刃：有亮光的刀刃。　[3]子路：即仲由，字子路。孔子得意门生之一，以政事见称，为人性格率直，好勇力，敢于批评老师孔子。[4]抑而强与：或者还是你自己强呢？　[5]不报无道：不报复不讲道理的人。朱熹注为“横逆之来，直受而不报也”。[6]衽（rèn）：卧席。　[7]死而不厌：即使死去也不会在意。[8]和而不流：性情平和而又不随波逐流。　[9]矫（jiǎo）：强壮的样子。　[10]不变塞：意思是即使穷困，也不改变自己的操守。塞，堵塞，不通。

译文

孔子说：“天底下的国家可以治理安定，官爵俸禄可以辞让放弃，锋利的刀刃也可以践踏而过，但中庸之道确实难以做到。”

子路问孔子什么是强。孔子回答：“你问的是南方的强呢？还是北方的强？或者是你自己认为的强呢？以宽和敦厚的精神去教化别人，人家对我蛮横无理也不报复，这是南方的强，高尚的人具有这种品性。躺卧在兵器铠甲上睡觉，即使战死也不会在意，这是北方的强，勇敢刚强的人具有这种品性。因此，君子性情平和而不随波逐流，这才是真正的强大啊！坚守中立而不偏不倚，这才是真正的强大啊！国家秉持正道，能坚守住而不改变，这才是真正的强大啊！”

文史链接

子路负米

周仲由，字子路。家贫，常食藜藿之食，为亲负米百里之外。亲没，南游于楚，从车百乘，积粟万钟，累裀而坐，列鼎而食。乃叹曰："虽欲食藜藿，为亲负米，不可得也。"孔子曰："由也事亲，可谓生事尽力，死事尽思者也。"(《二十四孝》)

鲁国有个叫仲由的人，字子路。家庭非常贫寒，常常吃粗淡的饭食。为了能够让双亲吃上有营养的饭食，他经常要到百里之外的地方买米，然后徒步背回来，让父母吃上米。虽然很艰苦，子路却始终甘之如饴。后来，双亲去世后，子路南下，到了楚国。楚王给予他非常优厚的待遇，有百辆车子和很多粮食，衣食住行都提升了一个档次。但子路却哀叹说："即使现在想吃粗劣的饭食，为双亲再背一回米，也不可能再做到了。"孔子评论说："子路对双亲的孝行，真可谓父母在世的时候尽心尽力去侍奉，去世的时候经常哀思父母在世的样子。"

子路受教

子路初见孔子。子曰："汝何好乐？"对曰："好长剑。"孔子曰："吾非此之问也。徒谓以子之所能，而加之以学问，岂可及哉？"……子路曰："南山有竹，不揉自直，斩而用之，达于犀革。以此言之，何学之有？"孔子曰："栝而羽之，镞而砺之，其入之不亦深乎？"子路再拜曰："敬而受教。"(《孔子家语·子路初见第十九》)

子路初次拜见孔子，孔子对子路说："你有什么爱好？"子路回答说："我爱好舞长剑。"孔子说："我不是问舞长剑这方面，只是问你，如果以你的天赋，再加上你的学问，恐怕没有人能够赶得上你"……子路回答说："南山有一种竹子，不须揉烤矫正就很笔直，斩断削尖后射出去，能穿透犀牛的厚皮。这样说的话，又何必再学习呢？”孔子说：“如果在箭尾安上羽毛，箭头磨得锐利，那么箭岂不是能射得更深更远吗？”子路听后拜了两次说：“我听从您的教导。”

思考讨论

1.“因材施教”是孔子的教育思想，你知道它的含义吗？

2. 孟子有一句名言：“得天下英才而教育之。”阅读《孟子》，试比较孟子与孔子的教育思想的不同。

君子之道费而隐

子曰：“素隐行怪[1]，后世有述焉，吾弗为之矣。君子遵道而行，半途而废，吾弗能已矣。君子依乎中庸，遁世不见知而不悔[2]，唯圣者能之。”（十一章）

君子之道费而隐[3]。夫妇之愚[4]，可以与知焉，及其至也，虽圣人亦有所不知焉；夫妇之不肖，可以能行焉，及其至也，虽圣人亦有所不能焉。天地之大也，人犹有所憾。故君子语大，天下莫能载焉；语小，天下莫能破焉[5]。《诗》云：“鸢飞戾天，鱼跃于渊[6]。”言其上下察也。君子之道，造端乎夫妇[7]；及其至也，察乎天地。（十二章）

注释

[1] 素隐行怪：追求隐僻的生活，行为怪异。素，“索”字之误。 [2] 遁世：避世隐居。 [3] 费而隐：广大而精微。费，广大。隐，精微。 [4] 夫妇：匹夫匹妇。 [5] 破：分开。 [6] “鸢（yuān）飞”句：引自《诗经·大雅·旱麓》。鸢鸟名，鹰类动物。戾，到达。 [7] 造端：开始。

译文

孔子说：“刻意追求隐僻的生活，故意做些怪异的事情，后世也许会有人记述，但我绝不这样做。君子遵守中庸之道而为人处世，却难以坚持，半途而废，但对于我来说，我是绝不会停止的。君子按照中庸之道，避世隐居不被知晓，也不后悔，这只有圣人才能做得到。”

君子之道广大而精微。普通男女虽然愚昧无知，也是可以通过启迪教育让他们知道的，但要想把握最精微的道理，即使是圣人也都难以做到全部知晓。普通男女虽然不够贤明，也是可以努力践行“君子之道”的，但要想达到最高的境界，即使是圣人也都难以全部做到。天地如此之大，人们仍然有不满足的地方。因此，君子谈论“大”，广阔的天下都难以载得下；君子谈论“小”，任何东西都无法比它更小。《诗经·大雅·旱麓》说：“老鹰在天空中翱翔，鱼儿在深渊中跳跃。”这就是说，君子之道就好比翱翔的老鹰和跳跃的鱼儿，从上到下，都能够清楚地显现出来。君子之道，虽然是从普通男女领悟之处开始，但一旦推行到最高境界，便能够洞悉明察天地万物。

大学 中庸

文史链接

朱熹解“君子之道费而隐”

曰：道之用广，而其体则微密不可见，所谓费而隐也。即其近而言之，男女居室，人道之常，虽愚不肖亦能知而行之；及其远而言之，则天下之大，事物之多，圣人亦容有不尽知尽能者也。然非独圣人有所不知不能也，天能生覆而不能形载，地能形载而不能生覆，至于气化流行，则阴阳寒暑，吉凶灾祥，不能尽得其正者尤多，此所以虽以天地之大，而人犹有憾也。夫自夫妇之愚不肖所能知行，至于圣人天地所不能尽，道盖无所不在也。故君子之语道也，其大至于天地圣人所不能尽，而道无不包，则天下莫能载矣；其小至于愚夫愚妇之所能知能行，而道无不体，则天下莫能破矣。道之在天下，其用之广如此，可谓费矣，而其所用之体，则不离乎此，而有非视听之所及者，此所以为费而隐也。子思之言，至此极矣，然犹以为不足以尽其意也，故又引《诗》以明之，曰“鸢飞戾天，鱼跃于渊”，所以言道之体用，上下昭著，而无所不在也。造端乎夫妇，极其近小而言也；察乎天地，极其远大而言也。盖夫妇之际，隐微之间，尤见道之不可离处，知其造端乎此，则其所以戒谨恐惧之实，无不至矣。《易》首《乾》、《坤》而重《咸》、《恒》，《诗》首《关雎》而戒淫泆，《书》记釐降，《礼》谨大婚，皆此意也。

本文选自朱熹《四书或问》（朱熹著、黄坤校点，上海古籍出版社、安徽教育出版社 2001 年版），标题为编者所加。这本著作是朱熹和朋友、门生就《四书》中的问题所发的议论合集。朱熹在给友人的信中说：“某日整顿得四书颇就绪，皆为《集注》，其余议论别为《或问》。”因此，这本书可以和朱熹的《四书章句集注》

互为参考，可以帮助我们进一步理解古代知识分子是如何理解四书内容的。

本文是朱熹为“君子之道费而隐”作的解释，他认为“道”的流行、发挥作用，无处不在，囊括万物，但这些功效的发挥，是隐微而不可见的，即“费而隐”。道，小到一般的民众都可以知而行之，而大到天地圣人却也不能全部把握，因此，“道”无所不包，无所不体。朱熹认为子思的话，虽然已经把“君子之道”解释得很透彻了，但仍然有一些意味没有说出来，所以要引用《诗经》中的例子来形象地说明。“道”，正是在这些欣欣向荣的万物、人伦日用之间隐秘地发挥着功效。因此，朱熹认为我们要从细小的地方检视自己的行为，谨慎地去体察万物。这样才能深刻地把握“隐微之间，尤见道之不可离处”。

思考讨论

1.“采菊东篱下，悠然见南山”。你喜欢读陶渊明的诗吗？陶渊明就是一位“隐士”，他们为什么要当“隐士”？这里的“隐”和本节中的“隐”有什么不同？

2.“隐”有好几种含义。本节中所讲的“费而隐”的“隐”，是精微的意思。请查阅古汉语字典，了解“隐”的古代含义。

道不远人

子曰：“道不远人。人之为道而远人，不可以为道。《诗》云：‘伐柯伐柯，其则不远[1]。’执柯以伐柯，

清　郑燮　兰竹

睨而视之[2]，犹以为远。故君子以人治人，改而止。忠恕违道不远[3]，施诸己而不愿，亦勿施于人。君子之道四，丘未能一焉：所求乎子，以事父未能也；所求乎臣，以事君未能也；所求乎弟，以事兄未能也；所求乎朋友，先施之未能也。庸德之行[4]，庸言之谨；有所不足，不敢不勉，有余不敢尽；言顾行，行顾言，君子胡不慥慥尔[5]！”（十三章）

注释

[1]“伐柯”句：引自《诗经·豳风·伐柯》。伐柯，砍削斧柄。柯，斧柄。则，法。 [2]睨（nì）：斜眼看。 [3]忠恕：尽己之心为忠，推己及人为恕。违道：违背正道。 [4]庸德：一般的道德。 [5]慥（zào）慥：真诚笃实的样子。

译文

孔子说：“大道是不会远离人们的。如果有人践行正道，却与他人拉开距离，这是不可能真正践行大道的。《诗经·豳风·伐柯》中说：‘砍削斧柄，砍削斧柄，斧柄的法式就在眼前。’拿着斧柄砍削树木来做斧柄，但却不从正确的角度看，而是斜着看，这样差异就会非常大了。因此，君子以为人之道来处理人际关系，只要别人能够知错能改就行。如果一个人能够做到忠恕，那么他离大道也就不远了。什么叫做忠恕呢？忠，就是尽己之心，努力践行自己的道德；恕，就是推己及人，己所不欲勿施于人，自己不愿意的事情不要强加给别人。君子之道有四个方面，我自己连其中的一项也没有做到：以要求自己儿子侍奉我的标准来衡量我孝顺自己父亲，我没有做到；以要求臣属顺从君主的标准来衡量我是否忠诚，我没有做到；以要求自己弟弟尊敬兄长的标准来衡量我是否敬重，我没有做到；以要求朋友应该先于我做到的，衡量我自己，我没有做到。即使是践行一般的道德，表达普通的言论，都有不足的地方，也就不敢停止勉励自己；发表言论要留有余地，不要说过头话。言论要和行为一致，做到言行合一，这样的话，君子怎么会不忠诚笃实呢？”

文史链接

《论语》之“道”

本节中引用了孔子“道不远人”之语，一谈起“道”，恐怕大多数人都会无意识地联系到道家学派的老子和庄子。其实，儒家也讲“道”。例如儒家经典《论语》一书就多次谈到“道”。那么《论语》中的“道”都有哪些方面的含义呢？

《论语》之“道”,有真理的含义。例如《里仁》中的“朝闻道，夕死可矣”。朱熹解释说：“道者，事物当然之理。”意思是说：如果早晨彻悟了大道（真理）、万物的本然道理，那么即便晚上就会死去也无所谓了。

《论语》之“道”有正确的途径和原则之义。例如《里仁》篇“富与贵，是人之所欲也；不以其道得之，不处也。贫与贱，是人之所恶也；不以其道得之，不去也。”意思是说：富贵，虽然都是人人都想要的东西，但是如果不是通过正当的途径得来的，那么富贵再好，我也不会要的；贫贱，虽然是人人都厌恶的东西，但是如果不是通过正当的途径摆脱的,我也不会去掉的。这里的“道”，体现了坚持正当原则的态度。

《论语》之“道”有高尚志向之含义。《里仁》中说：“士志于道，而耻恶衣恶食者，未足与议也。”《学而》中说：“君子食无求饱，居无求安，敏于事而慎于言，就有道而正焉，可谓好学也已。”《述而》中又说:“志于道，据于德，依于仁，游于艺。”这里的“道”都是指高尚的追求和志向，尤其是指通过学习、积累知识和阅历，追求高尚的道德和精神境界。

《论语》之“道”有正义、正道之义，具体是指国家的稳定以及社会的良好风气。例如《宪问》中说：“道之将行也与，命也；

道之将废也与，命也。”《公冶长》中说：“道不行，乘桴浮于海，从我者，其由与？”国家的长治久安，与每个人的命运密切相关联。每个人，都应该怀有报效国家的志向，并努力实现。

《论语》之“道”通“导”，作动词讲，意为“疏导”、“导向”之意，具体是指管理人民的正确方法。例如《为政》中说：“道之以政，齐之以刑，民免而无耻；道之以德，齐之以礼，有耻且格。”意思是说，如果以严刑峻法的办法管理民众，人民虽然不敢犯错，但却变得没有羞耻之心；如果以道德感化的办法，以礼仪规范来教化民众，那么人民就会变得有羞耻之心，并且从内心深处做到自我约束。

《论语》之“道”，又特指“尽己”和“推己”之心，即“忠恕”。《里仁》中说，子曰：“参乎，吾道一以贯之。”曾子曰：“唯。”子出，门人问曰：“何谓也？”曾子曰：“夫子之道，忠恕而已矣。”这里的“道”，具体是指“己欲立而立人，己欲达而达人”和“己所不欲，勿施于人”的合一，对自己要做到内外如一的真诚，对别人要做到有宽容心，尊重别人，“忠”、“恕”是“仁”的一体两面。

《论语》之“道”，还有“天道”“常道”等含义，这些含义一般和“天”赋予人美好的道德，以及一切价值的源头有关。例如《公冶长》中子贡说：“夫子之文章，可得而闻也；夫子之言性与天道，不可得而闻也。”此外，《孟子·告子上》中也记载了孔子对《诗经》中“天之烝民，有物有则，民之秉彝，好是懿德”的评论：“为此诗者，其知道乎！故有物必有则；民之秉彝也，故好是懿德。”说明孔子所“知”的“道”，是指天生育了众民，是人的源泉，人们所秉持的常道，是趋向美好的道德，天赋予人以善良的天性。

思考讨论

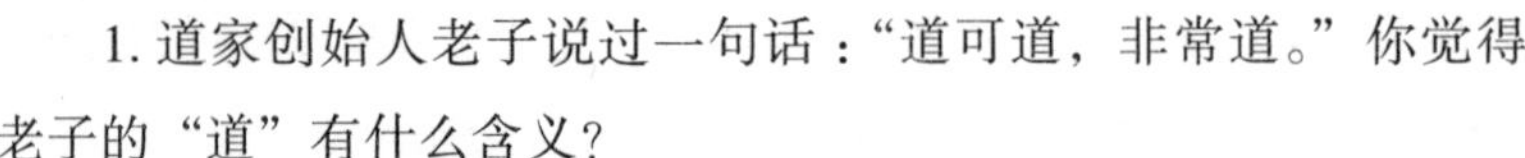
1. 道家创始人老子说过一句话："道可道，非常道。"你觉得老子的"道"有什么含义？

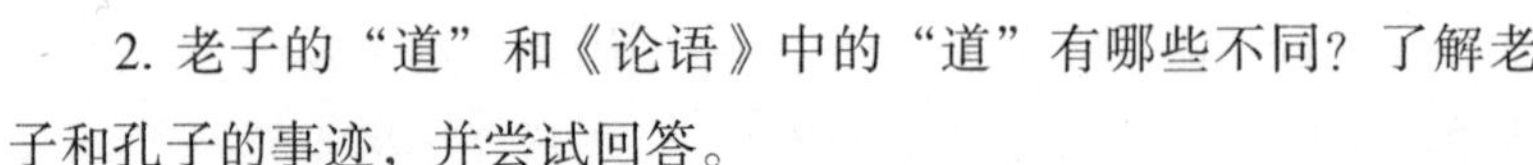
2. 老子的"道"和《论语》中的"道"有哪些不同？了解老子和孔子的事迹，并尝试回答。

居易以俟命

君子素其位而行[1]，不愿乎其外[2]。素富贵，行乎富贵；素贫贱，行乎贫贱；素夷狄[3]，行乎夷狄；素患难，行乎患难；君子无入而不自得焉[4]。在上位不陵下[5]，在下位不援上[6]，正己而不求于人，则无怨。上不怨天，下不尤人。故君子居易以俟命[7]，小人行险以侥幸。子曰："射有似乎君子；失诸正鹄，反求诸其身。"

（十四章）

注释

[1] 素：平素。这里意为"现在"。 [2] 不愿：不羡慕。 [3] 夷狄：泛指当时的少数民族。 [4] 无入：无论在什么情况下。 [5] 陵：欺凌。 [6] 援：攀援，巴结。 [7] 居易以俟命：处于平安的境地等待天命。

译文

君子安时处顺，根据自己所处的地位、身份去做自己应该做的事，不羡慕旁外之事。居于富贵之位，就做富贵人该做之事；居于贫贱之位，就做贫贱人该做之事；处于夷狄的地位身份，就做夷狄该做之事；处于患难之境，就在患难之中做该做之事。君子无论在什么情况下，都能够做到安然自得。居上位，不欺凌下面的人；居下位，不故意攀援巴结上位之人。端正自己而不苛求别人，那么就没有什么怨恨了。上不怨天，下不尤人，因此君子能够处于安全的境地，等待天命，而小人却铤而走险，心存侥幸地想获得非分之利。孔子说：“君子为人处事就好比射箭一样，射不中靶子，就要返回头来检查自己的技术是否有缺陷。”

文史链接

经学、儒学与孔学

经学成为中国历史上的统治学说应从公元前二世纪晚期算起，以后长期居于统治学地位。这是学术界公认的事实。

然而，假如问及“经学”的涵义，我们便会发生一个先决性的问题，经学、儒学与孔学，是否同义语呢？

所以会有这样的问题，就是因为我们在国内外的论著中经常看到三者被当做同义语。

我以为三者并非同一概念。

孔学　且不说孔子死后“儒分为八”的记载是否可靠，在战国时代，自称孔学的真正继承者的，至少有孟轲和荀况学派，则是确凿的事实。而孟学、荀学，都不同于真孔学，也是确凿的事实。因此，我认为对“孔学”的概念，应作限制，即“孔学”的涵义，应特指孔子本人关于他的思想、道德和伦理学说的申述。

儒学 本世纪初，章太炎作有《原儒》，指出“儒”概念，在孔子以前就存在，先是泛指术士，再指知礼、乐、射、御、术、数以“教民”的知识分子，到孔子自称为儒，这个概念才缩小为“私名”，变成“祖述尧舜，宪章文武，宗师仲尼，以重其言”的一派学者的专称。三十年代，胡适发挥章太炎的见解，作有《说儒》一文，肯定在孔子之前，“儒”早已存在。虽然后来郭沫若撰写《驳〈说儒〉》，以为胡适的考证不可靠。但章太炎的意见，仍然属于没有被驳倒的、比较合乎历史事实的一家之言。因此，我认为“儒学”的概念，自始就比“孔学”的概念宽泛。在孔子以后，儒学虽然变成“私名”，即自称“宗师仲尼”的学说，才有资格称为“儒学”，但如果我们承认《庄子》所说“名者实之宾”具有真理性，那就不能否认自称真孔学的儒者，其学说可用章太炎所说的“达名”、“类名”加以涵盖，却不可用章太炎所说的“私名”加以涵盖。为什么呢？就因为孟荀以后的儒学，同孔子学说的距离愈来愈远，反而接近章太炎所说的“达名”或“类名”的缘故。因此，先秦自称继承真孔子的八派，尽管学说各执一端，都可自命为儒学，而秦汉时代自称儒家的十五派，尽管行为大不相同，也都可自命为儒学。至于佛学入华和道教建立以后，一切非佛道的学说，都自称为儒学，那更是人们所熟知的。

经学 它特指中国中世纪的统治学说。具体地说，它特指西汉以后，作为中世纪诸王朝的理论基础和行为准则的学说。因而，倘称经学，必须满足三个条件：一、它曾经支配中国中世纪的思想文化领域；二、它以当时政府所承认并颁行标准解说的“五经”或其它经典，作为理论依据；三、它具有国定宗教的特征，即在实践领域中，只许信仰，不许怀疑。因此，所谓经学，范畴较孔学为宽，较儒学为窄。如果孔学与经学不分，或者儒学与经学不分，乃至混三者为一义，那对需要概念清晰的学科，诸如中国经学史、中国思想史、中国文化史等，当然会构成障碍。

［注］本文节选自朱维铮：《中国经学史十讲》，复旦大学出版社 2002 年版。

思考讨论

1. 北宋政治家范仲淹有一句名言："不以物喜，不以己悲。"本节所讲的"君子居易以俟命"，含义相类似。在生活、学习中，我们难免会遇到一些困难和挫折，对于此，你是如何面对并解决的呢？

2. 温习孔学、经学、儒学三者之间的区别和联系。

齐明盛服

君子之道，辟如行远必自迩[1]，辟如登高必自卑[2]。《诗》曰："妻子好合，如鼓琴瑟；兄弟既翕，和乐且耽；宜尔室家；乐尔妻帑[3]。"子曰："父母其顺矣乎！"（十五章）

子曰："鬼神之为德[4]，其盛矣乎！视之而弗见，听之而弗闻，体物而不可遗[5]。使天下之人齐明盛服[6]，以承祭祀。洋洋乎！如在其上，如在其左右。《诗》曰：'神之格思，不可度思！矧可射思[7]！'

夫微之显，诚之不可掩如此夫[8]。”　　（十六章）

注释

[1]迩：近处。　[2]卑：低处。　[3]“妻子”句：引自《诗经·小雅·常棣》。翕（xī），和合，融洽。耽，原诗为“湛”，意为快乐。宜尔室家，家庭和睦美满。乐尔妻帑（nú），妻子和儿子快乐。帑，同“孥”，子孙。　[4]鬼神：天地的功用，万物造化的迹象。　[5]体物：体察万物。　[6]齐明：斋戒沐浴。齐，通“斋”。盛服：隆重的礼服和礼冠。　[7]“神之”句：引自《诗经·大雅·抑》。格，至，来。思，语助词。矧（shěn），况，况且。射（yì），厌弃。　[8]掩：掩藏。

译文

君子之道，就好比走远路，一定要从近处开始；就好比登高，一定要从低处起步。《诗经·小雅·常棣》说：“与妻子和孩子和睦相处，就好比琴瑟和谐。兄弟关系融洽，快乐又美满。使家庭和睦幸福，使妻儿快乐安泰。”孔子赞美说：“倘若这样的话，父母也就放心了！”

孔子说：“天地造化万物的功用和气象是多么宏大和神秘啊！虽然我们看不见，听不到，但它却在万物造化中发挥着作用，无所遗漏。让天下的人们斋戒沐浴，穿戴隆重的礼服和礼冠，来祭祀它，它的性情发用充盈流动，好像就在人们的上面，好像就在人们的左右。《诗经·大雅·抑》中说：‘天地造化的运行，不可揣测，怎么敢怠慢它呢？’天地造化之迹从细微到显著，是如此的真实存在而不可掩藏啊！”

文史链接

钱穆：古代人的宗教观念

根据殷墟甲骨文，当时人已有“上帝”观念，上帝能兴雨，能作旱，禾黍成败皆由于上帝。上帝是此世间一个最高无上的主宰。但甲骨文里并没有直接祭享上帝的证据。他们对上帝所有吁请，多仰赖祖先之神灵为媒介。他们的观念，似乎信为他们一族的祖先，乃由上帝而降生，死后依然回到上帝左右。周代人“祖先配天”的观念，在商代甲骨文里早已有了。他们既自把他们的祖先来配上帝，他们自应有下面的理论，即他们自认为他们一族乃代表着上帝意旨而统治此世。下界的王朝，即为上帝之代表。一切私人，并不能直接向上帝有所吁请，有所祈求。上帝尊严，不管人世间的私事。因此祭天大礼，只有王室可以奉行。商代是一个宗教性极浓厚的时代，故说：“殷人尚鬼。”但似乎那时他们，已把宗教范围在政治圈里了。上帝并不直接与下界小民相接触，而要经过王室为下界之总代表，才能将下界小民的吁请与祈求，经过王室祖先的神灵以传达于上帝之前。这是中国民族的才性，在其将来发展上，政治成绩胜过宗教之最先朕兆。

待到周代崛起，依然采用商代人信念而略略变换之。他们认为上帝并不始终眷顾一部族，使其常为下界的统治人。若此一部族统治不佳，失却上帝欢心，上帝将临时撤销他们的代表资格，而另行挑选别一部族来担任。这便是周王室所以代替殷王室而为天子的理论。在《尚书》与《诗经》的《大雅》里，都有很透彻很明白的发挥。周代的祭天大礼，规定只有天子奉行，诸侯卿大夫以下，均不许私自祭天。这一种制度，亦应该是沿着商代人的理论与观念而来的。殷、周两代的政治力量，无疑的已是超于宗

教之上了。那时虽亦有一种僧侣掌司祭祀，但只相当于政府的一种官吏而已。至于社会私人，并非说他们不信上帝，只在理论上认为上帝既是尊严无上，他决不来预闻每一人的私事。他只注意在全个下界的公共事业上，而应由此下界的一个公共代表来向上帝吁请与祈求，这便是所谓天子。

配合于这个“祭天”制度（即郊祀制度）的,同时又制定下“祭祖”的制度（即宗庙制度）。一族的始祖，其身份是配天的，常在上帝左右，因此亦与上帝一般，只许天子祭，而不许诸侯卿大夫们祭。如鲁国的君主，只许祭周公，不许祭文王。这明明是宗教已为政治所吸收融和的明证。换辞言之,亦可说中国人的宗教观念，很早便为政治观念所包围而消化了。相传此种制度，大体由周公所制定，此即中国此下传统的所谓“礼治”。礼治只是政治对于宗教吸收融和以后所产生的一种治体。

但我们不能由此误会，以谓中国古代的宗教，只是一种政治性的，为上层统治阶级所利用的。当知中国人观念里的上帝，实在是人类大群体所公共的，一面不与小我私人直接相感通，此连最高统治者的帝王也包括在内。只要此最高统治者脱离大群立场，失却代表民众的精神，他也只成为一个小我私人，他也并无直接感通上帝之权能。而另一方面，上帝也决不为一姓一族所私有。换辞言之，上帝并无意志，即以地上群体的意志为意志。上帝并无态度，即以地上群体的态度为态度。因此说：“天命靡常，天视自我民视，天听自我民听。”夏、商、周三代王统更迭，这便是一个很好的例证。我们若说中国古代的政治观念吸收融和了宗教观念；我们也可说，中国古代的人道观念，也已同样的吸收融和了政治观念。我们可以说，中国宗教是一种浑全的“大群教”而非个别的小我教。当知个人小我可以有罪感，大群全体则无所谓罪恶，因此中国宗教里并无罪恶观念，由此发展引伸，便成为将来儒、道两家之“性善论”。“性”是指的大群之“共通性”，不是指的小我之“个别性”。其次小我私人可以出世，大群全体则并无所谓出世。充塞于宇宙全体的一个人生境界，是并无出世可言的。

因此中国宗教，很富于现实性。但此所谓现实，并非眼光短浅，兴味狭窄，只限于尘俗的现状生活之谓。中国人的现实，只是“浑全一整体”，他看“宇宙”与“人生”都融成一片了。融成一片，则并无“内外”，并无“彼我”，因此也并无所谓“出世与入世”。此即是中国人之所谓“天人合一”。上帝与人类全体大群之合一。将来的儒家思想，便由此发挥进展，直从人生问题打通到宇宙问题，直从人道观念打通到宗教观念。因此我们可以说，中国人的人生观，根本便是一个浑全的宇宙观。中国人的人生哲学，根本便是一种宗教。这一个源头，远从中国古代人的宗教观念里已可看出来了。

［注］本文节选自钱穆：《中国文化史导论》，商务印书馆 1994 年版。题目为编者所加。

思考讨论

1. 你知道佛教是从什么时候开始传入中国吗？佛教传入中国后，有没有发生一些新的变化？查阅相关资料，了解中国本土化佛教的派别。

2. 你觉得什么是宗教？我们中国的宗教，例如道教、佛教，与西方的基督教有什么不同？谈谈你的看法。

大德者必受命

子曰："舜其大孝也与！德为圣人，尊为天子，富有四海之内。宗庙飨之[1]，子孙保之。故大德必得其位，必得其禄，必得其名，必得其寿。故天之生物，必因其材而笃焉[2]。故栽者培之，倾者覆之。《诗》曰：'嘉乐君子，宪宪令德！宜民宜人；受禄于天；保佑命之，自天申之[3]！'故大德者必受命。"

（十七章）

注释

[1] 飨（xiǎng）：一种祭祀形式。　[2] 笃：厚重，加强。

[3]"嘉乐"句：引自《诗经·大雅·假乐》。嘉乐，《毛诗》作"假乐"，意为善良快乐。《毛诗》即今本《诗经》。宪宪，《毛诗》作"显显"，兴盛的样子。令德，美德。申，加重。

译文

孔子说："舜可以算作一位大孝子了吧！他拥有德性而成为圣人，受人尊敬而成为天子，拥有天底下所有的财富，配享宗庙祭祀，后世子孙都保佑他的功业。因此，有大德之人一定能够得到他应得的地位、爵禄、名望、命数。所以，上天造化万物，必定根据它们的材质而予以厚爱。能够成材的就能得到培育，不能成材的就予以淘汰。《诗经·大雅·假乐》说：'善良快乐的君子，有着兴盛光明的美德。让人民安居乐业，配享上天赐予的福禄。上天保护他，赋予他重大的使命。’所以，大德之人一定会承接天命。”

文史链接

皮锡瑞：经学开辟时代

凡学不考其源流，莫能通古今之变；不别其得失，无以获从人之途。古来国运有盛衰，经学亦有盛衰；国统有分合，经学亦有分合。历史具在，可明征也。经学开辟时代，断自孔子删定六经为始。孔子以前，不得有经；犹之李耳既出，始著五千之言；释迦未生，不传七佛之论也。《易》自伏羲画卦，文王重卦，止有画而无辞；亦如《连山》、《归藏》止为卜筮之用而已。《连山》、《归藏》不得为经，则伏羲、文王之易亦不得为经矣。《春秋》，鲁史旧名，止有其事其文而无其义；亦如晋乘、楚梼杌止为记事之书而已。晋乘、楚梼杌不得为经，则鲁之《春秋》亦不得为经矣。古《诗》三千篇，《书》三千二百四十篇，虽卷帙繁多，而未经删定，未必篇篇有义可为法戒。《周礼》出山岩屋壁，汉人以为渎乱不验，又以为六国时人作，未必真出周公。《仪礼》十七篇，虽周公之遗，然当时或不止此数而孔子删定，或并不及此数而孔子增补，皆未可知。观“孺悲学士丧礼于孔子，《士丧礼》于是乎书”，则十七篇亦自孔子始定；犹之删《诗》为三百篇，删《书》为百篇，皆经孔子手定而后列于经也。《易》自孔子作《卦爻辞》、《彖》、《象》、《文言》，阐发义、文之旨，而后《易》不仅为占筮之用。《春秋》自孔子加笔削褒贬，为后王立法，而后《春秋》不仅为记事之书。此二经为孔子所作，义尤显著。汉初旧说，分明不误；东汉以后，始疑所不当疑。疑《易》有“盖取诸益”、“盖取诸噬嗑”，谓重卦当在神农前。疑《易》有“当文王与纣之事邪”，谓《卦爻辞》为

文王作。疑《爻辞》有“箕子之明夷”、“王用亨于岐山”，谓非文王所作，而当分属周公。于是《周易》一经不得为孔子作；孔《疏》乃谓文王、周公所作为经，孔子所作为传矣。疑《左氏传》韩宣适鲁，见《易象》与鲁《春秋》，有“吾乃今知周公之德”之言，谓周公作《春秋》。于是《春秋》一经不得为孔子作；杜预乃谓周公所作为旧例，孔子所修为新例矣。或又疑孔子无删《诗》、《书》之事，《周礼》、《仪礼》并出周公，则孔子并未作一书；章学诚乃谓周公集大成，孔子非集大成矣。

读孔子所作之经，当知孔子作《六经》之旨。孔子有帝王之德而无帝王之位，晚年知道不行，退而删定《六经》，以教万世。其微言大义实可为万世之准则。后之为人君者，必遵孔了之教，乃足以治一国；所谓“循之则治，违之则乱”。后之为士大夫者，亦必遵孔子之教，乃足以治一身；所谓“君子修之吉，小人悖之凶”。此万世之公言，非一人之私论也。孔子之教何在？即在所作《六经》之内。故孔子为万世师表，《六经》即万世教科书。惟汉人知孔子维世立教之义，故谓孔子为汉定道，为汉制作。当时儒者尊信《六经》之学可以治世，孔子之道可为弘亮洪业、赞扬迪哲之用。朝廷议礼、议政，无不引经；公卿大夫士吏，无不通一艺以上。虽汉家制度，王霸杂用，未能尽行孔教；而通经致用，人才已为后世之所莫逮。盖孔子之以《六经》教万世者，稍用其学，而效已著明如是矣。自汉以后，闇忽不章。其尊孔子，奉以虚名，不知其所以教万世者安在；其崇经学，亦视为故事，不实行其学以治世。特以为历代相承，莫之敢废而已。由是古义茫昧，圣学榛芜。孔子所作之《易》，以为止有《十翼》；则孔子于《易》，不过为经作传，如后世笺注家。陈抟又杂以道家之图书，乃有伏羲之《易》、文王之《易》加于孔子之上，而《易》义大乱矣。孔子所定之《诗》、

《书》，以为并无义例；则孔子于《诗》、《书》，不过如昭明之《文选》、姚铉之《唐文萃》，编辑一过，稍有去取。王柏又作《诗疑》、《书疑》，恣意删改，使无完肤，而《诗》、《书》大乱矣。孔子所作之《春秋》，以为本周公之损。杜《注》、孔《疏》又不信一字之褒贬，概以为阙文疑义；王安石乃以《春秋》为断烂朝报，而《春秋》几废矣。凡此皆由不知孔子作《六经》教万世之言，不信汉人之说，横生臆见，诋毁先儒。始于疑经，渐至非圣。或尊周公以压孔子，或尊伏羲、文王以压孔子，孔子手定之经，非特不用以教世，且不以经为孔子手定，而属之他人。经学不明，孔教不尊，非一朝一夕之故，其所由来者渐矣。故必以经为孔子作，始可以言经学；必知孔子作经以教万世之旨，始可以言经学。

［注］本文节选自清代皮锡瑞著，周予同注释：《经学历史》，中华书局2008年版。皮锡瑞（1850—1908），清末学者。湖南善化（今长沙）人，字鹿门，一字麓云，举人出身。《经学历史》是学习古代经学的入门之作。皮锡瑞主张解经当实事求是，不当党同妒真，应该对各家学说持论公允。周予同（1898—1981），初名周毓懋，学名周蘧，又一学名周豫桐，浙江瑞安人，中国著名经学史专家。

思考讨论

1. 古代人学习的基本科目叫做“六艺”，分别是礼、乐、射、御、书、数。你知道这六门科目分别是学什么吗？它们与今天学习的科目相比，又有哪些不同呢？查资料了解“六艺”。

2. 本节中提到了“大德者必受命”，你怎样理解这句话中“命”的含义？你觉得它和老百姓常说“命不好”、“命运”中的“命”有什么不同？

父母之丧无贵贱

子曰："无忧者，其惟文王乎！以王季为父[1]，以武王为子，父作之[2]，子述之[3]。武王缵大王、王季、文王之绪[4]，壹戎衣而有天下[5]，身不失天下之显名。尊为天子，富有四海之内。宗庙飨之，子孙保之。武王末受命，周公成文、武之德，追王大王、王季[6]，上祀先公以天子之礼。斯礼也，达乎诸侯大夫，及士庶人。父为大夫，子为士；葬以大夫，祭以士。父为士，子为大夫；葬以士，祭以大夫。期之丧达乎大夫[7]，三年之丧达乎天子[8]，父母之丧无贵贱，一也。"

（十八章）

注释

[1] 王季：周文王的父亲，名季历。 [2] 作：创业。 [3] 述：继承。 [4] 缵（zuǎn）：继续。大王：太王，即王季的父亲古公亶父。绪：大业。 [5] 壹（yì）戎衣：灭亡殷商。壹，通"殪"，歼灭。戎衣，应为戎殷，指殷商朝。 [6] 王（wàng）：追尊为王。 [7] 期之丧：为期一年的守丧之期。 [8] 三年之丧：服丧期为三年。

译文

孔子说："没有忧愁的人恐怕只有周文王了吧！有王季这样

的好父亲作为父亲，有周武王这样的好儿子作为儿子；父辈创业，子孙继承。周武王继承了太王古公亶父、王季、周文王的功业，歼灭了暴虐的商纣王朝，一举占有了天下。周武王威名显扬天下，成为尊贵的天子，拥有四海之地。社稷宗庙祭祀他，子孙后代保佑王业。周武王晚年才承接天命，周公摄政后光扬成就了文王、武王的德业，追封太王古公亶父、王季为王，以天子之礼祭拜祖先。遵照这种礼制，推行到上至诸侯大夫，下至普通士人、平民百姓。按照这种礼制，如果父亲身份是大夫，儿子身份为士，父亲死后，要用大夫礼下葬，用士礼祭祀。如果父亲身份是士，儿子身份为大夫，父亲死后，就用士礼下葬，用大夫礼祭祀。服丧的时间为一周年，从平民到大夫都是如此。服丧的时间为三周年，从庶民到天子都是如此。但为父母服丧，则不论身份贵贱，丧期时间都是一样的。”

文史链接

胡适：《大学》与《中庸》

《大学》和《中庸》两部书的要点约有三端，今分别陈说如下：

第一，方法 《大学》、《中庸》两部书最重要的在于方法一方面（此两书后来极为宋儒所推尊，也只是如此。程子论《大学》道："于今可见古人为学次第者，独赖此篇之存。"朱子序《中庸》道："历选前圣之书，所以提挈纲维，开始蕴奥，未有若是其明且尽者也。"可证）。大学说："大学之道，在明明德，在亲民，在止于至善。……物有本末，事有终始，知所先后，则近道矣。" 本末、终始、先后，便是方法问题。《大学》的方法是：

古之欲明明德于天下者，先治其国。欲治其国者，先齐其家；欲齐其家者，先修其身；欲修其身者，先正其心；欲正其心者，先诚其意；欲诚其意者，先致其知；致知在格物。

物格而后知至，知至而后意诚，意诚而后心正，心正而后身修，身修而后家齐，家齐而后国治，国治而后天下平。

《中庸》的方法总纲是：

天命之谓性，率性之谓道，修道之谓教。诚者，天之道也。诚之者，人之道也（《孟子·离娄篇》也有此语。诚之作思诚）。自诚明，谓之性。自明诚，谓之教。

又说“诚之”之道：

博学之，审问之，慎思之，明辨之，笃行之。

“行”的范围，仍只是“君臣也，父子也，夫妇也，昆弟也，朋友之交也”。与《大学》齐家、治国、平天下，略相同。

《大学》、《中庸》的长处只在于方法明白，条理清楚。至于那“格物”二字究竟作何解说？“尊德性”与“道问学”究竟谁先谁后？这些问题乃是宋儒发生的问题，在当时都不成问题的。

第二，个人之注重　我从前讲孔门弟子的学说时，曾说孔门有一派把一个“孝”字看得太重了，后来的结果，便把个人埋没在家庭伦理之中。“我”竟不是一个“我”，只是“我的父母的儿子”。例如“战陈无勇”一条，不说我当了兵便不该如此，却说凡是孝子，便不该如此。这种家庭伦理的结果，自然生出两种反动：一种是极端的个人主义，如杨朱的为我主义，不肯“损一毫利天下”；一种是极端的为人主义，如墨家的兼爱主义，要“视人之身若其身，视人之家若其家，视人之国若其国”。有了这两种极端的学说，不由得儒家不变换他们的伦理观念了。所以《大学》的主要方法，如上文所引，把“修身”作一切的根本。格物、致知、正心、诚意，都是修身的工夫。齐家、治国、平天下，都是修身的效果。这个“身”，这个“个人”，便是一切伦理的中心点。

《孝经》说：

自天子至于庶人，孝无终始，而患不及者，未之有也。

《大学》说：

自天子至于庶人，壹是皆以修身为本。

这两句“自天子至于庶人”的不同之处，便是《大学》的儒教和《孝经》的儒教大不相同之处了。

又如《中庸》说：

故君子不可以不修身。思修身，不可以不事亲。思事亲，不可以不知人。思知人，不可以不知天。

曾子说的“大孝尊亲，其次弗辱”，这是“思事亲不可以不修身”。这和《中庸》说的“思修身不可以不事亲”恰相反。一是“孝”的人生哲学，一是“修身”的人生哲学。

《中庸》最重一个“诚”字。诚即是充分发达个人的本性。所以说：“诚者，天之道也。诚之者，人之道也。”这一句当与“天命之谓性，率性之谓道，修道之谓教”三句合看。人的天性本来是诚的，若能依着这天性做去，若能充分发挥天性的诚，这便是“教”，这便是“诚之”的工夫。因为《中庸》把个人看作本来是含有诚的天性的，所以他极看重个人的地位，所以说“君子素其位而行，不愿乎其外”；所以说“君子无入而不自得焉”；所以说：

唯天下至诚为能尽其性；能尽其性，则能尽人之性；能尽人之性，则能尽物之性；能尽物之性，则可以赞天地之化育；可以赞天地之化育，则可以与天地参矣。

《孝经》说：

人之行莫大于孝，孝莫大于严父，严父莫大于配天。

《孝经》的最高目的是要把父“配天”，像周公把后稷配天，把文王配上帝之类。《中庸》的至高目的，是要充分发达个人的天性，使自己可以配天，可与“天地参”。

第三，心理的研究 《大学》和《中庸》的第三个要点是关于心理一方面的研究。换句话说，儒家到了《大学》、《中庸》时代，已从外务的儒学进入内观的儒学。那些最早的儒家只注重实际的伦理和政治，只注重礼乐仪节，不讲究心理的内观。即如曾子说“吾日三省吾身”，似乎是有点内省的工夫了。及到问他省的甚么事,原来只是“为人谋而不忠乎？与朋友交而不信乎？传不习乎？”还只是外面的伦理，那时有一派孔门弟子，却也研究心性的方面。如王充《论衡·本性篇》所说宓子贱、漆雕开、公孙尼子论性情与周人世硕相出入。如今这儿个人的书都不传了。论衡说：“世硕以为人性有善有恶，……善恶在所养。”据此看来，这些人论性的学说，似乎还只和孔子所说“性相近也、习相远也：惟上智与下愚不移”的话相差不远。若果如此，那一派人论性，还不能算得“心理的内观”。到了《大学》便不同了。《大学》的重要心理学说，在于分别“心”与“意”。孔颖达《大学疏》说:“揔包万虑谓之心，为情所忆念谓之意。”这个界说不甚明白，大概心有所在便是意。今人说某人是何“居心”？也说是何“用意”？两句同意。大概《大学》的“意”字只是“居心”。《大学》说：

所谓诚其意者，毋自欺也。如恶恶臭，如好好色，此之谓自谦。故君子必慎其独也。小人闲居为不善，无所不至；见君子而后厌然掩其不善而著其善。人之视己，如见其肺肝然，则何益矣？此谓诚于中，形于外。故君子必慎其独也。

如今人说“居心总要对得住自己”，正是此意。这一段所说，最足形容我上文说的“内观的儒学”。大凡论是非善恶,有两种观念：一种是从“居心”一方面（Attitude;Motive）立论,一种是从“效果”一方面（Effects;Consequences）立论。例如秦楚交战，宋轻说是不

利，孟轲说是不义。义不义是居心，利不利是效果。《大学》既如此注重诚意，自然偏向居心一方面。所以《大学》的政治哲学说：

是故君子先慎乎德。……德者，本也。财者，末也。外本内末，争民施夺。

又说：

此谓国不以利为利，以义为利也。长国家而务财用者，必自小人矣。

这种极端非功利派的政治论，根本只在要诚意。

《大学》论正心，与《中庸》大略相同。《大学》说：

所谓修身在正其心者，身有所忿懥，则不得其正；有所恐惧，则不得其正；有所好乐，则不得其正；有所忧患，则不得其正。心不在焉，视而不见，听而不闻，食而不知其味。[颜渊问仁，子曰"非礼勿视，非礼勿听，非礼勿言，非礼勿动"。]（丰坊石经本有此二十二字，周从龙《遵古编》云：旧原有此二十二字，后为唐明皇削去）此谓修身在正其心。

《中庸》说：

喜怒哀乐之未发，谓之中。发而皆中节，谓之和。中也者，天下之大本也。和也者，天下之达道也。

大学说的"正"，就是中庸说的"中"。但《中庸》的"和"，却是进一层说了。若如《大学》所说，心要无忿懥、无恐惧、无好乐、无忧患，岂不成了木石了。所以《中庸》只要喜怒哀乐发得"中节"，便算是和。喜怒哀乐本是人情，不能没有。只是平常的人往往太过了，或是太缺乏了，便不是了。所以《中庸》说：

道之不明也，我知之矣；知者过之，愚者不及也。道之不行也，我知之矣；贤者过之，不肖者不及也。人莫不饮食也，鲜能知味也。（明行两字，今本皆倒置。今据北宋人引经文改正）

《中庸》的人生哲学只是要人喜怒哀乐皆无过无不及。譬如饮食，只是要学那“知味”的人适可而止，不当吃坏肚子，也不当打饿肚子。

［注］本文节选自胡适著、耿云志导读：《中国哲学史大纲》，上海古籍出版社1997版。内容有删减。

思考讨论

1. 本节中所讲的“父母之丧无贵贱”背后的深刻含义，就是倡导每个人都应该尊敬、孝顺父母，报答父母的养育之恩。古代文化经典中，有很多孝顺父母的历史故事和事迹，举出一两例，与他人一起讨论交流。

2. 孝顺父母，是中华民族的美德。今天，社会生活节奏变快，很多人都忙于工作，冷落了年老的父母。你觉得这种行为可取吗？如何才能避免这种现象？

善继人之志

子曰：“武王、周公，其达孝矣乎！夫孝者，善继人之志，善述人之事者也。春秋修其祖庙，陈其宗器[1]，设其裳衣，荐其时食。宗庙之礼，所以序昭穆也[2]；序爵，所以辨贵贱也；序事[3]，所以辨贤也；旅酬下为上[4]，所以逮贱也[5]；燕毛[6]，所以序齿也。践其位，行其礼，奏其乐，敬其所尊，

爱其所亲，事死如事生，事亡如事存，孝之至也。郊社之礼，所以事上帝也，宗庙之礼，所以祀乎其先也。明乎郊社之礼、禘尝之义[7]，治国其如示诸掌乎[8]。”

（十九章）

注释

[1]宗器：祖先留存下来的祭祀器具。　[2]昭穆：宗庙排列次序。始祖居中，以下按辈排列，一左一右分别排列，左为昭，右为穆。　[3]序事：安排祭祀仪式上的各种事项。　[4]旅酬:众人举杯进酒。旅，众。酬，劝酒。　[5]逮贱:下至卑贱者。意为卑贱者也要酬饮。逮，及。　[6]燕毛:燕，指祭祀时宴饮。毛，毛发，按照年龄大小排列序此。　[7]郊：冬至时在南郊祭天的礼仪。社：夏至时在北郊祭地的礼仪。禘：指天子才能祭祀的隆重祭礼。尝：秋天时的祭祀。　[8]示：通“置”。

译文

孔子说：“周武王、周公也算是至孝之人了吧！孝的含义是这样的：善于继承祖先的意志，善于继承祖先未竟的事业。每到春、秋时节举行祭祀时，就要修正祖庙，摆放陈列祖先留存的宗器，摆设先人的衣裳，供奉应季的食品。宗庙中的祭礼，是用来排列左昭右穆祖先辈分位次的；排列爵位，是用来辨别身份贵贱的；安排祭祀仪式上的各种事项，是用来判断观察子孙后辈才能的；祭祀完毕后众人轮流举杯，晚辈向长辈敬酒，是用来表达祖先的恩惠下达到地位低下的人的；祭祀完毕后宴饮时，按照头发的黑白排列座次，是用来区分长幼次序的。供奉好先王的牌位，遵行先王遗存的祭礼，演奏先王时代的音乐，尊敬先王所尊敬的人，爱护先王所爱护的子民，供奉死者就如同他活着一样，侍奉亡者就如同他在世时一样，这就是孝道的极致。祭拜天地的祭礼，是用来敬奉上帝的。祭祀宗庙的祭礼，是用来祭祀自己祖先的。懂得了祭拜天地的礼节和四时举行禘尝等各种祭祀的意义，那么治理国家就好比把国家放在手掌上观看那样清楚简易了。"

文史链接

昭穆

昭穆，是指周代王亲贵族把他们第一位先祖以及以下的同族男子，按照逐代继承的先后顺序，分为"昭"、"穆"两个系列，其中，昭在前，穆在后。从周代的先祖大王（古公亶父）算起，大王的下一代是大伯、虞仲和王季，因此属于昭辈；因为这一辈中的王季属于昭辈，那么王季的下一代文王、虢（guó）仲和虢叔，就应该属于穆辈。文王的下一代是武王，因此又会被归为昭辈；而武王的下一代是成王，则被再归为穆辈。由此可见，周代的王亲贵族用"昭穆"来区分父、子两代。可以看出，隔代的字辈都相同。这种昭穆的辈分排列、分别，也表现在宗庙牌位、墓冢位置和祭祀程序上，一般来说，始祖居中，昭辈的位次在左面，穆辈的位次在右面。《左传·僖公五年》有这样几句话："大伯虞仲，大王之昭也"、"虢仲虢叔，王季之穆也"，说的就是大伯虞仲是大王的下一代，所以被归为昭辈，而虢仲、虢叔是王季的下一代，则被归为穆辈。《左传·定公四年》又说："曹，文之昭也；晋，武之穆也。"曹、晋两国都是姬姓的封国，根据这句话，可以判断曹国的先祖应该是文王的儿子，而晋国的先祖是武王的儿子。记载古代礼仪的经典《周礼》一书中说："小宗伯之职，掌建国之神位，右社稷，左宗庙……辨庙祧之昭穆。"《中庸》中说："宗庙之礼，所以序昭穆也。"说明昭穆制不但是墓葬、宗庙牌位序次的规范，同时也是一种重要的礼仪制度。

近年来，据学界研究，认为殷商时期也有昭穆制。可见，我国的昭穆制度，可能自原始社会就已经出现了。中国在进入文明时代几千年之后，仍保存了这一古老的习俗。因此，昭穆制度也被认为是证明中国是古老文明唯一未曾中断的重要依据。昭穆制，对古代礼仪制度有深远影响，昭穆制度中关于中、左、右的位次排序，至今在重要礼仪场合，以及民间清明节祭拜祖先的活动中仍有遗存迹象。

思考讨论

你有没有游览过山东曲阜的孔庙？在孔庙后面有一座孔氏家族的陵园，陵园的排列均有一定的顺序和位次。注意观察孔氏陵园和本节中所讲的"昭穆制"有没有什么联系。可以询问年龄较大的长辈，了解他们小时候是如何祭祀祖先的。

五达道三达德

哀公问政[1]。子曰："文、武之政，布在方策[2]。其人存，则其政举；其人亡，则其政息。人道敏政[3]，地道敏树。夫政也者，蒲卢也[4]。故为政在人，取

人以身，修身以道，修道以仁。仁者人也，亲亲为大；义者宜也，尊贤为大；亲亲之杀[5]，尊贤之等，礼所生也。在下位不获乎上，民不可得而治矣[6]！故君子不可以不修身；思修身，不可以不事亲；思事亲，不可以不知人；思知人，不可以不知天[7]。”

“天下之达道五[8]，所以行之者三。曰君臣也，父子也，夫妇也，昆弟也[9]，朋友之交也：五者天下之达道也。知、仁、勇三者，天下之达德也，所以行之者一也[10]。或生而知之，或学而知之，或困而知之，及其知之一也；或安而行之，或利而行之，或勉强而行之，及其成功一也。”子曰：“好学近乎知，力行近乎仁，知耻近乎勇。知斯三者，则知所以修身；知所以修身，则知所以治人；知所以治人，则知所以治天下国家矣。”

“凡为天下国家有九经[11]，曰：修身也，尊贤也，亲亲也，敬大臣也，体群臣也，子庶民也，来百工也，柔远人也，怀诸侯也。修身则道立，尊贤则不惑，亲亲则诸父昆弟不怨，敬大臣则不眩[12]，体群臣则士之报礼重[13]，子庶民则百姓劝[14]，来百工则财用足，柔远人则四方归之，怀诸侯则天下畏之。”

"齐明盛服，非礼不动，所以修身也；去谗远色，贱货而贵德，所以劝贤也；尊其位，重其禄，同其好恶，所以劝亲亲也；官盛任使[15]，所以劝大臣也；忠信重禄，所以劝士也；时使薄敛，所以劝百姓也；日省月试[16]，既禀称事[17]，所以劝百工也；送往迎来，嘉善而矜不能[18]，所以柔远人也；继绝世[19]，举废国[20]，治乱持危，朝聘以时，厚往而薄来，所以怀诸侯也。"

"凡为天下国家有九经，所以行之者一也。凡事豫则立[21]，不豫则废。言前定则不跲[22]，事前定则不困，行前定则不疚[23]，道前定则不穷。"

"在下位不获乎上，民不可得而治矣；获乎上有道：不信乎朋友，不获乎上矣；信乎朋友有道：不顺乎亲，不信乎朋友矣；顺乎亲有道：反诸身不诚，不顺乎亲矣；诚身有道：不明乎善，不诚乎身矣。"

"诚者[24]，天之道也；诚之者[25]，人之道也。诚者不勉而中，不思而得，从容中道，圣人也。诚之者，择善而固执之者也。"

"博学之，审问之，慎思之，明辨之，笃行之。有弗学，学之弗能弗措也[26]；有弗问，问之弗知弗

措也；有弗思，思之弗得弗措也；有弗辨，辨之弗明弗措也；有弗行，行之弗笃弗措也；人一能之己百之，人十能之己千之。果能此道矣，虽愚必明，虽柔必强。”

（二十章）

注释

[1]哀公：春秋时期鲁国国君，姓姬名蒋，哀为谥号。[2]布：记载。方策：简策，指古代典籍。[3]敏：勉也，引申为迅速。[4]蒲卢：蒲苇。一种容易生长的植物。[5]亲亲:亲爱亲人。前者为动词，后者为名词。杀（shài），减少，降低等级。[6]在下位不获乎上，民不可得而治矣:疑为串句，应删去。郑玄注“此句在下,误重在此”。[7]修身、事亲、知人、知天：这是儒家修身的次序理路。顺序依次为知天、知人、事亲、修身。[8]达道:通达之道,指天下人共同遵循的道路。达,通。[9]昆弟：兄弟。[10]一：诚。[11]九经：指治理国家有九种常行之道。[12]眩（xuàn）:迷惑。[13]报:回报。[14]劝：勉励。[15]官盛任使：官员众多，足够任命使用。[16]省：审。试：考核。[17]既禀（xì lǐn）:官方供给百工的粮食。[18]矜：同情，怜悯。[19]绝世：失去世袭爵禄的贵族。[20]废国：废灭了的诸侯国。[21]豫：预备，准备。[22]跲(jiá):绊倒。[23]疚:惭愧。[24]诚者:天性，指天生的圣德。[25]诚之者：学而诚之者，指努力之后的贤德。[26]措：放弃。

译文

鲁哀公向孔子询问政事。孔子说："周文王、周武王的政策方针，都记载在古代典籍上了。这样贤能之人如果还在世，那么政策就能落实推行；如果已经去世，那么其措施就会停止熄灭。贤能的人治理国家，政策就能迅速落实推行；在肥沃的土壤上种树，树木就能快速生长。政事就好比芦苇容易快速生长一样。因此，能否处理好国家大政，取决于任用什么样的人。要想找到合适的人，首先要提高自身修养。提高自身修养，首先要坚守道德，坚守道德，首先就要做到仁爱。仁，就是人要有仁心，亲爱亲人是最高的仁；义，就是做事情要合宜，尊重贤人就是最高的义；亲爱亲人要有亲疏之别，尊重贤人要有等级之分，这就产生了礼。因此，君子不可以不修身；要想修身，不能不侍奉好父母亲人；要想侍奉好父母亲，就不能不了解人；要想真正了解人，就不能不知道天理。"

"天下人都懂得的人伦之道有五条，用来推行这五条人伦之道的品德有三种。君臣之道、父子之道、夫妇之道、兄弟之道、朋友之道，这五项是天下共通之道。智、仁、勇三者是天下共通的品德，践行这五条人伦之道、三种高尚品德，其效用都是相同的。关于这些道理，有的人生来就知晓，有的人勤勉苦学而后才知晓道理，有的人在经历了困苦后才懂得，但只要他们最终都能理解了，那么结果也就是一样的了。关于这些道理的践行，有的人安然自在、毫不勉强地去践行，有的人知其名利才去实行，有的人被迫勉强践行，最后成功的结果也一样。"孔子说："爱好学习就接近智了，努力行善就接近仁了，知道羞耻就接近勇了。知道了这三点，就知道该怎么样修己养性，知道怎样修己养性，就知道如何管理他人；知道如何管理他人，就知道如何治理天下和国家了。"

“凡是想要治理好天下国家，就要有九条常行不变的法则。这就是：修己养性，尊贤任能，亲爱亲人，敬重大臣，体恤群臣，爱护子民，找纳工匠，优待远方之人，安抚诸侯。修己养性，人生的方向目标就能确立；尊贤任能，就不会迷惑；亲爱族亲，就不会招致叔伯兄弟族人怨恨；敬重大臣，就不会遇事困惑；体恤群臣，士人回报就会更加丰厚；爱护子民，百姓就会努力工作；招募工匠技术人才，财物就会丰盈；优待远方之人，四方之人就会归顺；安抚诸侯，天下之下就会敬畏而心悦诚服。”

“斋戒沐浴后，穿戴上隆重的冠服，不符合礼仪的事情坚决不做，这就是修己养性的要求。驱逐小人，远离女色，看轻财物而重视道德，这就是尊重贤人的要求。晋升他们的爵位，给他们丰厚的俸禄，和他们有着同样的爱憎之情，这就是亲爱族亲的要求。提拔官员众多以便足够任用，这就是勉励大臣的要求。真诚地任用他们，给予丰厚的待遇，这就是劝勉士人的要去。每天都要省察，每月都要考核，使付给他们的薪水俸禄与其工作绩效相当，这就是鼓励工匠的要求。来的时候欢迎，离开的时候欢送，嘉奖有善行的人，怜悯能力不足的人，这就是优待远方的人的要求。延续没有子孙后代的家族血脉，复兴已经废亡的小诸侯国，治理祸乱，帮扶弱势群体，按时接受诸侯朝见聘问，赠送他们礼物要丰厚，收受他们的贡品要微薄，这就是安抚诸侯的要求。”

“一般来说，治理天下国家有九条常行不变的法则，能够推行这些法则的只有一个方法。凡事提前做准备，就能成功；没有做好准备，就会失败。说话之前有所准备，就不会语言不通畅；做事事先有准备，就不会出现窘迫；行动之前做好准备，就不会悔恨惭愧；提前设计选择道路，就不会走投无路。”

“下位之人，倘若没有得到上位之人的肯定，就不可能管理好民众。得到上位之人的肯定是有门径的：得不到朋友的信任，就得不到上位之人的肯定。得到朋友的信任是有门径的：没有做到孝顺父母亲人，就得不到朋友的信任。得到父母亲人的赞许是有规矩的：不能真诚地反省自己，就不能让父母亲人顺心。真诚反省自己是有门径的：不懂得什么是善，就无法做到使自己真诚。”

“天性，是上天的法则；通过学习使自己变得真诚，是衡量人的标准。天性真诚的人，不用勉强就能做到，不用思虑就能得到，自然而然地符合中庸，这是圣人。通过努力使自己真诚的人，则是择善从之，并且坚持不懈执著追求的人。”

“广泛涉猎学习，详尽仔细询问，周密认真思考，清晰明确辨别，切实踏实实行。不学则已，一旦要学，就要直到学懂为止；不问则已，一旦要询问请教，就要直到问明白为止；不明辨则已，一旦要做到明辨，就要直到能够明确分辨事物为止；不践行则已，一旦要实践推行，就要做到踏实、切实可靠才行。别人付出一分努力就能做到的，我就要付出一百分的努力去做；别人用十分努力就能做到的，我就要用一千分的努力去做。如果真能够做到这样，即使天生愚笨也能够慢慢变得聪明，虽然柔弱也能够慢慢变得刚强。”

文史链接

李泽厚：天、道、人

熊十力说“《中庸》本演易之书”。冯友兰也把“易庸”连在一起讲，说“中庸的主要意思与易传的主要意思，有许多相同之处……他们的中间，有密切的关系”。但实际上，《易》（均指《易传》）《庸》很有的不同。《易》是世界观，《庸》则将它转为内在论。《易》

是由天而人，对外在世界即宇宙、历史、生活作了多方面的论证。《庸》却完全以人的意识修养为中心，主要是对内在人性心灵的形而上的发掘。所以，虽同属儒学正宗，二者在思想倾向上并不一致。也正因为《中庸》主要是内的追求意识，所以从信奉佛教的梁武帝到大讲人性的宋明理学，一直到今日的所谓“现代新儒家”，都十分重视它。

如果可以说，《易传》接着荀子，吸收了《老子》“道”的思想，从外在历史眼界建立起天人相通的世界观；那么，也可以说，《中庸》承续孟子，也吸取了“道”的思想，从内在心性探讨建立了同样的世界观。它的基本特征是将儒学出发点立足地的“修身”赋以世界观的形上基石，提出了“天命之谓性，率性之谓道，修道之谓教”的总纲领，从而把“人性”提到“天命”高度，进一步把“天”（“命”）与“人”（“性”）联结起来，发展了孟子理论。它强调了人性由天赋予，所以普遍必然地是先验的善，人必须努力实现自己的善性（“尽性”“成己”），这也就是“道”。发愤修养以自觉意识它，便是“教”。

《中庸》撇开了宽广的历史进程，显得拘谨而局促，但它在理论建构的精深紧凑上，却又超过了《易传》。它与《易传》的共同处正在于对道家世界观的吸取改造。儒道两家的差异在一定意义和范围内表现在“天”“道”这两个范畴的高低上。在道家，“道”是最高功能和实体，“天法道”（《老子》），“道”高于“天”；儒家则相反，“天”高于“道”，“道之大原出于天，天不变道亦不变”（董仲舒）。儒家之所以能如此，正是通过《易传》、《中庸》而确定的。“道”是无心的，无往而不在；“天”是有心的（“生生”、“诚”“仁”……），与人亲近而相通。正是《易传》赋予“天”以与人相通的生命、情感；《中庸》则更使“人性”成为“天命”，遵循这个“天命”便是“道”。

而它们基本共性又都是"不息"。《易传》讲"天行健，君子以自强不息"；《中庸》讲"故至诚无息"；都把儒学重"学"、重"教"、重人为、重修养的内容赋予了自然的"道"和主宰的"天"。《中庸》大讲"博学之，审问之，慎思之，明辨之，笃行之"。"人一能之己百之，人十能之己千之，果能此道矣，虽愚必明，虽柔必强"，具体地突出了人为修养的主动性。

可见，在这里，"道"不再是与人无干而成为与人息息相关不可分割的东西。《中庸》强调"道也者，不可须臾离也，可离非道也"。这就把老子韩非那种君临万物冷漠无情的客观规律性的"道"，化而为与人的每一刻的存在、作为、修养、意识相贯通交溶而合一的"道"。"天道""人道"从而就是一个"道"。这本是儒家传统思想，但《中庸》把它提到了形而上学的世界观高度；正因为此，在这个"天道""人道"相合一、亦即客观世界的规律性与主体存在的目的性相合一的"道"中，人于是就可以"参天地""赞化育"，达到所谓"中和"最高境界了。

《中庸》说，"喜怒哀乐之未发谓之中，发而皆中节谓之和。中也者，天下之大本也，和也者，天下之达道也。致中和，天地位焉，万物育焉。"如果比较一下荀子"曷谓中？礼义是也"，便见出两者颇不相同。它与《易传》也很不同，《中庸》讲的这种"天人合一"主要和首先是一种通由个体修养而达到的主观精神境界的高扬，与外部物质世界的运动变化关系不大。主观意识的追求在这里是第一性的和本原的。

《中庸》的核心观念是"诚"。孟子讲"诚"："反身而诚，乐莫大焉"。荀子也有大段讲"诚"的话："君子养心莫善于诚……天地为大矣，不诚则不能化万物；圣人为知矣，不诚则不能化万民；父子为亲矣，不诚则疏；君上为尊矣，不诚则卑。夫诚者，君子之所守也，而政事之本也。”孟从内在心理讲，荀从外在政事讲。《中庸》中，荀、孟两者有所合一，却以孟为根本。

究竟什么是“诚”？

《中庸》说，“诚者，天之道也；诚之者，人之道也”。“诚”被首先规定为“天”的根本性质，这一方面可以说是《易传》将自然予以道德化、人情化的沿承；但另方面却又是它的倒转，即由超越而走入内在。从而这里思辨的实际逻辑过程是：先将宇宙本体（“天“）品德化（“诚”），亦即将宇宙以道德本体义，然后又把它作为人性自觉的来源和本质（“自诚明谓性”），人必须努力修养以达到它（“自明诚谓之教”）。这样，主观的道德修养（“人”）与这个客观品德化的宇宙本体（“天”）、普遍的外在运动（“诚者”）与独自的内在修养（“诚之者”）先验本体与情感心理，就不但变成了一个东西，而且主体内在的道德修养还成为具有决定性的关键环节。从而君臣、父子、夫妇、兄弟、朋友的外在社会伦常秩序（“五达道”）反过来必须依赖于内在的“知、仁、勇”（“三达德”）的主观意识修养才能建立和存在。这里由“修身”（“知斯三者，则知所以修身”）而“治国”“平天下”的道路便完全失去荀子、《易传》那里的现实形态和性质，而逐渐成为某种“虽圣人亦所不知”“所不能”的神秘过程和境界。《中庸》盛赞鬼神，大讲祯兆，说“至诚如神”、“至诚之道，可以前知”以及所谓“君子戒慎乎其所不睹，恐惧乎其所不闻，莫见乎隐，莫显乎微，故君子慎其独也”等等，这种纯从内在心性来求天人相通，就必然会带上准宗教气息。这些都是孔孟荀易所未曾有，而为后世理学所发扬的。所以它与强调对待外部世界的荀学以及《易传》虽同属儒门，同讲“天人”，倾向却大有歧异。不过《中庸》毕竟还不是后世的理学，因为它只是企图将心理原则、个体修养与外在治平统一起来而构成世界观；尽管这种世界观已不同于《易传》的世界观，而是某种内在论，却还没有达到后世理学心性伦理的本体论，虽然已经作了它的先驱。

但秦汉专制帝国所需要的“治国平天下”的哲学，却并不是这种强调主观意识修养的世界观，而毋宁是以论证外在世界（包括自然和社会）为主的宇宙系统论。所以不是孟子、《中庸》而毋宁是荀子、《易传》为这种宇宙系统论铺平了道路。这就是我在《秦汉思想简议》中所讲的问题了。

［注］本文节选自李泽厚：《中国古代思想史论》，人民出版社 1985 年版。

思考讨论

1.《中庸》开篇就说：“天命之谓性，率性之谓道，修道之谓教。”这句话有一个什么样的内在逻辑？我国历史上有很多著名的知识分子都对这句话很推崇，尤其是宋明时期的哲学家和思想家，你认为这句话的深刻含义是什么？请用心领会和体悟。

2.《中庸》有“三达道”、“五达德”、“九经”等词，读完本节，你记得这些词的含义吗？它们分别是什么？

唯天下至诚

自诚明，谓之性；自明诚，谓之教[1]。诚则明矣，明则诚矣。（二十一章）

曾子像

唯天下至诚，为能尽其性。能尽其性，则能尽人之性；能尽人之性，则能尽物之性；能尽物之性，则可以赞天地之化育[2]；可以赞天地之化育，则可以与天地参矣[3]。 （二十二章）

注释

[1]“自诚”句：分两层，前句讲天性自诚，是圣人之德；后句讲通过勉励学习而到达至诚，是贤人之德。自，由、从。

[2]赞：帮助。育：生也。 [3]参：三。

译文

由至诚而有显明的德性，这是天性；由显明的德性而有至诚，是自己通过努力学习，显明自己真诚之心，这叫做后天的教化。能做到至诚必然会显明德性，一旦德性显明自己也就做到至诚了。

只有天下至诚之人，才能让其天性充分显现。能够做到充分显现自己的至诚之天性，就能够充分发挥众人的本性；能够充分显现众人的天性，就能够充分发挥万物的本性；能够充分发挥万物的本性，就可以帮助天地化育生命；能帮助天地化育生命，就可以与天地并列为三了。

文史链接

冯友兰讲“明”与“诚”

在《中庸》里，至善被称为“诚”（真诚、纯真），和“明”是连在一起的。《中庸》第二十一章说：“自诚明，谓之性；自明诚，谓之教。诚则明矣，明则诚矣。”这是说，人如果真正懂得了普通、寻常生活中吃喝、人际关系的重要性，他就已经是一个圣人了。一个人如果把他所领会的都付诸实践，他也就是圣人了。人只有在自己的实践中，才能懂得这些普通、寻常事的真正意义；也只有真正懂得了它们的意义，才能做得完美。

《中庸》第二十五章还说：“诚者非自成己而已也，所以成物也。成己，仁也；成物，知也。性之德也，合内外之道也。”这是说，诚不是仅仅为了成全自己，它还是成全万物的途径。成全自己，这是仁德；成全万物，这是智慧。诚是人天性中的品德，人内心和外部世界的道理都在其中结合起来了。这段话的意思应该是清楚的，但我设想，“仁”和“知”两个字的位置或许应该调换一下。

《中庸》第二十二章还说：“唯天下至诚，为能尽其性；能尽其性，则能尽人之性；能尽人之性，则能尽物之性；能尽物之性，则可以赞天地之化育；可以赞天地之化育，则可以与天地参矣。”这是说，唯有天下至诚之人，才能充分发挥人的天性；能充分发挥自己天性的人，才能充分发挥别人的天性；而后才能充分发挥万物的本性，而后才能帮助天地化育万物；而后才能与天地合为一体。

一个人如果力求完善自己，他就会看到，为此也必须同时完善他人。一个人如果不关心别人的完善，自己便不可能完善。这是因为，人要充分发展自己的天性，必须充分发展他的人际关系，也就是在社会之中。这就回到了孔子、孟子的传统，人要想完善

自己，必须实行忠恕、仁义，这就包含了帮助别人。人要想完善自己，就必须充分发展受自上苍的天性，帮助别人就是参与天地化育万物的工作。一个人如果真正懂得了这一切，他就与天地合参，成为一体了。《中庸》所讲的“明”，便是这个意思；人做到与天地合参，便是完美。

为做到与天地合参，人是否需要做什么特别的事情呢？并不需要，所需要的只是做那些普通、寻常的事情，完全懂得它们的意义，并把它们做得“恰到好处”。在这样做时，人的内心和外部世界连接起来了，这不仅是人与天地合参，而是天人合一。这时，人虽在世界之中，却又超越了世界。后来新的儒家便是以发展这个思想来批判佛家的出世哲学。

这便是儒家把人心提高到天人境界的途径。它与道家所主张的弃绝知识、齐万物、一死生的做法不同，儒家的途径是通过爱的延伸，使人心得以超越我与他人的界限，也超越我与物的界限。

［注］本文节选自冯友兰著，赵复三译：《中国哲学简史》（英汉对照），天津社会科学出版社 2007 年版。

思考讨论

1. 读了本节，你认为“诚”有哪些方面的含义？哪些是“诚”的深刻含义？哪些是“诚”的一般含义？

2.《中庸》所讲的“明”与“诚”的关系是什么？此“明”与《大学》中的“明明德”之“明”又有什么不同呢？认真思考、领悟，并分析。

致曲有诚

其次致曲[1]，曲能有诚，诚则形[2]，形则著，著则明，明则动，动则变，变则化，唯天下至诚为能化。

（二十三章）

至诚之道，可以前知[3]。国家将兴，必有祯祥[4]；国家将亡，必有妖孽[5]，见乎蓍龟[6]，动乎四体[7]。祸福将至：善，必先知之；不善，必先知之。故至诚如神[8]。

（二十四章）

注释

[1]其次：次一等级，即次于“自诚明”的等级。致曲：意为推究致力于某一个方面的善德。致，推究。曲，指事物的某一个方面，大道的某一个细节。 [2]形：形迹，这里指显露、表明。 [3]前知：预知。 [4]祯（zhēn）祥：吉祥的预兆。 [5]妖孽：反常的事物，意为灾祸的萌芽。 [6]蓍龟：蓍草和龟甲，古代占卜的工具。 [7]四体：四肢。 [8]神：变化莫测。

译文

再往下次一等级的人，则致力于扩充某一方面的善德之端，也能达到诚一。达到了诚一，就能够表露出来，表露出来就会逐渐彰显，彰显了就会发出光明，有了光明，就能够影响触动，有了触动就能够引起转变，转变了就能够化育万物。只有天下至诚之人才能做到这一点。

至诚专一之道，可以预知未来。国家将要兴旺，一定会有吉祥的预兆；国家将要灭亡，一定会有灾祸的萌芽。这些兆头，都呈现在蓍草和龟甲上,表现在四肢的动作行为上。福祸将要来临时，不论是福还是祸，都可以预先知晓。因此，最高的至诚神秘莫测，变化无端。

文史链接

古代的占卜工具：蓍龟

蓍，是指蓍草；龟，是指龟甲。二者皆为上古时期预测未来、占卜吉凶所用的工具。由于古人常用蓍草、龟甲等材料占卜吉凶，因此又用蓍龟指代占卜活动。《礼记·曲礼》中说:“龟为卜,策为筮。”策，其实就是蓍，所以蓍龟也称为“卜筮”。

商代时期的占卜活动多选用龟甲，但由于龟甲难以获取，只限于王室才能使用，因此这一时期，也有部分用蓍草进行占卜的现象，总体来说，卜筮并用。到了周代，虽然也并用卜筮，但周代使用筮的次数和规模已大为明显。被认为是周人筮占发展出来的一套哲学体系《周易》一书的传世，强有力地说明了这一点。传说中的“三易”，即《连山》、《归藏》、《周易》，前二者已亡佚，只有《周易》较完整地保留下来了。于是，周代筮法由于其简便性和广泛性，也就慢慢地占据了古人卜占体系中的主导地位。

那么占卜的功能和作用是什么呢？《周易·系辞上》中说:“探赜索隐，钩深致远，以定天下之吉凶，成天下之亹亹者，莫大乎蓍龟。”《史记·龟策列传》:“王者决定诸疑，参以卜筮，断以蓍龟，不易之道也。”《礼记·表记》中又说:“三代皆以卜筮事神明。”可见，蓍龟（占卜）是被古人用来“定天下之吉凶”、“决定诸疑”、“事神明”

的。也就是说，占卜在古人的世界里，主要发挥预测未来、解决疑难、侍奉神明的作用。

卜筮活动发展到周代，表现出了一个非常重要的特征，对塑造中华民族思维发挥了奠基性的作用。这一特征就是：占卜活动慢慢变得有条理，有章可循，形成一个完整的卜筮系统，这一系统化的文本结晶就是《周易》。《周易》中占卜活动，已经大大减少了宗教巫术等成分，加大了对人间事务、社会活动的关注，加快了华夏文明的进程。《周易》一书通过用自然界常见的意象，来诠释六十四卦。这种用典型意象来解释复杂事件的活动，也体现了先民抽象哲学思维的发展。更重要的是，《周易》一书蕴含着对人文精神的高度重视，例如“天行健，君子当自强不息”、“地势坤，君子以厚德载物”等语句，体现了先民积极向上、开拓进取、包容万物的精神，这对形成中华民族的心理特征起了巨大的塑造作用。“自强不息”、“厚德载物”已经成为今天中华民族精神的象征之一。

思考讨论

1. 请课外了解《周易》这本书的内容，并分析古人为什么要进行占卜活动。

2. 你有没有听说过“居安思危”、“未雨绸缪”等成语？这些成语背后反映了一种什么样的思维？

诚者自成

诚者自成也[1]，而道自道也。诚者物之终始，不诚无物。是故君子诚之为贵。诚者非自成己而已也[2]，所以成物也。成己，仁也；成物，知也。性之德也，合外内之道也，故时措之宜也[3]。 （二十五章）

注释

[1] 自成：自我成就。 [2] 成己：成全自己。 [3] 时措：适时施行。

译文

诚，是成就自己的德性，而道是引导自己行所当行的路。诚是贯穿万事万物的理，没有了诚，就没有万物。因此，君子让自己成为至诚的人，是可尊贵的。诚，并不是成就自己本身就够了，还要成就万事万物。成全自己，叫做仁；成就他物，叫做智。这种人性本有的德性，能够融通成物与成己而合二为一。因此，时时施行都能做到恰当和合宜。

文史链接

徐复观讲“命”与“性”

《中庸》上篇的第一章，可以说是作者有计划写的一个总论。而“天命之谓性，率性之谓道，修道之谓教”三句话，又是全书的总纲领，也可以说是儒学的总纲领。

“天命”的观念，是从原始宗教承传下来的观念。天命的内容，主要是以“吉凶”、“历年”为主；“历”是政权的长短，“年”是年命的长短。到了周公，在天命中开始赋予以“命哲”的新内容。哲是人的道德性的智慧；人的道德性的智慧，是由天所命，这已开始了从道德上建立人与天的连系。不过此处命哲的哲，只当作是人生命中的一部分，尚不曾把它看作是人之所以为人的本质，即是尚不曾把它看作是人之所以为人的“性”。以“天命”为即是人之所以为人的性，是由孔子在下学而上达中所证验出来的。孔子的五十而知天命，实际是对于在人的生命之内，所蕴藏的道德性的全般呈露。此蕴藏之道德性，一经全般呈露，即会对于人之生命，给予以最基本的规定，而成为人之所以为人之性。这即是天命与性的合一。孔子是在这种新地人生境界之内，而“言性与天道”。因为这完全是新地人生境界，所以子贡才叹为“不可得而闻”。子贡之所以不可得而闻，亦正是颜子感到“仰之弥高，钻之弥坚;瞻之在前，忽焉在后”(《论语·子罕》)的地方。但在学问上，孔子既已开拓出此一新的人生境界，子贡虽谓不可得而闻，而实则已提出了此一问题。学问上的问题，一经提出以后，其后学必会努力与以解答。“天命之谓性”，这是子思继承曾子对此问题所提出的解答；其意思是认为孔子所证知的天道与性的关系，乃是“性由天所命”的关系。天命于人的，即是人之所以为人之性。这一句话，是在子思以前，根本不曾出现过的惊天动地的一句话。“天生烝民”，“天生万物”，这类的观念，在中国本是出现得非常之早。但这只是泛泛地说法，多出于感恩的意思，并不一定会觉得由此而天即给人与物以与天平等的性。有如人种植许多生物，但这些生物，并不与人有什么内在的关联。所以在世界各宗教中，都会认为人是由神所造。但很少能找出神造了人，而神即给人以与神

自己相同之性的观念，说得像《中庸》这样的明确。即在柏拉图的理型世界，亦是如此。正因为这样，所以各宗教乃至柏来图这一型的哲学，多不能在人的生命自身，及生命活动之现世，承认其究极地价值，而必须为人转换另一生命，另一世界。这样，人的生命，人的现世，并不能在其自身生稳根；亦即不会感到在其自身，有其积极性地建立的必要。“天命之谓性”，决非仅只于是把已经失坠了的古代宗教的天人关系，在道德基础之上，与以重建；更重要的是：使人感觉到，自己的性，是由天所命，与天有内在的关连；因而人与天，乃至万物与天，是同质的，因而也是平等的。天的无限价值，即具备于自己的性之中，而成为自己生命的根源，所以在生命之自身，在生命活动所关涉到的现世，即可以实现人生崇高的价值。这便可以启发人们对其现实生活的责任感，鼓励并保证其在现实生活中的各种向上努力的意义。我们可以这样说，只有在“天命之谓性”的这一观念之下，人的精神，才能在现实中生稳根，而不会成为向上漂浮，或向下沉沦的“无常”之物。这等于只有在近代“天赋人权”的观念之下，人权才可以在政治中生稳根一样。假定人权不是由超经验的天所赋予，则人权的原则，将会随经验界的变动而变动。

“天命之谓性”的另一重大意义，是确定每个人都是来自最高价值实体——天——的共同根源；每个人都秉赋了同质的价值；因而人与人之间，彻底是平等的，可以共喻共信，因而可建立为大家所共同要求的生活常轨，以走向共同的目标。并且进一步向上去追索时，则人我是一体，人物是一体，人类还有什么矛盾冲突可言呢？

［注］本文节选自徐复观著，李维武编：《徐复观文集》，湖北人民出版社 2009 年版。

思考讨论

1. 拥有真诚的品德，总是会给他人良好形象，同时也会给自己营造一个健康的环境。你觉得如何才能做到“真诚”？当别人不理解你的所作所为或者误会了你时，你应该怎么做？

2. 老百姓常说“举头三尺有神明”，你怎样理解这句话的意思？“神明”是不是就是指神仙、鬼怪之类的迷信的东西？它究竟有什么含义呢？请仔细琢磨这句话。

至诚无息

故至诚无息。不息则久，久则征[1]，征则悠远，悠远则博厚，博厚则高明。博厚，所以载物也[2]；高明，所以覆物也[3]；悠久，所以成物也。博厚配地，高明配天，悠久无疆[4]。如此者，不见而章[5]，不动而变，无为而成。天地之道，可一言而尽也：其为物不贰[6]，则其生物不测[7]。天地之道：博也，厚也，高也，明也，悠也，久也。今夫天，斯昭昭之多[8]，及其无穷也，日月星辰系焉，万物覆焉。今夫地，一撮土之多，及其广厚，载华岳而不重[9]，振河海而不泄[10]，万物载焉。今夫山，一卷石之多[11]，及其广大，草木生之，禽兽居之，宝藏兴焉。今夫水，一勺之多，

及其不测，鼋鼍、蛟龙、鱼鳖生焉[12]，货财殖焉。《诗》云："维天之命，于穆不已！"盖曰天之所以为天也。"於乎不显！文王之德之纯[13]！"盖曰文王之所以为文也，纯亦不已。

（二十六章）

注释

[1]征：表征，显露。 [2]载物：承载万物。 [3]覆物：覆盖万物。 [4]无疆：没有界限。 [5]章：彰明。 [6]不贰：真诚专一，没有二心。 [7]不测：不能测度。 [8]昭昭：光明的样子。 [9]华岳：华山。 [10]振：收容。 [11]一卷（quán）石：一块一块的小石头。 [12]鼋鼍（yuán tuó）：鼋，大鳖。鼍，鳄鱼的一种。 [13]"於（wū）乎"句：引自《诗经·周颂·维天之命》。於，感叹词。不，通"丕"，语气词。

译文

因此，至诚之道是不会停止和熄灭的。不会熄灭和停止，就会长久。长久了自然就能够彰显，彰显了就会悠长而久远，悠长久远了就会博大而厚重，博大而厚重了就会变得高明。因为博大厚重，所以能够承载万物；因为高明深远，所以能够容纳万物；因为悠长久远，所以能够成就万物。博大厚重，是与地相匹配的；高明深远，是与天相匹配的，悠久长远，永无止境。达到了这样的境界，不用刻意显现也会自然而然地彰显出来，不用刻意运作也会自然而然地发生变化，不用刻意作为也会自然而然地成就万物。天地之道，可以用一个"诚"字来概括就够了：它们化育万物专一真诚，因此所化生的万物不可测算和度量。天地之道，其实就是博大、厚重、高深、光明、悠久、长远。

现在我们头上的天，虽然看起来只是一点点光明，可是到了它无穷的边际时，日月星辰都被它维系着，世上万物都被它覆盖。现在我们脚下的地，虽然看起来只是一小把土，可是到了它广博深厚时，即使是承载华山那样的高山也不觉得重，收纳那众多的江河湖海也不会泄露，万物都被它承载着。现在我们周围的山，虽然看起来只是拳头大的一块一块的石块，可是到了它高耸入云时，草木在上面生长，禽兽在上面居住，宝藏在里面储藏。现在我们身边的水，虽然看起来只有一勺之多，可到了它浩瀚无垠时，鼋鼍蛟龙鱼鳖都在里面游弋生长，孕育着丰富的财宝物产。《诗经》中说："天道的运作施行，是多么肃穆美好啊，永远不会停止！"这大概说的是天之所以为天的道理吧！又说："啊！多么显赫光明啊！文王的道德品行是那样的纯正！"这大概就是文王之所以为文王的道理，文王的纯正也是没有止息的。

文史链接

明代宰相张居正讲"至诚无息"

"故自诚无息。不息则久，久则征，征则悠远，悠远则博厚，博厚则高明。"

息，是间断。久，是常于中。征，是验于外。悠，是悠长。远，是久远。博厚，是广博深厚。高明，是高大光明。子思说："人之德有不实，则为私欲所间杂，而其心不纯，不纯则有止息之时，圣人之德，既极其真实，而无一毫之虚伪，则此心之内，纯是天理流行，而私欲无得已间之，自无有止息矣。既无止息，则心体浑全，德性坚定，自然始终如一，常久而不变矣。存诸中者既久，则必形见于威仪，发挥于事业，自然征验而不可掩矣。既由久而征，则凡所设施，都是纯王之政，自然悠裕而不迫，绵远而无穷矣。惟其悠远，则积累之至，自然充塞乎宇宙，浃洽于人心，广博而深厚矣。惟其博厚，则发见之极，自然巍乎有成功，焕乎有文章，高大而光明矣。盖德之存诸中者，既极其纯，故业之验于外者，自极其盛，此至诚之妙，所以能赞化育而参天地者也。

博厚，所以载物也；高明，所以覆物也；悠久，所以成物也。

这一节是说圣人与天地同用。子思说：“至诚之功用，所积者既广博而深厚，则天下之物，无不在其包括承受之中，而咸被其泽，是固所以载物也。所发者既高大而光明，则天下之物，无不在其丕冒照临之下，而咸仰其光，是固所以覆物也。其博厚高明者，又皆悠长而久远，则天下之物，常为其所覆载，而得以各遂其生，各复其性，是固所以成物也。”

博厚配地，高明配天，悠久无疆。

这一节是说圣人与天地同体。配，是配合。疆，是疆界。子思说：“承载万物者莫如地，今至诚之博厚，也能载物，则其博厚，就与地道之博厚者，配合而无间矣。覆冒万物者莫如天，今至诚之高明，也能覆物，则其高明，就与天道之高明者，配合而无间矣。天地之博厚高明，亘古亘今，无有穷尽，故能成物。今至诚悠久，也能成物，则其悠久之功，就与天地之无疆界者，通一而无二矣。”

如此者，不见而章，不动而变，无为而成。

如此，指上文说。见字解做示字。章，是显。子思说：“圣人能覆载成物，而配天地之无疆，其功业之盛如此，然岂待于强为哉？亦自然而然者耳。观其博厚的功业，固灿然而成章，然亦积久蓄极，自然显著的，不待表暴以示人而后章也，此其所以能配地也。其高明的功业，固能使人翕然而丕变，然亦存神过化，自然感应的，不待鼓舞动作而后变也，此其所以能配天也。其博厚高明之悠久，固能使治功有成，万世无敝，然亦不识不知，自然成就的，不待安排布置，有所作为而后成也，此所以能配天地之无疆也。”

天地之道，可一言而尽也：其为物不贰，则其生物不测。

上面既说圣人之功用，同乎天地，此以下又即天地之道以明之。贰，是参并。子思说：“天地之道虽大，要之可以一言包括得尽，只是个诚而已。盖天地之间，气化流行，全是实理以为之运用，更无一毫参杂，惟其不贰，所以能常久不息，而化生万物，形形色色，充满于覆载之间，有莫知其所以然者，岂可得而测度之哉。”观此，则圣人之至诚无息，久而必征可知矣。

天地之道：博也，厚也，高也，明也，悠也，久也。

天地之道，惟其诚一不贰，故能各极其盛。地之道惟诚，是以不但极其广博，而又极其深厚也。天之道惟诚，是以不惟极其高大，而又极其光明也。且其博厚高明，又极其悠长，极其久远，而不可以终穷也。观此，则圣人之悠远、博厚、高明，皆本于诚又可知矣。

今夫天，斯昭昭之多，及其无穷也，日月星辰系焉，万物覆焉。今夫地，一撮土之多，及其广厚，载华岳而不重，振河海而不泄，万物载焉。今夫山，一卷石之多，及其高大，草木生之，禽兽居之，宝藏兴焉。今夫水，一勺之多，及其不测，鼋鼍、蛟龙、鱼鳖生焉，货财殖焉。

昭昭，是小小的明处。系，是系属。以手指取物叫做撮。一撮，言其至少。华岳，是西岳华山，山之最大者。振，是收。泄，是渗漏。一卷石，是一块小石。宝藏，是世间宝重藏蓄的，如金玉之类都

是。一勺，是一升。鼋，似鳖而大。鼍，似鱼有足。鲛，似龙无角，都是水中之物。殖，是滋长。子思说："天地之道，惟诚一不二，故能各极其盛，而有生物不测之功用。何以见之？今夫天，指其一处而言，就是昭昭然罅隙透明的去处，也叫做天。若论其全体，则高大光明，无有穷尽，日月之运行，星辰之布列，都系属于其上，凡万有不齐之物，亦无不在其覆冒之下焉，天之生物不测如此。今夫地，指其一处而言，就是一撮之土，也叫做地，若论其全体，则广博深厚，无有限量，华岳之山虽大，也能承载之而不见其为重，河海之水虽广，也能收摄之而不见其漏泄，凡万有不齐之物，亦无不在其持载之中焉。地之生物不测如此。今夫山，指其一处而言，便是一卷石之多，也叫做山，若论其全体广阔高大的去处，则各样的草木都于此发生，诸般的禽兽，都于此居止，凡世间宝重蓄藏的物，可以为服饰器用的，都从此兴发出来，山之生物如此。今夫水，指其一处而言，便是一勺之多，也叫做水，若论其全体深广不测的去处，则鼋、鼍、蛟龙、鱼、鳖都生聚于其中，凡有用之物，可以生致货利的，都滋长于其中，水之生物如此。"夫天地之间，物之最大者莫如山川，观山川之生物如此，则天地之大可知矣。观天地之道如此，则圣人之功用可知矣。

《诗》云："维天之命，于穆不已！"盖曰天之所以为天也。"於乎不显！文王之德之纯！"盖曰文王之所以为文也，纯亦不已。

《诗》，是《周颂·维天之命》篇。天命，即是天道。于，是赞叹之辞。穆，是幽深玄远的意思。不已，是无止息。不显，辟如说岂不显著也。文王，指周文王。纯，是不杂。子思于此章之末，又引《诗》以明至诚无息之意说道："是诗人叹息说：'维天道之运行，幽深玄远而无有一时之止息。'这是说天之所以为天，正以其无止息也；不然则四时不行，百物不生，将何以为天乎？诗人又叹息说：

‘岂不显著哉，文王之德，纯一而不杂。’这是说文王之所以为文，正以其德之不杂也；不然，则积之不实，发之无本，将何以为文乎！”然在天说不已，在文王说纯，岂是文王与天有不同处？盖天道无有止息，固是不已，文王之德之纯，也没有止息，亦不已焉。文王与天一也，这纯即是至诚，这不已，是无息。观此，则圣人之至诚无息可知矣。

［注］本文节选自明代张居正：《四书直解》。编者校点。张居正（1525—1582），汉族人，祖籍湖广江陵（今属湖北）。字叔大，少名张白圭，又称张江陵，号太岳，谥号“文忠”，明代首辅，我国著名的政治家。

思考讨论

1. 自宋代起，皇帝的老师在给皇帝启蒙授课时，均会将《大学》和《中庸》等四书作为教材，教给他们治国安邦的道理。你觉得《大学》和《中庸》中哪些是关于治理国家的内容呢？请试举一例，并说明你的理由。

2. 张居正是我国历史上著名的宰相，他同时也是一位改革家。明代的“一条鞭法”税收改革就是他主导实施的，挽救了明代的国运。你还知道历史上哪些著名的宰相呢？他们都有什么令人称道的事迹呢？

尊德性而道问学

大哉圣人之道！洋洋乎[1]！发育万物，峻极于

天。优优大哉[2]！礼仪三百[3]，威仪三千[4]。待其人而后行。故曰："苟不至德，至道不凝焉。"故君子尊德性而道问学，致广大而尽精微，极高明而道中庸。温故而知新，敦厚以崇礼。是故居上不骄，为下不倍[5]，国有道，其言足以兴，国无道，其默足以容。《诗》曰："既明且哲，以保其身[6]。"其此之谓与！

（二十七章）

注释

[1]洋洋乎：充沛广大的样子。　[2]优优：充足有余。　[3]礼仪：经礼，古代礼节的主要程序、规则。　[4]威仪：曲礼，古代典礼中行为动作的规范、待人接物的礼节统称。　[5]倍：同"背"，背反。　[6]"既明"句：引自《诗经·大雅·烝民》。

译文

圣人之道是多么伟大啊！多么充沛广大啊！生养化育万物，和天一样崇高！多么充足宽裕啊！大的礼节有三百项，小的礼节有三千项，这些都有待于有德行的人来实施。所以说，如果不具备崇高的德性，就无法凝注于至高之道。因此，君子尊崇德性，追求学问，达到广大博厚、穷尽精微之处；追求高明境界，遵循中庸之道。温习旧的知识而获得新的知识，笃实敦厚而有崇尚礼仪。因此，即使身居高位，也能保持谦虚；即使身在下位，也不忤逆悖反。国家政治清明时，他的言论足以振兴国家；国家政治黑暗时，他的沉默足以保全自己。《诗经·大雅·烝民》中说："既明智又通达，可以保全自身。"大概说的就是这个意思吧！

文史链接

鹅湖之会："道学问"与"尊德性"的学术纷争

南宋孝宗淳熙二年（1175），浙江金华一个叫做吕祖谦的人去福建访问朱熹。回程时，朱熹送他返回，路过江西的信州铅山，铅山有一个寺庙叫做鹅湖寺。于是，他们在鹅湖寺停留了几天。在鹅湖寺停留的日子里，吕祖谦写信给金溪的陆九渊、陆九龄兄弟，邀请他们来鹅湖寺，同朱熹一起聚会讨论一些高深、复杂的哲学问题。吕祖谦希望通过这次聚会以及他们之间的自由讨论，使两个分歧的学派统一起来。这场由吕祖谦邀约朱熹、陆九渊兄弟，在鹅湖寺举行的学术思想研讨会，就是历史上有名的"鹅湖之会"。

鹅湖之会，以朱熹为代表的一派、陆九渊兄弟为代表的另一派，以及双方门生、弟子、朋友都来参加了，甚至远至福建、浙江等地的学者都赶来参加了。会议规模宏大，参与人数众多，讨论非常激烈。这次研讨会开了将近十来天，讨论的范围、主题都很广泛，争论的主要焦点是如何认识世界、事物和如何治学，即"尊德性"与"道问学"的分歧。

朱熹这一派认为，应该重视"道问学"，主张"即物穷理"、"格物致知"，认为只有先"格物"，强调循序渐进地提升道德修养，由小到大，最后达到圣人的境界；陆九渊兄弟这一派则认为，应该重视"尊德性"，主张"发明本心"、"心即理"，认为治学首先应该立志，即孟子所说的"先立乎其大者"，强调发挥人的主观能动性，先从道德境界上站立，然后由上而下，自然会一切贯通。

除此之外，还有第三派观点，与这两派都不相同，这一派以学术研讨会的组织者吕祖谦以及来自浙东的陈亮、叶适为代表。

会议上，两派不断地提出各自的主张和观点，辩论非常热烈。集会所争论的问题，双方并没有辩出胜负，也没有一致的结果，当然也就谈不到消除分歧了。从此以后，双方的信奉者渐渐分化成明确的两派。其中，以朱熹为代表的学术派别被称为“理学”，以陆九渊为代表的学术派别被称为“心学”。

鹅湖之会，是以朱熹、陆九渊、吕祖谦为首的南宋理学三大学派举行的一次规模盛大的学术研讨会。南宋理学三大派的学者齐聚铅山鹅湖寺，就学术问题相互切磋，是南宋思想界最重要的一次集会，对宋明理学的发展产生了深远的影响，在中国文化思想史上占有重要的地位。

思考讨论

1. 课外阅读有关宋代思想家朱熹和陆九渊的书籍，了解他们的生平和事迹。

2. 宋代是一个文化、艺术非常繁荣的朝代，既有成熟的书法、瓷器，也有与唐诗相媲美的宋词。你能举出一例宋代的文化艺术成就吗？

吾从周

子曰：“愚而好自用，贱而好自专，生乎今之世，反古之道[1]。如此者，灾及其身者也。”非天子，

不议礼[2]，不制度[3]，不考文。今天下车同轨，书同文，行同伦。虽有其位，苟无其德，不敢作礼乐焉。虽有其德，苟无其位，亦不敢做礼乐焉。子曰："吾说夏礼，杞不足征也[4]。吾学殷礼，有宋存焉；吾学周礼，今用之，吾从周。"（二十八章）

注释

[1] 反：返。 [2] 议礼：议订礼制。 [3] 制度：动词，制定法度。 [4] 杞（qǐ）：周代的诸侯国之一。周武王伐纣后，封夏人的后代于杞。

译文

孔子说："愚昧却还喜欢自以为是，卑贱却还喜欢独断专行，生于这个时代，却要返回到古时候。这样做，灾难一定会降临在他身上。"如果不是天子，就不要议订礼制，不要制定法度，不要考订文字。现在天下车辆的轮轨一致，文字的字体统一，人伦道德相同。即使有匹配的地位，如果没有相应的德行，是不敢随便制作礼乐制度的。即使有匹配的德行，如果没有相应的地位，也是不敢随便制作礼乐制度的。孔子说："我虽然很欣赏夏朝的礼制，但夏的后裔杞国已经不能够表现它了；我虽然想学习殷朝的礼制，但殷的后裔宋国只残存一部分了；我学习周朝的礼制，是因为现在人们都使用它，所以我遵从周礼。

文史链接

王阳明格竹

明弘治五年（1492），浙江会稽的王阳明参加了家乡乡试，并中举。之后，王阳明来到在北京做官的父亲的官署，备考来年国家举办的会试。为了这场考试，王阳明在京城里，到处寻找南宋理学家朱熹的著作研读，他想按照朱熹"格物穷理"的办法，领会圣人经典。

王阳明在父亲的官署里认真读书。父亲的官署里种了很多竹子，于是，他想按照朱熹教人的方法，取竹子"格"之。有一天，王阳明邀请他一位姓钱的好朋友，来官署一起"格竹"。这件事情在《传习录》中有所记载："钱子早夜去穷格竹子的道理，竭其心思，至于三日，便致劳神成疾。当初说他是精力不足，某因自取穷格，早夜不得其理，到七日，亦以劳思致疾，遂相与叹圣贤是做不得的，无他大力量去格物了。"好朋友格竹，格了三天，绞尽脑汁，也没有格出竹子的道理，反而积劳成疾。好朋友说这可能是因为他精力不足、体力不济所致。王阳明听了，也想尝试一下，于是从早到晚连续格了七天竹子，最后也病倒了，于是王阳明感叹说，学圣贤"格物"是做不得的。

王阳明格了七天，没有格出竹子的道理，他感觉到朱熹"格物致知"认识"理"的方法行不通，因此对朱熹的"格物"说产生了怀疑，但一时又想不通问题出在哪里，于是王阳明只好把"格竹"这件事情放在一边，埋头准备考试。

又过了六年，1498 年的一天，王阳明又读到朱熹的书，书里面说："读书之法，莫贵于循序而致精。而致精之本，则有在于居敬而持志。"王阳明读到这句话时，大为感慨，想起了自己二十多年曲折的求学经历，认识到自己从前读书的不足：虽然读书广泛，但却没有按照朱熹所说的循序渐进的办法进行，从而没有办法做到专精，也没收获到实质性的东西。

于是，王阳明又按照朱熹的做法，调整了自己的读书方法，循序渐进，以“格物致知”、“穷天理”。结果，王阳明又一次失败了，他觉得无法做到将外在的事物和自己的内心世界融合为一，即“理”与“心”的合二为一。第二次实践的再次失败，使王阳明对朱熹的学说彻底产生了怀疑，对朱熹的治学方法也产生了根本性的动摇。王阳明对朱熹学说的彻底放弃，并非盲目和冲动的，根本原因在于，王阳明认为朱熹的学说没有办法付诸实践。从此以后，王阳明便决心与朱熹的学说、理念分道扬镳了。他另辟途径，创立了一门新的学说，叫做“心学”。王阳明在继承宋代理学家陆九渊心学的基础上，建立了自己的理论和学说，终于造就了与理学双峰并峙的陆王心学。王阳明的心学对后世影响巨大，近代民主革命人士均从王学中汲取思想营养，以挽救国家民族危难，影响了中国近代历史的进程。

思考讨论

1. 学习既需要悟性，又需要好的学习方法。孔子说“学而不思则罔，思而不学则殆”，一个好的学习方法，会让我们的学习事半功倍，但如果只是机械地运用方法，同样也不能做到融会贯通。你怎样看待学习中的领悟和方法？

2. 本节中有“天下车同轨，书同文，行同伦”之语，其中提到了“书同文”。你了解“书同文”的历史意义吗？至今，全体中华儿女都在使用一种共同的文字，那就是汉字。汉字的绵延不衰，使得五千年的中华文明得以保留和延续。课外阅读相关书籍，了解汉字的演变历史。

知天知人

王天下有三重焉，其寡过矣乎！上焉者虽善无征，无征不信，不信民弗从；下焉者虽善不尊，不尊不信，不信民弗从。故君子之道：本诸身，征诸庶民，考诸三王而不缪[1]，建诸天地而不悖，质诸鬼神而无疑，百世以俟圣人而不惑[2]。质诸鬼神而无疑，知天也；百世以俟圣人而不惑，知人也。是故君子动而世为天下道，行而世为天下法，言而世为天下则。远之则有望，近之则不厌。《诗》曰："在彼无恶，在此无射，庶几夙夜，以永终誉[3]！"君子未有不如此而蚤有誉于天下者也[4]。（二十九章）

注释

[1]缪：通"谬"，谬误。 [2]俟：待。 [3]"在彼"句：引自《诗经·周颂·振鹭》。在此无射，原诗作"在此无斁（yì）"，斁，通"射"，厌弃。 [4]蚤：通"早"。

译文

成为天下的君王之后，做好议订礼制、制定法度、考定文字这三件重要的事情，就应该很少有过失了吧！以前的朝代礼制虽好，但却没有证验，如果没有得到证验的话，就不能使人信服，

不能使人信服，老百姓就不会遵循。现在的人，虽然有善德，但却没有尊贵的身份，没有尊贵的身份，同样也不能使人信服，不能使人信服，老百姓就不会听从。因此，君子治理天下之道，以自身德行为本，要在老百姓那里得到验证。考察夏、商、周三代的制度而没有错误，顶立在天地之上而没有悖逆，质询鬼神而没有疑虑,即使百世以后圣人出现也没有疑虑。质询鬼神而没有疑惑，这叫做“知天”。百世以后圣人出现也没有疑惑，这叫做“知人”。因此，君子的举动能世代作为天下的先导，行为能世代作为天下的法度，言论能世代作为天下的准则。即使远方的人，也会诚服于他的名望，近处的人，也不会厌恶他。《诗经》说：“在彼处没有人厌恶,在此处也没有人厌弃。日夜操劳啊,众人永远赞誉他！”没有君子不这样做，就能够早早地在天下得到名望的。

文史链接

先秦时期的“鬼神”

本节中提到了“鬼神”二字。古人眼中的“鬼神”，并非今天所理解的迷信，更非人死之后变为吓人的“鬼”，以及阴间地狱中的各种各样的“鬼”。事实上，所谓阎王地狱中的“鬼”，是在汉代佛教传入中国后才出现的。那么佛教传入中国之前，古人所理解的“鬼神”是什么样的呢?

《论语·八佾》中说“祭如在，祭神如神在。子曰：吾不与祭，如不祭”。《论语·先进》中说“子曰：未能事人，焉能事鬼”。《论语·雍也》中又说“子曰：务民之义，敬鬼神而远之，可谓知矣”。这是孔子对“鬼神”的看法。孔子认为，人们对鬼神的祭拜，是为了凸显自己的“真诚”，以及对神明的敬畏。这里的神明是指天

地化生万物的能力，以及主宰自然界的一种客观神力。人们对这种“鬼神”是非常敬畏和虔诚的。所以《礼记·祭统》中又说：“身致其诚信，诚信之谓尽，尽之谓敬，敬尽然后可以事神明。”对鬼神、神明要持一种“敬畏”的态度，有着深刻的教化作用，有利于维护族群的稳定和生产活动的延续。

其次，古人眼中的“鬼神”一般是和自己的先祖联系在一起的。孔子传人曾子一派的著作《孝经》中说：“宗庙致敬，鬼神著矣；天地明察，神明彰矣；孝弟之至，通于神明，光于四海，无所不通。”可见，对神明的尊敬是和对祖先父母的敬奉相提并论的。因此，由祭拜神明到祭拜祖先，所发展出的一整套宗庙祭祀的行为、规范、程序，就促进了中国古代“礼”的产生。所谓“礼仪之邦”，其实是由对天地、祖先的敬奉转化而来。

再次，先秦时期除了儒家，其他诸子对“鬼神”也有不同理解。《老子》中说：“以道莅天下，其鬼不神，非其鬼不神，其神不伤人。非其神不伤人，圣人亦不伤人。”道家认为，鬼神应置于“道”之下，“道”才是“鬼神”的主宰。这里的“鬼神”也并非什么鬼怪神仙之类，而是比喻邪气和鬼魅一类的东西。墨家之经典《墨子》则“尚鬼”，《墨子》一书中专门有一篇论鬼，叫做“明鬼”。《明鬼》中说：“自古以及今，生民以来者，亦有尝见鬼神之物，闻鬼神之声。”墨家相信有鬼神，但墨家的鬼神也不是指鬼怪神仙等物，而是指和天的意志相提并论，能够赏罚惩恶的客观神力，可以说是人间正义、规则等秩序的客观神化。墨家的“鬼神”论虽然有一种神秘主义的色彩，但神秘并非迷信，二者还是有区别的。

最后，由于儒家在中国文化中一直居于主导地位，而儒家又是多主张“敬鬼神而远之”、“尽人事听天命”的态度，因此中国文化也就非常注重人事，关注现实，而对信仰、神仙、宗教这一类的东西关注较少。这也是为什么宗教在中国不发达的原因所在。更重要的是，儒家把对鬼神的尊敬演变为礼仪程序、社会规范，特别是祭祀祖先的规范，有助于维系族群、社会、邦国的稳定，有助于开发民智，教化民众。例如《礼记·表记》曰：“夏道尊命，事鬼敬神而远之，近人而忠焉。先禄而后威，先赏而后罚，亲而不尊。其民之蔽……殷人尊神，率民以事神，先鬼而后礼，先罚而后赏，尊而不亲。其民之蔽……周人尊礼尚施，事鬼敬神而远之，近人而忠焉。其赏罚用爵列，亲而不尊。其民之蔽，利而巧，文而不惭，贼而蔽。”必须指出，孔子等儒家对待“鬼神”的态度是“执中”。儒家既肯定人要对造化万物的天地鬼神之客观自然力、主宰力持敬奉态度，内心虔诚；又要肯定发挥人的主观能动性，即“尽人事”的一面，让人们的眼睛多关注于自己所处的现实生活世界。因此，“祭如在，祭神如神在”其实就是前者的表现；而“未能事人，焉能事鬼”则是后者的表现。在人神关系上，孔子拒斥无视人类理性、尊神慢人以及人鬼不分的蒙昧、一味崇拜鬼神天道的两种极端。所谓有德为神，有道成圣。只有崇敬神明的德行，向神明学习刚健有为、创生向上的精神才是正确的。

思考讨论

1. 中国人讲究和追求“天人合一”，你了解“天人合一”这四个字的深刻含义吗？根据你的生活感受和阅历，你觉得它有哪些方面的含义呢？

2. 你觉得周围人所谈论的“鬼故事”中的“鬼”、传说中的“神仙”，和本节中所讲的“鬼神”是一回事吗？你认为“神明”和“神仙”有什么区别？

万物并育而不相害

仲尼祖述尧、舜[1]，宪章文、武[2]；上律天时，下袭水土[3]。辟如天地之无不持载，无不覆帱[4]，辟如四时之错行[5]，如日月之代明。万物并育而不相害，道并行而不相悖，小德川流，大德敦化，此天地之所以为大也。 （三十章）

注释

[1]祖述：祖，拜为始祖。述，遵循。　[2]宪章：法则。这里用作动词，意为效法，遵从。　[3]袭：符合。　[4]帱（dào）：覆盖。　[5]错行：循环运行。

译文

孔子追宗遵循尧舜之德行，效仿遵从文王、武王之典范，上以天时为律则，下以地理为准绳。就好比天地那样，没有什么不能承载，没有什么不能覆盖；又好比四季时节的交错运转，日月星辰的轮替光明。万物共同化育而互不妨碍，道路同时并行而互不冲突。小德之行，好比川流不息；大德之行，好比敦厚淳朴，这就是天地之所以广大博厚的原因啊！

文史链接

三圣：尧、舜、禹

尧，是指传说中的陶唐氏部落的族长，又被认为是炎黄联盟的首领，称伊祁氏或伊耆氏，名字叫做放勋，史称唐尧。陶唐氏原本是黄帝的嫡裔，定居在冀（今河北唐县一带），后来迁徙到晋阳（今山西太原）。尧担任了炎黄联盟的首领后，又迁都至平阳（今山西临汾）。尧在位时，设立分管天文的官职，掌管农耕的历法、气象事务，下令让羲和制定时历，并专职专任。尧还经常向中原四周的部落首领征询意见，以治理天下，又下令让鲧治理洪水，推选虞舜为他的继位人，开启了禅让制。

舜，是指传说中的有虞氏部落的族长，也被认为是炎黄联盟的首领。姓姚，又有人认为姓妫，名字叫做重华，史称虞舜。舜时代的活动范围大概在今河南一带，中心据点位于今河南虞城北部。舜继承尧大位时，剪除了“四凶”，即鲧、共工、驩兜和三苗四个作恶多端的坏人，又派遣大禹治理洪水，任命契管理人民，任命益掌管山泽，任命皋陶作法官，积极选拔各部落中的优秀人才，扩大了对官职的设置。后来，由于大禹在成功治理洪水后，威望和权力不断增大，舜最后让位于禹。又有人认为舜其实是遭到了禹的放逐，并死在南方的苍梧（今湖南、广西交界地带）。

禹，是指夏后氏部落的族长，也是继尧、舜之后的炎黄联盟的首领。大禹是我国历史上第一个朝代夏朝的建立者，姓姒。大禹最伟大的功绩在于成功治理了洪灾，他吸取鲧治水失败的教训，改变了治水方略，以疏导的办法为核心，长期在工地上指挥，风餐露宿，栉风沐雨，甚至三过家门而不回。终于在经过了十年之久的时间之后，战胜洪水，人民得以安心定居。大禹也因此得到老百姓的大力拥护和广泛的民心支持，取得了政治优势，继承了舜的位置。大禹即位后，加强了国家机构的建设，成为我国历史上第一个王朝夏朝的开创者。大禹当了国王后，节俭治国，注意农时，将主要精力都放在农田的水利灌溉上。从史书的记载可以看出，大禹的时代已经有了军队、官吏、刑罚、监狱等国家机构、权力的象征，这意味着我国历史上的早期国家，在大禹时代就已经产生了。

思考讨论

1. 本节的标题是“万物并育而不相害”，你了解它的深刻含义吗？《庄子》中也有类似的表达，你能从中找到一两句意义相近的话语吗？

2. 尧、舜、禹，是中华民族的祖先，也是中华文明的象征。在他们之前，还有炎帝、黄帝，你了解炎黄二帝的事迹吗？他们分别都有什么样的历史功绩，讲给周围的人听。

唯天下至圣

唯天下至圣，为能聪明睿智，足以有临也；宽裕温柔，足以有容也；发强刚毅，足以有执也；齐庄中正[1]，足以有敬也；文理密察，足以有别也。溥博渊泉[2]，而时出之[3]。溥博如天，渊泉如渊。见而民莫不敬，言而民莫不信，行而民莫不说。是以声名洋溢乎中国，施及蛮貊[4]；舟车所至，人力所通；天之所覆，地之所载，日月所照，霜露所队[5]；凡有血气者，莫不尊亲，故曰配天。 （三十一章）

唯天下至诚，为能经纶天下之大经[6]，立天下之大本，知天地之化育。夫焉有所倚？肫肫其仁[7]！渊渊其渊！浩浩其天！苟不固聪明圣知达天德者，其孰能知之？（三十二章）

《诗》曰："衣锦尚絅[8]。"恶其文之著也。故君子之道，暗然而日章[9]；小人之道，的然而日亡[10]。君子之道，淡而不厌，简而文，温而理，知远之近，知风之自，知微之显，可与入德矣。《诗》云："潜虽伏矣，亦孔之昭[11]！"故君子内省不疚，无恶于志。君子之所不可及者，其唯人之所不见乎。《诗》云："相在尔室，尚不愧于屋漏[12]。"故君子不动而敬，不言而信。《诗》曰："奏假无言，时靡有争[13]。"是故君子不赏而民劝，不怒而民威于𫓧钺[14]。《诗》曰："不显惟德！百辟其刑之[15]。"是故君子笃恭而天下平。《诗》云："予怀明德，不大声以色[16]。"子曰："声色之于以化民，末也。"《诗》曰："德𬨎如毛[17]。"毛犹有伦。"上天之载，无声无臭[18]"。至矣！（三十三章）

注释

[1]齐庄：恭敬庄重。齐，通“斋”。　[2]溥（pǔ）博：周遍广阔。　[3]时出：时时显露。这里比喻道德时刻“发见于外”，朱熹注“言五者之德，充积于中，而以时发见于外”。[4]施（yì）：及到、传播。蛮貊（mò）：指蛮夷狄戎等边远地区。[5]队：同“坠”。　[6]经纶：整理丝、麻等织物，引申为治理。[7]肫（zhūn）肫：诚恳的样子。　[8]衣锦尚䌹（jiǒng）：引自《诗经·卫风·硕人》。衣，穿衣。䌹，没有里衬的单层外衣。[9]章：通“彰”。　[10]的然：鲜明的样子。　[11]“潜虽”句：引自《诗经·小雅·正月》。孔，很。昭，鲜明。　[12]“相在”句：引自《诗经·大雅·抑》。相，注视。尔室，你的居室。屋漏，室内西北角。　[13]“奏假（gé）”句：引自《诗经·商颂·烈祖》。奏假，祷告。靡，无。　[14]铁钺（fú yuè）：铡刀和大斧，指刑具。　[15]“不显”句：引自《诗经·周颂·烈文》。不，通“丕”，大。百辟，众多诸侯和国君。刑，效法。　[16]“予怀”句：引自《诗经·大雅·皇矣》。　[17]德輶（yóu）如毛：引自《诗经·大雅·烝民》。輶，轻。　[18]“上天”句：引自《诗经·大雅·文王》。载，行事。

译文

只有天下最圣明的人，才能做到既聪明又睿智，居临天下而使之心悦诚服；宽厚温和以至于能够包容万物；奋发图强、刚强坚毅，以至于能够决断事情；庄严肃穆、公正平直，能够孜孜敬业；文章周详明辨，以至于能够明辨是非。圣人的道德就好比深处的泉水，随时流发于外。它广阔博大，如同天空；深沉渊博如同深潭。他出现在民众面前，人们没有不敬重的；他发表的言论，人们没有不相信的；他所做的行为，人们没有不喜欢的。因此，他的名望流布于中原各地，传播到蛮夷狄戎等边远地区。凡是舟车能够到达的地方，人的力量能够做到的地方，天所覆盖的地方，地所承载的地方，日月能够普照的地方，霜露所能够降落的地方，凡是有血气的人，没有不尊敬不亲爱他的，因此说圣人的大德可以与天相匹配。

只有天下最诚一的人，才能掌握治理天下的纲领，建立天下的根本道德，洞悉天地化育万物的道理。除了这些，还有什么可以依靠的呢？至诚之人，他的仁德是那样诚恳！他的心思是那样深沉！他的胸襟是那样浩瀚！假如不是确实聪明睿智，能够上达天之大德的人，那么还能有谁懂得这个道理呢？

《诗经》中说："身着锦绣华丽的衣服，外面却要套一件单层麻衣。"这是厌恶锦绣的衣服华丽的花纹过分明显。因此，君子之道，虽然表面暗淡却日益彰显；小人之道，虽然外表华丽却日益消亡。君子之道，平淡如水不会令人讨厌，简略而文雅，温和而有条理，懂得远从近而来，知晓风从何处来，知道隐微会日益彰显。这样的话，就可以进入大德的境界了。《诗经·小雅·正月》中说："虽然潜伏在深处，但仍然会被看得很清楚！"因此，君子时常反省自己，没有愧疚，也就无愧于心。君子的德性之所以超出一般之人，大概就在这些别人所看不到的地方吧！《诗经·大雅·抑》中说："一人独居室内的时候，是不是能做到无愧于心。"因此，君子在没有行动之前，就怀有虔敬之心，在没有说话之前就怀有诚信之心。《诗经·商颂·烈祖》中说："祭祀祷告时不出声说话，这时候气氛肃穆无言，没有争执。"因此，君子之德，不用赏赐民众就能互相劝勉，不用发怒就能在民众中树立高于斧钺等刑具的威望。《诗经·周颂·烈文》说："大大弘扬天子的德行，诸侯都会来效法。"所以，君子笃实恭敬就能使天下太平。《诗经·大雅·皇矣》中说:“我怀念过去文王的美德,他从来不厉言厉色对待老百姓。”孔子说:“用严厉的声音、表情教育老百姓,这是最下等的策略。”《诗经·大雅·烝民》中说:“大德轻如鸿毛。”但鸿毛还是有形状重量的。《诗经·大雅·文王》中说:“上天化育万物,没有声音,没有气味。”这才是最高的境界啊!

文史链接

贺麟论“诚”

《论语》多言仁,而《中庸》则多言诚。所谓诚,亦不仅是诚恳、诚实、诚信的道德意义。在儒家思想中,诚的主要意思是指真实无妄之理或道而言。所谓诚,即是指实理、实体、实在或本体而言。中庸所谓“不诚无物”,孟子所谓“万物皆备于我矣,反身而诚”,皆寓有极深的哲学意蕴。诚不仅是说话不欺,复包含有真实无妄、行健不息之意。“逝者如斯夫,不舍昼夜”,就是孔子借川流之不息以指出宇宙之行健不息的诚,也就是指出道体的流行。其次,诚亦是儒家思想中最富于宗教意味的字眼。诚即是宗教上的信仰。所谓至诚可以动天地泣鬼神。精诚所至,金石亦开。至诚可以通神,至诚可以前知。诚不仅可以感动人,而且可以感动物,可以祀神,乃是贯通天人物的宗教精神。就艺术方面言,思无邪或无邪思的诗教即是诚。诚亦即是诚挚纯真的感情。艺术天才无他长,即能保持其诚、发挥其诚而已。艺术家之忠于艺术而不外骛亦是诚。总之,诚亦是儒家诗教、礼教、理学中的基本概念,亦可从艺术、宗教、哲学三方面加以发挥之。今后儒家思想的新开展,大抵必向此方向努力,可以断言也。儒家思想循艺术化、宗教化、哲学化的方向开展，则狭义的人伦道德方面的思想，均可扩充提高而深刻化。从艺术的陶养中去求具体美化的道德，所谓兴于诗，游于艺，成于乐是也。从宗教的精诚信仰中去充实道德实践的勇气与力量，由知人进而知天，由希贤希圣进而希天，亦即是由道德进而为宗教，由宗教以充实道德。在哲学的探讨中，以为道德行为奠定理论基础，即所谓由学问思辨而笃行，由格物致知而诚正、修齐是也。而且经过艺术化、宗教化、哲学化的新儒家思想不惟可以减少狭义道德意义的束缚，且反可以提高科学兴趣，而奠定新科学思想的精神基础。

［注］本文节选自贺麟：《儒家思想的新开展》，辑录自《文化与人生》，商务印书馆 1988 版。题目为编者所加。

思考讨论

1.《中庸》到此就结束了，你认为《中庸》和《大学》这两篇经典最大的不同是什么？从它们的主题内涵角度来回答。

2. 古人认为“天”、“地”、“人”是我们这个世界中三个非常重要的组成部分。古人认为处理这三者的关系，应该达到“天人合一”的和谐境界。《中庸》对这三个概念均有说明，你是如何理解“天人合一”的呢？你认为“人”在这三个组成部分中，应该扮演一个什么样的角色？或者说，处于一个什么样的地位？

附 录

中庸章句序

朱 熹

中庸何为而作也？子思子忧道学之失其传而作也。盖自上古圣神继天立极，而道统之传有自来矣。其见于经，则“允执厥中”者，尧之所授舜也；“人心惟危，道心惟微，惟精惟一，允执厥中”者，舜之所以授禹也。尧之一言，至矣，尽矣！而舜复益之以三言者，则所以明夫尧之一言，必如是而后可庶几也。

盖尝论之：心之虚灵知觉，一而已矣，而以为有人心、道心之异者，则以其或生于形气之私，或原于性命之正，而所以为知觉者不同，是以或危殆而不安，或微妙而难见耳。然人莫不有是形，故虽上智不能无人心，亦莫不有是性，故虽下愚不能无道心。二者杂于方寸之间，而不知所以治之，则危者愈危，微者愈微，而天理之公卒无以胜夫人欲之私矣。精则察夫二者之间而不杂也，一则守其本心之正而不离也。从事于斯，无少间断，必使道心常为一身之主，而人心每听命焉，则危者安、微者著，而动静云为自无过不及之差矣。

夫尧、舜、禹，天下之大圣也。以天下相传，天下之大事也。以天下之大圣，行天下之大事，而其授受之际，丁宁告戒，不过如此。则天下之理，岂有以加于此哉？自是以来，圣圣相承：若成汤、文、武之为君，皋陶、伊、傅、周、召之为臣，既皆以此而接夫道统之传，若吾夫子，则虽不得其位，而所以继往圣、开来学，其功反有贤于尧舜者。然当是时，见而知之者，惟颜氏、曾氏之传得其宗。及曾氏之再传，而复得夫子之孙子思，则去圣远而异端起矣。子思惧夫愈久而愈失其真也，于是推本尧舜以来相传之意，质以平日所闻父师之言，更互演绎，作为此书，以诏后之学者。盖其忧之也深，故其言之也切；其虑之也远，故其说之也详。其曰“天命率性”，则道心之谓也；其曰“择善固执”，则精一之谓也；其曰“君子时中”，则执中之谓也。世之相后，千有余年，而其言之不异，如合符节。历选前圣之书，所以提挈纲维、开示蕴奥，未有若是之明且尽者也。自是而又再传以得孟氏，为能推明是书，以承先圣之统，及其没而遂失其传焉。则吾道之所寄不越乎言语文字之间，而异端之说日新月盛，以至于老佛之徒出，则弥近理而大乱真矣。然而尚幸此书之不泯，故程夫子兄弟者出，得有所考，以续夫千载不传之绪；得有所据，以斥夫二家似是之非。盖子思之功于是为大，而微程夫子，则亦莫能因其语而得其心也。惜乎！其所以为说者不传，而凡石氏之所辑录，仅出于其门人之所记，是以大义虽明，而微言未析。至其门人所自为说，则虽颇详尽而多所发明，然倍其师说而淫于老佛者，亦有之矣。

熹自早岁即尝受读而窃疑之，沉潜反复，盖亦有年，一旦恍然似有以得其要领者，然后乃敢会众说而折其中，既为定著《章句》一篇，以俟后之君子。而一二同志复取石氏书，删其繁乱，名以《辑略》，且记所尝论辩取舍之意，别为《或问》，以附其后。然后此书之旨，枝分节解、脉络贯通、详略相因、巨细毕举，而凡诸说之同异得失，亦得以曲畅旁通，而各极其趣。虽于道统之传，不敢妄议，然初学之士，或有取焉，则亦庶乎行远升高之一助云尔。

淳熙己酉春三月戊申，新安朱熹序

后 记

有一次，偶然看到某市小学一年级的语文课本中有贺知章的《回乡偶书》一诗："少小离家老大回，乡音无改鬓毛衰。儿童相见不相识，笑问客从何处来。""衰"字加了注音 shuāi。

衰，在此处应该读 cuī，在古义中有"等级次第的差别或依次递减"的意思，如《左传·桓公二年》："故天子建国，诸侯立家，卿置侧室，大夫有贰宗，士有隶子弟，庶人工商各有分亲，皆有等衰。"引申为减少、稀疏。结合贺知章的《回乡偶书》，这里"衰"的意思当指鬓毛减少、疏落，而不是衰老的意思。再从整首绝句的韵脚来看，"衰"字与首句"少小离家老大回"中的"回"和末句"笑问客从何处来"中的"来"，这三字在"诗韵"即"平水韵"中同属灰韵。

这些属于古代文化常识性的内容，过去龆龀蒙童均能脱口成韵，如今在专业教育出版社的小学语文教材中出现这样的差错，管窥一斑，不由得让人担忧。

读错一个字音尚是小事，倘若几代人不读"四书"、"五经"、唐诗、宋词……那中华民族真的就没有了灵魂。民族没有了精神内核，没有了灵魂，如何奢谈中华民族的伟大复兴？

我们承认现代教育将中国教育的视野引向更为广阔的国际空间，带来了许多新理念，给中国教育带来了活力。但是，如何在引入国际现代教育理念和现代教育方式的同时，坚守中国具有传承价值的优秀传统文化？如何在全面实施素质教育的同时，弘扬中国文化特色以保持中国文化特有的气质？这是当前中国教育值得深入研究的问题之一。

梁启超先生曾言：“吾不患外国学术思想之不输入，吾惟患本国学术之不发明。”然而，本国学术思想之发明非一代人可以成就，须“由其民族自身传递数世、数十世血液浇灌、精肉所培壅，而始得开此民族文化之花，结此民族文化之果”。要国民热爱中国的传统文化，必须本国先民的成就有其可爱之处，而且要发扬国民精神，也当从固有的精神中有所抉发。

秋霞圃书院自2010年开始筹划编撰一套适合大众普及尤其是中小学生使用的“国学基本教材”，自小学至高中每学期能有一册在手，通过以长期渐进、系统地熏陶、滋养，使中小学生在潜移默化中亲近中国的历史与文化，并使中华传统文化在当下的社会生活中“活化”。当然这种“活化”不是简单的复古，而是在当代的语境中重新梳理中华文明的脉络，从中汲取适应时代需要、社会需要，乃至适应工业文明与后工业文明需要的养料，提炼出中华传统文化的核心价值，以此来滋养一代又一代学子，为中华民族的伟大复兴奠定基础。当然，这些愿景断非一己之力能及，而是需要几代人的不懈努力，我们所起的作用仅仅是抛砖而已。国内儒学研究领军学者之一、武汉大学国学院院长郭齐勇教授听闻我们有此愿望后鼎力支持，欣然担任本套教材的总顾问，协调资源，并为之作序；武汉大学国学院院长助理孙劲松先生、向珂博士在筹组编者队伍时提供了真诚无私的帮助。此后又蒙秋霞圃书院院长、历史学家沈渭滨，语言学家李佐丰，古典文献学者骆玉明、汪涌豪、傅杰、徐志啸等教授在谋篇布局上的悉心指点，形成了本套“国学基本教材”的框架。确定框架之后，我们邀请了武汉大学、复旦大学、华东师范大学、南开大学、中国传媒大学、中山大学、内蒙古师范大学、陕西师范大学、南通大学等高校人文学科中青年学人和江浙沪地区几位优秀的中小学语文教师参与编写。

全书成稿后，沈渭滨、王家范、骆玉明、傅杰、汪涌豪、杨国强、张觉、张新科、徐志啸、鲍鹏山等教授审读了书稿，并提出了宝贵的修改意见；86 岁高龄的书法名家章汝奭先生为“国学基本教材”题写书名；《儒藏》总编撰、德高望重的北京大学教授汤一介先生为我们赠书“圣贤之道”；丰子恺先生后人为我们提供了精美而颇有意蕴的 24 幅漫画用作丛书封面；朱青生教授为我们提供了汉画文献用于插图；画家李永源先生逾古稀之年，为这套丛书手绘了上百幅插画；浙江古籍出版社社长杨林海先生是我故交乡党，听闻我有意筹划一套面向中小学生的“国学基本教材”丛书之后，青睐有加，多方努力协调资源，亲自落实该套教材出版的相关事宜……所有殊胜因缘，都在襄助秋霞圃书院矢志传播中华传统文化的大愿，唯有在此深揖致谢。

由于主持者与编者的学识有限，尽管悉心编校，但不足之处难免，敬请方家、读者指正，以便来年修订时，相应校正。

意见和建议可致电：021-66366439，13816808263。通信地址：上海市嘉定区南大街嘉定孔庙秋霞圃书院，邮政编码：201800，电子邮件 :qiuxiapu@163.com。

李耐儒

癸巳春于嘉定孔庙

图书在版编目（CIP）数据

大学　中庸 / 张志强编注 . -- 杭州：浙江古籍出版社，2013.9

国学基本教材

ISBN 978-7-5540-0155-4

Ⅰ. ①大…　Ⅱ. ①张…　Ⅲ. ①儒家②《大学》—译文③《中庸》—译文　Ⅳ. ① B222.1

中国版本图书馆 CIP 数据核字（2013）第 218085 号

大学　中庸

张志强　编注

出版发行　浙江古籍出版社

（杭州体育场路 347 号　电话：0571-85176986）

网　　址　www.zjguji.com

责任编辑　陈临士　伍姬颖

特约编辑　陆岩军　秦　南

责任校对　余　宏

美术编辑　刘　欣

责任印务　贾　敏

照　　排　杭州立飞图文制作有限公司

印　　刷　富阳美术印刷有限公司

开　　本　880×1230　1/32

印　　张　5.125

字　　数　130 千字

版　　次　2013 年 9 月第 1 版

印　　次　2013 年 9 月第 1 次印刷

书　　号　ISBN 978-7-5540-0155-4

定　　价　10.00 元